BESTSELLER

Nacho Ares nació en León en 1970. Es licenciado con grado en Historia Antigua por la Universidad de Valladolid y certificado en Egiptología por la University of Manchester. Ha dedicado su tiempo a la investigación y divulgación de temas históricos relacionados con el Antiguo Egipto. Fue director de la prestigiosa *Revista de Arqueología*, publicación pionera en nuestro país durante casi tres décadas en todo lo referente a este campo.

Nacho Ares dirige ahora el programa *SER Historia* de la Cadena SER, el podcast *Dentro de la pirámide* en Podium Podcast y el canal de YouTube *Dentro de la pirámide*.

Ha publicado una docena de libros sobre la cultura egipcia que se han convertido en obras de referencia para miles de lectores en España e Iberoamérica. *La tumba perdida*, su primera novela ambientada en Egipto, fue muy bien recibida por la crítica especializada y por los lectores. A ella la han seguido *El sueño de los faraones*, *La Hija del Sol*, *La pirámide blanca* y el ensayo *Cosas maravillosas. Cien años del descubrimiento de Tutankhamón*, que cuenta la historia del Faraón Niño y del hallazgo de su tumba.

Para más información, visita la página web del autor: nachoares.com

También puedes seguir a Nacho Ares en sus redes sociales:
- @Nacho.Ares.Oficial
- @NachoAres
- @NachoAresOficial
- Dentro de la pirámide

Biblioteca

NACHO ARES

Cosas maravillosas

Cien años del descubrimiento de Tutankhamón

DEBOLS!LLO

Papel certificado por el Forest Stewardship Council®

MIXTO
Papel procedente de
fuentes responsables
FSC® C117695

Penguin
Random House
Grupo Editorial

Primera edición: septiembre de 2022

© 2002, 2022, Ignacio Ares Regueras
Edición ampliada. Antes publicado como *Tutankhamón. El último hijo del Sol*
Autor representado por Silvia Bastos, S. L. Agencia Literaria
© 2022, Penguin Random House Grupo Editorial, S. A. U.
Travessera de Gràcia, 47-49. 08021 Barcelona
Diseño de cubierta: Penguin Random House Grupo Editorial / Sergi Bautista
Imagen de cubierta: © Business Wire - Handout / Getty Images

Printed in Spain – Impreso en España

ISBN: 978-84-663-5711-1
Depósito legal: B-11.746-2022

Compuesto en M. I. Maquetación, S. L.
Impreso en Liberdúplex, S. L. U.
Sant Llorenç d'Hortons (Barcelona)

P 3 5 7 1 1 1

Es cierto que el viento se lleva las palabras…
quizá las de los hombres;
las de los dioses son eternas como el tiempo
y los recuerdos.

REGINA HEARTS

Índice

Mapa de Egipto

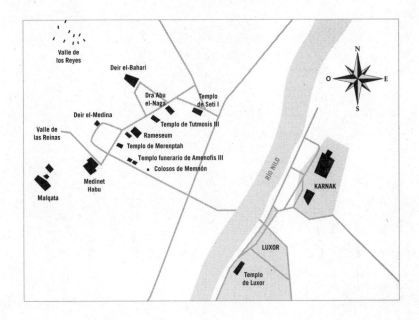

Introducción

«Me encuentro en la orilla oeste de Luxor. Son las 13.50 horas y estoy sentado en el bordillo de la carretera que lleva al Valle de los Reyes, frente al puesto de vigilancia militar y a unos cien metros de la casa de Carter. Acabo de entrar en la casa de Howard Carter...».

Así empezaba la página 122 de mi cuaderno de bitácora de aquella mañana de agosto de 1999. Era la primera vez que visitaba aquel lugar, que con el paso de los años, y en especial después de su reapertura al público, se ha convertido en un lugar de peregrinaje para mí.

La historia de la arqueología, y más aún la historia del descubrimiento de la tumba de Tutankhamón, es quizá el aspecto que más me apasiona de la egiptología. Me gusta la historia de la civilización de Egipto, comprendo un poco los jeroglíficos, lo suficiente para desenvolverme con cierta soltura cuando estoy en una tumba o un templo. Pero la biografía de los estudiosos que devolvieron a la vida el mundo de los faraones es mi tema favorito. Y hablar del descubrimiento de la tumba de Tutankhamón, como voy a hacer en este libro, no es hablar solo del Faraón Niño y del contexto en el que nació, sino también de la aventura arqueológica más grande de todos los tiempos: el hallazgo de su enterramiento intacto el 4 de noviembre de 1922.

Aquel día de 1999 queda ya muy lejos en el tiempo. Estaba al pie de la Montaña Tebana, en la orilla occidental del actual Luxor, la antigua y gloriosa Tebas, la misma que Heródoto llamó «la de las cien puertas». Era una jornada más en el Valle de los Reyes. Recuerdo que era viernes, día festivo para los musulmanes, aunque nadie notaba la festividad en aquel lugar antaño sagrado y hoy tan concurrido, lleno de turistas. Por suerte, la llamada Revolución de 2011, enmarcada en la Primavera Árabe, ha quedado atrás y el número de visitantes es hoy idéntico al que había antes de esta fecha.

Pero aquella mañana de verano todo era diferente. Cientos de turistas abandonaban la necrópolis en sus autobuses. El aire acondicionado pronto les haría recuperar su estado natural. Ahora estaban exhaustos después de una dura visita a la orilla oeste de Tebas, que fácilmente podía haber empezado a eso de las cinco de la mañana. Muchos la habrían empezado en Deir el-Bahari, visitando el templo de la reina Hatshepsut; otros habrían preferido Medinet Habu, el templo funerario de Ramsés III, y no pocos se habrían decantado por las tumbas de los artesanos en Deir el-Medina o las de los nobles en Gurna. Pero un sitio ineludible al que todo el mundo, sin excepción, quiere ir es el Valle de los Reyes. Las tumbas de los soberanos tienen un toque especial, un halo de distinción que no encontramos en ningún otro lugar de la necrópolis tebana.

Eran casi las dos de la tarde y, como de costumbre, el termómetro debía de superar con creces los cuarenta grados, la misma temperatura que puede haber en la Cibeles a esa misma hora del día. Para que luego digan que en Egipto hace calor. Sí, pero muchas veces igual que en España.

A la elevada temperatura había que sumar el abrasador sol que se derramaba a borbotones en cada lasca de piedra caliza de la montaña convirtiendo todo el desierto en un gigantesco paisaje de luz blanca.

Aunque parezca insólito, poco ha cambiado en este lugar de Egipto desde la época de los faraones. La ladera este de la montaña, antes repleta de tumbas y atiborrada de coloridas casas de adobe, ahora está lisa y ofrece la visión original de la necrópolis tal y como debió de estar hace miles de años. Las casas de los habitantes de Gurna, la aldea centenaria que levantó sus viviendas en este lugar, fueron derribadas en 2006. Para ello se emplearon destructivos buldóceres que no solamente acabaron con los hogares de barro de los egipcios modernos, sino también con la estructura de algunas de las tumbas que había en el subsuelo. No es extraño que los descubrimientos que se realizan en la zona estén muy deteriorados por el paso del tiempo.

Las casas de los gurnauitas, como se llama a los habitantes de esta aldea, tenían pintados en las paredes coloristas murales en los que se recreaba el viaje a La Meca. En ellos se veían dibujos de carruajes, camiones o camellos, y, en el caso de los más afortunados, aviones. Un largo recorrido de más de mil kilómetros para acercarse al último tesoro de Mahoma, el profeta, en Arabia Saudí. Pero de este paisaje multicolor que en los últimos siglos

El Valle de los Reyes en la actualidad. Foto © N. A.

se había integrado perfectamente con la Montaña Tebana solo quedan algunas fábricas de alabastro con ingenuas pinturas de estilo egipciante y poco más.

De forma tachonada, las autoridades arqueológicas han colocado paredes de piedra cubriendo las enormes luces que al caer la noche iluminan la montaña. Es una forma de garantizar la seguridad del lugar y evitar la presencia de los saqueadores, que siguen existiendo como han existido siempre.

Para compensar a los egipcios que durante generaciones tuvieron su casa en este lugar se construyó un nuevo pueblo, New Gurna, unos kilómetros más al norte, con casas que incluían todas las comodidades. Hay que pensar que las viviendas de adobe que había antiguamente en la necrópolis no contaban con agua corriente, y la instalación de la luz no era más que un empalme al poste que servía electricidad a la montaña. Las casas actuales están mucho mejor, pero, aun así, hay algunas que no parecen ser del gusto de los vecinos. No es extraño darse una vuelta por New Gurna y descubrir que, donde había una pared perfectamente pintada de amarillo, el ocupante de la vivienda ha abierto un agujero con un pico y ha cubierto más o menos los bordes con cemento para improvisar una pequeña terracita desde la que amablemente saluda echándose un cigarro. Por no hablar de los aparatos de aire acondicionado, toda una moda en Egipto en las últimas décadas. Cada uno lo instala donde Dios le ha dado a entender, y eso de guardar el estilo y el diseño de la fachada lo dejamos para otras generaciones, que nosotros vamos a lo práctico.

En la actualidad, solo una pista de asfalto rompe la armonía del acantilado de piedra que recorre el lado oriental de la montaña. La carretera une los puntos más importantes de la necrópolis. Antaño se hizo un proyecto para cambiar su trazado y acercarla más al río, hacia el este. Las razones que hicieron pensar en esta posibilidad fueron varias. Por un lado, se quería liberar espacio y convertir la necrópolis tebana en una especie de parque temático dedicado solamente a las visitas arqueológicas en el que no hubiera elementos que distorsionaran el paisaje. Por otra parte, se pretendía desalojar el espacio que ocupa la carretera para poder excavar en la zona. En la actualidad, varios templos funerarios importantes permanecen mutilados bajo el asfalto. Es el caso, por ejemplo, del de Tutmosis III, excavado por la sevillana Myriam Seco, cuyos pilonos de entrada se ven cortados por la pista de asfalto que los cubre. Lo mismo podríamos decir del de la reina Tausert, excavado antiguamente por Richard Wilkinson, o del de Amenofis II, que excavó en los últimos años el italiano Angelo Sesana.

Esa misma carretera es la que lleva, hacia el norte, hasta el Valle de los Reyes. Hace miles de años, los catafalcos de los reyes más importantes de la historia de Egipto desfilaron hasta su morada de eternidad seguramente navegando por el Nilo. Allí, después de recibir los responsos obligados por la tradición, su *ka*, su doble espiritual, descansaría para siempre. Y es cierto. A pesar de los saqueos que durante siglos han sufrido el casi centenar de tumbas que jalonan el Valle de los Reyes, los faraones todavía están ahí. Es imposible no sentir su presencia en cada pintura, en cada peldaño o en cada pilar, todos ellos decorados con las fórmulas mágicas que han convertido a estos hombres en inmortales.

La quietud de la montaña es algo que siempre me ha sobrecogido. Caminando por las escarpadas laderas del acceso al valle casi se puede oír el canturreo de los sacerdotes y el gemir de las plañideras que acompañaban el catafalco del rey. Desde lo alto de la cornisa la vista es espléndida. Por una parte, se divisa el comienzo de los campos de cultivo que van a dar a la orilla del Nilo, una cuadrícula de diferentes tonalidades de verdes y pardos que no debe de distar mucho del aspecto de los antiguos campos en época faraónica. Pero la vista del paisaje occidental es aún mucho más hermosa. La inmensidad del desierto se pierde tras decenas y decenas de kilómetros. La Montaña Tebana se extendía por la inmensidad del desierto creando el aspecto de un gran montículo rocoso en mitad de la arena. Uno se siente como una hormiga ante la que se abre todo un universo de roca y grava.

Es cierto que había que estar un poco loco para adentrarse en las encrespadas rocas del valle a esa hora del día y con la que estaba cayendo. Pero, como decía Auguste Mariette, uno de los padres de la egiptología moderna, «el pato egipcio es un animal peligroso: de un picotazo te inocula el veneno y ya eres egiptólogo de por vida». Quizá ese es mi caso. Con todo, la aventura había merecido la pena. Durante años había tenido curiosidad por entrar en la casa de Howard Carter, el arqueólogo inglés que el 4 de noviembre de 1922 descubrió el que es, digan lo que digan, el mayor tesoro arqueológico de todos los tiempos: la tumba de Tutankhamón. Y, realmente, ni el enterramiento del Señor de Sipán, en Perú, ni los Guerreros de Xian, en China, pueden compararse con el de Tutankhamón. La historia del hallazgo, el propio descubrimiento y la tormenta mundial que se levantó poco después no han tenido parangón en ningún otro momento de la historia. No creo, además, que pueda volver a ocurrir algo así. Los tiempos han cambiado y, en la actualidad, la celeridad con la que viajan las noticias por los medios de comunicación, especialmente las redes sociales e internet, hace que muchos descubrimientos de cierta importancia queden enseguida ocultos bajo una vorágine de informaciones, la inmensa mayoría anecdóticas y hasta absurdas, que acaban ensombreciendo las de mayor relevancia.

Aquel día tuve que luchar lo indecible para que se me abriera la puerta de tan insigne morada, la casa de Howard Carter, ubicada al comienzo de la carretera que va al cementerio real. Y mereció la pena. La vivienda, que visitaremos con detalle más adelante en este libro, puede considerarse hoy un monumento más de la necrópolis, comparable a los grandes templos funerarios o las tumbas de los nobles. La casa es historia viva de la arqueología y sus paredes nos la cuentan con suma viveza.

Desde lo alto de los riscos de la Montaña Tebana no es difícil ver la tumba de Tutankhamón. Ubicada justo en el centro del

Valle de los Reyes y rodeada por un muro de piedra de poco más de un metro de altura, la KV62, así llamada en los libros de arqueología (por las siglas de *King's Valley*, el nombre en inglés del Valle de los Reyes), se abre frente a la zona de descanso que hay en el corazón del valle. Esta *rest house* es una modesta techumbre de madera que cubre unos bancos en los que descansan los turistas entre la visita de tumba y tumba.

Desde mi posición observé cómo el lugar comenzaba a quedarse más desierto que nunca y volvía a su soledad natural. A medida que caminaba por lo alto del risco oía el traquetear de mis botas sobre el quebradizo suelo de la montaña que lleva hasta Gurna. Por lo demás, el silencio era absoluto, solo roto por el silbido del viento cortando sibilante el ala de mi sombrero. No sé si era el sonido del *jamsin*, el viento del desierto, o el de algún *djina*, los espíritus de las dunas y las tumbas, que me seguía curioso. En cualquier caso, era feliz en aquella calma. Me sentía tranquilo y muy seguro rodeado de miles y miles de años de historia.

Me parecía increíble estar allí, apenas a unos pocos metros de él. Esbocé una sonrisa y pensé en el momento en el que todo empezó. No podía ser de otra manera. Tutankhamón tuvo mucho que ver. El idilio comenzó cuando yo tenía catorce años, de la mano del inefable C. W. Ceram, seudónimo del escritor germano-estadounidense Kurt W. Marek (1915-1972). En su clásico *Dioses, tumbas y sabios*, C. W. Ceram desentrañaba los entresijos más fascinantes de la historia de la arqueología. Tengo que reconocer que por aquel entonces no leí el libro de principio a fin, sino que lo empecé por los capítulos que más me apasionaban, los que hablaban del descubrimiento de la tumba de Tutankhamón. En realidad, el devaneo había comenzado unas semanas antes. En el colegio, mi compañero Enrique y yo decidimos subir nota en la asignatura de Historia. Un espectacular despliegue de diapositivas de esculturas, pinturas y planos hizo que el fraile, el profe, acabara dándonos la máxima calificación, aunque seguro que él desconocía la mayor parte de los datos que aportábamos. El caso es que el trabajo, que todavía conservo, quedó realmente bonito. Era algo sencillo, de cuando no había impresoras ni ordenadores con los que diseñar espectaculares presentaciones de PowerPoint. Unos simples folios cuadriculados con recortes de fotos sacadas de revistas (el Google Images de la época) y escritos a mano lo mejor que pudimos con la que los curas llamaban «letra de imprenta».

Lo que en un principio parecía la simple afición pasajera de un niño al que le hacen gracia las momias y todo lo que rodea las misteriosas tumbas de Egipto se fue transformando, paulatinamente, en lo que se ha convertido en una forma de vivir. Todavía hoy la sombra de Tutankhamón vigila cada uno de mis movimientos desde mi mesa de trabajo. Junto a la pantalla del ordenador acecha, sigilosa, una magnífica réplica de la cabeza de madera del Faraón Niño saliendo de una flor de loto, cuyo original se conserva en la actualidad en El Cairo. En el otro extremo de la mesa, las réplicas de una cabeza de granito rojo descubierta en Karnak, el cuchillo de hierro del faraón, uno de los vasos rematados por una gacela y, especialmente, la copia a tamaño natural de la máscara de oro, una locura de coleccionista… Su presencia es continua y siempre me acompaña.

Pero en ese momento todo eso estaba muy lejos. No necesitaba réplicas para disfrutar de la esencia misma de Egipto porque me encontraba en la misma columna vertebral del mundo de los faraones. A pocos kilómetros de mí se levantaba el templo de Medinet Habu, construido por Ramsés III varios siglos después de la muerte de Tutankhamón. El sector meridional del valle me impedía verlo, pero es un lugar magnífico. Los egipcios decían que allí estaban las aguas del caos de las que había surgido la creación del mundo. No es extraño, pues, que los reyes más importantes de Egipto se hicieran enterrar cerca de ese sitio. A su lado, en el extremo norte, aún pueden verse los restos del templo funerario que seguramente el propio Faraón Niño mandó construir. El templo «de millones de años» (calificativo con el que los antiguos egipcios denominaban sus santuarios funerarios destinados a toda la eternidad) fue usurpado por Ay y seguramente también por Horemheb, los dos faraones que sucedieron en el trono de las Dos Tierras[1] a Tutankhamón. Tiempo después se reutilizó como necrópolis, ya en época romana.

De entre todos los faraones sepultados en los hipogeos del Valle de los Reyes, me voy a quedar con Tutankhamón. No deja de ser curioso. En definitiva, no es más que un simple reflejo de la importancia que ha tenido en millones de personas la figura de este modesto rey del Antiguo Egipto. Tutankhamón fue, sorprendentemente, uno de los reyes menos importantes de toda la historia de los faraones. Casi me atrevería a decir que cualquier otro de los más de doscientos soberanos que completan las listas reales a lo largo de las treinta dinastías en que se dividen los más de tres mil años de historia de la civilización egipcia fue más importante que Tutankhamón. Si esto es así, ¿por qué todo el mundo se siente atraído por la figura del joven rey? ¿Qué fascinante sentimiento es capaz de despertar este personaje casi divino y desconocido en los mortales del siglo XXI? ¿Cuáles son las claves históricas que rodean la vida de este faraón que subió al trono cuando apenas contaba diez años? Y lo más curioso de todo: ¿qué se esconde detrás del fabuloso tesoro descubierto en su tumba del Valle de los Reyes?

El mero hecho de hacer estas preguntas ya nos explica de alguna forma el porqué de la fama de Tutankhamón. La historia del Faraón Niño va más allá del espléndido oro de su máscara o

---

1. Los egipcios dividían su país desde el punto de vista político y religioso en dos reinos, el Alto y el Bajo Egipto, cuya ubicación es opuesta a la idea de norte y sur. Es decir, el Alto Egipto se encontraba en el sur y el Bajo Egipto, en el norte. Esta nomenclatura se debe a que el Nilo hace su recorrido de sur a norte hasta desembocar en el Mediterráneo a través del delta. Por ello, para los antiguos egipcios el Alto Egipto era lo que para nosotros hoy es el sur.

de que, por esos avatares del destino, su tumba apareciera intacta en el otoño del año 1922. Quizá lo más espectacular es lo que vino después. Y no estoy hablando de la manida leyenda de la maldición ni de nada de tipo misterioso..., o sí. Puede decirse que con el descubrimiento de la KV62 adquirimos un conocimiento mucho más profundo de lo que fue Egipto y de su arqueología.

La lista de las cosas que debemos agradecer a la figura de Tutankhamón sería interminable. Se podría resumir, no obstante, en que nos ha abierto los ojos a la comprensión de una cultura que hasta hace cien años, cuando se descubrió su tumba, permanecía casi invisible para todo el mundo. No quiero decir que gracias al hallazgo de la KV62 sepamos mucho más de la cultura faraónica, que también es cierto, sino que gracias a su tesoro, a la historia del descubrimiento y al inmenso legado que trajo consigo todo lo ocurrido después de esa fecha mágica del 4 de noviembre de 1922, el mundo sabe un poco más de lo que fue Egipto. Esto es lo que se pretende demostrar en este libro. Egipto es pura magia, no voy a descubrir nada nuevo con ello. La de Tutankhamón es la única tumba real hallada intacta en Egipto. Es cierto que Pierre Montet descubrió en la ciudad de Tanis, en el delta egipcio, las tumbas de los reyes de las primeras dinastías de la Época Baja. Sucedió casi dos décadas después del hallazgo del Faraón Niño, entre 1939 y 1946. Pero la riqueza de estas no podía ni compararse con la de la tumba de Tutankhamón, y, por desgracia, las circunstancias de la época, en plena Segunda Guerra Mundial, disiparon injustamente la historia del hallazgo. En cambio, Tutankhamón pertenecía a la multitud de reyes de la todopoderosa dinastía XVIII, y aunque fuera casi desconocido hace un siglo, los miles de objetos hallados en su tumba, su sarcófago y su máscara de oro macizo, los vasos, muebles, capillas, ornamentos y joyas fabricados con las técnicas más exquisitas y los materiales más selectos, así como, por supuesto, la momia intacta del faraón, han hecho que el estudio de la KV62 sea un punto de inflexión en la historia de la egiptología.

Tal vez alguien dirá que ya se ha escrito mucho sobre la figura de este rey. Es posible que sea verdad, pero lo cierto es que no sabemos nada del Faraón Niño. Su sola mención ha cautivado la vida de millones de personas en los últimos cien años, y no es extraño escuchar en los medios de comunicación que estamos viviendo el renacimiento de una nueva «egiptomanía». Yo voy más lejos y afirmo que nunca la hemos perdido. No conozco un solo periodo de la historia que no haya estado influido por el legado de esta fascinante civilización. Durante los años de desarrollo de Egipto, todos los pueblos que lo rodearon se vieron cautivados por la magia y el encanto de su cultura. Griegos y romanos después no pudieron resistirse a las maravillas de los faraones. Los viajeros del Renacimiento volvieron a poner de moda este país hasta que su eclosión cultural acabó por desbordar todas las cotas del saber con la expedición de Bonaparte en 1798.

Tenía la colina de Gurna a poco más de trescientos metros de mí. A la derecha empezaba a atisbar el gigantesco Valle de la Tumba de los Monos, curioso nombre con el que se denomina el vecino *wadi* occidental que hay justo al noroeste del Valle de los Reyes. Allí está la sepultura de Ay, faraón que sucedió a Tutankhamón. En su cámara funeraria, al igual que en la de la KV62, hay una representación de la primera hora del Libro del Amduat, con nueve babuinos dispuestos a saludar la salida del sol. Cuando esta tumba fue descubierta, en 1816, los habitantes de Gurna la denominaron Tumba de los Monos.[2]

Eché un trago de agua y mordisqueé mi avituallamiento. El secreto para no morirse de sed en lugares como este es beber

---

2. Muchos egiptólogos, incluso egipcios, y lo podemos ver en libros o en innumerables entradas de internet, confunden este nombre con el del Valle de los Monos, que está más al sur, el lugar en donde se encontró la tumba de unas princesas del reinado de Tutmosis III. El valle occidental es el Valle de la Tumba de los Monos, no el Valle de los Monos.

cada pocos minutos un trago de agua aunque no se tenga sensación de sed. No hay que esperar al último momento.

El reloj marcaba casi las 15.00. Comencé el descenso desandando el camino que me había llevado hasta donde me encontraba. En treinta minutos estuve de nuevo ante la casa de Howard Carter. Miré el bolsillo de mi pantalón y me di cuenta de que solamente tenía un billete de diez libras egipcias. Con ese dinero no podría llegar en taxi hasta el puente de Luxor y volver a la ciudad, por lo que decidí buscar una furgoneta que me acercara al embarcadero.

La carretera estaba prácticamente vacía. Después de rehusar la ayuda de un motorista con gafas de culo de vaso que se ofrecía a llevarme al embarcadero —me gustan las emociones fuertes, pero aquello me parecía excesivo—, no tardó en detenerse un conductor. Como no podía ser de otra forma, la primera furgoneta que se paró frente a la casa de Carter era de color verde, el color del islam. Tras explicarle mi precaria situación económica le pedí que me llevara hasta el embarcadero. Una vez allí tomé uno de los transbordadores locales por un par de libras egipcias. Mentiría si negara que me sentía tremendamente observado. Ningún extranjero recurre a ese tipo de transportes. Jugueteé con el niño que acompañaba a una enorme gorda vestida de negro que estuvo a punto de provocar que la embarcación hiciera agua, y luego saqué mi cuaderno de bitácora para tomar algunas notas.

Es curioso, siempre he escrito «Tutankhamón» aunque lo pronuncio «Tutankhamon», sin la tilde. En realidad, si seguimos la fonética empleada por los antiguos egipcios, lo correcto sería decir y escribir «Tutanjimen», o quién sabe si «Tutanjamón», pero no me parece serio. Los ingleses en ese sentido no tienen problema alguno. Ellos pronuncian el dígrafo «kh» como «j», aunque en el caso de nuestro protagonista lo leen como una «k». En castellano, lo común es encontrar el nombre del faraón escrito con «kh», y así seguiré escribiéndolo yo. Luego que cada uno lo pronuncie como quiera. Quizá no sea más que una idea para universalizar los nombres. No creo que por poner un «kh» como los ingleses tengamos que sentirnos colonizados ni nada parecido. Los estadounidenses, además, van un paso más lejos y, en su afán por abreviar el nombre, suelen llamar a Tutankhamón *the King Tut*, «el rey Tut». Yo mismo entre colegas lo llamo, en confianza, Tuti; simple economía del lenguaje.

Algo parecido sucede con la denominación del Valle de los Reyes. Como ya he señalado un poco más arriba, en los libros de arqueología se suele hacer referencia a cada tumba empleando su numeración. La de Tutankhamón es la número 62 del valle, al que se alude con las siglas KV, que en inglés significan *King's Valley*, es decir, «Valle de los Reyes», como ya he mencionado antes. También utilizaré estas siglas para evitar las engorrosas y continuas menciones al nombre completo de la necrópolis.

Ninguna de las personas que me acompañaban en aquella embarcación utilizaba estos términos. Para ellos, el Valle de los Reyes es Wadi Biban el-Moluk, el «Valle de las Puertas de los Reyes». Para los antiguos egipcios era aún más complicado. Ellos denominaban a este impresionante cementerio la Grande y Noble Necrópolis de Millones de Años de Faraón, ¡Vida, Salud y Fuerza!, del Oeste de Tebas, o también el Lugar Escondido o el Gran Lugar.[3]

Un fuerte golpe me avisó de que habíamos llegado a la orilla oriental. Tras ascender por las escaleras del embarcadero me di casi de bruces con mi hospedaje en Luxor, el Winter Palace Hotel. Mi habitación estaba en el New Winter Palace, un gigantesco edificio blanco construido a la izquierda del mítico Old Winter Palace, con el que se conectaba a través de un jardín y un pasillo, y mucho más económico que este. Ambos se encontraban justo al sur del famosísimo templo de Luxor. Y digo «se encontraban» porque ahora solamente existe el Old Winter Palace. El nuevo

3. Véase Kent R. Weeks, *La tumba perdida*, Barcelona, Península, 1999, p. 69.

desapareció en 2008 para acondicionar la zona ajardinada y de tiendas que se abría a sus pies. Algunas de las tiendas míticas de libros de la calle desaparecieron para siempre, como la Aboudi, que trasladó su comercio a la cercana plaza de Abu el-Haggag, pero sin el mismo encanto. Los jardines se hicieron más amplios y se acondicionó una parte para albergar los caleseros, un lugar donde los caballos pudieran comer y tener un poco de sombra.

Entre unas cosas y otras casi me habían dado las cuatro de la tarde, pero aún tenía tiempo. Me di el gustazo de subir las escaleras imperiales que llevan de la estrecha calle de la cornisa hasta la recepción del Old Winter Palace. La fachada del hotel conservaba el mismo color salmón que tenía en la época del descubrimiento de la tumba de Tutankhamón. Mi elección no era en absoluto casual. Precisamente en ese hotel se alojaron algunos de los miembros del equipo de la excavación. Tras saludar al recepcionista me introduje en el vestíbulo. Di una pequeña vuelta por los grandes y selectos salones y cafeterías que hay en la planta baja, aunque con las pintas que llevaba sabía que no podría entrar en ninguno de ellos. Infinidad de evocaciones me embargaron en aquel momento. Los salones en donde se habían reunido durante horas Howard Carter y su mecenas, lord Carnarvon, el mismo café en el que Carter decidió abandonar la excavación por desavenencias con el Gobierno egipcio… ¿Cuántas cosas tendría que contar todavía aquel majestuoso palacio de invierno?

Entre evocaciones y añoranzas crucé el jardín para ir al New Winter Palace. Pedí la llave de mi habitación, la 605. Al llegar la introduje en la cerradura. La habitación daba al Nilo, la Montaña Tebana y a la parte trasera del templo de Luxor. No me podía quejar. Todo eso era Egipto.

Apoyado en la barandilla de la terraza me di cuenta de que había empezado una nueva empresa. Tendría que enfrentarme a la ingente tarea de examinar la documentación existente sobre Tutankhamón, rebuscar en hemerotecas y bibliotecas, y revisar todas las entrevistas que había hecho en los últimos años sobre él. Ni con toda una vida tendría tiempo de hacerlo, pero debía intentarlo.

Pensándolo ahora, sin tener en cuenta mi viejo diario de viaje, el descubrimiento de la tumba de Tutankhamón es el momento más brillante de la historia de la arqueología. Todos los que nos hemos acercado en alguna ocasión a explorar los entresijos que había detrás del espeso velo de misterio que cubría lo relacionado con esta tumba nos hemos emocionado solo con pensar qué debieron de sentir los protagonistas de la epopeya. Qué pasó por la mente de aquel hombre cercano a la cincuentena cuando vio por primera vez los tesoros amontonados en la antecámara es algo que nunca sabremos. El hallazgo fue la culminación más brillante que podía tener una persona que a lo largo de su vida sufrió la incomprensión de muchos de los que le rodeaban. Un auténtico regalo «del de arriba» para un hombre que lo había dado absolutamente todo por Egipto.

Cámara funeraria de la KV62, la tumba de Tutankhamón. Foto © N. A.

Acometer este proyecto suponía enfrentarme una vez más a la maldición de Tutankhamón. Lo cierto es que yo no creo en tal cosa. Pero, sentado ante el ordenador y mirando la figura del rey que tengo ahora junto al monitor, no me cabe la menor duda de que la sonrisa que muestra su rostro algo nos quiere decir. No creo que la maldición fuera contra los arqueólogos que descubrieron la tumba; todo lo contrario, gracias a ellos hoy conocemos el legado y la figura de Tutankhamón. Y, en definitiva, el verdadero objetivo de cualquier egipcio era que se le recordara. Estoy convencido de que, si hubo una maldición, fue lanzada contra los sacerdotes, secretarios y funcionarios que manipularon en todo momento la vida de este Faraón Niño y que quizá llegaron a asesinarlo. Pero hoy nadie se acuerda de ninguno de ellos y sí de Tutankhamón. Parece obvio que el faraón se salió con la suya. Esa es la verdadera maldición de Tutankhamón, conseguir superar a quienes quisieron dominarlo y prevalecer sobre ellos. Por eso su rostro sonríe.

Nuestro objetivo está bien claro. Hace casi tres mil cuatrocientos años el sol brilló de una forma especial en Egipto. Había nacido un nuevo príncipe. Quizá no era el elegido por los hombres, pero sí lo fue por los dioses. Se trataba del último hijo del Sol, la imagen viviente de Amón, Tutankhamón, un niño a quien el tiempo ha devuelto su trono.

Una vez más, sean todos bienvenidos.

1

El mundo de Tutankhamón

Parece lógico comenzar un libro sobre el descubrimiento de la tumba de Tutankhamón haciendo un pequeño repaso histórico de la época que le tocó vivir a este pequeño rey a mediados del siglo xiv a. C. Es cierto que es muy poca la información de que disponemos sobre él. Como manifestó en más de una ocasión Howard Carter, lo más importante que hizo Tutankhamón en vida fue morirse. Sin embargo, las últimas investigaciones ponen en duda una afirmación tan tajante. Los estudios que ha hecho la Casa de Chicago en Luxor bajo la dirección de Ray Johnson parecen abrir una nueva ventana a la biografía del Faraón Niño.[1] Siempre se ha dicho que, siendo tan joven —subió al trono con apenas diez años y falleció cuanto tenía diecinueve o veinte—, poco pudo hacer. Las imágenes en donde se lo ve montado en su carro de guerra lanzando flechas a los enemigos del país comúnmente se han tomado como algo mítico, una idealización de la vida de Tutankhamón. Pero puede que no fuera así. Existen relieves hoy dispersos, aunque perfectamente catalogados, que podemos ver en uno de los patios del templo de Karnak, que representan a un adolescente Tutankhamón en una campaña militar. La escena es muy parecida a la que vemos en uno de los cajo-

1. R. Johnson, «Tutankhamen-Period Battle Narratives at Luxor», *KMT*, vol. 20/4 (2009-2010), pp. 20-33.

nes descubiertos en la antecámara de la tumba. Estos bloques parecen proceder del templo funerario que el joven rey mandó erigir en la otra orilla, en la occidental, y que hoy se encuentra junto al templo de Medinet Habu de Ramsés III. De ser así, no tenemos por qué pensar que los relieves no están contando la verdad sobre un hecho histórico: Tutankhamón participó en alguna campaña militar. Hay que recordar que falleció con una edad próxima a los diecinueve o veinte años, es decir, más que suficiente para protagonizar una operación de este tipo, y que las causas de su muerte podrían estar relacionadas precisamente con un contratiempo en el campo de batalla, aunque no debemos adelantar acontecimientos. La prueba más clara son los temas que aparecen representados en los relieves estudiados por Ray Johnson. Si fueran escenas rituales en las que se trata la guerra como

Estatua de Tutankhamón descubierta en su templo funerario junto a Medinet Habu. Museo de El Cairo. Foto © N. A.

una lucha antagónica entre el bien (Egipto) y el mal (los países extranjeros), se repetirían las mismas imágenes de siempre; esto es, el faraón asiendo por el cabello a un grupo de enemigos y dándoles con una maza en la cabeza, y atacando a los extranjeros sobre su carro. En los pilonos de entrada de muchos templos vemos estas escenas, y parecen ser rituales. Sin embargo, en los relieves de Tutankhamón hay detalles que nos llaman la atención por su singularidad y que parecen estar describiendo hechos reales. Por ejemplo, en uno aparece un personaje dentro de una jaula colgado junto al mástil de un barco. Parece ser la figura del reyezuelo extranjero hecho prisionero en su camino hacia Egipto. En otra imagen vemos a varios soldados con manos de enemigos ensartadas en las lanzas, una escena cruel y espeluznante que no tiene paralelos en otras representaciones bélicas del arte egipcio. Esto debía de hacerse para contabilizar a cuántos enemigos había matado cada soldado. Como vemos en el patio del templo de Medinet Habu, las manos luego se amontonaban en una pila y se contaban para saber el número total de enemigos muertos, un comportamiento que nos quita de la cabeza la idealización que a veces tenemos del Egipto faraónico como un lugar de música y danza.

Así que lo que se decía hace unas décadas en referencia a las escenas aparecidas en los muebles de su tumba como simples alegorías podría ser una afirmación errónea.

De lo que sí estamos seguros es de que existe material arqueológico suficiente para encuadrar a este rey en un entorno histórico más o menos comprensible. También podemos enlazarlo en el proceso dinástico que se vivió en la dinastía XVIII con cierta lógica. Con todo, es posible que estemos equivocados en un montón de detalles concretos. Aunque desconozcamos quiénes fueron realmente sus padres, dónde nació y este tipo de detalles, creo que se puede decir que, a grandes rasgos, tenemos una idea bastante certera de la figura de Tutankhamón. Lógicamente, sabemos mucho más de otros grandes soberanos egipcios, como Tutmosis III, Amenofis III o Ramsés II, pero también hay que señalar que, por los avatares de la historia, contamos con más información de otros reyes que fueron incluso menos importantes que Tutankhamón. Esta situación se podría comparar al hecho igual de incomprensible de que, gracias a la simple casualidad, conocemos listas enteras de senadores romanos de una provincia determinada de hace dos mil años, mientras que no tenemos ni idea de los nombres de los diputados que gobernaron el mismo lugar en el siglo XIX. En España hay innumerables casos de este tipo.

Quizá haya que esperar a que dentro de algunos años aparezca más información sobre Tutankhamón, y la vía más posible y sencilla son los estudios de ADN, que trataré con mayor detenimiento más adelante.

A pesar de todo, que no haya información sobre Tutankhamón no justifica lo que sucede en muchos casos en la literatura relacionada con este faraón. No es extraño encontrarse con libros sobre Tutankhamón en los que no se habla de él, sino de lo que hubo antes y después. Por ello no quiero que este capítulo introductorio se convierta finalmente en una retahíla de datos sobre la época de Amarna o el tránsito de la dinastía XVIII a la XIX. Lógicamente, hay que respetar el contexto, pero este no tiene que usarse como pretexto para desviar la atención del tema.

La vida de este joven rey comenzó en uno de los momentos de esplendor de la historia de Egipto. Después de que fueran expulsados del país los invasores hicsos, unas tribus asiáticas de origen incierto, el país resurgió de sus cenizas con más fuerza que nunca. Hasta la llegada de este pueblo extranjero, el valle del Nilo siempre había sido un Estado único. Bien es cierto que antes había pasado por varias épocas de crisis, en una de las cuales el reino incluso se desmembró, pero jamás había sufrido la humillación de ser invadido por un pueblo extranjero. Aun así, los hicsos no habían conseguido hacerse con todo el valle. Asentados principalmente en el delta, no veían con buenos ojos lo que sucedía en el sur del país. Desde allí, la región tebana, una nueva dinastía traía aires de cambio y comenzaba a tener bríos para lo que a la postre supuso la expulsión de los invasores. Corría el año 1550 a.C. y en Egipto empezaba a nacer uno de los periodos más brillantes de su historia. Una época grandiosa fue el reinado del faraón Hatshepsut, en realidad una mujer, con quien el país vivió una etapa de paz y prosperidad sin igual. El éxito de su reinado lo podemos ver en el legado constructivo y económico que nos ha llegado. Es célebre la visita al misterioso país de Punt que encontramos representada en los relieves del templo funerario de este faraón-reina en Deir el-Bahari. Hatshepsut era hija de Tutmosis I y estuvo casada con su hermanastro Tutmosis II. Tomó las riendas del poder al morir este y desempeñó el papel

Cabeza de Amenofis III, seguramente el abuelo de Tutankhamón.
Museo de El Cairo. Foto © N. A.

de regente durante la infancia de su sobrino, quien sería Tutmosis III (1479-1425 a.C.). Debió de gustarle el poder y no cedió el trono cuando el pequeño Tutmosis se hizo mayor. Este esperó con paciencia a que su tía muriera para subir al trono de Egipto. Se convirtió en uno de los reyes más importantes de su historia, el Napoleón egipcio, como ha sido denominado. Tutmosis III extendió las fronteras del Estado incluso hasta lo que hoy es la franja sirio-palestina. Con sus diecisiete campañas victoriosas, Egipto vivió unos años dorados, envueltos en paz, prosperidad y florecimiento, que no se habían visto jamás en las márgenes del Nilo.

Continuando con esa época de esplendor y expansión subieron al trono de las Dos Tierras Amenofis II, Tutmosis IV y luego Amenofis III (1391-1353 a.C.), posiblemente el abuelo de nuestro protagonista.

Nada más entrar en el Museo Egipcio de El Cairo, en la plaza de El-Tahrir, pasamos bajo la enorme cúpula que se abre sobre la primera planta del edificio. Si seguimos hacia delante nos toparemos con una gigantesca sala, un patio cubierto, justo en el centro del museo (la sala 18). No tendremos problemas para ver al final de ella dos enormes estatuas sedentes de Amenofis III y su esposa Tiyi. Las esculturas plantean varios interrogantes a los visitantes del museo. Mucha gente me pregunta cómo se colocaron allí estos dos inmensos colosos de caliza, ya que debido a sus dimensiones no caben por la puerta principal. La respuesta es sencilla. Cuando fueron descubiertos por Victor Loret, a principios del siglo XX, junto a la entrada norte del templo funerario de Amenofis III en Luxor, estaban totalmente demolidos. No eran en absoluto como los vemos hoy en esta amplia sala. Si nos acercamos y los observamos con detenimiento, descubriremos una gran cantidad de juntas y señales de su restauración. Es decir, el estado fragmentario en que se hallaban permitió que las esculturas se recompusieran en el interior de la sala.

Amenofis era hijo de una esposa no real de Tutmosis IV[2] llamada Mutemuia. Ascendió al trono siendo un niño y, siguiendo la tradición egipcia de la época, su madre dirigió el país como regente hasta que el soberano alcanzó la mayoría de edad. Siendo muy joven se casó con Tiyi, otra mujer de origen no real, que era hija de dos personajes bastante insólitos, Yuya y Tuya.[3] La tumba de estos dos nobles, la KV46, fue descubierta en el Valle de los Reyes por James E. Quibell y Arthur Weigall, que trabajaban para el millonario abogado americano Theodore Davis, el 5 de febrero de 1905.[4]

2. Tutmosis IV (1401-1391 a. C.) es el soberano protagonista de la leyenda grabada en la famosa estela del Sueño, que se colocó entre las patas de la esfinge de Gizeh. En ella, el león de piedra le profetizaba que llegaría a ser faraón de Egipto, a pesar de que en la lista de herederos no ocupara un buen lugar. En agradecimiento a su saber, Tutmosis IV liberó a la esfinge de las arenas del desierto que la oprimían. Véase Nacho Ares, *El guardián de las pirámides*, Madrid, Oberon, 2001, p. 148 y ss.

3. El investigador egipcio Ahmed Osman siempre ha pasado por ser un escritor de libros problemáticos. Primero se presentó en sociedad sorprendiendo a propios y extraños con un libro titulado *Extranjero en el Valle de los Reyes* (Barcelona, Planeta, 1988), en el que afirmaba que el noble Yuya era la misma persona que el José del Génesis, el mismo que interpretó de forma brillante los sueños del faraón. Tres años más tarde, este autor egipcio volvió a la carga con el no menos impactante *Moisés, faraón de Egipto* (Barcelona, Planeta, 1991). A lo largo de sus páginas, Osman defendía la posibilidad de que el Moisés del Éxodo fuera el faraón hereje Amenofis IV, Akhenatón. Su borrachera egiptológica culminó con un libro realmente delirante. Su título era *La casa del Mesías* (Barcelona, Planeta, 1993). En esta ocasión, este abogado egipcio afincado en Londres arremetía con uno de los temas más espinosos de la Biblia: la figura de Jesús de Nazaret y su supuesto momento histórico, hace casi dos mil años. Alcanzando cotas inimaginables de osadía, Osman defendía en su nuevo libro la loca hipótesis, ya que ni siquiera es una teoría, de que Jesús y el faraón Tutankhamón fueron la misma persona. Este asunto se trata al detalle en el capítulo 4 de este libro.

4. Véase Theodore Davis *et al.*, *The Tomb of Iouya and Touiyou*, Londres, Constable and Co., 1907; James E. Quibell, *The Tomb of Yuaa and Thuiu*, El Cairo, Institut Français d'Archéologie Orientale, 1908.

Curiosamente se trataba de la primera tumba encontrada intacta en el valle y que pertenecía a dos personajes totalmente desligados de la línea sucesoria de los faraones. Su tesoro lo podemos disfrutar en la planta primera del Museo Egipcio de El-Tahrir. Merece la pena fijarse en sus máscaras de madera cubierta de oro y en sus enormes ataúdes de madera, así como en algunos de los muebles hallados en la tumba, verdaderas joyas del arte faraónico. La vitrina repleta de *shabtis*, las estatuillas funerarias momiformes que acompañaban al difunto, fue una de las partes que más sufrieron durante el saqueo del Museo Egipcio a finales de enero de 2011. Algunos de ellos, de una belleza inigualable, todavía no han sido recuperados.

La época del reinado de Amenofis III fue una de las más brillantes de toda la historia de Egipto. Sabemos que fueron momentos de paz, con una economía boyante. La buena reputación del país cruzó las fronteras y llegó hasta lugares insospechados.

Uno de los indicios económicos que nos llevan a pensar en la bonanza del país es la proliferación constructiva de este faraón. A la derecha de la carretera que lleva al Valle de los Reyes, en la orilla occidental de Luxor (el llamado West Bank), se encuentran los restos del antiguo templo mortuorio de Amenofis III. El faraón mandó construir en este lugar un gigantesco «templo de millones de años» donde recibir las ofrendas después de ser enterrado en la cercana necrópolis de Biban el-Moluk. Por desgracia, hoy queda muy poco de este templo. Lo más llamativo son los dos gigantescos colosos de cuarcita que todavía se levantan donde estuvo la entrada del templo hace más de tres mil años. Tienen casi veinte metros de altura, y en la Antigüedad representaban al propio soberano. Según los autores antiguos, en concreto Estrabón y Pausanias, estos colosos recibían el nombre de «columnas de Memnón». A este faraón también le debemos gran parte del templo de Luxor.

En estos edificios, una pequeña muestra de todo lo levantado en época de Amenofis III, se puede observar el florecimiento de las artes, así como el avance hacia un nuevo estilo que alcanzaría su apogeo bajo el reinado de su hijo, Amenofis IV. Al mismo tiempo, también se puede observar cierta preocupación por el debate teológico. Además de intentar justificar su origen divino, tal y como vemos en una capilla del templo de Luxor donde se muestra el encuentro sagrado entre la madre del rey, Mutemuia, y el dios Amón, Amenofis III concede durante su reinado una importancia muy notable a la adoración a Atón, el disco solar. Este culto se desarrollaría aún más con su hijo, Amenofis IV, luego Akhenatón, el llamado Faraón Hereje, hasta tal punto que llegaría incluso a desestabilizar los ejes tradicionales de la religión egipcia.

Cuando falleció Amenofis III se le enterró en una tumba ubicada en el valle oeste de Tebas, el ya mencionado Valle de la Tumba de los Monos. La tumba lleva el número de catálogo WV22, tiene casi cien metros de profundidad y fue descubierta en algún momento anterior a la expedición francesa de Napoleón Bonaparte de 1798. La momia del faraón la halló Victor Loret en 1898 en el interior de la KV35, la tumba de Amenofis II, adonde había sido llevada seguramente por los sacerdotes en la Antigüedad para protegerla de los saqueadores. Últimamente se está poniendo en duda que la momia de Amenofis III realmente sea la de este soberano, pues muestra síntomas de que el difunto sufrió en los últimos años de su vida obesidad, calvicie y sobre todo serios problemas dentales, como enormes abscesos en las encías, lo que seguramente le ocasionó grandes dolores.

Hay una etapa en el reinado de este faraón que sigue cautivando a los expertos. En el archivo de la correspondencia diplomática descubierto en la ciudad de Akhetatón, la nueva capital levantada por Amenofis IV en Tell el-Amarna, se encontró una carta dirigida al rey de Babilonia, Burna-Buriash.[5] En ella se men-

---

5. La correspondencia que apareció en la ciudad de Tell el-Amarna recibe hoy el nombre de «Cartas de Amarna». Las Cartas de Amarna fueron descu-

ciona una terrible epidemia que se desató durante el reinado de su padre: «5-8 Después de que la esposa de tu padre (Amenofis III) fuera llorada, te envié a Hua, mi mensajero, y a [...] un intérprete. Te escribí como sigue, diciendo: "Una hija del rey quien [...] una vez fue llevada a tu padre. Deja que lleve otra a tu padre". 9-15 Y tú mismo mandaste a Haamassi, tu mensajero, y a Mihuni, el intérprete, diciendo: "La esposa de mi padre fue llorada [...] esa mujer [...] murió por una plaga [...]". Escribí diciendo: "Deben llevar a esa mujer"».

A pesar de que el texto de esta carta (EA11) tiene numerosas lagunas y es difícil de reconstruir, el contenido es claro. Habla de que una princesa extranjera casada con Amenofis III ha fallecido a causa de una plaga, seguramente de peste.

No es la primera referencia en las fuentes egipcias a la terrible epidemia, que, como veremos, también debió de afectar al reinado de Tutankhamón. En otras ocasiones, las menciones directamente se han borrado. La razón está relacionada con el significado mágico que los antiguos egipcios daban a la escritura: todo aquello que fuera dicho de viva voz o se pusiera por escrito existía. Si algo no se mencionaba o no se escribía, literalmente no existía. Esta tradición caló en el cristianismo por medio del versículo del Evangelio según San Juan en donde se nos dice que «el verbo se hizo carne».[6] Realmente es una proyección de la idea creadora que se manifiesta en la cosmogonía del dios Ptah de

---

biertas en 1887 por una mujer que se encontraba entre las ruinas de la antigua ciudad recogiendo ladrillos de adobe para emplearlos como abono. Se conocen 382 documentos, que abarcan desde la primera correspondencia de palacio emitida en época de Amenofis III hasta el primer año del reinado de Tutankhamón. La mayoría se fechan en el reinado de Akhenatón. Casi todas ellas están escritas en acadio, la lengua empleada por la diplomacia de la época, aunque se pueden encontrar ejemplos en asirio, hitita y hurrita, la lengua de Mitani. La mejor traducción de estas cartas es la de W. L. Moran, *The Amarna Letters*, Baltimore y Londres, The Johns Hopkins University Press, 1992.

6. Juan 1, 14.

Algunas de las estatuas de Sekhmet aparecidas junto al palacio
de Amenofis III. Museo Británico. Foto © N. A.

Menfis, en la que se señala que, con solo hablar, decir palabras,
se crea. Del mismo modo, este es el origen de la tradición de borrar los nombres de las listas reales de aquellos faraones que, según la tradición, no merecían ser recordados. Es el caso, entre
otros, del mencionado Amenofis IV, luego llamado Akhenatón,
y Tutankhamón, quienes a pesar de haber estado diecisiete y diez
años en el poder, respectivamente, no aparecen mencionados en
las listas reales más conocidas, como las dos que hay en Abydos.[7]

La ausencia de menciones a la epidemia la podemos observar, por ejemplo, en un texto autobiográfico de Amenhotep, hijo
de Hapu, un escriba y funcionario de alto nivel en la administración de Amenofis III que más tarde sería divinizado, en el que se

7. En estas listas reales del reinado de Seti I y su hijo Ramsés II, los faraones pasan de Amenofis III a Horemheb saltándose los reinados de Akhenatón,
Semenkhare, Tutankhamón y Ay.

borró una parte del relato. Amenhotep cuenta que recibió del faraón la orden de hacer un censo de los sacerdotes que había en el gran templo de Amón en Karnak con el fin de reponer los cargos que faltaban «después de […] en toda la tierra de Egipto». ¿Qué es lo que pasó en el valle del Nilo que no merecía ser grabado para la eternidad? ¿Por qué se borró esa referencia? Si lo relacionamos con la carta babilonia de la que hemos hablado, seguramente nos dará una pista sobre lo que ocurrió. El texto bien podría decir que había que hacer un recuento de los sacerdotes en Karnak por la muerte de muchos de ellos «después de [la peste que se declaró] en toda la tierra de Egipto».

Estas lagunas encajan con uno de los periodos más incógnitos del reinado de Amenofis III. De las cuatro décadas que abarcó su gobierno, desconocemos todo lo que ocurrió entre los años 12 y 19. No hay textos ni referencias que ayuden a reconstruir qué sucedió durante los siete años más oscuros de la historia de Egipto. Arielle P. Kozloff, egiptóloga del Cleveland Museum of Art, en Estados Unidos, señala que nada tuvo que ver con una invasión extranjera, ni con terremotos, muy comunes en Egipto. Los sismólogos solo han podido encontrar huellas de un temblor en el año 1211 a. C., en época ramésida, en la dinastía XIX, mucho tiempo después de que viviera el abuelo de Tutankhamón. Descartando estas posibilidades y a la luz de las pocas pruebas históricas que hay, solo queda una posibilidad con lógica y que encaje con los otros indicios: la peste.

Esta razón explicaría, entre otras cosas, por qué Amenofis III trasladó el palacio real de la orilla oriental del Nilo, donde siempre habían estado las ciudades, a la occidental, lugar destinado solo a las necrópolis y los templos funerarios. Este faraón construyó un palacio en lo que hoy se conoce como Malkata, muy cerca de los valles donde estaban los enterramientos de los faraones y los nobles. Para los antiguos egipcios se trataba de una aberración desde el punto de vista ideológico, que debió de justificarse solamente por una situación extraordinaria, como la presencia de una plaga en la orilla opuesta. De ser así, esta explicación encajaría con el texto de la estatua de Amenhotep, hijo de Apu, mencionada más arriba, que nos habla de la desaparición de sacerdotes en el templo de Karnak, levantado en la orilla «infectada», la orilla este de Luxor, la antigua Tebas.

No podemos afirmar que Amenofis III muriera a causa de la peste. Su momia, descubierta en el año 1898 en el escondite de momias reales del Valle de los Reyes, la tumba KV35, perteneciente a Amenofis II, no da pistas sobre ello. Es más, ni siquiera estamos seguros de que esa sea su momia. Cuando fueron llevadas hasta allí por los sacerdotes en un momento de crisis, ya en la Antigüedad, seguramente después de varios saqueos en las tumbas reales, muchas momias fueron mal etiquetadas después de ser reacondicionadas. Es el caso de la de Amenofis III. El nombre de este faraón, Nebmaatra, señor de la Justicia de Ra, es el mismo que el de Ramsés VI, a quien es más plausible que pertenezca la momia.

Pero el problema de la peste continuó —eso sí que lo sabemos— con el heredero, Amenofis IV, luego Akhenatón y posiblemente el padre de Tutankhamón. La figura de este faraón es quizá una de las más relevantes de toda la historia de Egipto. Amenofis IV no solamente protagonizó uno de sus episodios más apasionantes, sino que además las casi dos décadas que duró su reinado albergan un gran número de enigmas históricos que hoy siguen sin solución. Aun así, es mucha la información arqueológica de que disponen los expertos. No obstante, es una especie de puzle gigantesco con piezas muy llamativas, de colores hermosos, pero que no sabemos dónde encajar. La complejidad es tal que algunos especialistas hablan de «amarnólogos», dentro de la disciplina general de la egiptología, para señalar a los que se adentran en la investigación de estas dos décadas.

Amenofis IV ascendió al trono de Egipto hacia el año 1353 a.C. y gobernó hasta 1335 a.C. No sabemos si simplemente sucedió a su padre, Amenofis III, o en realidad hubo un periodo de tiempo de corregencia. Es posible que sucediera esto último, aunque las pruebas históricas son un tanto ambiguas. No obstante, de haber existido, la corregencia no habría durado más de un año. En este sentido, las Cartas de Amarna no dejan lugar a dudas.

Lo que sí sabemos por la documentación oficial registrada sobre templos o estelas es que en el año cuarto de su reinado se hizo cambiar el nombre de Amenofis, que significa «Amón está satisfecho», por el de Akhenatón, o «La gloria de Atón». Los cambios no se quedaron ahí. Al año siguiente, el quinto del reinado, este soberano abandonó la tradicional capital de Tebas para inaugurar una nueva en la región conocida hoy como Tell el-Amarna. Allí levantó una ciudad de nueva planta llamada Akhetatón, «El Horizonte de Atón». Quizá fuera en este lugar donde el monarca tuvo una extraña visión divina que lo marcó de por vida. Es posible que su visión fuera similar a la que debieron de vivir otros «elegidos» o «contactados», como Santiago, Bernadette Soubirous o los niños de Fátima, grandes visionarios que después de sufrir una experiencia casi traumática, enigmática e incomprensible para nosotros, se sintieron empujados a dar un giro de ciento ochenta grados a su vida. En el caso de Akhenatón, el cambio supuso una serie de reformas en el estricto concepto de la religiosidad que había caracterizado durante siglos al Egipto de los faraones. Por ello, hoy recibe el apelativo de Faraón Hereje, un nombre con el que ya se lo conocía en época ramésida, especialmente durante el reinado de Seti I, del que se conservan textos que lo definen como «el Gran Perverso» y evitan usar su verdadero nombre.[8]

Akhenatón persiguió el culto de Amón y de otros grandes dioses de la cultura tradicional, como Osiris. No se llegó al monoteísmo, como se ha dicho muchas veces, pero sí hubo un dios,

8. Ch. Desroches-Noblecourt, *Tutankhamen. Vida y muerte de un faraón*, Barcelona, Noguer, 1972, p. 169.

el disco solar de Atón, que tuvo sobre los demás una preponderancia que nunca había tenido ninguna divinidad.

Por otra parte, es posible que la supuesta visión de Akhenatón, que él mismo describe en varios textos grabados en las estelas de frontera que rodeaban la nueva capital, Akhetatón, no fuera más que una excusa para dar un golpe sobre la mesa y derribar el poder del clero de Amón. Conociendo a los antiguos egipcios, quienes no dudaban en inventarse encuentros divinos entre reinas y dioses para justificar su ascenso al trono, me da en la nariz que realmente fue así. Akhenatón se inventó la historia de la aparición de Atón sobre un carro de brillante electro para desestabilizar el poder del sacerdocio corrupto que minaba las bases del Gobierno.

No sabemos hasta qué punto intervinieron en este proceso teológico algunas mujeres, como la propia madre del faraón, Tiyi, o su esposa, Nefertiti, muy conocida por el famoso busto de caliza pintada encontrado en el taller del escultor Tutmosis a las afueras de la ciudad de Akhetatón.[9]

9. El Museo Nuevo de Berlín alberga entre sus mejores piezas de arte egipcio el conocido busto pintado de la reina Nefertiti. Posiblemente se trate de un modelo empleado en el taller del escultor para que los aprendices lo copiaran en otros bustos. La delicadeza de sus rasgos, el fino y largo cuello, así como la elegancia del porte de su rostro copado por el impresionante tocado de la cabeza, convierten a esta figura en una de las más representativas del arte del periodo de Amarna. La pieza fue descubierta por el alemán Ludwig Borchardt en el año 1912 en el taller del escultor Tutmosis en su casa de Akhetatón. Junto a ella aparecieron otros bustos, estos de granito rojo, que reflejaban el rostro de Nefertiti o de algunas de sus hijas. Curiosamente, al busto de caliza de Nefertiti le falta el ojo izquierdo. Seguramente la pieza de cristal que lo formaba se desprendió en algún momento y se perdió para siempre. Sin embargo, hay gente que rizando el rizo ha llegado a decir que la razón de esta ausencia se debe a que Nefertiti sufría glaucoma, una enfermedad del ojo que se caracteriza por un exceso de presión intraocular que tiene como resultado la progresiva pérdida del campo visual y a largo plazo de la propia vista. Según estos estudios, el glaucoma estaría producido por la insistente visión del disco solar sin emplear para ello un protector apropiado; es decir, por adorar a Atón sin gafas de sol. Me parto.

Coloso de Amenofis IV, Akhenatón, descubierto en el templo de Atón en Karnak. Museo de El Cairo. Foto © N. A.

Es posible que el cambio religioso no fuera tan espiritual como algunos han podido creer. El estado casi policial que se vivía en la nueva capital tal vez nos indique que Akhenatón sabía muy bien lo que quería: acabar con la hegemonía y el poder económico y religioso del todopoderoso clero de Amón. Lo que sí está claro es la relajación existente durante su reinado en lo que respecta a la política exterior. La documentación ya mencionada y conocida como Cartas de Amarna, la correspondencia mantenida entre Akhenatón y algunos reyes vasallos de la franja sirio-palestina, da a entender que, literalmente, el rey egipcio no tenía muy en cuenta los problemas que allí se producían. Todo ello desembocó en que poco a poco Egipto fuera perdiendo parte de estos territorios, que quedaron en manos de jefes locales rebeldes que, aprovechando la indiferencia de Akhenatón, no encontraban problemas para hacerse con estos territorios y erigirse como reyezuelos independientes.

A la hora de estudiar este momento de la historia de Egipto debemos preguntarnos por qué Akhenatón mandó trasladar la capital a un lugar tan alejado, en el Egipto Medio, donde seguramente nació nuestro protagonista, Tutankhamón. La respuesta más lógica es la que ya hemos explicado: huir de la hegemonía de Amón en Tebas hacia un lugar virgen y evitar la insidiosa plaga de peste que acuciaba la región incluso durante el reinado de su padre, Amenofis III.

Precisamente, sí tenemos sospechas de que algunas de las hijas de Akhenatón pudieron morir a causa de la peste. Es el caso de Maketatón, cuyo funeral podemos ver en un relieve que se conserva en la habitación gamma de la Tumba Real de Amarna. Allí Akhenatón y Nefertiti se postran ante un quiosco en el que la figura de la princesa parece estar siendo velada por su familia. Otros protagonistas de este periodo desaparecieron de la noche a la mañana sin dejar huella. Es el caso de la reina Kiya, esposa secundaria de Akhenatón, que tal como vino, desapareció. Kiya es una de las mujeres más misteriosas del reinado del Faraón Hereje. No sabemos cuál es su origen, aunque el nombre parece extranjero, ya que no conocemos paralelos entre los nombres usados en época faraónica. En el año noveno del reinado de Akhenatón, Kiya deja de ser mencionada en las fuentes. Algunos investigadores han achacado su repentina desaparición a la peste. Otros creen, sin embargo, que quizá era la madre de Tutankhamón y murió en el parto, ya que su desaparición coincide con el nacimiento del heredero. Sí; como luego profundizaremos, Kiya pudo ser la madre del Faraón Niño.

El desvanecimiento también inesperado de Nefertiti, la bella esposa de Akhenatón, ha llevado a pensar que incluso ella fue aniquilada por la plaga. El final del reinado de este soberano es todo un enigma. De pronto, sin saber cómo ni por qué, aparece un personaje misterioso, Semenkhare, que quizá gobernó en corregencia con Akhenatón durante unos pocos meses o un año. Para algunos egiptólogos detrás de ese nombre se esconde la figura de Nefertiti, quien habría dejado de ser la Gran Esposa Real para convertirse en faraón de facto, primero junto con su esposo, como corregente, y luego como monarca propiamente dicho tras la muerte de Akhenatón, momento en que se casó con la princesa Meritatón. Se trata de un comportamiento que, visto desde nuestra perspectiva contemporánea, no llegamos a comprender, aunque debió de ser normal en el Antiguo Egipto. Recordemos el caso del faraón Hatshepsut,[10] una mujer que subió al trono, pero que para poder mostrar su poder como rey tuvo que adoptar el aspecto de un varón. Por ello la reina faraón aparece representada en muchas ocasiones sin pechos, luciendo la falsa barba de los dioses y con un aspecto completamente masculino. Algo parecido pudo haber desempeñado la reina Nefertiti al final del reinado de su marido. Hasta hace poco se creía que Nefertiti había desaparecido en el año 12 del reinado del Faraón Hereje. ¿Cayó en desgracia? ¿Murió a causa de la peste? ¿O bien trasformó su papel político del modo que acabo de explicar? Realmente no lo sabemos, pero la aparición en la cantera de Deir el-Bersha, a pocos kilómetros de la ciudad de Akhetatón, de un grafito en el que se alude a la hermosa reina en el año 16 del reinado de su esposo, es decir, un año antes de morir

---

10. En Egipto no había un término para designar a la reina, se la llamaba Gran Esposa Real. Por lo tanto, es un error hablar de Hatshepsut como faraona. Faraona solo hubo una y todos sabemos quién fue.

Akhenatón, ha reabierto la polémica, pues demuestra que Nefertiti no había desaparecido en el año 12, tal y como se creía hasta ahora, sino que lo hizo mucho después. Este dato abre todo un abanico de posibilidades para la realidad histórica que se debió de vivir entonces.

De cualquier forma, el de Akhenatón fue un reinado bastante convulso. Se conservan algunos textos que nos pueden orientar sobre qué buscaba el soberano con respecto a la nueva divinidad, Atón. Las semejanzas que se observan entre algunos textos del Antiguo Testamento y la religión egipcia son realmente sorprendentes. La más significativa la descubrimos en el salmo 104, en el que muchos autores han querido ver un claro reflejo de la literatura atoniana, en concreto del famoso Himno a Atón, escrito posiblemente por el propio faraón. Vamos a ver algunos de los fragmentos más similares para comprobar que, en efecto, existe algo más que una simple coincidencia. En el siguiente texto las siglas HA señalan los versos del Himno a Atón y la S, los del salmo bíblico.

HA. Cuando te pones en el horizonte occidental, / la tierra se oscurece como si estuviera muerta.

S. Tú extiendes las tinieblas, y es de noche.

HA. Cada león ha salido de su guarida.

S. Y en ella corretean todas las bestias del bosque.

HA. Todas las serpientes pican.

S. Rugen los leoncillos por la presa.

HA. Al alba, cuando te encumbras en el horizonte, / disipas, entonces, la oscuridad.

S. Sale el sol, y se retiran [las fieras] y se acurrucan en sus cuevas.

HA. [Los hombres] se despiertan y se alzan sobre sus pies / […] y el país entero se dedica a sus trabajos.

S. [Al alba] sale el hombre a sus labores.

HA. ¡Cuán numerosas son tus creaciones, / ocultas [a veces] a la vista de los hombres!

S. ¡Cuántas son tus obras, oh, Yavé!

HA. Tú creaste el mundo según tu deseo.

S. ¡Todas [las obras] las hiciste con sabiduría! Está llena la tierra de tu riqueza.

Con todo, si por algo son conocidos la época de Amarna y el reinado de Akhenatón es por su arte. En este ámbito, al igual que en la religión, el giro fue de ciento ochenta grados con respecto a lo que se había estado haciendo hasta entonces. Claro que se mantuvieron los pilares básicos del arte egipcio, como la frontalidad, el aparente hieratismo o las representaciones de perfil, pero en el arte de este periodo hay algo que cualquiera, incluso los que no han visto nunca arte egipcio, es capaz de descubrir. Además, se trata de un elemento que se mantiene durante casi todo el reinado de Tutankhamón, por lo que es interesante que lo recordemos aquí.

En primer lugar, el diseño de las figuras comienza a ser mucho más estilizado. Hasta hacía poco, los artistas se basaban en un canon que encuadraba las proporciones del cuerpo humano en una cuadrícula de dieciocho cuadros hasta la altura del ojo. Han llegado hasta nosotros algunas pinturas murales de tumbas egipcias sin acabar donde se ha conservado la cuadrícula de líneas rojas que se trazaba sobre el muro para esbozar el contorno de las figuras antes de colorearlas y delinearlas definitivamente. Cada cuadro de la retícula medía un palmo de la propia figura representada, y dieciocho de estos cuadros suponían la altura de la persona. Pues bien, en la época de Amarna el canon se alargó hasta los veinte cuadros, por lo que las figuras adquirieron una proporción más estilizada y estirada. Profundizaremos en la cuestión de las cuadrículas cuando analicemos las pinturas de la cámara funeraria de la tumba de Tutankhamón, donde curiosamente aparecen los dos cánones artísticos.

Una de las características más llamativas del arte de este periodo y que continúa en el reinado de Tutankhamón es el alargamiento de los cráneos. Además, las representaciones del arte de Amarna se hacen más humanas. En ellas, lo normal es ver al faraón rodeado de su familia, su esposa Nefertiti y sus hijas. Siempre se ha dicho que el tiempo que se representa en estas escenas no es la eternidad, como se había hecho hasta entonces, sino un breve momento, un instante fugaz de la vida de la familia real, a la que se capta en un acto de afecto mutuo bajo el disco diurno de su dios del sol. La mayor parte de las representaciones están enmarcadas por el disco solar de Atón, que expande sobre la familia real sus rayos acabados en diminutas manos, las cuales en ocasiones portan el símbolo de la vida, la cruz *ankh*. Pero seguramente estas escenas, más que plasmar la vida diaria del faraón, están cargadas de un significado religioso y simbólico muy profundo que hoy se nos escapa. El disco solar es el vértice de una suerte de tríada sagrada en la que Akhenatón adopta el papel masculino de creador y Nefertiti, el femenino de fuente de vida y regeneración. La ausencia de textos que expliquen esta teología nos impide leer entre líneas lo que puede haber en las obras de arte. Recordemos además la destrucción, especialmente durante la época ramésida, de muchos textos y monumentos de Akhenatón, que hace que la información sobre este momento sea muy escasa.

Ahora bien, debemos matizar que este estilo no fue heterogéneo en los diecisiete años en los que gobernó Akhenatón. Al principio y al final de su reinado, las formas artísticas siguen la norma general del arte egipcio de otras épocas. Conservamos relieves como el que vemos en la sala hipóstila de la tumba de Ramose en Luxor (TT55), en donde Amenofis IV, recién ascendido al trono, es representado como un faraón convencional. Lo mismo vemos en el tercer pilono del templo de Karnak, en donde el soberano ase por el cabello a los enemigos de Egipto protagonizando una de las escenas icónicas del arte egipcio en los pilonos de entrada de los grandes templos. En los últimos años de su reinado aparecen otras representaciones como estas. Vuelven las formas tradicionales y se dejan de lado las siluetas elongadas y de cráneo deformado que habían sido tan comunes en los años previos.

Entre los detalles más llamativos de las representaciones de Akhenatón se encuentra el insólito aspecto físico del faraón. No hay más que echar un vistazo a los colosos de arenisca que decoran las pilastras de la sala de Amarna del Museo Egipcio, en la plaza cairota de El-Tahrir. Todos ellos proceden del llamado Gempa-Atón, el templo que Akhenatón mandó construir en Karnak al principio de su reinado, al este de la puerta de Nectanebo, fuera del recinto de Amón propiamente dicho. Podría escribir páginas y páginas para plantear todas y cada una de las posibilidades que se han propuesto para explicar el extraño aspecto del rey, que salta a la vista. Algunos han hablado de la *brutalité* de las sinuosas formas del monarca. En otras ocasiones se han planteado hipótesis similares a las que aventuran algunos críticos de arte contemporáneo sobre obras tales como un simple bocadillo de salchichón elevado a la máxima categoría artística. Más de un artista todavía está desternillándose tras escuchar las interpretaciones de algunos de estos críticos. El caso de Akhenatón va más allá. Es posible que nunca sepamos cuál es la verdadera razón que llevó al soberano de las Dos Tierras a hacerse representar de esa forma, digamos, insólita, pero, al menos, podemos plantear algunas ideas que, ayudándonos del entorno histórico y social en el que evolucionaron los hechos, sugieran alguna verosimilitud. Más cuando observamos que algunas de estas características permanecen en los primeros años del reinado de su hijo Tutankhamón.

Es evidente que alguna razón tuvo que existir. Los egipcios, lo he repetido muchas veces, no daban puntada sin hilo, y con ellos no es válido decir que algo se hacía porque sí, porque era una moda. En el arte egipcio todo tiene un significado, en especial cuando, como sabemos, lo que se representaba, gracias a su concepción de la magia, cobraba vida. De lo contrario no lo habrían hecho y habrían evitado todos estos problemas estéticos. Los ojos profundamente almendrados, los labios muy gruesos, los pómulos y la barbilla abultados, un vientre excesivamente prominente, el pecho hundido, las caderas anchas y los muslos gruesos y afeminados son algunas de las peculiaridades que podemos ver en cualquier estatua de Akhenatón.

Si no era un mero convencionalismo artístico, que no creo que lo fuera, tendríamos que buscar una explicación en el campo de la medicina. Una de las primeras teorías que se barajaron fue la de la hidropesía. Normalmente, cuando uno consulta en un diccionario médico el término «hidropesía», se encuentra con una remisión a la voz «edema». La hidropesía o edema es por definición la acumulación de fluido en cualquier tejido, cavidad u órgano corporal, excepto en el hueso. Si la acumulación se produce en la cavidad pleural, recibe el nombre de «derrame pleural»; si es en el cráneo, se denomina «hidrocefalia», y si sucede en la cavidad abdominal, se llama «ascitis». Este último caso es quizá el que mejor encaja con la fisonomía de Akhenatón debido a su abultado vientre. Las causas que llevan a desarrollar esta enfermedad son muy variadas. Los especialistas hablan de insuficiencia cardiaca o renal, o de disminución de proteínas plasmáticas debido a la malnutrición o por insuficiencia hepática. En la actualidad, el proceso puede frenarse por medio de una medicación específica que ayuda al funcionamiento normal de los órganos. Sin embargo, en la época de Akhenatón, como es obvio, por muy avanzada que estuviera la medicina de los egipcios no existían estos logros y es muy posible que, de haber padecido hidropesía, el soberano hubiera fallecido de esta enfermedad. En ocasiones el problema es tan acuciante que impide, por ejemplo, respirar con normalidad debido a la gran cantidad de líquidos que oprime los pulmones.

Otra de las explicaciones que se han barajado, dejando de lado que el faraón podría ser así de poco agraciado, es el síndrome de Fröhlich. Este se relaciona con el mal funcionamiento de la hipófisis o glándula pituitaria, la principal glándula endocrina de los vertebrados, encargada de regular por medio de hormonas el funcionamiento de otras glándulas del cuerpo. Si la glándula no funciona correctamente, puesto que controla algunos factores del crecimiento, es posible que el individuo presente malformaciones en el cuerpo, como el enanismo o el propio síndrome de Fröhlich. Algunos de estos rasgos pueden verse en los retratos de Akhenatón. Sin embargo, esta hipótesis, que fue propuesta por primera vez por el médico forense Grafton Elliot Smith[11] a comienzos del siglo XX y apoyada con posterioridad por el egiptólogo Cyril Aldred, también tiene sus inconvenientes. En primer lugar, la enfermedad suele aparecer en una edad avanzada, a la que nunca llegó Akhenatón, y, en segundo lugar, uno de sus síntomas es la impotencia, que no parece que sufriera este soberano toda vez que llegó a tener, al menos, seis hijas.[12]

Llegados a este punto aún queda una última posibilidad, además de la de que fuera feo, el pobre. La propuso en la década de 1990 un investigador canadiense llamado Alwyn L. Burridge. En un artículo publicado en una revista de egiptología, Burridge afirmaba que lo que sufría Akhenatón no era otra cosa que el síndrome de Marfan.[13] Este síndrome consiste en un trastorno genético hereditario que afecta a los tejidos conectivos del cuerpo. Se calcula que hay un caso por cada diez mil habitantes, por lo que es más común de lo que creemos. Una tarde de fútbol, en un gran estadio con cien mil espectadores, podemos señalar que,

11. Grafton Elliot Smith fue el médico forense que analizó muchas de las momias reales descubiertas en la necrópolis real de Tebas y uno de los expertos más importantes en su campo dentro de la egiptología durante las primeras décadas del siglo XX.

12. Como nadie nos ha dicho que Akhenatón no fuera el padre, véase Nicholas Reeves, *Akhenatón. El falso profeta de Egipto*, Madrid, Oberon, 2002, p. 198 y ss.

13. Véase el artículo de Alwyn L. Burridge sobre el tema en *Journal of the Society for the Study of Egyptian Antiquities*, n.º 23 (1993).

al menos estadísticamente, habría una decena con el síndrome de Marfan.

Las características que lo definen son ciertas anomalías en los ojos, los pulmones, el corazón, los huesos y los vasos sanguíneos. Es difícil saber si Akhenatón contaba con alguno de estos trastornos. Sin embargo, existen rasgos físicos bastante esclarecedores. Las personas con síndrome de Marfan poseen las extremidades, tanto las piernas y los brazos como los dedos, con una largura y una delgadez anormales. Quien haya visto a alguna persona con este síndrome habrá tenido la sensación de estar realmente ante un Akhenatón. Podemos mencionar algunos personajes conocidos de la historia que tenían este síndrome, como el violinista Niccolò Paganini o el presidente de Estados Unidos Abraham Lincoln.

La enfermedad fue diagnosticada por primera vez en 1896 por el pediatra francés Antoine Marfan. El médico se enfrentaba al caso de una niña de cinco años que tenía los brazos y los dedos de las manos y los pies muy largos y finos, y la columna vertebral curvada. Una vez descrita la enfermedad, aparecieron casos en los que estos síntomas se acompañaban de problemas en los ojos, rostros alargados y caja torácica deforme.[14]

Al ser hereditario, algunos expertos han visto los mismos síntomas en otros miembros de la familia real, como algunas de las hijas o incluso el propio Tutankhamón. También es posible que el síndrome de Marfan estuviera supeditado a una noción artística que caló profundamente en este periodo y se extendió al resto de los miembros de la familia real, tuvieran o no sus rasgos característicos. No voy a entrar en la polémica de los famosos cráneos alargados de las hijas de Akhenatón. Hay quien ha intentado buscar un paralelismo con las deformaciones craneales de las culturas precolombinas. Los egipcios no alargaban los

---

14. Estos datos aparecen en el libro de Bob Brier *El asesinato de Tutankhamón. La verdadera historia*, Barcelona, Planeta, 1998, pp. 77-78.

cráneos de los niños, como se ha querido ver.[15] Al menos nadie jamás me ha podido señalar un solo cráneo egipcio con esta alteración en una momia. El alargamiento aparece exclusivamente en las representaciones artísticas de la época de Amarna. Y si alguien sigue teniendo dudas, lo invito a visitar la tumba de Ramose en la necrópolis de Gurna. Allí verá a este visir de los reinados de Amenofis III y Akhenatón con y sin alargamiento del cráneo, según esté delante de un rey o delante del otro, lo que nos indica indiscutiblemente que se trata de un simple convencionalismo artístico de la época, sin que con ello estemos negando la posibilidad de que hubiera un significado religioso por detrás que hoy se nos escapa.[16]

Otros, en cambio, han visto en la figura de Akhenatón a una especie de *drag queen* del Egipto faraónico. No es una idea nueva. Cuando, a principios de la década de 1880, aparecieron las primeras tumbas reales de la necrópolis de la ciudad de Akhetatón, los arqueólogos pensaron que la pareja representada en los relieves la formaban dos mujeres. No deja de ser curioso que en muchos de estos relieves Nefertiti aparezca con los símbolos reales típicos de un hombre. Pero, como parecía algo increíble, entonces se pensó que la otra persona no era Nefertiti, sino el misterioso y escurridizo Semenkhare, posible hijo de Akhenatón, con una esposa secundaria, quizá Kiya, la madre de Tutankhamón. Quizá Semenkhare fuera corregente de Egipto junto con su padre, igual que lo fue este con Amenofis III. De ser así, Semenkhare gobernó en el trono de las Dos Tierras durante dos años, de 1335 a 1333 a. C. Pero ahí no queda la cosa. Si de verdad

15. Uno de los pioneros en este tipo de comparaciones es el inefable Erich von Däniken. Véase de este autor *The Eyes of the Sphinx*, Nueva York, Berkley Books, 1996, pp. 238-241. [Hay trad. cast.: *Los ojos de la esfinge*, Barcelona, Plaza & Janés, 1991].

16. Véase Nacho Ares, *Egipto el oculto*, Pozuelo de Alarcón, Aguamarina, 1998, pp. 219-222.

es Semenkhare quien aparece en los relieves junto a Akhenatón, ¿qué hace este acariciando a su corregente en posturas un tanto, al menos para nosotros, comprometidas? Para muchos, esta circunstancia le hubiera supuesto a Semenkhare poder ser portada de una revista gay.[17] Uno de estos ambiguos relieves es una placa de piedra caliza en la que podemos ver dos figuras claramente masculinas con los ornamentos reales de la época.

La respuesta a estos enigmas quizá sea más sencilla de lo que pensamos, aunque realmente no hay pruebas que así lo demuestren. En primer lugar, no creo que Akhenatón sufriera ninguna

---

17. La homosexualidad era algo que en el Antiguo Egipto estaba a la orden del día. La tumba egipcia de Niankhkhnum y Khnumhotep, en la región de Sakkara, al sur de El Cairo, no es el lugar de reposo de «dos hermanos unidos por un vínculo fortísimo», tal y como defendieron en 1964 sus descubridores. El egiptólogo americano Greg Reeder, quien excavó e investigó la tumba en los años noventa, demuestra que estos dos manicuros del rey Niuserre, de la dinastía V (2400 a. C.), fueron algo más que amigos. Se trataría, por lo tanto, de la primera tumba gay del Antiguo Egipto, si no de toda la humanidad. Al menos así apareció en la prestigiosa publicación científica *World Archaeology*, en un artículo que, con el sugerente título de «Queer Archaeologies» (literalmente «Arqueologías maricas»), se dedicó a «sacar del armario» los trapos más rosas de la trastienda egiptológica. Reeder no hace más que corroborar las sospechas que desde hace décadas venían barruntando algunos investigadores. El vínculo gay parecen confirmarlo no solamente las posturas excesivamente cariñosas de Niankhkhnum y Khnumhotep (quienes, por otro lado, tenían esposa e hijos), sino también los textos y representaciones que acompañan a cada uno. En todos ellos protagonizan situaciones que siempre habían involucrado a parejas convencionales de hombre y mujer. Son muy numerosos los bajorrelieves donde los dos manicuros van de la mano, algo insólito en la iconografía egipcia, o aparecen los dos hombres abrazados y con la nariz punta con punta, gesto con el que se besaban los antiguos egipcios. Véase Greg Reeder «Same-sex desire, conjugal constructs, and the tomb of Niankhkhnum and Khnumhotep», *World Archaeology*, vol. 32 (2) (2000), pp. 193-208.

En castellano contamos con un estudio de la sexualidad en José Miguel Parra, *La vida amorosa en el Antiguo Egipto*, Cuenca, Alderabán, 2001, pp. 153-174.

de las enfermedades que se han propuesto; de lo contrario no habría sido representado sin estas deformidades al principio y al final de su reinado. Los síntomas del síndrome de Marfan no se pasan con el tiempo, y se conservan numerosas estatuas de Akhenatón adulto sin ellos. Seguramente, la forma de las figuras tendría algún tipo de significado religioso que, como decía antes, no entendemos. Reconozco que es una respuesta muy ambigua y hasta cierto punto vacía, pero es la que podemos aportar. Seguro que las claves van en ese sentido, pero nos resulta muy difícil comprenderlas. Algunas investigaciones de los colosos de Amenofis IV procedentes del templo de Atón en Karnak señalan la posibilidad de que en realidad fueran hechos por su padre, Amenofis III, y reutilizados luego por el Faraón Hereje. ¿Se hizo representar Akhenatón como una mujer para ser así fuente de regeneración vital? ¿El cráneo alargado era un remedo del huevo del sol del que surgía la vida según algunas cosmogonías antiguas? Hay teorías para todos los gustos, a cada cual más histriónica, pero la única verdad es que lo ignoramos.

Como vemos, se dispone de mucha información y aun así no se sabe nada de este periodo tan convulso y al mismo tiempo tan magnífico. Tampoco sabemos cómo abandonó el trono Akhenatón. Desconocemos si murió por causas naturales o fue asesinado.

Lo que durante décadas ha sido la historia tradicional de Egipto, es decir, lo que acabo de desglosar en las breves líneas anteriores, podría cambiar de forma radical. Para ello no tenemos más que seguir las pautas propuestas por Nicholas Reeves, quizá el egiptólogo que mejor conoce este periodo y a sus protagonistas. En su libro *Akhenatón. El falso profeta de Egipto*, Reeves no solamente defiende que Nefertiti no desapareció de la vida pública, sino que, por el contrario, ascendió como corregente al doble trono del país. La reina que realmente desapareció sin dejar rastro no fue otra que Kiya. Además, tras la muerte de Akhenatón, el gobierno continuó en manos de Nefertiti, quien había cambiado sus títulos reales por los de Semenkhare. Este faraón, según Reeves, nunca existió como tal, sino que fue una de las identidades adoptadas por la increíble Nefertiti.[18]

En este periodo comenzó a surgir una figura importante en la historia de Egipto. Me estoy refiriendo a Horemheb. Procedente de una familia humilde de Heracleópolis, Horemheb desempeñó importantes tareas militares durante el reinado de Akhenatón y Semenkhare, fuera quien fuese este rey. A él se debe gran parte del control del territorio sirio-palestino de este momento, así como, seguramente, la oposición a las excéntricas ideas religiosas y políticas del Faraón Hereje y la lucha contra ellas.

Nunca se han identificado con exactitud las momias de Akhenatón y de Nefertiti. Más adelante hablaré de la misteriosa tumba KV55, descubierta en enero de 1907 y en la que, según Reeves, podrían haber aparecido los restos de este faraón. En cambio, sí se conoce, aunque no con seguridad, la tumba real de Akhenatón en la ciudad que él mismo mandó fundar. Recibe el número de registro TA26 y fue descubierta por unos campesinos entre 1887 y 1888. Sabemos que en su interior, aunque la tumba estaba sin terminar, al menos se realizaron tres enterramientos. Uno de ellos sería el de una de las hijas del faraón, Maketatón; los otros dos, el del propio faraón y de la madre de este, Tiyi. La sepultura nos ha llegado en muy mal estado. En uno de los relieves precisamente se dice que podemos ver a la reina Kiya con el pequeño Tutankhamón en brazos. Los relieves de las paredes que reproducen momentos de varios funerales de la familia de Amarna están muy dañados; seguramente los destrozaron los perseguidores del clero de Atón ya en la Antigüedad. Estos mismos habrían sido los que esquilmaron el contenido de la tumba haciendo que hasta nuestros días no llegara prácticamente nada. Solamente en los alrededores del emplazamiento han aparecido fragmentos de piezas del ajuar del faraón y, aun así, no se puede

18. Para profundizar en esta polémica, véase Reeves, *Akhenatón, op. cit.*

asegurar que, por ejemplo, los trozos de las figuras funerarias o *shabtis* que allí se descubrieron provengan de dicha tumba.

El principal problema que tenemos con este periodo es la mutilación de los monumentos o textos que nos han llegado. En época ramésida, ya en la dinastía XIX, casi cincuenta años después de morir Akhenatón, el faraón Seti I y luego su sucesor Ramsés II empezaron una campaña de persecución contra su recuerdo. Razones para la persecución hubo muchas, sobre todo las que marcaron el hundimiento del clero de Amón, pero ¿por qué no se hizo antes? ¿Por qué no se lo persiguió desde el reinado de Tutankhamón o de sus sucesores Ay, Horemheb o Ramsés I?

Los documentos de este periodo que han llegado hasta nosotros están mutilados en muchos casos. No solamente se borró el nombre del llamado Faraón Hereje, sino que se eliminaron monumentos completos, de modo que se perdió para siempre el legado de sus casi dos décadas de reinado. En las listas de reyes confeccionadas durante el reinado de Seti I, como la lista real de Abydos, y luego el de Ramsés II, falta el nombre de Akhenatón, así como los de Semenkhare, Tutankhamón, Ay y Horemheb. A todos ellos se los consideró parte integrante de una época que había que olvidar y, para ello, destruir.

Tras los diecisiete años de reinado que se suelen asignar a Akhenatón, subió al trono durante un breve espacio de tiempo Semenkhare, hijo del rey o, como plantea una teoría con cada vez más peso, la propia Nefertiti con el nombre cambiado. Lo que sí sabemos es que Semenkhare se casó con Meritatón, que sería su hermana o su hija, y reinó desde 1335 hasta 1333 a. C. Es muy posible que, al desaparecer Nefertiti, Semenkhare tomara su lugar (si es que no fueron la misma persona, insisto); de ahí que aparezca en algunos relieves con los títulos que anteriormente había llevado la reina, circunstancia que hizo levantar las mencionadas sospechas. Entre los títulos adoptados por Semenkhare estaba el de *Neferneferuatón*, literalmente «Hermosos son los dones de Atón», uno de los epítetos de Nefertiti.

Al igual que sucede con los otros protagonistas de este periodo, se desconoce el lugar de reposo del efímero faraón. También se ha identificado con Semenkhare la momia aparecida en la tumba KV55, pues hay numerosos indicios que así lo afirman, como la edad; sin embargo, no existen pruebas definitivas que confirmen esta relación. Curiosamente, los ataúdes de oro empleados en el enterramiento de Tutankhamón habían sido hechos en un principio para Semenkhare, un asunto en el que ahondaremos más adelante. Lo único claro que ha desvelado el ADN es que la momia de la KV55 es la del padre de Tutankhamón. Lo malo es que en ese ADN no aparece el nombre del propietario, así que de poco nos vale. ¿Akhenatón? ¿Semenkhare?

Después de dos años sin pena ni gloria del reinado de Semenkhare, subió al trono Tutankhatón, «La viva imagen de Atón».

No sabemos ni cuándo ni cómo, pero en algún momento hacia el año 1333 a.C. apareció en escena este joven rey, que no debía de superar los ocho o nueve años. Seguramente sea el faraón Rathotis, que aparece reinando nueve años en la dinastía XVIII según la historia de Manetón, un sacerdote del siglo III a.C. que escribió una historia de su pueblo por encargo de uno de los Ptolomeos, de la que solo han llegado unos pocos fragmentos hasta nosotros.[19]

El Faraón Niño, como hoy se le conoce, gobernó las Dos Tierras del valle del Nilo durante casi una década, hasta el año 1323. De Tutankhatón lo desconocemos prácticamente todo. No sabemos ni dónde ni cuándo nació, ni quiénes fueron sus padres o hermanos, etcétera. Todo lo que se diga sobre él, mientras no se afirme lo contrario, no será más que mera especulación. Se cree que era hijo de Akhenatón y de su segunda esposa, Kiya, con quien se casó el Faraón Hereje aun estando con Nefertiti. Según algunos expertos, Kiya era Taduhepa, princesa de Mitani, una fi-

19. Manetón, *Historia de Egipto*, ed. de J. Jiménez Fernández y A. Jiménez Serrano, Madrid, Akal, 2008.

gura que también se ha identificado con Nefertiti y que fue enviada a Egipto por el rey de este país, Tusharatta, con el fin de afianzar las relaciones de paz entre las dos naciones. En el año noveno o décimo del reinado de Akhenatón, Kiya, que nunca portó el título principal de Gran Esposa Real, desapareció de forma misteriosa. Desconocemos si murió en un parto o por una conjura de Nefertiti, o si simplemente fue sustituida en gracia por su hijastra Meritatón, quien desde este momento desempeñó el papel de reina.

El caso es que incluso se ha llegado a dudar si realmente Tutankhamón era de ascendencia real. Sin embargo, algunos textos hallados en Amarna no dejan lugar a dudas de que efectivamente era hijo de un rey, si bien es cierto que no se menciona de cuál.

No sabemos cuándo, pero Tutankhatón se casó con su supuesta hermanastra Ankhesenpatón («Su vida es de Atón»), de la misma edad que el rey o quizá un poco mayor. En el segundo año de reinado se trasladó la capital desde Amarna hasta Menfis, momento en el que cambia también su nombre por el de Tutankhamón, «La viva imagen de Amón». Tebas estaba tan esquilmada tras la herejía de Atón que se prefirió seguir usando el emplazamiento que durante siglos había servido de capital administrativa y de soporte del Estado, la ciudad de Menfis. Quizá en esta propuesta de cambio de capital influyó también el hecho de que en Tebas aún quedaran los rescoldos de las antiguas epidemias ya mencionadas. Precisamente contamos con un documento del reinado de Tutankhamón que refuerza esta idea. En el Museo Egipcio de El Cairo, en la plaza de El-Tahrir, justo en la salida que lleva a la tienda y librería, encontramos una enorme estela de granito rojo, de 2,54 metros de alto, 1,29 metros de ancho y casi 40 centímetros de grosor, colocada en un nicho en la pared, identificada con el código CG 34.183. Es la llamada estela de la Restauración, descubierta por Georges Legrain en 1905 en la esquina nordeste de la sala hipóstila del templo de Amón en Karnak, frente al tercer pilono. En ella vemos al Faraón Niño presentando ofrendas a este dios y un extenso texto en el que se nos describen los mandatos que el soberano dictó para recuperar templos abandonados. La estela fue usurpada tiempo después por el faraón Horemheb, otra figura que, como haría después Ramsés II, iba arramblando con todo lo que pillaba y allí plantaba su nombre. En aquella época no había preocupación por los derechos de autor.

El texto de la estela se ha señalado como un relato de la restauración del culto de Amón después de la herejía de Akhenatón. Sin embargo, es terriblemente ambiguo. El propio Legrain descubrió en 1907 un fragmento de un duplicado de la misma estela, cuyas lagunas no lograba completar. En el documento solo se habla del decaimiento de los santuarios, seguramente por culpa de una espeluznante plaga que debió de arrasar todo el país, más que por el abandono en favor de Atón:

[Año] [...], cuarto mes de la estación de la inundación, día 19, bajo la majestad del Horus Tutankhamón, amado de Amón-Ra, señor del trono de las Dos Tierras, que preside en Ipet-Isut [Tebas] [...]. Él ha hecho que todo lo que estaba destruido floreciera de nuevo como un monumento para toda la eternidad; él ha expulsado el engaño de las Dos Tierras. La justicia ha retornado, por lo que lo falso es la abominación del país como siempre lo fue. Cuando Su Majestad ascendió al trono, los templos de los dioses y de las diosas, desde Elefantina hasta los marjales del delta, habían caído en la ruina. Sus santuarios estaban destruidos y se habían convertido en campos con hierbajos; parecía que nunca tuvieran capillas y sus salas servían como caminos para los viandantes. El país estaba revuelto y los dioses le habían dado la espalda. Si se mandaba una misión a Djahi [en la franja siriopalestina] para extender las fronteras de Egipto, no había ningún éxito. Si se rogaba a un dios que mandara un designio, nunca llegaba. Sus corazones estaban enfadados y destruían lo que habían hecho. Mas, después de que han pasado muchos días de esto, Su

Majestad apareció sobre el trono de su padre convirtiéndose en la tierra de Horus. La Tierra Negra y la Tierra Roja están ahora bajo su autoridad y cada tierra se inclina ante su poder.

El decaimiento de los templos encaja con lo sucedido durante el reinado de Amenofis III y seguramente el de su hijo Akhenatón. Es cierto que hay una razón política encubierta bajo una razón religiosa, el deseo de apartar al clero de Amón del poder, pero no podemos dejar de lado la evidencia de que una plaga estaba atacando al país de manera feroz.

En este contexto debió de vivir los primeros años nuestro protagonista. Tutankhatón, nombre que aún vemos, por ejemplo, en el trono de madera dorada que apareció en la antecámara de la tumba, debió de cambiarse el nombre al poco de ascender al trono. La idea romántica de usar el trono de su padre que abrazan algunos reyes puede ser un hecho en el caso de Tutankhamón. Como veremos más adelante, la escena que decora el respaldo del trono, en la que vemos a Tutankhamón con su esposa, Ankhesenamón (llamada Ankhesenpatón durante el reinado de su padre, Akhenatón), está amparada por el disco solar de Atón, del que salen multitud de rayos protectores. ¿Fue este el trono de Akhenatón, heredado y reutilizado por su hijo Tutankhamón? No lo sabemos; a pesar del cambio de la decoración, por el deterioro de la parte inferior de la silla, podría decirse que sí. No obstante, viendo el orondo aspecto del cuerpo de Akhenatón en sus estatuas, cuesta creer que cupiera de forma holgada en la silla.

Como todos los reyes de Egipto, nuestro protagonista contaba con varios nombres. En este periodo eran cinco.[20]

20. La información la he tomado de la obra de Nicholas Reeves *Todo Tutankamón*, Barcelona, Destino, 1992. Algunos de estos nombres poseen variaciones.

1. Nombre de **HORUS** Ka Nakht Tut Mesut, «Toro poderoso, cuyas imágenes se ostentan».

2. Nombre de **NEBTY** Nefer Hepu Segereh Tawy Sehetep Necheru Nebu, «Cuyas leyes son el bien, el que apacigua las Dos Tierras, el que propicia a todos los dioses».

3. Nombre de **HORUS DE ORO** Wetjes Khau Sehetep Necheru, «El que manifiesta la realeza, el que propicia a los dioses».

4. **PRENOMEN**:[21] Nesu Bit Neb Kheperw Ra, «El portador del sello del Bit, señor del Ser de Ra».

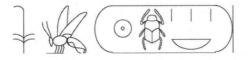

5. **NOMEN**: Sa Ra Tutankhamón heqa Iunu Shema, «Hijo de Ra, la viva imagen de Amón, señor del Alto Egipto Heliópolis».

21. Algunos egiptólogos suelen traducir este término, la típica abeja que aparece ante el cartucho del nombre, como «rey del Alto y del Bajo Egipto», si bien no hay nada que lo justifique.

Literalmente, Tutankhamón y su esposa, Ankhesenamón, no sabían dónde se habían metido. Víctimas de la tragedia que les tocó vivir, no tardaron en convertirse en dos títeres en manos del oculto poder del clero de Amón.

La presencia de Tutankhamón en la historia de Egipto es tan fútil como lo puede ser el paso de cualquier cometa visto desde la Tierra. Acorde con la brevedad de su reinado, la importancia real de este monarca fue también muy exigua, haciendo buenas las palabras de Carter, que se preguntaba que, si de un rey niño tan modesto se encontró una tumba de tal calibre, ¿qué tesoros debían de contener las tumbas de los grandes faraones de Egipto, como Tutmosis III, Amenofis III, Seti I o Ramsés II? Además, no sabemos casi nada de este periodo. Repitiendo otro comentario de Carter, solo sabemos que murió y fue enterrado. Sin embargo, por la belleza de sus tesoros, hoy vemos a Tutankhamón como uno de los exóticos emblemas de la civilización más enigmática que ha dado el ser humano. Por esas contradicciones de la historia, de Tutankhamón conservamos prácticamente al completo su mobiliario, sus ropas (incluso las más íntimas), sus joyas o sus juegos, mientras que no podemos decir casi nada acerca de su reinado.

La aparición de Tutankhamón en la escena de Egipto es tan insondable como lo puedan ser otros misterios de esta civilización. No sabemos absolutamente nada de su verdadera procedencia. Como caídas del cielo, en un momento dado empiezan a aparecer menciones a un pequeño príncipe que con el paso del tiempo llega a ser faraón de Egipto. Muy probablemente nació en Akhetatón, donde debió de ser educado con toda la exquisitez que requería la corte egipcia. En el palacio septentrional de la bella Nefertiti, su nombre aparece mencionado en diferentes inscripciones como hijo del rey, por ejemplo, en la inscripción conservada hoy en el Museo de Minia, ese museo piramidal que lleva inaugurándose varias décadas para la desesperación de todos. El nombre de Tutankhamón aparece ligado al del Faraón

Hereje como «hijo de su cuerpo». La inscripción, formada por dos bloques de piedra caliza, se descubrió en El-Ashmunein, la antigua ciudad de Hermópolis, la cuna del dios Thot, el Hermes de los griegos, situada cerca de Akhetatón. El primero de los bloques cuenta con una inscripción en la que se lee: «El rey hijo de su cuerpo». En el segundo bloque podemos leer: «La hija del rey, de su cuerpo, su gran deseo del rey de las Dos Tierras, Ankhesenpatón». De ello se deduce que Tutankhamón y Ankhesenpatón (luego Ankhesenamón) eran hermanos y tenían el mismo padre, Akhenatón.

Las teorías que acabo de exponer no dejan de ser meras especulaciones históricas, especialmente porque las hipótesis de trabajo de los investigadores han ido encaminadas, en la mayoría de los casos, a explicar la sucesión de Akhenatón, más que a intentar buscar una respuesta al intrigante origen de Tutankhamón.

Lo único cierto es que, llegado el año 1333 a. C., Tutankhamón accede al trono bajo el nombre de Tutankhatón, «La Imagen Viviente de Atón», y se convierte con todos los derechos en el nuevo señor de las Dos Tierras cuando apenas es un niño. Muy posiblemente, su ascensión al trono se debiera al matrimonio de este faraón con la tercera hija de Akhenatón y Nefertiti, Ankhesenpatón, luego Ankhesenamón.

La princesa no tuvo tiempo de proporcionar la descendencia necesaria para conservar la doble corona de Egipto. En la llamada «cámara del tesoro» de la tumba de Tutankhamón, el equipo de Howard Carter descubrió en dos minúsculos sarcófagos de madera sendas momias de dos fetos femeninos. Las hipótesis que han intentado explicar tan singular y curioso descubrimiento, y que desglosaré con detenimiento más adelante, han ido encaminadas a demostrar la inmadurez de la madre para tener hijos. Sin embargo, puede que haya algo más detrás de estos misteriosos fetos.

Fuera como fuese, las razones de dar salida a tan joven e inexperto matrimonio se debieron a la necesidad de un viraje político y religioso en la vida egipcia. Akhenatón había propiciado el desarrollo de una nueva vertiente religiosa, el atonismo, en la que Atón adquiría el más absoluto protagonismo en la vida egipcia en detrimento del dios Amón. El poderoso clero dedicado a este dios, molesto por la persecución a la que se veía sometido, no tardó en reaccionar y muy probablemente organizó un pequeño complot para destronar a Akhenatón o, al menos, aprovechar la aparición de un nuevo faraón maleable, léase Tutankhamón, para recobrar su antiguo poder.

Esta es la idea tradicional que la historiografía egiptológica ha propuesto en el último siglo. No obstante, la imagen de Akhenatón ha sido idealizada por muchos autores. Sigmund Freud fue uno de los primeros en ver en este faraón al primer monarca monoteísta de la historia. En realidad no lo fue, pero la impronta que dejó en Occidente la imagen del Faraón Hereje como una suerte de líder mesiánico que encajaba con los preceptos de las grandes religiones monoteístas, especialmente el judaísmo y su derivación, el cristianismo, es muy difícil de borrar. Sin embargo, las pruebas arqueológicas (los objetos físicos encontrados en excavaciones) e históricas (los documentos escritos) parecen dar otra versión de lo que sucedió en el reinado de Akhenatón. El simple hecho de haber encontrado *shabtis*, figuras funerarias que representan al difunto como Osiris, con el rostro y el nombre del faraón Akhenatón o de Nefertiti y alguna de sus hijas, ya nos está hablando de que la ruptura con la tradición más antigua del culto a Osiris no fue tan expeditiva como se había pensado. Lo mismo podemos concluir si reconocemos que Akhenatón se momificó, la prueba más clara de continuidad con el culto osiriano.

La presencia de Ay, miembro destacado del clero de Amón, junto a Tutankhamón parece indicar que, quizá contraviniendo los deseos del joven faraón, manipuló cuanto quiso el destino del país volviendo a trasladar la capital primero a Menfis y luego a Tebas. El cambio de nombre de Tutankhatón a Tutankhamón también parece una prueba significativa del brusco giro dado en la vida religiosa de la época. En el trono de madera dorada descubierto en la tumba del joven faraón se pueden leer los dos nombres del rey, Tutankhatón y Tutankhamón.

Y poco más sabemos de este Faraón Niño. Gracias a las pinturas conservadas en la tumba de Huy, sabemos que en este momento se hicieron varias expediciones a Nubia, algo que, por otra parte, no era nada extraordinario. Por su parte, el general Horemheb continuó con la expansión y consolidación de los territorios egipcios en la franja oriental del Mediterráneo. Quizá a este momento pertenezcan las escenas de lucha en las que Tutankhamón aparece representado en su templo funerario o sobre la caja descubierta en la antecámara de su tumba. En otra de las cajas apareció una armadura, un verdadero *unicum* en la arqueología egipcia. Según los estudios que se han hecho sobre ella, la armadura fue utilizada, lo que demostraría que Tutankhamón —no tenemos por qué dudar de que la armadura le perteneció— la pudo haber usado para liderar a sus tropas en el campo de batalla, a los dieciséis o diecisiete años. La armadura es una joya en sí misma. Está hecha con dos mil escamas de cuero cosidas por dentro con costuras que se van superponiendo unas a otras, con lo cual se consiguen fuerza y flexibilidad. Lucy Skinner, experta en cuero de la Universidad de Northampton, ha verificado que se trata de una armadura de uso real, no ceremonial. La arqueología experimental confirma también su eficiencia para proteger del impacto de las veloces flechas de los enemigos.

Este contexto bélico debió de ser la oportunidad que aprovechó Horemheb, escriba y jefe de los ejércitos del faraón, para ir medrando junto con el sacerdote Ay hasta colocarse prácticamente como el segundo de a bordo del trono de las Dos Tierras. Horemheb no parece que perteneciera a la familia real de forma directa, aunque sospechamos que estaba casado con una hermana de Nefertiti, Mutnedymet.

Durante el reinado de Tutankhamón también se hicieron algunas obras constructivas, como la decoración de la columnata del templo de Luxor, comenzada por Amenofis III, y la edificación de algunas partes del templo de Karnak. Pero el hecho más representativo de este periodo, por destacar uno, es la vuelta a las doctrinas teológicas tradicionales de Amón en detrimento del disco solar de Akhenatón. Así lo vemos en la mencionada estela de la Restauración.

A la muerte de Tutankhamón, cuando este solamente debía de contar diecinueve años de edad, su joven esposa, Ankhesenamón, se dio cuenta, quizá por primera vez, de la manipulación a la que habían sido sometidos ella y su marido por el clero de Amón. En este punto de la historia de Egipto, hacia el año 1323 a. C., se da uno de los momentos más curiosos del periodo de Amarna y la dinastía XVIII. En un último intento de conservar la doble

Estela con la familia real, Akhenatón (*izquierda*)
y la Gran Esposa Real Nefertiti. Museo de Berlín. Foto © N. A.

corona de Egipto, una reina egipcia, desesperada al ver que no tenía descendencia a la que legar el trono del país, escribió una dramática carta al rey de los hititas, Supiluliuma, pidiéndole un hijo para desposarlo y convertirlo así en faraón de Egipto. Se conserva una copia de la carta, descubierta en el archivo de Boğazköy (Turquía). Fue escrita en lengua acadia y con caracteres cuneiformes, tal como hacía la diplomacia de la época. De las docenas de tablillas que forman el repertorio llamado *Las obras de Supiluliuma relatadas por su hijo Mursilis II*, la séptima es la que recoge la audaz aventura de una reina en busca de rey.[22]

> Cuando mi padre [Supiluliuma] estuvo en el país de Carquemish, envió a Lupakki y Tarhunta[?]-zalma al país de Amka. Fueron para atacar a Amka y traer desterrados, ganado vacuno y ovino a mi padre. Pero cuando los egipcios se enteraron del ataque de Amka, tuvieron miedo y como, para colmo, su señor Nibhuruiya había muerto, la reina de Egipto, Dahamunzu [?], envió un mensajero a mi padre y le escribió esto: «Mi marido acaba de morir y no tengo hijos. Me dicen que tenéis varios hijos adultos. ¡Enviadme uno: haré de él mi esposo y el rey de Egipto! [Ciertamente] podría elegir a uno de mis servidores, pero me horroriza hacerlo esposo mío... ¡Tengo miedo!».

El rey hitita, sospechando que realmente se trataba de una trampa contra su reino, tras convocar al Consejo de los Grandes prefirió enviar un embajador, de nombre Hattusaziti, para que confirmara este relato.

> Cuando mi padre oyó tal cosa, llamó en consejo a los Grandes [y dijo]: «¡Nunca ha ocurrido esto en toda mi vida!». Así las cosas, mi padre envió a Egipto a Hattusaziti, el embajador [con esta orden]: «¡Ve y tráeme la verdad! ¡Quizá me engañen! ¡Qui-

22. Véase Hans Gustav Güterbock, «The Deeds of Subbiluliuma as Told by His Son Mursilis», *Journal of Cuneiform Studies*, n.° 10 (1956), p. 47 y ss.

zá [en realidad] tengan un hijo de su señor! ¡Tráeme de vuelta la verdad!».

Para consternación de la reina, el embajador volvió a su país al cabo de un mes. Según cuenta la tablilla séptima:

Cuando llegó la primavera, Hattusaziti [regresó] de Egipto y con él iba el mensajero de Egipto, el señor Hani.

El mensajero Hani traía consigo una segunda carta de la reina egipcia en contestación a las dudas planteadas por Supiluliuma.

«¿Por qué has dicho que quieren engañarte? Si yo tuviera un hijo, ¿escribiría al extranjero para pregonar el apuro de mi persona y mi país? Y tú has desconfiado de mí y has hablado así. Mi esposo ha muerto y yo no tengo hijos. ¿Es preciso que tome uno de mis súbditos y me case con él? No he escrito a nadie más, solo a ti. Todo el mundo te atribuye muchos hijos; dame uno, pues, para que sea mi esposo y reine en Egipto». Así, puesto que mi padre era hombre de buen corazón, escuchó la palabra de la mujer y se ocupó de la cuestión del hijo.

Tres meses después de que la reina enviara la primera carta, Supiluliuma se convenció de su buena fe y le envió a uno de sus hijos, el príncipe Zennanza. Esta parte del relato no se conserva en la tablilla número siete del primer archivo, sino que ha llegado hasta nosotros gracias a un texto hitita titulado *Las plegarias del palacio de Mursilis*:

Pero cuando mi padre les dio uno de sus hijos, lo mataron mientras lo llevaban allí. Mi padre se dejó dominar por la rabia, fue a la guerra con Egipto y atacó Egipto. Aniquiló a los soldados de infantería y los conductores de carros de Egipto. Pero cuando traían a la tierra de Hatti a los prisioneros que habían tomado, se declaró entre ellos una plaga y empezaron a morir. Cuando llegaron con los prisioneros a la tierra de Hatti, los prisioneros introdujeron la plaga en la tierra de Hatti. A partir de ese día comenzó a morir gente en la tierra de Hatti.[23]

Seguramente alguien desde Egipto, enterado de las intenciones de la reina, mandó asaltar la caravana que escoltaba al príncipe hitita y asesinarlo. Como se ve, en este apartado de la carta se menciona que el trance supuso el comienzo de una guerra entre Egipto y el país de Hatti, guerra de la que no se tiene constancia histórica.

Pero ¿quién es esta misteriosa reina Dahamunzu? En efecto, no hubo ninguna reina con este nombre, pero es posible que se esté aludiendo a la expresión egipcia *Ta Hemet Nesu*, «la esposa del rey», escrita en acadio con caracteres cuneiformes. Lo mismo sucede con el rey egipcio. Desconocemos quién es Nibhuruiya; sin embargo, es posible que se esté haciendo alusión al prenomen de Akhenatón, Neferkheperura, o al de Tutankhamón, Nebkheperura, transcrito a caracteres cuneiformes.

Esta historia siempre se ha relacionado con el reinado de Tutankhamón y con la reina Ankhesenamón. Sin embargo, lo más probable, según los últimos estudios, es que quien escribió esta carta fuera la reina Nefertiti, después de la muerte de Akhenatón y ante la falta de herederos.[24] El problema lo tenemos con la mencionada guerra contra los hititas. En ninguno de los dos reinados, ni en el de Akhenatón ni en el de su sucesor, Tutankhamón, hay constancia de tal conflicto. Marc Gabolde dice que la reina

23. Véase Albrecht Goetz, «Palace Prayers of Mursilis», en James B. Pritchard, *Ancient Near Eastern Texts, Relating to the Old Testament*, Princeton, Princeton University Press, 1969, p. 395.

24. Esta novedosa teoría fue propuesta por Nicholas Reeves en una charla celebrada en la Academia de Bloomsbury (Gran Bretaña) el 29 de septiembre de 2001. Véase «Amarna Royal Tombs Project throws new light on old issues», *Ancient Egypt* (enero/febrero de 2002), p. 9.

que se menciona en las cartas no es ni Ankhesenamón ni Nefertiti, sino Meritatón, otra hija de Akhenatón. La polémica está servida, y ya la quisiera cualquier revista del corazón moderna. Tiene mucha enjundia para divertirse un buen rato y no parar de murmurar.

Fuera quien fuera la reina, los setenta días posteriores a la muerte de su esposo debieron de ser los más largos para ella; era el tiempo que duraba la momificación de un cuerpo, durante los cuales podía conservar la doble corona de Egipto. De nada valió el último esfuerzo y no se volvió a saber nada de ella, ni de Nefertiti ni de Ankhesenamón.

Son innumerables las lagunas históricas existentes en este apasionante periodo del mundo de Amarna. El afán de la reina por conseguir marido viene justificado por el hecho de que a lo largo de la dinastía XVIII, y quizá también en otros periodos de la historia faraónica, el trono pasaba de rey a rey a través del vínculo matrilineal. Además, una reina egipcia nunca se había casado con un príncipe extranjero para convertirlo en faraón. Parece una aberración histórica. Es una situación que no recoge ningún texto, pero si realizamos un estudio detallado de las sucesiones en este periodo nos daremos cuenta de que es así. Sin embargo, la última palabra la tienen los análisis de ADN de las momias reales del Museo Nacional de la Civilización Egipcia de El-Fustat.

Con todo, ya pertenezcan estos documentos o no al reinado del Faraón Niño, no hace falta ser un lince para descubrir que efectivamente algo extraño debió de suceder al final de este periodo. Tras él subió al trono Ay, el mismo sacerdote que había ayudado a restaurar el poderío de Amón en Egipto. O eso creemos. En cualquier caso, Ay debía de ser un hombre importante en la corte, ya que uno de los títulos que ostentaba era el de Padre del Dios. Seguramente en aquel momento era una persona muy anciana, pues a través de la documentación se le puede seguir la pista hasta el reinado de Akhenatón. Es posible que Ay fuera hermano de Tiyi, esposa de Amenofis III, y, por lo tanto, hijo de Yuya y Tuya. También es posible que Ay fuera el padre de Nefertiti, aunque este detalle, como es habitual en el periodo de Amarna, no es más que una especulación. Su reinado en Egipto fue realmente fugaz. Desconocemos si llegó al poder tras casarse con Ankhesenamón, porque esta joven reina desaparece del panorama regio después de la muerte de su esposo. Aunque su boda con la antigua Gran Esposa Real sería lo más probable, no deja de ser insólito que en la tumba de este sacerdote-faraón, situada en el valle oriental, junto al Valle de los Reyes, la WV23, no aparezca un solo trazo sobre la viuda de Tutankhamón.

A Ay, ya anciano, pronto se le pasó la fecha de caducidad y no duró más de cuatro años en el trono. Todo parece indicar que la sucesión natural era que el trono pasara a manos de un posible hijo suyo, de nombre Nakhtmin, oficial del ejército de Tutankhamón. Esta posibilidad se basa en la inscripción de una estatua doble muy deteriorada en la que aparece el propio Nakhtmin junto a su esposa y de cuya titulatura se deduce que sucedió a su padre. Después de Ay, sin embargo, aproximadamente en el año 1319 a.C., Horemheb fue coronado como rey de las Dos Tierras, el mismo general que durante años había esperado en la sombra el momento idóneo para llegar al trono de Egipto. No tenemos noticias de él durante el reinado de Akhenatón. Es posible que se mantuviera en un segundo plano batallando en la franja sirio-palestina. Tampoco era, que sepamos, de sangre real. Por el contrario, su origen era bastante humilde, quizá de la ciudad de Heracleópolis. No obstante, su fuerte personalidad como militar y escriba hizo que fuera nombrado sucesor de Ay a la muerte de este.

Corría el final del siglo XIV antes de nuestra era y la dinastía XVIII llegaba a su fin. Se había perdido totalmente la línea sucesoria que había garantizado gobernantes de sangre real desde comienzos de este periodo gracias a los soberanos procedentes de Tebas, los mismos que fueron capaces de expulsar a los hicsos más de dos siglos antes.

Tutankhamón como Osiris (*izquierda*) recibiendo el ritual de apertura de la boca por parte de su sucesor Ay. De la KV62 en el Valle de los Reyes. Foto © N. A.

Esta breve introducción histórica del periodo de Tutankhamón, que hoy nos resulta comprensible y lógica, hace un siglo era un verdadero agujero en las investigaciones de los egiptólogos. Es cierto que aún quedan innumerables lagunas a lo largo y ancho de estos dos siglos. Sin embargo, al menos tenemos algunas piezas del puzle, que, si bien no sabemos cómo encajan, sí conocemos el lugar exacto donde situarlas. Ahora solamente tendremos que girarlas para hacer coincidir unas pestañas con otras y reconstruir así la historia del periodo de Amarna.

Cuando Howard Carter y lord Carnarvon descubrieron la tumba de Tutankhamón en noviembre de 1922 no tenían ni la más remota idea de a qué se enfrentaban. No solamente era un reto histórico de gran calibre, sino que además se topaban con un verdadero problema arqueológico, e incluso me atrevería a decir que religioso. La historia de la arqueología egipcia era muy breve, pues en la actualidad apenas acaba de alcanzar los dos siglos de existencia. El 27 de septiembre de 1822 Jean-François Champollion leyó ante los miembros de la Academia de Inscripciones de París la carta en la que presentaba por primera vez la base del desciframiento de la escritura jeroglífica a partir de la piedra de Rosetta. La egiptología no había hecho más que empezar.

2

«Cosas maravillosas»

La historia del Valle de los Reyes está ligada a la de Tutankhamón, aunque en sí misma tiene identidad propia. El Wadi Biban el-Moluk, el Valle de las Puertas de los Reyes, sigue planteando una de las controversias arqueológicas más áridas entre los investigadores. A ciencia cierta no sabemos cuándo se empezó a utilizar, aunque los egiptólogos están de acuerdo en que debió de ser en algún momento a principios de la dinastía XVIII. Existe una tumba muy austera, la AN B, que suele atribuirse al faraón Amenofis I, segundo rey de la dinastía. Sin embargo, no hay pruebas definitivas que así lo señalen. Es cierto que allí aparecieron vasos con su nombre, pero quizá deberíamos esperar más para relacionar esta sepultura con este rey. Otros investigadores creen que la tumba de Amenofis I podría estar en Dra Abu el-Naga, la necrópolis real de la dinastía XVII, que se encuentra al comienzo de la carretera que lleva al templo funerario de Hatshepsut y es donde excava la misión española del Proyecto Djehuty dirigida por el profesor José Manuel Galán.[1]

Así, con la información que tenemos, muchos egiptólogos coinciden en el hecho de que la primera tumba del valle, la KV20, es la de Tutmosis I, tercer faraón de la dinastía XVIII. Está ubicada en el extremo sur del valle. Este enterramiento se encuentra

---

1. Véase la web de la misión: <www.proyectodjehuty.com>.

muy cerca del camino utilizado ya en época faraónica por los obreros de la necrópolis para ir desde el valle hasta sus casas, en la antigua aldea de Deir el-Medina, en el extremo contrario de la montaña de Gurna. La KV20 fue descubierta antes de la llegada a Luxor en 1799 de la expedición de Napoleón Bonaparte y como tal aparece registrada en los anales de esta exploración científica. Se trata de una extraña tumba de casi doscientos metros de profundidad cuyo recorrido realiza, a medida que nos adentramos en el interior de la montaña, un paulatino giro hacia la derecha. La mayor parte de ella no posee decoración alguna, salvo en la cámara funeraria, en cuyas paredes se reproducen textos del Libro del Amduat y donde hay un sarcófago construido en principio para la reina Hatshepsut y reutilizado posteriormente para albergar los restos de su padre, Tutmosis I.[2] Este hecho, junto con el descubrimiento en el mes de marzo de 1899 por Victor Loret de una segunda tumba construida para Tutmosis I, la KV38, de tan solo veinticinco metros de profundidad, nos proporciona ciertas pautas para nuestras investigaciones.[3]

La prueba definitiva nos llega de la mano de una misteriosa inscripción descubierta en la tumba TT81 de Tebas, no lejos del Valle de los Reyes. Se trata de la tumba de Ineni, arquitecto de Tutmosis I, quien al parecer fue el primero en mandar hacer las obras de su tumba en lo que a la postre sería la gran necrópolis real del Valle de los Reyes, cuatro mil metros cuadrados totalmente vírgenes para las moradas eternas de los faraones más importantes de las dinastías XVIII, XIX y XX. En un texto autobiográfico descubierto en su tumba, Ineni nos dice: «Supervisé la excavación de la tumba de Su Majestad en solitario, sin que nadie viera ni oyera nada». La interpretación del texto es libre, aunque

2. Cfr. Theodore M. Davis *et al.*, *The Tomb of Hâtshopsîtû*, Londres, Archibald Constable and Co., 1906.

3. Cfr. Georges Daressy, *Fouilles de la Valée des Rois 1898-1899*, El Cairo, Institut Français d'Archéologie Orientale, 1902, pp. 300-303.

El arquitecto Ineni en su tumba de Gurna. Foto © N. A.

no hace falta ser muy inteligente para darse cuenta de la espeluznante realidad que puede subyacer detrás de esta ambigua afirmación. Según Howard Carter, los obreros que trabajaron en esa tumba debían de pasar del centenar, y «lo más probable es que las obras fueran ejecutadas por prisioneros de guerra que, una vez acabado su trabajo, fueron asesinados».

No sabemos cuál de las dos tumbas, la KV20 o la KV38, fue la primera en ser excavada por Ineni. Para nuestra historia tampoco tiene mucha trascendencia. Lo que sí la tiene es saber por qué Ineni decidió buscar un lugar tan característico como el Valle de los Reyes. La razón parece evidente. Ya he dicho que los egipcios no daban puntada sin hilo, y si seleccionaban un lugar era por un motivo de peso. Bien es cierto que a veces esa justificación se buscaba posteriormente dándole un halo de cierta misteriosa sacralidad al lugar, pero, en cualquier caso, el simbolismo del lugar estaba ahí y tenía su razón de ser.

Desde los comienzos de la historia de Egipto, las tumbas no solamente de los reyes sino también de los altos dignatarios, nobles, funcionarios y hasta las personas de los estratos más bajos de la sociedad, es decir, absolutamente todos, habían sufrido continuos saqueos.[4] La idea de Ineni de excavar una nueva necrópolis en el Valle de los Reyes no consiguió evitarlos. Con el paso de los siglos solamente han llegado intactas hasta nosotros las tumbas de Yuya y Tuya, los padres de la reina Tiyi, esposa de Amenofis III, y la de quien nos reúne en esta ocasión, el faraón Tutankhamón. El resto de las tumbas de Biban el-Moluk aparecieron totalmente saqueadas; la mayoría de ellas desde la propia Antigüedad.

Además, excavar las tumbas en la roca de la montaña supone otra novedad desde el punto de vista religioso. Hasta poco antes, los soberanos colocaban las sepulturas y los templos funerarios de culto a su divinidad en el mismo emplazamiento. Esto es muy claro, por ejemplo, en las pirámides de la meseta de Gizeh. Allí vemos la pirámide como lugar de enterramiento y en su lado oriental, por donde sale el sol, el templo funerario, que por medio de una enorme calzada lleva hasta el embarcadero a donde llegaba la comitiva funeraria. En esos templos el faraón una vez muerto recibía culto como un dios más. El trabajo era llevado a cabo por un grupo de sacerdotes, aunque sabemos que, pasadas un par de generaciones, la mayor parte de estos lugares eran olvidados y reutilizados. Pobres hombres…

Sin embargo, a partir del Imperio Nuevo, el templo funerario y la tumba del soberano se separaron y cada uno se construía o se excavaba en un emplazamiento diferente de la necrópolis. Las razones que llevaron a esta separación se nos escapan, pero, desde luego, además de la razón teológica que seguramente jus-

---

4. Ya traté el tema de los robos de tumbas y de los sistemas de seguridad empleados en el Egipto faraónico en un libro anterior, *El valle de las momias de oro*, Madrid, Oberon, 2000, p. 132 y ss. Un extracto de este fue publicado en la revista *Enigmas del Hombre y del Universo*, n.º 10 (octubre de 2001), y en *Revista de Arqueología*, n.º 182 (junio de 1996).

tificó este cambio hubo una motivación práctica. Si las tumbas se excavaban en el Valle de los Reyes, allí no había sitio para levantar los templos funerarios, cada vez más grandes y sofisticados. De ahí que los enormes templos funerarios de los reyes enterrados en la necrópolis se hallen en otros lugares de la Montaña Tebana, lejos de sus tumbas. El de Tutankhamón se encontraba al norte del templo funerario de Ramsés III, hoy conocido como Medinet Habu. Todavía no se ha excavado a fondo, si bien las prospecciones someras llevan a pensar que, en efecto, el templo funerario se encuentra en este lugar junto al de Ay y Horemheb, sucesores del Faraón Niño, cuyos nombres han aparecido en la misma zona.

Pero volvamos al valle para seguir estudiando sus enterramientos.

Las tumbas del Valle de los Reyes reciben el nombre de «hipogeos», que literalmente quiere decir «debajo de la tierra» y que por extensión hace referencia a las construcciones subterráneas. La palabra proviene de los términos griegos *upo*, «debajo», y *geo*, «tierra». Los viajeros griegos decían que estas tumbas eran como sus siringas, unas flautas alargadas típicas de la cultura helena. De esta manera recalcaban la extraordinaria longitud de los sepulcros egipcios. Por ejemplo, la tumba de Seti I, la KV17, se extiende casi doscientos metros en línea recta y atraviesa prácticamente de norte a sur todo el eje del valle. Es posible realizar una clasificación de las tumbas de la necrópolis real según sus formas y los reyes que las mandaron construir. No obstante, siguen un esquema general basado en una escalera que da a un pasillo descendente por el cual, a su vez, se accede a otras habitaciones y cámaras. En las paredes de estas estancias los artistas grababan escenas representativas o capítulos enteros de textos mágicos y religiosos. Su finalidad era ayudar al faraón a realizar el viaje hasta el Más Allá en compañía del dios Ra.[5] Al final de la prime-

---

5. Para todo lo relacionado con los textos funerarios de las tumbas egipcias véase Erik Hornung, *The Ancient Egyptian Books of the Afterlife*, Ithaca,

ra galería había un pozo cuya función pudo haber estado relacionada con la recogida de las aguas que pudieran entrar en la tumba cuando había tormentas, tan fuertes en esta zona de Egipto cada pocas décadas y que arrastran cantidades ingentes de agua que forman espectaculares cascadas en los riscos de la Montaña Tebana. Pero también es posible que el pozo no fuera más que una capilla dedicada al dios Sokaris, identificado con el mundo de los muertos. Esto explicaría por qué algunas tumbas cuentan con una pequeña habitación unida a la zona más profunda del pozo. Pasando el pozo se llega a una habitación con pilares que da acceso a una nueva galería descendente que lleva a la antecámara y la cámara funeraria propiamente dichas.

Conservamos algunos planos de tumbas que nos dejaron los propios egipcios. En el Museo de Luxor, por ejemplo, se exhibe un óstracon, una enorme lasca de piedra, en el que se dibujó el plano de la tumba de Ramsés IX.[6] El interior de esta sepultura es precisamente donde apareció este tesoro. La descripción nos ayuda a identificar el sentido mágico de las habitaciones y su finalidad como almacén para muebles y figuras funerarias o *shabtis*, la cámara de oro (como llamaban los antiguos egipcios a la cámara funeraria), etcétera.

El aspecto que tenía el Valle de los Reyes hace un siglo no debía de distar mucho del actual. Lógicamente, si observamos fotografías de la época podremos comprobar que han cambiado algunas cosas. Antiguamente, el camino no estaba acondicionado para el paseo. Solamente se podía llegar a Biban el-Moluk en

Cornell University Press, 1999; Ares, *El valle de las momias de oro*, *op. cit.*, pp. 117-129.

6. Un óstracon, en plural «óstraca», no es más que el término arqueológico empleado para denominar a las lascas de piedra o cerámica empleadas por los antiguos artistas para realizar bocetos de dibujos, copiar textos u otros diseños, a modo de trabajos que hoy llamaríamos «en sucio». De esta manera se ahorraba papiro, material indudablemente mucho más caro.

burro o a caballo, aunque había intrépidos que lo hacían en coche. Y en general todo parecía estar menos «ordenado» que en la actualidad. Pero, en definitiva, el valle siempre ha tenido ese misterioso regusto de soledad y tranquilidad que lo ha caracterizado durante el paso de los siglos.

Antes que los modernos turistas, miles de personas se acercaron al valle ya en la Antigüedad. Hay registrados en las paredes de algunas tumbas, como las de Ramsés II, III, IV, V/VI, VII, IX, Merneptah, Amenmesse y Seti II, más de dos mil grafitos, verdaderas pintadas de hace más de veinte siglos.[7] Este hecho curioso nos remite a la triste realidad del valle desde tiempos antiguos: muchas tumbas estaban abiertas a la intemperie y fueron visitadas por cientos de personas, quienes en ocasiones hicieron de ellas su morada temporal. Muchos de estos grafitos los hicieron los coptos, los cristianos egipcios, que crecieron como comunidad en este país a partir del siglo IV. Hay constancia de que emplearon algunas tumbas como improvisadas iglesias o como refugio para pequeños grupos de ermitaños. Esto es lo que sucedió con la KV3, la tumba de un hijo de Ramsés III, y con la KV2, la de Ramsés IV.

Más recientemente, los primeros rastros de viajeros europeos en el Valle de los Reyes los encontramos en el siglo XVIII. Después de las menciones de algunos religiosos, como la del jesuita francés Claude Sicard en 1708, en las que ya se hacía alusión a la existencia de tumbas abiertas,[8] tenemos que esperar hasta el año 1743 para

7. Véase J. Baillet, *Inscriptions grècques et latines de tombeaux des rois ou syringes à Thebes*, El Cairo, Institut Français d'Archéologie Oriental du Caire, 1920-1926.

8. El padre Sicard menciona diez tumbas abiertas, una de las cuales puede ser identificada con seguridad con la de Ramsés IV, la KV2. Para más información sobre la historia del valle que aquí solamente esbozamos, véanse John Romer, *Los últimos secretos del Valle de los Reyes*, Barcelona, Planeta, 1989; Alberto Siliotti, *Egipto. Templos, hombres y dioses*, Barcelona, Folió, 1998, y, por supuesto, Nicholas Reeves y Richard H. Wilkinson, *Todo sobre el Valle de los Reyes*, Barcelona, Destino, 1999.

encontrar un estudio de Biban el-Moluk, mucho más extenso. En ese año el británico Richard Pococke publicó en sus *Observations on Egypt*, dentro de *A Description of the East, and Some Other Countries*, el primer dibujo del valle con tumbas numeradas. Después de Pococke llegaron muchos otros, como el escocés James Bruce, en 1768, un verdadero protoarqueólogo de casaca y peluca blanca con cuidados rulos, que dejó magnífica constancia de su paso por el lugar con el dibujo del famoso arpista ciego de la tumba de Ramsés III. William George Brown, en 1792, y por supuesto la expedición de Napoleón de 1798, acabaron por dar a conocer uno de los lugares más fascinantes de Egipto.

Además del material bélico, con Napoleón viajó un grupo de 167 científicos dispuestos a contar al mundo entero las maravillas de esta civilización. Ya en aquella época Biban el-Moluk era un lugar poco seguro. Sobre su llegada al valle cuenta Vivant Denon: «Entré a caballo con Desaix, imaginando que estos lugares oscuros no podían ser más que un asilo de paz y de silencio, pero apenas nos vimos envueltos en la oscuridad de estas galerías fuimos recibidos por azagayas y piedras lanzadas por unos enemigos a los que no podíamos ver, y aquello puso fin a nuestras observaciones». Malencarados y desaprensivos los ha habido siempre y en todos los sitios.

A pesar de esta aparente desazón, Denon estaba a punto de vivir los momentos más intensos de su viaje al valle del Nilo, circunstancia que lo ayudó a recuperar energías para proseguir el camino. Fue cuando hizo un hallazgo alucinante junto al templo de Ramsés III en Medinet Habu, no lejos del Valle de los Reyes, que consideró como un tesoro propio y que le hizo reflexionar sobre la infinita humanidad que tuvo la civilización egipcia. Refiriéndose a un diminuto fragmento de papiro escrito en hierático[9] descubierto por él mismo, el dibujante francés escribirá:

9. La escritura hierática es una versión del jeroglífico, más rápida y resuelta, usada sobre todo para documentos que necesitaban cierta premura o eran cotidianos y no exigían del pormenor de los detallados jeroglíficos.

Hace falta ser curioso, diletante y viajero para apreciar en su medida un goce tal. No sabía qué hacer con mi tesoro del miedo que tenía de destruirlo. No osaba tocar ese libro, el libro más antiguo conocido hasta ese día. No osaba confiárselo a nadie, dejarlo en ningún sitio. [...] Era la primera vez que veía imágenes en el acto de escribir. Luego los egipcios tenían libros.

Eran otros tiempos para la arqueología. Después de la expedición de Napoleón llegarían al Valle de los Reyes exploradores como Drovetti o Salt, más centrados en el mercado de las antigüedades, y grandes aventureros o sabios como Giovanni Belzoni, Jean-François Champollion, Richard Lepsius o John Gardner Wilkinson, más interesados en el trabajo de campo y en la investigación científica de los hallazgos.

Con todos ellos se desarrollaron los acontecimientos previos al descubrimiento de la tumba de Tutankhamón. Y lo único que ha cambiado hoy es que para ver la tumba tienes que abonar una entrada y que las toneladas de escombros que antaño cubrían algunas zonas concretas del valle se han cambiado de sitio y hoy lo están sobre otras, tapan, quizá, el acceso a otros enterramientos. Y es que hoy sabemos que faltan tumbas por aparecer. Por ejemplo, la ya mencionada de Amenofis I si finalmente no fuera la AN B; la de Ramsés VIII; la de la reina Nefertiti, que seguramente se hizo enterrar aquí, o las del resto de las reinas de la dinastía XVIII, que ignoramos dónde reposan.

Existe una pieza sorprendente, muy desconocida, por desgracia, que ahonda en el vacío de conocimiento que existe en cuanto al número exacto de tumbas que hay en el Valle de los Reyes. Se trata de un óstracon, una lasca de piedra que lleva el número de catálogo J72460 y que se conserva en los almacenes del Museo Egipcio de El Cairo. Fue descubierto en el año 1902 por Howard Carter junto a la entrada de la tumba del faraón

Óstracon con el texto que describe la ubicación de tumbas hoy
desconocidas en el Valle de los Reyes. Museo de El Cairo. Foto © N. A.

Tutmosis IV. Literalmente es una suerte de mapa del tesoro. Sí, un texto en el que se describe la ubicación de tumbas en el valle de las que no tenemos ni la más remota idea. El documento podría datarse en época ramésida, hacia el 1100 a.C. Elizabeth Thomas lo estudió y publicó un trabajo en la década de 1970. La lasca de piedra es de pequeño tamaño. Apenas mide 11 por 13 centímetros y tiene un texto en hierático en ambas caras. En la traducción que aquí propongo he convertido los codos egipcios en metros.

Cara frontal: «Desde el sauce al general en jefe / 16 metros; [y a] la tumba de Meryatum, el más grande de los supervisores / 13 metros. Desde el sauce [¿y? ¿a?] / la tumba de los aceites a la de mi más grande de los supervisores, 21 metros. / Corriente abajo sobre el camino norte donde está la tumba vieja, 15,6 metros hasta el general en jefe».

Reverso: «[¿Desde?] la tumba de Isisnofret a la / [tumba del] más grande de los supervisores Meryatum, 104 metros. / Desde el final del Agua del Cielo / a la tumba de Isisnofret / 232 metros».[10]

Absolutamente mágico, ¿verdad? La historia de este óstracon me sirvió para construir una novela, mi primera novela histórica ambientada en el Antiguo Egipto.[11] Lamentablemente, nadie ha podido identificar cuáles son esas tumbas. No es que se trate de un documento falseado o mal interpretado, no. Lo que sucede es que los egipcios llamaban a las tumbas o a los puntos estratégicos del valle de una forma que nosotros no comprendemos. Una sepultura era la del general en jefe (¿Ramsés II?), otro lugar era el sauce, un tercero, el Agua del Cielo, que seguramente hacía referencia a una de las cascadas que se formaban los años en que caían fuertes tormentas, etcétera. Kent Weeks, a través de cuyo libro sobre la tumba de los hijos de Ramsés II conocí esta historia,[12] ha sido incapaz de dar con los puntos que, al interconectarlos, servirían, por ejemplo, para dar con la tumba de Isisnofret, seguramente una reina del periodo de Ramsés II, quizá su esposa, la madre del faraón Merneptah.

Por esto y por mucho más, el Valle de los Reyes sobrecoge al visitante. Casi toda su historia está escrita en sus piedras. Por más que uno se haga la idea de la mayor o menor magnificencia que pueda tener, lo cierto es que siempre sorprende al curioso y siempre de forma grata. Unos encuentran que es más pequeño de lo que habían pensado y que las tumbas son más grandes de lo imaginado. Otros piensan al contrario. Quizá la gran virtud de este fascinante lugar es que, como sucede con la Gran Pirámide de la meseta de Gizeh, el templo de Karnak o Abu Simbel, no deja indiferente a nadie.

---

10. Elizabeth Thomas, «Cairo Ostracon J72460», *Studies in Ancient Oriental Civilization*, n.º 39, *Studies in Honor of George R. Hughes* (12 de enero de 1977), pp. 209-216.

11. Nacho Ares, *La tumba perdida*, Barcelona, Grijalbo, 2012.

12. Kent Weeks, *La tumba perdida*, Barcelona, Península, 1999.

A primera hora de la mañana el silencio es absoluto. Solo el chirrido de las ruedas del trenecito que acerca a los turistas o el crujido en la arena de los pasos de los pocos grupos que hay casi de madrugada retumban en las paredes de caliza, testigos mudos de las inconmensurables procesiones realizadas en honor de los reyes más importantes de la Antigüedad. Desde la entrada ya se divisan las puertas de algunas de las tumbas. El increíble paisaje que te rodea te hace estremecer. Es como si estuvieras en las mismísimas puertas del Amduat, el Más Allá de los antiguos egipcios; el Lugar Escondido; la Grande y Noble Necrópolis de Millones de Años de Faraón, ¡Vida, Salud y Fuerza!, del Oeste de Tebas.

Nada más cruzar la entrada a Biban el-Moluk el valle rocoso se abre a ambos lados del camino y asciende hasta alcanzar los altos riscos de cortante caliza que lo delimitan. Frente a mí, en el extremo opuesto del valle, el sur, se levanta la montaña de Gurna, una especie de pirámide natural de dimensiones gigantescas que vigila desafiante todos y cada uno de los movimientos de los individuos que deambulan por este lugar sagrado. Algunos han señalado que quizá esa especie de pirámide natural fuera la razón para elegir este lugar como espacio sagrado en el que depositar las momias de los reyes. Podría ser, pero como no ha aparecido ningún texto egipcio que así lo señale, estos sueños de una noche de verano los dejo en eso, en sueños de una noche de verano.

La tumba de Tutankhamón se encuentra en el centro del valle, casi en un lugar estratégico frente a la terraza que da sombra a la zona de descanso en donde los turistas pueden sentarse y tomar alguna bebida.

Para entrar en el hipogeo del Faraón Niño es necesario adquirir una entrada especial en las taquillas que hay al inicio del complejo, antes de montarte en el trenecito. Si no lo haces, cuando llegues a la entrada del recinto arqueológico no podrás comprarla.

El centro de visitantes es un espacio moderno en donde hay una sofisticada maqueta de metacrilato hecha por los arqueólogos japoneses que han trabajado en la necrópolis. Allí podemos ver las entrañas del valle, con todas las tumbas descubiertas hasta la fecha. Al observarla no es difícil hacerse una idea de la dificultad que tuvieron los antiguos egipcios para penetrar en la roca y evitar que unas tumbas chocaran con otras. A pesar del óstracon-mapa del tesoro que he mencionado, parece seguro que los propios constructores egipcios desconocían la ubicación de muchas de ellas. Parece que en época ramésida, es decir, a partir de la dinastía XIX, no se conocía qué se había hecho hasta entonces en la necrópolis. El secretismo debió de ser tal que la ubicación de algunas tumbas se perdió, como fue el caso de la de Tutankhamón. Eso no impidió que fueran saqueadas en la época, pero es posible que poco después ni siquiera las autoridades del valle supieran qué había pasado, ni cuándo ni con quién. Esto lo deducimos por la excavación de la tumba de Ramsés III (c. 1150 a. C.), el último gran soberano de la historia de Egipto, perteneciente a la dinastía XX. Al final del primer tramo de la galería inicial, los constructores se vieron obligados a girar repentinamente a la derecha para evitar toparse con la cercana tumba de Amenmeses, faraón de la dinastía XIX. Los visitantes pueden ver al final de este primer tramo de pasillo una especie de cámara sin terminar, apenas desbastada, en cuyo suelo hay una reja metálica moderna. Se trata del agujero hecho en la Antigüedad por los despistados arquitectos egipcios cuando descubrieron que debajo había otra tumba y se vieron obligados a cambiar sus planes. En realidad, o tenían cierta información acerca de dónde estaban las tumbas del valle o fue simple casualidad, ya que, si en vez de corregir hacia la derecha lo hubieran hecho en el sentido contrario, a la izquierda, el desastre hubiera sido mayúsculo, ya que habrían entrado directamente en la tumba de Amenmeses. Detalles como este nos muestran el lado más humano de los constructores egipcios, dejando de lado ese halo de misticismo alienígena que les hemos querido dar a ellos y a las pirámides y obeliscos que levantaban. Cometían errores como cualquiera.

Solventado el problema, el hipogeo sigue discurriendo por el interior del valle.

Algo parecido sucede con la tumba de nuestro protagonista, Tutankhamón. Su antecámara está a pocos centímetros de la galería de la sepultura de Ramsés V/VI, que tiene la entrada a apenas unos metros. Y a la tumba del Faraón Niño es adonde me dirijo ahora mismo.

La KV62, número de registro del enterramiento de Tutankhamón en el Valle de los Reyes, está ubicada justo en el centro del valle. En la actualidad, el acceso está perimetrado por un muro de piedra moderno. Fue levantado en la época en que se localizó la tumba, o un poco antes, por el arqueólogo Howard Carter, el descubridor, tal y como mencionaremos más adelante. Un cartel en el que se puede leer, bajo el correspondiente texto árabe, «TOMB OF TUT ANKH AMON, NO. 62» nos está señalando dónde nos encontramos. Justo a la entrada se ha construido un pequeño zaguán con una marquesina bajo la que descansan los porteros del yacimiento al abrigo de los rayos de sol. Los guías de las agencias son poco dados a llevar a la gente a este lugar. Siempre se excusan diciendo que la tumba es muy pequeña, que no merece la pena o, si son más despabilados, y el turista, un tanto despistado, que se encuentra cerrada por obras de restauración o en el extremo contrario del valle. Hay pretextos para todos los gustos. Por otro lado, junto a la casa de Howard Carter, hoy visitable, hay una réplica exacta de la tumba, hecha por una empresa española, Factum Arte. Pero visitar la original no tiene comparación; es sentir el pálpito de la historia de la arqueología en Egipto.

Hoy se ha perdido el romanticismo de poder pisar los famosos dieciséis escalones que llevan al pasillo descendente. En la actualidad los peldaños están cubiertos por una escalera metálica.

Cuando entro en la tumba el resonar de mis botas contra el moderno entarimado de madera se hace quizá más profundo debido al vacío existente. Ante esta soledad no es difícil ponerse en la piel de los descubridores, Howard Carter y lord Carnarvon, y revivir las circunstancias que los llevaron aquí.

La historia empieza el domingo 26 de noviembre de 1922, exactamente a las cuatro en punto de la tarde. Poco más de tres semanas antes habían descubierto el primer peldaño, y, después de esperar la llegada de lord Carnarvon, retomar los trabajos y vaciar de escombros el pasillo descendente, llegó el gran momento de la historia de la arqueología.

Howard Carter iba acompañado de lord Carnarvon, mecenas de la excavación; la hija de este, lady Evelyn Herbert, y su compañero, Arthur Robert Callender. Todos estaban ante la pared de mampostería cubierta con los sellos de la necrópolis, en los que se podía leer el nombre de Tutankhamón.

El arqueólogo, ayudado de un cincel, comenzó a perforar la pared en la esquina superior izquierda del muro. Lo hizo con sumo cuidado, como había sido su costumbre en los delicados trabajos que llevaba haciendo casi tres décadas. La labor fue lenta y casi tediosa, ya que debía esmerarse para que ninguno de los cascotes cayera en el interior de la habitación que se abría detrás de aquella misteriosa pared. Cuando el agujero fue lo bastante grande como para poder meter la mano, esperó unos instantes a que corriera el aire. Su experiencia le decía que no era extraño encontrar aire viciado en el interior de estancias que habían permanecido cerradas durante siglos. Aquella espera debió de hacérsele eterna no solamente a Carter, sino también al resto de los compañeros que estaban con él.

Solo entonces el egiptólogo inglés decidió asomar el rostro por el estrecho agujero y colocar ante sí la llamita de la lámpara que llevaba consigo. Sin duda, la impaciencia invadió a sus tres acompañantes mientras tanto.

De pronto, Carter perdió la voz. Ante sí tenía una imagen que nunca hubiera esperado ver ni en el mejor de sus sueños. Allí había camas decoradas con cabezas de animales, arcones de colores

Antecámara con uno de los lechos funerarios.
Foto tomada por Harry Burton, © Album.

brillantes, estatuas de dioses, sillas y toda clase de muebles. Y, por encima de todo, el brillo del oro, el brillo del oro por todas partes.

Lord Carnarvon no pudo esperar más y, ansioso, preguntó a su compañero: «¿Ve usted algo?». Carter realmente no supo qué responder ante aquella ingenua pregunta. «Carter, ¿ve usted algo?», insistió Carnarvon. Después de una pausa, Carter se incorporó. «Sí, cosas maravillosas», contestó el arqueólogo inglés, que no daba crédito a lo que tenía delante.

La fotografía de lo que estaba viendo es muy conocida. Ante él, iluminados por la suave luz de la lámpara que portaba, estaban los tres lechos de madera dorada que cubrían toda la pared occidental de la antecámara. A su alrededor, un revoltijo de objetos aparentemente sin sentido, formado por sillas, arcones, estatuas, carros desmantelados, ramos de flores dispersos por el suelo y otros enseres.

Quizá sea este el relato más conocido de la historia de la egiptología e incluso me atrevería a decir que de toda la historia de la arqueología. Ningún otro descubrimiento ha conseguido superar el de la tumba de Tutankhamón, ni siquiera el de las tumbas reales de Ur, encontradas por Leonard Woolley poco tiempo después, en 1926, entre las ruinas de esta mítica ciudad bíblica, en Irak, la antigua Mesopotamia. No se trata de valorar qué lugar tiene más o menos oro ni de si a uno le gustan más los egipcios que los sumerios, sino de valorar el hallazgo en su conjunto, y, teniendo en cuenta esto, ninguno ha conseguido superar el de la tumba de Tutankhamón. El descubrimiento de la tumba del Faraón Niño, la KV62, está rodeado de intrigas, amoríos, guerras, envidias, ladrones y, por supuesto, la arqueología más bella. Una mezcla explosiva digna de la mejor novela de aventuras, cuyos protagonistas nunca pudieron haber sido mejor elegidos por el dedo de la providencia.

El más importante de todos ellos fue Howard Carter. Hombre de pocos amigos debido a su fuerte carácter, extraordinario dibujante y no menos impresionante egiptólogo, Carter reunió en una sola persona a un genio de la arqueología y a uno de los mayores artistas plásticos de todos los que han pisado en algún momento el valle del Nilo. Como colofón a su carrera, la fascinante historia del descubrimiento de la tumba de Tutankhamón, digna del mejor guion policiaco, lo convirtió en una auténtica celebridad.

Howard Carter nació el 9 de mayo de 1874 en el número 10 de Rich Terrace, en la ciudad inglesa de Kensington, al norte de la londinense Old Brompton Road. Era el hijo menor de Samuel Carter, un brillante y conocido acuarelista, y de Martha Joyce Sands. Su infancia no debió de ser fácil, pues, siendo un crío enfermizo, apenas tuvo oportunidad de asistir a la escuela. Vivía en el campo con dos de sus tías, a cuya casa lo mandaron sus padres para ver si mejoraba su salud. Hasta casi los siete años no tuvo contacto con el mundo exterior, lo que quizá le imprimió un carácter introvertido, que lo marcó de por vida.

Lord Carnarvon (*izquierda*), lady Evelyn Herbert y Howard Carter,
junto a la escalera de acceso a la tumba de Tutankhamón.
© Album.

Carter siempre dijo de sus estudios que había empezado tarde y acabado pronto, ya que debió abandonarlos con solo quince años. Algunos han querido ver en él a un personaje rudo, casi
maleducado, pero, todo lo contrario, su sentido del humor y la
exquisitez de sus formas, su elegancia en el vestir y su saber com-
portarse en cada momento independientemente de si estaba con
un obrero egipcio o un lord inglés fueron virtudes que acabó ad-
quiriendo con la experiencia de la vida.

Siendo hijo de un artista, no es de extrañar que, al igual que
otros de sus diez hermanos (de los que solo sobrevivieron ocho),
heredara la facilidad de su padre para dibujar. Samuel Carter era
un popular ilustrador de temas naturalistas que solía publicar en
el diario *London News*. Incluso se señaló que a él se debían los
bocetos de los leones que se usaron para las esculturas que hoy

podemos ver en la base de la columna de Nelson en la plaza de Trafalgar, en el centro de Londres.

Precisamente gracias a la vida campestre con sus tías y las continuas visitas de sus padres, el pequeño Howard conoció a los barones de Amherst, quienes poseían una gigantesca mansión a las afueras de Londres con una colección egipcia extraordinaria. Ese fue el primer contacto de Carter con la egiptología. En la fachada de la mansión de Didlington Hall, en Norfolk, los Amherst tenían siete estatuas sedentes de la diosa Sekhmet, diosa de la guerra y la medicina, que, quién sabe, tal vez ayudaron a Carter a fortalecer su salud.

En definitiva, fisgoneando entre los ataúdes y esculturas conservados en la casa de esta adinerada familia, Carter descubrió fascinado los primeros secretos de esta civilización milenaria.

Los Amherst eran fundadores y patrocinadores del Egyptian Exploration Fund (Fondo para la Exploración de Egipto, luego Sociedad para la Exploración de Egipto). Sus relaciones con las misiones arqueológicas inglesas en el valle del Nilo eran muy estrechas y Carter, primero por su interés por el arte faraónico, pero especialmente por sus dotes como acuarelista, no tardó en ser recomendado. La baronesa de Amherst, Mary Rothes Cecil, solicitó al joven egiptólogo Percy Newberry que contara con Carter como dibujante para sus trabajos en Beni Hassan. Y así lo hizo este.

Después de un periodo de prácticas en el Museo Británico de Londres, el joven Carter, de apenas diecisiete años, tomó un barco hasta Egipto.

«Recuerdo perfectamente —afirmó más tarde Carter— el depresivo estado en el que se encontraba mi mente cuando dejé la estación Victoria, y la nostalgia de un joven y principiante cuando crucé el canal de Suez y me encontré solo por primera vez en un país extranjero, en donde no tenía ningún conocimiento de su lengua».

La década de 1890 fue absolutamente prolífica para Carter. Estuvo como dibujante y luego como aprendiz de arqueólogo en Beni Hassan, donde dibujó sus 39 tumbas, con más de mil cien metros cuadrados de frescos. El secreto del éxito de sus pinturas residía en la técnica heredada de su padre. Sus acuarelas eran y son, porque muchas de ellas han llegado hasta nosotros, verdaderas fotografías de cómo estaban las tumbas hace casi ciento treinta años. Siempre se negó a utilizar el calco, lo que hacía de sus acuarelas hechas a mano alzada obras más reales y artísticas.

Poco después trabajó junto con el padre de la arqueología moderna, William Matthew Flinders Petrie (1853-1942), en Tell el-Amarna, la antigua ciudad del Faraón Hereje, Amenofis IV, Akhenatón. Sin embargo, Petrie y Carter no debieron de hacer buenas migas. En este primer tramo de su carrera este viejo gruñón, para mí un tanto sobrevalorado en la historia de la arqueología, dijo del joven inglés: «Carter es un buen chico cuyos intereses se centran por entero en el dibujo y en la historia, pero no me interesa que trabaje como excavador».[13]

Petrie tuvo que reconocer luego que se había precipitado a la hora de juzgar al joven arqueólogo. Junto con gruñón, en la ciudad de Akhetatón, Carter hizo sus primeras excavaciones como arqueólogo en solitario, y combinando esta nueva habilidad con su facilidad para el dibujo. Petrie lo invitó a que mandara sus trabajos al Servicio de Antigüedades, pero estos nunca llegaron a su destino. Aun así, algunos de sus dibujos aparecieron en los periódicos londinenses. Fue el caso de los bocetos realizados en

13. Diario de Petrie de 3-9 de enero de 1892. Citado por T. G. H. James, *Howard Carter. The Path to Tutankhamun*, Londres y Nueva York, Kegan Paul International, 1992. Petrie es considerado el padre de la arqueología moderna. En mi opinión más personal, creo que se han sobrevalorado su trabajo y su técnica. Es cierto que realizó grandes logros, como la *sequence dating*, que le permitía datar yacimientos por medio de la cerámica, pero la técnica de excavación era realmente mala y desigual. Howard Carter superó con creces a su «maestro» en método y dedicación.

la tumba de Akhenatón en Amarna, publicados en *The Daily Graphic* el 23 de marzo de 1892.

Cuando Flinders Petrie retornó a Inglaterra, Carter se quedó en el país y decidió marcharse al Alto Egipto, a Luxor, la antigua Tebas. Allí trabajó junto con su hermano mayor Vernet para el egiptólogo suizo Henri Édouard Naville (1844-1926), director de campo del Fondo para la Exploración de Egipto. Carter pasó varios años en Deir el-Bahari trabajando en el templo en terrazas de la reina Hatshepsut, entonces un yacimiento prácticamente virgen del que Naville debía supervisar la limpieza. Fue una de las mejores escuelas que tuvo el joven inglés para seguir aprendiendo ideas y métodos de trabajo.

En el año 1899, a Carter le ofrecieron el cargo de inspector general de los monumentos del Alto Egipto, esto es, de todo el sur del país. La oferta fue hecha por Gaston Maspero, el francés que dirigía el Servicio de Antigüedades de Egipto, que admiraba al joven Carter, que entonces solo tenía veinticinco años, y mantenía cierta amistad con él. El inglés dijo que sí al instante y pasó de ser un simple dibujante y arqueólogo en ciernes a ser uno de los egiptólogos más importantes del momento.

El área de trabajo de Carter era muy amplia. Su labor como inspector pronto se hizo bien patente. Empezó por poner luz eléctrica en el templo de Abu Simbel, excavado en la roca por Ramsés II. Además, fueron muchas las tumbas de Biban el-Moluk las que recibieron el primer tendido eléctrico. Desde entonces las sucias antorchas de los turistas dejaron de ser visibles en los hipogeos del valle. Hasta ese momento, los visitantes ensuciaban con denuedo los brillantes colores de las pinturas, convirtiendo aquellos frescos incomparables en una trémula versión de lo que fueron en un principio. Por suerte, la limpieza en muchas de ellas les devolvió el extraordinario resplandor que tuvieron hace casi tres mil quinientos años.

Desde hacía unas décadas el Servicio de Antigüedades cuidaba celosamente el mercado de antigüedades. Era un mercado lícito y en los anticuarios de Luxor se podían comprar numerosas piezas, que según la ley debían estar controladas e ir acompañadas de un certificado en el que se señalara cuál era su procedencia. Con ello se intentaba vigilar la aparición de tumbas no registradas, como sucedió en 1881 con el descubrimiento del escondite de momias reales de Deir el-Bahari.[14] Pero, como podemos sospechar, rara vez se cumplía la ley, y la aparición en el mercado de piezas de origen oscuro era cada vez más evidente. El celo de Carter le hacía fotografiar, incluso, las huellas dejadas en el suelo de los enterramientos por los ladrones de Gurna, la aldea que antiguamente se levantaba sobre las tumbas de los nobles en la orilla oeste de Luxor. Una vez hechas las fotos, las comparaba con las obtenidas en otros yacimientos.

En el año 1898 el arqueólogo francés Victor Loret, que por entonces era el director del Servicio de Antigüedades, descubrió la entrada a la tumba de Amenofis II, la KV35, según la numeración del valle. La tumba apareció totalmente saqueada, pero lo que nadie se esperaba es que en la cámara funeraria permanecieran los restos del sarcófago del faraón y, dentro de él, la momia del rey. Además, en el interior de la tumba se descubrieron dos cámaras anexas repletas de momias reales. En una de las cámaras se hallaron los cuerpos de Tutmosis IV, Amenofis III, Seti II, Merneptah, Siptah, Ramsés V, Ramsés VI y Ramsés IV, así como el cuerpo de una mujer desconocida. En la otra habitación Loret se topó con las momias de dos mujeres, una mayor[15] y otra jo-

---

14. Véase N. Ares, *El sueño de los faraones*, Barcelona, Grijalbo, 2014.

15. Esta momia de una mujer mayor es la llamada «Elder Lady» que tanta polémica ha levantado en los foros egiptológicos desde su descubrimiento. Diferentes análisis de ADN la han relacionado con el cuerpo de la esposa de Amenofis III, la reina Tiyi (véase Bob Brier, *Momias de Egipto*, Barcelona, Edhasa, 1996, pp. 343-344). Más recientemente, a raíz de unos análisis comparativos, se ha querido ver su posible semejanza con el cuerpo de la reina Nefertiti, la esposa del herético Akhenatón (véase Susan E. James, «Who is the Mummy Elder Lady?», *KMT*, vol. 12, n.º 2, verano de 2001). Como veremos más adelante,

ven, que escoltaban la momia de un niño que portaba el típico mechón de pelo de los príncipes.

Desoyendo los consejos vertidos por el Servicio de Antigüedades, las autoridades egipcias se negaron a enviar las momias y sus ajuares a El Cairo, donde estarían más seguras. En 1901 alguien entró en la tumba y se hizo no solo con el ajuar de la momia de Amenofis II, sino también con el de los otros cuerpos. Gracias a las huellas fotografiadas por Carter en la entrada de la tumba se descubrió que los autores del robo habían sido los Abd el-Rassul, una conocida familia de la aldea de Gurna, la misma que había saqueado el escondite de momias reales de Deir el-Bahari en 1881 y que alimentaba una tradición centenaria en el saqueo de tumbas en colaboración con los propios guardas del sepulcro. Sin embargo, las pruebas no fueron tomadas en consideración por las autoridades y los Abd el-Rassul quedaron libres.

Hacia 1900, Carter conoció al millonario estadounidense Theodore Monroe Davis. Este abogado disfrutaba pasando los inviernos en Egipto, en el Nilo, instalado en una embarcación llamada Bedawin. Ese mismo año, el joven Carter excavaba en Bab el-Hossan, la tumba del Caballo, una tumba real descubierta en Deir el-Bahari tiempo atrás (en 1898) y de forma casual. Mientras trabajaba para Naville en el templo de Hatshepsut, cierto día Carter vio que su caballo tropezaba con una piedra que sobresalía del suelo. Era la entrada a una tumba que en aquel momento no pudo excavar por falta de permisos. Pero ahora era él quien los daba, así que se concedió a sí mismo este capricho con la idea de que en su interior podía haber algo importante.

A tal efecto, Davis, como patrocinador de los trabajos, organizó un espectacular acto para abrir la tumba ante un montón de autoridades. La decepción llegó al ver que los únicos tesoros que

---

al final ha sido la reina Tiyi quien ha ganado esta batalla científica gracias a un mechón de pelo descubierto en la tumba de Tutankhamón.

El rey Mentuhotep II, descubierto por Carter en el cenotafio
de Deir el-Bahari. Museo de El Cairo. Foto © N. A.

había dentro eran un sarcófago vacío y una estatua del faraón
Mentuhotep II, que aun siendo hoy una de las joyas del arte faraónico, no colmaba en absoluto las expectativas de Davis. No
había momia ni señales, más allá del sarcófago vacío, de que aquello hubiera sido en algún momento la tumba de alguien. Debía
de ser una suerte de cenotafio como otros que han aparecido en
Egipto, un monumento funerario con un sarcófago vacío en su
interior dedicado a un rey o un noble. Nos podemos imaginar el
enfado del abogado americano y la decepción del aún veinteañe-
ro Carter por aquel frustrado hallazgo.[16]

16. Se desconoce cuál fue el motivo de la construcción de este pozo en el
que apareció la estatua de Mentuhotep, faraón de la dinastía XI (Cairo JE
36195). Sin embargo, es muy posible que la tumba del Caballo tuviera alguna

En 1902, calmados los ánimos con Davis, el inglés empezó a supervisar las excavaciones en el Valle de los Reyes para el multimillonario estadounidense. Pronto el joven cayó enamorado de aquel lugar. Solía ir con sus acuarelas y sus cuadernos de dibujo hasta el valle para pasar allí sus días de descanso. La primera casa de Carter en la orilla occidental estaba en el lugar que hoy recibe el nombre del Taftís, la esquina en donde se sacan las entradas para visitar las tumbas de la necrópolis de los nobles y los templos funerarios de los faraones en la orilla oeste de Luxor. Allí, frente a la oficina del director de la zona, está la antigua casa de Carter, llamada Castle Carter I («Castillo de Carter I»). Merece la pena entrar en el patio que forman los edificios de este complejo, justo detrás de las taquillas, y sentarse en las escaleras en las que el joven inspector posó para que lo fotografiaran hace más de cien años acompañado de sus caballos y sus gacelas. Carter siempre tuvo una relación especial con los animales. Lo descubrimos en el primor y el detalle con los que copió las aves o mamíferos representados en las tumbas de Beni Hassan, y lo seguimos viendo en su etapa en Tebas.

En este tiempo hizo amistad con Edward Russell Ayrton, un joven inglés nacido en China, hijo de diplomáticos, que dirigía las excavaciones de Davis. Con Ayrton o en solitario, Carter exploraba las colinas de la Montaña Tebana buscando nuevas tumbas y lugares para estudiar. En la entrada de muchas de ellas grabó las siglas de su nombre, «HC», hoy todavía visibles. Junto con Davis, poco después, en 1902, llegó el primer hallazgo importante en el Valle de los Reyes: la tumba de Tutmosis IV. Recordemos que en los alrededores de dicha tumba es donde apareció el óstracon de piedra con el texto de época ramésida que describe la ubicación de varias tumbas misteriosas en la necrópolis de los reyes de Tebas.

---

relación con los rituales de jubileo o fiesta Sed celebrados por alguno de los Mentuhotep. Véase Nicholas Reeves y John H. Taylor, *Howard Carter Before Tutankhamun*, Londres, British Museum Press, 1992, pp. 63-67.

El carácter retraído del joven chocó frontalmente con el de Theodore Davis, que debía de ser extremadamente pretencioso y ególatra. Sin embargo, Carter nunca tuvo problemas con los egipcios. Después de más de diez años de estancia en Egipto, desarrolló un sentimiento de aprecio hacia sus colaboradores más cercanos, la gran mayoría egipcios que vivían en modestas aldeas. Recordemos que Carter aprendió árabe y participaba en las fiestas de los obreros como uno más, cantando y bailando, circunstancia que no era del agrado de otras autoridades egiptológicas, quienes veían en gestos como este un comportamiento denigrante. Fue precisamente esta cordialidad con sus obreros egipcios la que le proporcionó el primer disgusto de su carrera en la egiptología.

Cuando, en 1903, Carter aceptó de Maspero un nuevo nombramiento, en esta ocasión como inspector general de los monumentos del Bajo Egipto, el norte del país, no imaginaba los problemas que iba a sufrir en este lugar. En el Bajo Egipto se encuentran todas las necrópolis de pirámides del Imperio Antiguo. Era un campo de trabajo que desde el punto de vista arqueológico e histórico se alejaba de lo que Carter siempre había hecho. Suponía además abandonar su amada Luxor para irse a vivir a la bulliciosa capital, El Cairo, que si bien no debía de ser tan bulliciosa como lo es hoy, con casi veinte millones de habitantes, sí debió de suponer un cambio radical en la forma de vivir de nuestro protagonista.

En 1905 sucedió un hecho triste en la necrópolis de Sakkara. Este lugar era la necrópolis más importante del norte de Egipto, me atrevería a decir que más importante aún que la de Gizeh, con sus imponentes pirámides. En Sakkara se encuentran la pirámide escalonada, la primera construcción realizada en piedra de la historia de la humanidad,[17] y una colección de tumbas del

17. Siempre se proporciona este dato, dando al constructor Imhotep, arquitecto del faraón Zoser de la dinastía III (hacia 2650 a. C.), el mérito de ser el

Imperio Antiguo y el Imperio Nuevo, con algunos de los ejemplos más bellos de la historia del arte universal. Además, en varios emplazamientos de Sakkara, algunos de los protagonistas de la historia de Tutankhamón, como el tesorero Maya o el general Horemheb, se habían construido tumbas espectaculares.

Uno de los lugares más importantes de Sakkara es el Serapeum, el cementerio de toros sagrados Apis descubierto en 1851 por Auguste Mariette. Lo forman varias galerías subterráneas excavadas en el Imperio Nuevo y sobre todo en época persa y ptolemaica, con varias habitaciones en las que se dejaron enormes sarcófagos de piedra de decenas de toneladas destinados a albergar los restos de los toros sagrados; literalmente, tumbas de dioses.

El domingo 8 de enero de 1905, a las tres de la tarde, mientras revisaba el estado del Serapeum, Carter fue advertido de un problema en la puerta de acceso. Había una suerte de tángana entre quince franceses que habían venido en burro y el *gafir* de la puerta. Los turistas se colaron en Sakkara sin pagar una sola entrada. Algunos de ellos habían irrumpido de malos modos en el campamento de Petrie, que trabajaba allí, en concreto en las dependencias de la esposa de este.[18] Tras requerírseles que abonaran las entradas, solamente once de ellos lo hicieron. Después fueron a la antigua vivienda de Mariette, convertida por entonces en casa de descanso y oficinas del Servicio de Antigüedades, donde estuvieron profiriendo gritos y bebiendo como cosacos. Completamente borrachos bajaron hasta la entrada del Serapeum. El problema se generó cuando, una vez dentro de las galerías sub-

---

primero en usar la piedra en grandes construcciones. Sin embargo, al norte de Sakkara también hay algunas tumbas de la dinastía I realizadas con piedra y que habría que considerar los primeros logros de la humanidad en este sentido.

18. No me quiero imaginar la cara de Flinders Petrie, un hombre arrogante y de difícil carácter, cuando le dijeron que el nuevo inspector general de monumentos del Bajo Egipto al que él debía dar cuentas de su trabajo era aquel jovencito del que él mismo había dicho que no servía para la arqueología. Justicia poética.

terráneas y totalmente beodos, no llegaron a ver nada debido a la ausencia de luz eléctrica. Las velas que portaban no les dieron para mucho y al salir reclamaron enfadados que se les devolviera el precio de las entradas. El guardián de la puerta se negó en redondo y comenzó la disputa. Se inició una pelea en la que participó el propio Carter, quien se había acercado para recriminar su actitud a los franceses y expulsarlos del lugar. El resultado final fue un puñetazo en la nariz del inglés, muchos franceses heridos, imaginamos que más por la borrachera que llevaban que por los golpes de los egipcios que se acercaron, y un *gafir* también magullado por un trozo de pared que se había desprendido en la reyerta.

Los franceses tuvieron la cara dura de presentarse en el consulado de su país —al parecer eran visitantes de postín— y presentar una queja por el trato indignante (sic) que se les había dado en el enterramiento de los toros Apis. El cónsul habló con Maspero del problema y este solicitó a Carter que ofreciera una disculpa formal para pasar página y no meterse en más líos. Pero el inglés se negó, indignado por el trato que habían recibido sus hombres y la actitud inapropiada de aquel grupo de borrachos. La tensión fue creciendo y un año después, cansado del problema, Carter dimitió de su puesto como inspector general de monumentos del Bajo Egipto.

Sin nada que hacer, el futuro descubridor de la tumba de Tutankhamón se vio en la calle. A falta de un trabajo fijo se dedicó a pintar acuarelas para los turistas (vendidas hoy a precios millonarios) y a hacer de improvisado guía para personas que requirieran de sus servicios. Con el dinero prestado por uno de sus amigos egipcios, Ahmed Gerigar, pudo regresar a Luxor, donde siguió durante cuatro años eternos pintando y haciendo de guía para los turistas que llegaban al Valle de los Reyes.

En 1907 Carter regresó a Inglaterra, donde descubrió con horror que sus antiguos amigos y mentores, los Amherst, pasaban por un momento crítico similar al suyo y se veían obligados a vender la colección egipcia que tanto amaba el arqueólogo. Quizá fue este el detalle que lo impulsó a viajar de nuevo a Egipto al poco tiempo y desempeñar el papel de marchante de arte. Nunca fue consciente de lo acertado de aquella decisión. Gaston Maspero, a pesar del incidente con los franceses y la negativa del inglés a disculparse por el asunto del Serapeum, siempre le profesó un cariño entrañable a aquel joven entusiasta de espíritu retraído.

Acababa de aterrizar en Egipto un lord inglés de cuarenta y un años. Debido a los problemas de salud provocados por un accidente de coche en Alemania, el médico le recomendó a lord Carnarvon que pasara los inviernos lejos de su fría Inglaterra, en un país cálido, y el lord eligió Egipto. Su nombre completo era George Edward Stanhope Molyneux Herbert, quinto conde de Carnarvon. Maspero se lo presentó a Carter en 1907 y surgió desde entonces una amistad que no se rompería hasta la muerte de lord Carnarvon en 1923, debido, dicen, a la maldición. Los dos comenzaron a trabajar juntos, Carnarvon como mecenas y entusiasta de la historia de Egipto y Carter como su arqueólogo. El Servicio de Antigüedades les dio permiso para excavar en las proximidades de la necrópolis de Tebas.

Carnarvon era hijo de Henry Woward Molyneaux Herbert, estadista británico perteneciente a la familia de los condes de Chesterfield, y de Evelyn Stanhope. Fue educado en Eton y el Trinity College, dos de los colegios más exclusivos de Inglaterra. Lord Carnarvon ha sido visto de forma injusta como un aristócrata inglés de vida regalada, con una inmensa caja de dinero detrás que le daba la posibilidad de hacer lo que le venía en gana. Pero esto no refleja la realidad. Sí, era un hombre rico, pero contaba con una sensibilidad especial para el arte y las antigüedades que ya tenía antes de ir a Egipto y de conocer a Carter. Precisamente esa fue la razón por la que decidió pasar los inviernos en un lugar cálido. Podría haber elegido la India o cualquier otro país africano que no fuera Egipto, pero se decantó por el valle del Nilo porque conocía y amaba el mundo de los faraones. Sabemos que lord Carnarvon comenzó a visitar Egipto con frecuencia a partir de 1907, cuando se convirtió en uno de los huéspedes habituales del hotel Winter Palace.

La fortuna de Carnarvon creció considerablemente cuando este se casó con Almina Wombwell, hija del barón de Rothschild, un importante banquero (si es que el que vale, vale...). Solo en la boda ya recibió de su suegro la suma de 250.000 libras esterlinas de la época. Pero Carnarvon contaba con un olfato extraordinario no solamente para los negocios, sino también para la adquisición de obras de arte. Thomas Hoving, exdirector del Metropolitan Museum of Art de Nueva York y comisario de las exposiciones que rodaron en los años setenta por Estados Unidos, lo calificó no de cazatesoros, sino de genio.[19]

En 1905, el mismo año en que Carter se veía sin empleo vagando por las calles de El Cairo, Carnarvon tuvo un grave accidente cuando conducía él mismo un automóvil en Alemania. El conde circulaba a la «frenética» velocidad de treinta kilómetros por hora. Yo corriendo voy incluso más rápido, pero hay que reconocer que un golpe a esa velocidad, y más dentro de una caja de metal, puede ser espectacular. Y así fue, por poco no lo cuenta. Carnarvon sufrió conmoción cerebral y quemaduras en las dos piernas, quedó con el pecho completamente hundido, una muñeca fracturada, erosiones en el interior de la boca, las dos mandíbulas rotas, los brazos dislocados y pérdida temporal de la visión. Todo un eccehomo. El conductor que le acompañaba en el vehículo dijo que a su patrón el corazón le había dejado de latir en varias ocasiones en los minutos posteriores al accidente. Para reanimarlo tuvo que echarle un cubo de agua helada en el rostro.

A pesar del trabajo realizado por los médicos y las costosísimas operaciones a que se vio obligado a someterse, Carnarvon

19. Véase Thomas Hoving, *Tutankhamun. The Untold Story*, Nueva York, Simon and Schuster, 1978, p. 22.

quedó maltrecho y necesitaba la ayuda de un bastón para poder caminar con soltura.

Gracias a sir William Garstin, consejero del ministro de Obras Públicas de Egipto, el conde inglés consiguió el permiso para realizar excavaciones. Carter y él trabajaron juntos durante los primeros años en un peregrinar continuo que los llevó desde Asuán hasta el delta. En todas estas excavaciones, Carter, a diferencia de muchos de sus estirados colegas, no tuvo reparos en quitarse la chaqueta y ayudar a sus obreros en las tareas de desescombro, gesto con el que continuó ganándose el cariño de los egipcios.

Sin embargo, fue en la necrópolis tebana donde la pareja hizo los descubrimientos más interesantes. Allí encontraron el templo del valle de Hatshepsut, las dos tumbas de esta misma reina e innumerables sepulcros privados de nobles del Imperio Medio y el Imperio Nuevo. No obstante, todos ellos aparecieron saqueados y sin ningún interés para el coleccionismo, que era, a la postre, lo que realmente interesaba a Carnarvon.

En el invierno de 1910, asentado y consolidado el tándem de Carter y Carnarvon, este mandó construir para el arqueólogo una nueva casa en Dra Abu el-Naga, justo al comienzo de la carretera que lleva hoy al Valle de los Reyes, y pactó además un sueldo anual de cuatrocientas libras. La casa, Castle Carter II (para diferenciarla de Castle Carter I), se conserva aún hoy y es la que se puede visitar. Ahí comencé este libro, en la meca para muchos de los que seguimos con entusiasmo la historia del descubrimiento de la tumba de Tutankhamón. Algunos guías egipcios confunden este edificio con el que hay arriba, en la colina, también con bóvedas; no en vano, es el que aparece en la foto de la Wikipedia, esa fuente de información tan fiable y de tanto prestigio. En realidad, esta segunda casa es una construcción más moderna del arquitecto Hassan Fathy para que la hija de un conocido personaje pudiera residir cerca del Valle de los Reyes, en donde excavaba. En la actualidad, la vivienda de la colina es la sede de Factum Arte, la empresa española que trabaja en las ré-

Casa de Howard Carter al comienzo de la carretera que lleva
al Valle de los Reyes. Foto © N. A.

plicas de las tumbas del Valle de los Reyes. La primera que realizó es la ya mencionada KV62 de Tutankhamón, colocada precisamente junto a la casa museo de Carter, y la siguiente, la de Seti I, se ubicará a pocos metros.

Con el paso de los años, la casa de Carter, la auténtica, sufrió alguna ampliación, pero en esencia conserva todavía el esplendor que tenía hace cien años.

La vivienda fue construida con ladrillos especiales llevados desde Inglaterra, que se habían fabricado en una factoría de la que era dueño el propio Carnarvon. Llevan inscrita la leyenda «Made at Bretby / England / for Howard Carter / AD Thebes 1910».[20] Hoy se pueden ver algunos de estos ladrillos en la entrada de la casa museo de Carter, junto a otros objetos de época.

Es realmente difícil expresar con palabras la sensación que me embargó cuando puse el pie en su interior. Una cantidad enor-

20. «Fabricado en Bretby / Inglaterra / para Howard Carter / Tebas 1910 d. C.».

me de recuerdos, fotografías, situaciones y lecturas me embargaron en aquel momento. Como he explicado al principio del libro, la primera vez que la vi fue en el año 1999, cuando aún estaba abandonada y sin restaurar, totalmente vacía. Ahora está repleta de muebles que recrean cómo era una vivienda de la década de 1920. Lamentablemente, no se conservan el mobiliario original ni las fotografías o litografías que debieron de decorar sus paredes.

Hoy la casa de Carter es uno de mis lugares preferidos y adonde siempre llevo a los grupos que acompaño a Egipto. Es una vivienda muy fresca, y sus paredes rezuman la historia viva del descubrimiento de la tumba de Tutankhamón.

Después de cruzar un zaguán con dos bancos empotrados en la pared se accede a la entrada de la casa. Si cruzamos un corto pasillo vamos a dar a una especie de recibidor que sirve de eje para el resto de las estancias de la casa. En el techo se levanta la cúpula sujetada por trompas que se puede ver desde el exterior y que le confiere ese frescor típico de las casas egipcias. Desde esta sala, orientada de norte a sur, se puede acceder al comedor, dos de los dormitorios y la oficina de trabajo de Carter. En el extremo norte, una puerta va a dar a un pasillo que nos lleva a otro vestíbulo. A nuestra derecha, al oeste, parte un pasillo por el que podremos ir a otras estancias de la casa, como el baño, una maravillosa cocina y una habitación almacén. La casa cuenta también con una estancia usada seguramente como laboratorio fotográfico y varios armarios encajados en los muros del edificio, que se añadieron con las ampliaciones posteriores de la vivienda y que no existían en la época de Howard Carter. Aunque sabemos que, al igual que lord Carnarvon, Carter hacía fotografías, no creo que tuviera ningún laboratorio en casa. Por otra parte, Harry Burton, el fotógrafo de la tumba de Tutankhamón, vivía no lejos de allí y, como explicaré más adelante, empleaba la KV55 como cámara oscura para realizar sus trabajos.

La residencia pasó de mano en mano a la muerte de Carter, y todos sus enseres fueron rebotando por varias familias de Luxor hasta perderse para siempre. El egiptólogo francés Christian Leblanc, director de la Misión Arqueológica Francesa en Tebas Oeste, fue uno de los artífices del proyecto de recuperación de la casa del arqueólogo. Pero se encontró ante el problema de no saber con qué rellenar las habitaciones de Castle Carter II, ya que, por desgracia, no se conservan fotografías del interior de la vivienda. Solamente hay dos imágenes: una de lord Carnarvon sentado en una silla plegable, muy conocida, que sabemos que está tomada en el interior de la vivienda, pero no en qué habitación, puesto que es un plano muy cercano y no se aprecia ventana ni detalle alguno, y otra, más fácil de situar, en la que se ve a Carter en el patio que hay detrás de la casa, saliendo desde la cocina. Con todo, la información que da esta es muy escueta.

Pero ¿qué es lo que se vivió entre esas paredes? Sigamos con la historia de Carter.

El año 1912 fue decisivo para las aspiraciones del arqueólogo inglés. Theodore Davis rescindió el contrato que le permitía excavar en el Valle de los Reyes. El abogado estadounidense abandonaba la necrópolis real con la idea de que allí no había nada más. Es célebre su frase «El valle está vacío». Pero Carter, que conocía muy bien aquel lugar y, especialmente, los hallazgos de Davis, sabía que esto no podía ser cierto. El propio Giovanni Belzoni, el aventurero italiano, un gigante de casi dos metros que había excavado el cementerio un siglo antes, se fue de allí con la misma impresión errónea. Belzoni había descubierto alguna de las tumbas más extraordinarias del valle, como la de Seti I, la KV17, cuyas pinturas y relieves aún no han sido superados por los de ninguna otra sepultura en toda la necrópolis. Hizo calcos de los relieves con imágenes que había en la antecámara de la tumba de Seti I. Los llevó a Londres, donde los exhibió en el Egyptian Hall de la calle Piccadilly con un éxito sin precedentes. En 1817 todo el mundo hablaba del Valle de los Reyes y de los maravillosos tesoros que poseía; de ahí que fuera uno de los emplazamientos más golosos y más perseguidos por los arqueólogos o los aficionados a la arqueología, como Davis, para excavar. No obstante, su falta de método no le permitió sacar todo el rédito que el yacimiento podía dar. Por su parte, Gaston Maspero, director del Servicio de Antigüedades, también compartía la opinión de Davis y creía que allí no quedaba nada por descubrir.

Con todo, muchos arqueólogos seguían pensando que allí debía de haber algo más. La idea de las tumbas perdidas, tanto de reyes como de reinas, era una conjetura que los egiptólogos barruntaban desde el siglo xix. Así, Carter sugirió a Carnarvon que pidiera el permiso. Como el noble no parecía estar muy entusiasmado con los planes de su arqueólogo —recordemos los escasos descubrimientos que habían sacado a la luz en todos esos años—, Carter se las ingenió para convencer a su adinerado amigo, y lo consiguió. La licencia decía así:

> El abajo firmante, director general del Servicio de Antigüedades, actuando en virtud de los poderes delegados en mí, concedo el permiso a …, que reside en …, para realizar excavaciones científicas en …, sobre los terrenos propiedad del Estado, libres, sin construir, sin cultivar y no pertenecientes a zonas militares y que tampoco comprendan cementerios, presas, etcétera, y en general no empleados para ningún uso público, y todo ello en las condiciones que siguen.

Arreglada la documentación, el arqueólogo inglés se puso manos a la obra, pero, continuando con su escasa fortuna, apenas se topó con restos interesantes en los años siguientes.

El método de trabajo era muy exhaustivo. Hasta entonces, las excavaciones del valle habían sido desordenadas, especialmente las de Davis. El abogado había realizado trabajos indiscriminados aquí y allá, como si estuviera rompiendo globos en una feria, buscando tumbas que le dieran fama. Davis no hizo más que remover toneladas de escombros de un lugar a otro sin ningún sentido. Carter, en cambio, hacía todo lo contrario. Era cuidadoso y trabajaba siempre con método y lógica. Aunque no encontrara nada, nadie le podía reprochar que no hubiera actuado con rigor y dejando la documentación necesaria para las generaciones venideras. Por ejemplo, antes de mandar levantar una sola piedra del valle llevó a cabo un estudio minucioso de todas y cada una de las excavaciones que se habían realizado allí a lo largo de la historia. Leyó los relatos de los primeros viajeros, desde los de Richard Pococke, del siglo xviii, hasta los de las últimas excavaciones de Davis, pasando por las crónicas de la expedición de Napoleón o de la franco-toscana de Champollion y Rosellini, y los escritos de Belzoni, Wilkinson o Petrie, entre otros. Hasta que tuvo todo ese conocimiento en la cabeza no tomó un papel en blanco y no marcó las directrices de un nuevo plan de excavación en el centro del valle. Ese plan estaba delimitado por el triángulo formado por las tumbas de Ramsés II (KV7), Merneptah (KV8) y Ramsés VI (KV9).[21] Dentro de este triángulo se desarrollarían los trabajos del tándem de Carter y Carnarvon. De no haber seguido este proceso, no hubieran hecho más que trasladar escombros por el valle, como la mayor parte de los arqueólogos que los precedieron.

Es cierto que, a pesar de lo precario de los otros métodos, los hallazgos realizados en los últimos años daban la impresión de que, efectivamente, no quedaba nada más por descubrir en el Valle de los Reyes. Después de doce años de excavaciones, Theodore Davis no podía quejarse de los resultados obtenidos. Ya fuera con Carter o con Ayrton, el millonario abogado americano sacó a la luz innumerables tumbas y pozos reales, como la KV43, la tumba de Tutmosis IV; la KV46, de Yuya y Tuya, los padres de Tiyi, la Gran Esposa Real del faraón Amenofis III; la

---

21. La KV9 se identifica con la tumba de Ramsés VI, y así lo vamos a hacer a lo largo del libro. Sin embargo, no hay que olvidar que realmente se trata de una construcción comenzada para Ramsés V y acabada por su sucesor, Ramsés VI. Por ello no es extraño encontrar literatura egiptológica en la que se hable de la KV9 como la tumba de Ramsés V/VI.

KV57, perteneciente a Horemheb, y sobre todo la KV55,[22] una de las tumbas más misteriosas de todo el Valle de los Reyes.[23]

En efecto, la KV55 es, sin temor a equívocos, una de las tumbas más enigmáticas, hasta tal punto que en realidad se desconoce si se trata de una tumba o es un simple almacén o escondite, un *cachette*, si empleamos el término francés habitual. Con la ayuda de Edward Russell Ayrton, Theodore Davis descubrió la KV55 el 3 de enero de 1907, pocos metros al sur de la KV6, la tumba de Ramsés IX. Tras pasar los restos de una puerta sellada[24] en la que todavía se conservaban fragmentos de los sellos de la necrópolis, donde figuraba el dios chacal Anubis sobre la representación de nueve cautivos, se accedía a un pequeño pasillo de apenas diez metros de longitud y poco más de dos de ancho. Al final del pasillo había una estancia no muy grande, de cinco por siete metros, perfectamente orientada de norte a sur. En ella, Ayrton descubrió desparramados por toda la habitación los restos de una capilla de madera con láminas de oro y, lo más curioso de todo, un magnífico y misterioso ataúd también de madera forrada con oro, en cuyo interior había una momia. Del ataúd se

22. No se debe confundir esta tumba con la KV5, descubierta por James Burton en 1825 y redescubierta en el año 1989 por el americano Kent Weeks. La KV5 pertenece a los hijos de Ramsés II, y es uno de los mayores hallazgos arqueológicos de los últimos tiempos.

23. Para tener una información detallada sobre los hallazgos realizados por Theodore Davis entre los años 1902 y 1914 en el Valle de los Reyes, véase Nicholas Reeves, *Ancient Egypt. The Great Discoveries*, Londres, Thames & Hudson, 2001, pp. 113-117. [Hay trad. cast.: *El Antiguo Egipto. Los grandes descubrimientos*, Barcelona, Crítica, 2002]. Sobre la vida de Davis, lo mejor es el libro de John M. Adams, *The Millionaire and the Mummies. Theodore Davis's Gilded Age in the Valley of the Kings*, Nueva York, St. Martin's Press, 2013.

24. Cuando se habla de puertas selladas en las tumbas del Valle de los Reyes, no se hace referencia al concepto moderno de una puerta con bisagras y quicios, sino a un simple muro de albañilería en el que se han estampado los sellos oportunos, en este caso los de la necrópolis real de Biban el-Moluk.

habían arrancado los cartuchos del nombre del ocupante, por lo que no se supo a quién pertenecía. Hoy creemos, por el contexto, el espacio dejado por esos jeroglíficos y otras pruebas indirectas, que seguramente pertenecía a Akhenatón, el Faraón Hereje, posible padre de Tutankhamón, pero no podemos asegurarlo. Además, la máscara que decoraba la parte del rostro del sarcófago también había sido arrancada, de modo que resulta imposible reconstruir los rasgos del propietario.[25] Como la capilla aparecida en la habitación estaba relacionada directamente con la figura de Tiyi, de cuyos padres Davis había hallado la tumba en el año 1905 en el mismo Valle de los Reyes, el abogado americano se convenció de que la momia que portaba el misterioso ataúd pertenecía efectivamente a esta reina. Sin embargo, la presencia al sur de esta habitación grande de una mucho más modesta con vasos canopos y ladrillos mágicos con el nombre de Amenofis IV, así como el análisis forense de la momia, que demostró que el cuerpo era de un hombre y no de una mujer, han hecho pensar a muchos investigadores que nos encontramos ante los restos del mismísimo Amenofis IV, Akhenatón. Ello justificaría que los cartuchos con su nombre hubieran sido arrancados de la tapa del ataúd. Además, en el texto conservado, aunque sin referencias directas a ninguna persona, se habla del «Bello hijo de Atón».

La mala conservación de la momia hizo que nos llegara prácticamente reducida a un esqueleto. Lo que se deducía de ella no cuadraba con la identidad de Akhenatón, ya que el cuerpo se correspondía con una persona joven de entre veinte y veinticinco años. Para rizar el rizo y complicar aún más la situación, se llegó a decir que tampoco nos encontrábamos ante los restos de un hombre. Análisis posteriores indicaron que se trataba del cuer-

25. En la actualidad este ataúd de madera se conserva en El Cairo. La parte superior del rostro, hecha de madera, ha sido reconstruida para poder sostener los elementos decorativos con que contaba la pieza original.

po de una mujer, posiblemente Kiya, la segunda esposa de Amenofis IV y quizá, y solamente quizá, la madre de Tutankhamón.[26] No obstante, hoy sabemos que es la momia de un varón joven, de poco más de veinte años, de modo que podría ser Semenkhare, sucesor y corregente de Akhenatón.[27] En la actualidad, sin embargo, Nicholas Reeves es de la opinión de que la momia pertenece a Akhenatón, y está convencido de ello «a pesar de que ya sé que nadie me cree, pero es Akhenatón», según me comentó en una visita a España esbozando cierta sonrisa de resignación. El principal inconveniente para relacionarlo con el Faraón Hereje es la edad. Sabemos que este soberano gobernó al menos durante diecisiete años y que cuando subió al trono no era un niño, sino un adulto. Así, suponiendo que cuando fue coronado tenía como mínimo veinte años, debió de fallecer casi con cuarenta, lo que lo aleja en extremo de los veinticinco que se les atribuyen como edad máxima a los huesos hallados en la KV55. De todas formas, cada forense aporta una interpretación diferente, así que no sé con cuál quedarme.

La historia que rodea a esta tumba todavía sigue coleando y está lejos de resolverse. Hace años se planteó una hipótesis de trabajo que combina la posibilidad de que la momia hallada en el ataúd de madera dorada fuera al mismo tiempo de un hombre y

26. La idea de que fuera Tiyi quedó relegada a un segundo plano cuando se realizaron los análisis de unos cabellos de esta reina hallados en la tumba de Tutankhamón y se comprobó que no correspondían con la momia de la KV55. Véase Brier, *Momias de Egipto*, *op. cit.*, pp. 139-150.

27. No es difícil encontrar información sobre esta tumba en cualquier libro dedicado al Valle de los Reyes o a la figura de Akhenatón. Como explica el egiptólogo inglés Nicholas Reeves, quizá se ha escrito más sobre la KV55 que sobre cualquier otra tumba de Biban el-Moluk. Pero aún hoy sigue siendo obligatorio acudir a la fuente original. Para ello véase Theodore H. Davis *et al.*, *The Tomb of Queen Tiyi*, Londres, Constable and Company, 1910. A lo largo del año 2001 se reeditaron en Gran Bretaña casi todas las publicaciones de Theodore Davis.

Parte superior del ataúd de Akhenatón descubierto en la KV55.
Museo de El Cairo. Foto © N. A.

de una mujer. Esto se debería a la terrible violencia con la que debió de tratarse el cadáver en la Antigüedad. Según el egiptólogo David Rohl, no es extraño, pues, que nos encontremos ante los restos de dos personas diferentes ensambladas en una sola momia, de tal modo que el cráneo sea de una persona de un sexo y el resto del cuerpo, de una persona del otro.[28] No obstante, como decía antes, desde hace tiempo se sabe que la momia es de un hombre. De eso no parece haber dudas, y menos desde que se estudió la momia o, mejor dicho, los restos óseos que se conservan de ella, a mediados de la primera década del siglo XXI. Por desgracia, el escáner que se hizo en este momento dejó más preguntas que respuestas, ya que desde un inicio se partió de la idea preconcebida de que era Akhenatón.

28. Véase David Rohl, «The Amarna Heresy conference», *Ancient Egypt*, vol. 2, n.º 4 (enero-febrero de 2002), pp. 34-35.

Hace años, en una de mis visitas al Museo Egipcio de El Cairo, tuve la oportunidad de ver los restos de la KV55 en los almacenes. Entonces, el doctor Nasry Iskander y su ayudante, la doctora Abeer Helmy (hoy doctora Abeer el Adany en la Universidad de Aberdeen, Escocia), afirmaron con rotundidad que la teoría de David Rohl no tenía sentido. Los estudios que se han realizado más recientemente de estos restos humanos señalan con claridad que se trata de un varón.

Lamentablemente no conservamos fotografías de cómo estaba la momia en el momento de su descubrimiento. Los testimonios nos dicen, sin embargo, que aún tenía restos de carne en el rostro y que sus rasgos eran visibles. Nadie menciona que allí hubiera varias momias unidas por la cintura o la cabeza. Joseph Lindon Smith fue un artista estadounidense que compartió con Davis la emoción de aquel sorprendente hallazgo. En su libro *Tombs, Temples & Ancient Art*[29] nos cuenta la experiencia y lo que vio con sus propios ojos cuando el abogado le solicitó que dibujara la momia tal y como había aparecido un par de días antes.

Es más, el ADN ha demostrado que este varón es, ni más ni menos, el padre de nuestro protagonista, Tutankhamón. El problema estriba en que, por muy valioso que resulte este hecho incontestable, el ADN no proporciona el nombre de la persona, por lo que ahora tenemos el antiguo esqueleto momificado del padre del Faraón Niño, pero seguimos sin saber quién fue. ¿Akhenatón? ¿Semenkhare? ¿Otro príncipe aún desconocido? Como ya he mencionado, para unos expertos esos restos pertenecen a un joven de veinte años, lo que haría imposible que se tratara de Akhenatón, que debió de morir, como poco, a los treinta y cinco o cuarenta. Para otros, la artrosis de los huesos demuestra que la persona era de edad más avanzada y sería, de he-

29. Joseph Lindon Smith, *Tombs, Temples & Ancient Art*, Oklahoma, University of Oklahoma Press, 1956, p. 69 y ss.

cho, el Faraón Hereje. Vuelvo a repetir que nada está claro, y lo peor de todo es que no hay consenso entre los científicos.

Hoy los restos son solo un esqueleto. El forense Douglas Derry recibió de James Quibell, que trabajaba para el Gobierno egipcio, la orden de reconstruir el cráneo. Esta es la razón por la que en las fotografías de la publicación de Davis de comienzos del siglo XX el rostro de la antigua momia aparece mucho más deteriorado de lo que hoy se puede ver. Derry se tomó el trabajo de recomponer el cráneo y pegar las partes de la mandíbula y de uno de los ojos que estaban separadas y maltrechas.

En enero de 2002 se publicó la noticia de la recuperación de la cubeta de este ataúd, la parte inferior, del que el Museo Egipcio de El Cairo solamente conservaba la tapa después de que la cubeta fuera robada del propio museo en 1931.[30]

En 1907, Theodore Davis descubrió otras tumbas reales. En el mes de diciembre apareció un foso, llamado más tarde KV54, en el sector oriental del valle, muy cerca de la KV18, la tumba de Ramsés X. Se trataba de un simple pozo de 1,9 por 1,25 metros y no más de 1,5 metros de profundidad, quizá el comienzo de una tumba que nunca llegó a finalizarse. Su contenido era extraor-

---

30. La historia que saltó a la prensa en un primer momento era que la tumba de oro del faraón Amenofis IV regresaba a Egipto, <www.elmundo.es/elmundo/2002/01/27/cultura/1012147601.html>. En realidad, todo era más sencillo. La parte inferior del sarcófago fue redescubierta en 1980 en una colección privada europea, cuyo dueño la donó al Museo Estatal de Arte Egipcio de Múnich con el fin de que se hiciera cargo de su restauración. Después la cubeta fue devuelta a Egipto tras un acuerdo con las instituciones suizas a finales de enero de 2002. Sin embargo, meses antes, la revista de egiptología *KMT* sacó a la luz en exclusiva las fotografías de las láminas de oro que recubrían la cubeta del ataúd que se estaba restaurando en Alemania. Véase «Cairo Museum in Possession of a Quantity of Gold which once Partially Lined the Lid of the Coffin from KV55», *KMT*, vol. 12, n.º 2 (verano de 2001), pp. 19-25.

dinariamente misterioso. Ayrton lo abrió para Davis el 21 de diciembre de 1907. El joven arqueólogo descubrió una docena de jarras selladas. Dentro de ellas había restos de un banquete funerario, bolsas de lino con natrón, tiras de lino con inscripciones en hierático, ofrendas florales y una máscara de oro muy pequeña. Algunos de los objetos llevaban el nombre de Tutankhamón. No era la primera vez que se descubría su nombre en el valle.

Este hallazgo tan curioso se completó poco más de un año después con la KV58, descubierta por Ernest Harold Jones el 10 de enero de 1909 cuando trabajaba bajo los auspicios de Davis (el millonario americano le daba a todo y parecía tener para todos). En esta ocasión se trataba de una tumba muy pequeña, excavada a la derecha de la entrada de la de Horemheb, la KV57, pocos metros al sur del lugar donde luego se encontraría la de Tutankhamón. No era más que un pozo que iba a dar a una cámara donde se descubrieron láminas de oro de la decoración de un carro, de ahí que el sepulcro reciba el nombre de tumba del Carro. En una de las láminas aparecían dos nubios maniatados, y en otras tres, el nombre de Tutankhamón, en dos de ellas acompañado por el de su esposa, Ankhesenamón. Este detalle hizo pensar a Davis que había encontrado la tumba del joven rey.[31] La cercanía de la KV58 a la tumba de Horemheb y el hecho de que en su interior aparecieran objetos con el nombre de Ay han hecho pensar a los investigadores que realmente nos hallamos ante un problema arqueológico más complejo. Según explica Nicholas Reeves, lo más probable es que se trate del traslado, a finales del Imperio Nuevo, de parte del ajuar de la tumba original de Ay en el valle occidental, la WV23, a esta ubicación, en un momento histórico en el que muchas tumbas estaban siendo saqueadas. También es posible,

31. Véase Theodore M. Davis, *The Tombs of Harmhabi and Touatânkhamanou*, Londres, Duckworth, 2001, p. 111 y ss.

por otro lado, que no fuera más que una especie de escondrijo o *cachette*, tan común en otros lugares del Valle de los Reyes.[32]

Carter no podía aspirar a los hallazgos realizados por Davis, pero quizá sí a acercarse. Al menos estaba convencido de que la tumba de Tutankhamón no era, en absoluto, la que Davis decía que era. Jamás un faraón de la dinastía XVIII, por muy modesto que fuera, se haría enterrar en una especie de pozo o escondrijo.

Carter, al contrario de lo que opinaban muchos de sus colegas, tenía una idea y un objetivo muy claros en el valle. Si todos los sepulcros de la dinastía XVIII estaban concentrados en torno al mismo lugar de la necrópolis, no muy lejos de allí debía de encontrarse el enterramiento de un faraón apenas conocido cuyo nombre era Tutankhamón, «La imagen viviente de Amón».

La primera mención a este soberano apareció en 1906. Lo hizo en un pequeño vaso de fayenza, de color verde intenso, descubierto por Davis junto a la KV48, una tumba identificada como la de Amenemopet, visir de Amenofis II. En el mismo sitio se hallaron unas láminas de oro que parecían haber formado parte de un pequeño cofre. Sobre ellas también estaba grabado el nombre de Tutankhamón. Allí mismo había vasos, bolsas y vendas utilizadas en un enterramiento desconocido.

Aunque el nombre de Tutankhamón aparecía en los objetos, Carter, que conocía el valle como nadie, observó que había elementos que no encajaban entre los hallazgos del exterior de la tumba y la sepultura en sí. Si su olfato de arqueólogo no lo engañaba, la tumba de Tutankhamón aún estaba por descubrir y, seguramente, no muy lejos de aquel lugar.

Con la llegada de la Gran Guerra en 1914, las misiones arqueológicas en Egipto se frenaron de forma abrupta. Lord Carnarvon tuvo que regresar a su castillo de Highclere, en Inglate-

---

32. Véase Nicholas Reeves, «The discovery and clearance of KV58», *Göttinger Miszellen*, n.º 53 (1982), pp. 33-45.

rra, y Carter permaneció en Egipto trabajando para su país. Su conocimiento del árabe le abrió las puertas de algunas misiones especiales, no sabemos si relacionadas con el mundo del espionaje o simplemente diplomáticas. Carter estuvo bajo la protección de la Foreign & Commonwealth Office, de la mano de sir Henry McMahon, diplomático y oficial del Ejército Indio Británico que en aquellos años era el alto comisionado en Egipto. Además, se sospecha que también envió mensajes verbales haciendo labores de traductor entre los británicos y los franceses y sus contactos árabes.

Mientras, el arqueólogo inglés dedicó mucho tiempo libre a explorar otras zonas rocosas de la Montaña Tebana, donde creía muy posible encontrar tumbas de nobles o de personas allegadas a la familia real. Siempre que se encontraba trabajando en el interior de una tumba, tenía por costumbre dejar su sombrero a la puerta del sepulcro para avisar de su presencia.

Cuando finalizó la guerra, en 1918, se retomaron los trabajos en el Valle de los Reyes. Sin embargo, pasaron los años y los resultados continuaron sin ser los esperados. La idea inicial de encontrar una gran tumba, quizá la de Tutankhamón, en aquel punto del centro de la necrópolis iba diluyéndose como un azucarillo. Carnarvon observaba con desazón como la ingente cantidad de dinero que invertía\año tras año no repercutía en forma de descubrimientos, no ya grandes, sino tampoco menores. Allí no aparecía nada, por lo que la frase lapidaria de Davis acerca de que el Valle de los Reyes estaba exhausto parecía empezar a ser real. Por esta razón, el noble inglés dudó de la conveniencia de continuar los trabajos. Una vez tomada la decisión a mediados de 1922, cuando solo quedaban unas semanas para finalizar la campaña, Carnarvon informó a Carter de su deseo de abandonar.

Podemos imaginarnos la desilusión en el rostro de Howard Carter. Todos los esfuerzos de la última década se irían al traste si no hacía un hallazgo importante que justificara el enorme gasto que había hecho el lord inglés. Los fragmentos de cerámica, los óstraca con textos y con bocetos de artistas o los restos de collares robados hacía siglos en una tumba no eran material suficiente.

A pesar de la incertidumbre y la adversidad, el arqueólogo no se amilanó. Una década atrás había convencido a Carnarvon para excavar allí y podía volver a hacerlo, así que no iba a cejar en su empeño. Por ello pensó en solicitar un año más de trabajos. Lo importante era no perder el permiso. Carter se proponía como garante de la inversión; pondría el dinero de su bolsillo si fuera necesario. Solo pedía un año más, y Carnarvon aceptó. Y lo hizo de forma generosa, ya que no permitió que Carter pusiera un solo penique sobre la mesa.

La nueva campaña comenzó el 1 de noviembre de 1922.

Los resultados sorprendieron a todos. A los tres días sucedió lo inesperado. Realmente no sabemos cómo pasó, quiénes estaban allí ni qué hacía cada cual en aquel instante tan importante, pero, a partir de los testimonios de algunos de los protagonistas, bien pudo haber sucedido como sigue.

El 4 de noviembre, sábado, el primer día de trabajo de la semana para los árabes, a primera hora de la mañana, casi no les había dado tiempo ni a montar las tiendas de campaña para ubicar el equipo y los materiales. El arqueólogo inglés acababa de llegar al campamento y notaba cierto silencio en el ambiente fuera de lo normal. Carter, que hablaba con Arthur Callender, su mano derecha, y uno de los jefes egipcios, vio llegar a lo lejos a uno de sus hombres. Entre jadeos, el obrero explicó que habían encontrado un escalón.

La imaginación de Hollywood ha hecho creer que quizá Carter se puso a correr conocedor de la importancia del hallazgo. Sin embargo, todo parece indicar que aquel momento debió de ser más normal y menos emotivo de lo que podríamos esperar. Prueba de ello es que, en la entrada del 4 de noviembre de 1922, en el diario del arqueólogo solamente se lee un apático «Encontrado el primer escalón de una tumba». Sin más. Ni confeti, ni alharacas, ni gritos de alegría; solo el escalón de una tumba. Debía de ser algo muy corriente.

La tumba se encontraba muy cerca de la de Ramsés VI, cuatro metros por debajo de su entrada. Carter no debió de ponerle mucho esmero porque los trabajos de ese día apenas destaparon unos pocos peldaños que iban a dar a una puerta sellada que a simple vista parecía intacta. Lamentablemente no vieron nombre alguno. No obstante, la adrenalina sí debió de dispararse entre los miembros del equipo de Carter, pues eran evidencias más que claras de un hallazgo importante. No se trataba de un pozo colmatado ni de una puerta llena de escombros dejados allí por el paso de los siglos después de que la sepultura se derrumbara. Había un muro de mampostería que cerraba el paso a lo que parecía ser una galería.

Carter no necesitaba nada más. Tenía lo justo para confirmar que se trataba de la entrada de una tumba y que debía mandar un telegrama a Highclere para avisar a lord Carnarvon. El conde respondió de inmediato anunciando su llegada a Luxor para el día 23 de ese mes de noviembre. Como para unas prisas. Conviene entender, sin embargo, lo normalizadas que debían de estar este tipo de esperas, de casi tres semanas, y que además permitían seguir trabajando. Hay que recordar que Carter en aquel momento no sabía a quién pertenecía la tumba. Los obreros solamente habían destapado la parte superior de la puerta de entrada. Si hubieran bajado unos pocos centímetros más, Carter se hubiera dado cuenta de que era la tumba que tanto anhelaba; sin embargo, no lo hizo. Y no sabemos por qué actuó así. ¿Sabía realmente lo que acababa de encontrar y quiso mantener la emoción del hallazgo hasta la llegada de Carnarvon? Voy más allá. ¿Intuía Carter que la tumba de Tutankhamón estaba en ese lugar, donde habían empezado a excavar apenas tres días antes de encontrar el primer escalón?

El jueves 23 de noviembre, el conde y su hija, lady Evelyn Herbert, llegaban a la antigua estación de trenes de Luxor. Habían cruzado Francia y tomado un barco en Marsella hasta Alejandría. Una vez allí, un tren los había llevado a El Cairo, donde cogieron otro hasta Luxor, ciudad en la que los esperaba ansioso Howard Carter acompañado de algunas autoridades egipcias locales. Muchas veces me he preguntado por qué lo recibieron estas. Ese viaje lord Carnarvon lo había realizado en numerosas ocasiones, pues era un habitual de Luxor desde el año 1907 y siempre se había alojado en el hotel Winter Palace. Es chocante que en esta ocasión fueran a recibirlo no solo el gobernador de la provincia, Jehir Bey, sino además un fotógrafo que registró la llegada. ¿Sabían algo más de lo que estaba a punto de pasar? Lo desconocemos, pero desde luego la situación es, si no sospechosa, sí bastante curiosa.

Sin esperar un solo instante dirigieron sus pasos hacia la necrópolis real. Una vez en el Valle de los Reyes, el equipo retiró por completo los cascotes que cubrían la puerta de entrada al descubrimiento. Y por fin, junto a los sellos de la necrópolis real, apareció un nombre: Tutankhamón, Nebkheperura.

Delante de ellos tenían un gran hallazgo que en un principio no supieron cómo interpretar. ¿Se encontraban ante la tumba de un rey o ante un simple almacén, como otros muchos descubiertos en el valle? Carter estaba prácticamente convencido de esto último. La entrada parecía demasiado pequeña para ser la de una tumba real de la dinastía XVIII. Las conocía muy bien y era consciente de que la estructura de los hipogeos había ido cambiando a medida que corría la historia de los faraones. Las entradas pequeñas que se veían en las tumbas de mediados de la dinastía XVIII crecían exponencialmente hasta la época ramésida, cuando se construyeron entradas y galerías realmente grandiosas. La forma de la escalera, con sencillos peldaños, dieciséis en total, sin la rampa en el centro que se añadiría en los hipogeos de época ramésida, anunciaba, antes de ver los jeroglíficos de los sellos de la necrópolis, que la sepultura era de la dinastía XVIII. Quizá esta era la razón por la que Carter conocía, al menos, la fecha del enterramiento. Es posible asimismo que, por la cercanía de los hallazgos con el nombre de Tutankhamón, estuviera seguro de que se trataba del Faraón Niño. Hay que tener mucha sangre fría y seguridad en uno mismo para hacer algo así, pero eso a Carter le sobraba por los cuatro costados.

A pesar de que las medidas parecían muy pequeñas para ser la tumba de un rey, los textos no dejaban lugar a dudas: aquella era la tumba del faraón Tutankhamón.

El primer bofetón que hizo regresar a los arqueólogos a la realidad del valle, esto es, el robo desmedido en las tumbas ya en la Antigüedad, lo recibieron nada más destapar del todo la puerta sellada. En la esquina superior izquierda se descubrieron trazos más que evidentes que daban a entender que la tumba había sido abierta y vuelta a cerrar en varias ocasiones. La euforia del primer momento se disipó en pocos segundos. ¿Descubrirían una tumba saqueada como las otras que había en el Valle de los Reyes?

En la galería que descendía hasta la siguiente puerta aparecieron objetos que incrementaron la preocupación de los arqueólogos. Por ejemplo, en un hatillo Carter descubrió un revoltijo de joyas pequeñas, anillos sobre todo, con el nombre del Faraón Niño. Era una prueba más que evidente de que alguien había entrado en la tumba hacía siglos, fue descubierto en su huida y se vio obligado a arrojar las joyas que había tomado del interior de la sepultura.

Después de retirar los cascotes que cubrían este pasillo, operación que se llevó a cabo en un tiempo récord de apenas dos días, Carter, Callender, Carnarvon y su hija fueron los primeros en descender hasta la siguiente puerta. Hablamos de puerta, pero en realidad se trata de un muro de cierre hecho con piedras y argamasa, en la cual, una vez alisada con la mano (se ven las marcas de los dedos de los obreros en las fotografías de la época), se imprimían los sellos de la necrópolis o del difunto.

Nada podía detener a los emocionados arqueólogos. Carter, picando la mampostería, consiguió por fin abrir un hueco en el muro que cerraba el paso hacia no sabían qué. Según sus propias palabras, esto es lo que sucedió después:

> Introduje el candil y eché un vistazo. Lord Carnarvon, lady Evelyn y Callender permanecían ansiosos junto a mí esperando el veredicto. Al principio no podía ver nada, el aire caliente que salía del interior de la tumba hacía que la llama del candil se agitara, pero al momento, a medida que mis ojos se iban haciendo a la luz, como si surgieran de la niebla, aparecieron lentamente unos extraños animales, estatuas y oro, el brillo del oro por todas partes. En aquel instante, una eternidad para el resto de los presentes, me quedé mudo de asombro, y cuando lord Carnarvon no pudo aguantar la espera ni un segundo más, me requirió ansiosamente: «¿Ve usted algo?», y lo único que pude decir con palabras fue: «Sí, cosas maravillosas». Entonces, ensanchando el agujero un poco más para que los dos pudiéramos mirar, metimos una lámpara eléctrica.[33]

La noticia no se difundió al resto del mundo hasta el día 30 de noviembre, cuando la publicó en exclusiva el periódico británico *The Times*.

Según Carter, los cuatro, conscientes de la importancia del descubrimiento, abandonaron la tumba al instante con el fin de establecer las medidas de seguridad necesarias para protegerla y reanudar los trabajos al día siguiente.

Así de sencilla y a la vez fascinante es la historia oficial del descubrimiento de la tumba de Tutankhamón; al menos así se ha contado en la mayoría de los libros hasta hace pocas décadas. No me voy a extender mucho en este episodio, pero sí hay que reconocer abiertamente que sucedió algo más. Algo que, sinceramente, yo mismo hubiera hecho y me imagino que cualquier

---

33. C. Frayling, *The Face of Tutankhamun*, Londres, Faber & Faber, 1992, pp. 102-106.

otro mortal con un mínimo sentido emocional de las cosas y de su trabajo. La historia es muy simple. Cuando Carnarvon y su hija, la hermosa y veinteañera lady Evelyn Herbert, junto con Arthur Callender y Carter, abrieron a primera hora de la tarde del día 26 de noviembre de 1922 la puerta sellada que daba acceso a la antecámara, la gesta arqueológica no se quedó ahí. Efectivamente, todos salieron desconcertados por el calibre del hallazgo, y volvieron hasta la casa de Carter, en la entrada del valle. Es fácil imaginar el silencio impuesto por el esplendor de todos esos tesoros, muchos de ellos muebles cubiertos de oro, que debieron de bailar machaconamente en el recuerdo de los arqueólogos y sus acompañantes.

Sin embargo, luego sucedió algo más. Esa misma noche, amparados por el denso velo de la oscuridad de la necrópolis, los cuatro volvieron al yacimiento con una intención muy clara: entrar en la tumba hasta donde fuera posible.

Todo se realizó a espaldas del Servicio de Antigüedades, institución que ya había designado a un inspector para supervisar los trabajos que se realizaran en la tumba. Razones había muchas. Además del propio anhelo por saber qué había más allá de tesoros, también estaba el problema suscitado por el permiso de excavación en el valle. En una de las cláusulas se matizaba que, si se encontraba una tumba real intacta, absolutamente todo pertenecería al Gobierno egipcio. De lo contrario, la propiedad se repartiría al cincuenta por ciento con el descubridor. ¿Para qué esperar a conocer más? La misma noche del día 26 entraron en la tumba.

Removiendo escuetamente los objetos que se encontraban ante la puerta de acceso a la cámara mortuoria, flanqueada por dos estatuas del *ka* de Tutankhamón, avanzaron a través de un agujero en la parte inferior de la entrada. Tras ella no cesó el sorprendente desfile de tesoros, que multiplicaba por dos o por tres lo que ya habían visto en la antecámara. En la cámara funeraria, aunque aún no sabían dónde se encontraban realmente, si en una nueva antecámara o en una continuación de la galería, toda vez que la estructura de la tumba resultó ser bastante insólita, se toparon con una capilla gigante. Se trataba de una enorme pared dorada con incrustaciones de pasta vítrea. Seguramente, Carter comprendió de qué se trataba al poco tiempo de ver la forma de aquella enorme caja, pues era idéntica a la que se veía en las pinturas de la tumba del visir Rekhmire, excavada en la Montaña Tebana, no lejos de allí. Era una de las capillas que, según descubrirían después, envolvían los ataúdes antropomorfos del faraón.

Los tres visitantes (Callender no pudo entrar en la cámara funeraria por su elevada estatura y corpulencia) continuaron caminando por el angosto pasillo que separaba la pared de la habitación con aquella capilla hasta alcanzar la llamada «cámara del tesoro». Allí descubrieron la impresionante estatua del dios con cabeza de chacal, Anubis, que hacía guardia ante la puerta de la estancia. Incluso abrieron algunas de las puertas de las capillas doradas, hasta que comprobaron que a partir de allí los sellos estaban intactos. Entonces Carter se convenció de que había «cazado» a Tutankhamón. Desanduvieron el camino, taparon el agujero de la segunda puerta con argamasa, ocultaron el enlucido fresco con un cesto para que no se viera la mancha de humedad y regresaron a la casa del valle.

Este incidente, que se hizo público muchos años más tarde al revisar la documentación escrita y fotográfica dejada por Carter, ha sido criticado duramente por algunos sectores de la arqueología más ortodoxa, que lo han calificado de comportamiento poco ético. Sinceramente, como he dicho antes, yo hubiera hecho lo mismo. Como buenos críticos, algunos arqueólogos modernos hablan de algo que ellos serían incapaces de hacer. No hay que tenerlos en cuenta. Son especialistas de sofá.

Más tarde, el propio Carnarvon mentiría como un bellaco en una carta dirigida al egiptólogo Wallis Budge, encargado de las salas egipcias del Museo Británico de Londres. En ella, de una forma un tanto arrogante y apropiándose del mérito del hallazgo, decía:

Debe saber que hemos obtenido el descubrimiento más fabuloso de todas las épocas, acaso tanto en Egipto como en cualquier otro lugar del planeta. Actualmente solo he podido recorrer dos cámaras; sin embargo, en ellas se encuentran tantos objetos que con ellos podría llenar casi todas las salas de su museo. Le anuncio que aún queda una puerta sellada por examinar. Solo Dios sabe lo que puede encontrarse detrás de ella. La gran cantidad de piezas descubiertas concedería de por sí un valor extraordinario a mi trabajo, de no ser por que la belleza, la perfección y la originalidad de cada una de ellas confieren a todo el conjunto el valor de lo inconmensurable. He localizado un trono o silla que resulta más hermoso que todo lo visto antes en Egipto. Vasos de alabastro prodigiosamente trabajados, todos únicos en su realización. Camas, reclinatorios y sillas. Impresionantes conjuntos de adornos. Cuatro carros de guerra recubiertos con piedras preciosas. Figuras negras de un tamaño natural, que representan al faraón. Las ropas de este. Un *ushebti*[34] de unos noventa centímetros de altura y cetros impresionantes. Todavía no he abierto los cientos de cofrecillos, por lo que no puedo describirle su contenido. Pero he encontrado piezas de fina loza, joyas, ramilletes de flores y candelabros con la forma del símbolo de la vida. Todo esto lo localicé en la antecámara, donde se amontonan tantos objetos que me fue materialmente imposible distinguir nada, hasta que procedí a una primera selección. Hay una segunda cámara en la que resulta complicado penetrar debido a que el enorme número de muebles forma una barrera casi infranqueable. He podido comprobar que me esperan varias estatuas de alabastro de 1,20 o 1,50 metros de altura, etcétera, etcétera. [...] De los primeros objetos que hemos inventariado, varios se encuentran en un estado perfecto. Otros presentan algunos daños. Pero todo el conjunto es deslumbrante. ¡No olvidemos que todavía queda la puerta sellada! Ni siquiera

34. Los *ushebtis* eran unas figuras rituales que debían desempeñar en el Más Allá todas las tareas pesadas que se encomendaran al difunto. Para ello contaban con una serie de fórmulas mágicas que les ayudarían a realizar estos trabajos.

Pierre Lacau pudo esconder su asombro... Reconozco que este hallazgo va a costarme mucho dinero, pero estoy empeñado en realizarlo yo solo. He calculado que Carter y sus tres ayudantes emplearán unos dos años para terminar de cavar la tumba y, luego, ordenar su interior, después de extraer lo que pueda encontrarse detrás de la puerta sellada. Espero llegar a Londres dentro de unos diez días. Sin pérdida de tiempo, procuraré verlo.

Nadie sabe qué pudieron llevarse Carter, Callender, Carnarvon o su hija Evelyn aquella noche del día 26. En el capítulo siguiente proporcionaré alguna idea aproximada de la cantidad de objetos que tal vez desparecieron. Ahora solamente adelantaré una cifra: más de cuarenta, aunque bien es cierto que no se trata de piezas de gran tamaño y valor. Más bien se podrían considerar souvenires tomados en una noche loca que cabían en el bolsillo del pantalón.

Existe una carta escrita por lady Evelyn a Carter la Navidad de 1922. Los Carnarvon habían regresado a Inglaterra poco después del hallazgo para pasar las fiestas en familia. Carter, cada vez más egipcio, se quedó en su casa de Luxor. En la carta, la hija del conde cuenta la experiencia que su padre y ella vivían a diario con la prensa y la persecución continua de los periodistas. Una parte de la misiva ofrece datos esclarecedores de lo que debió de pasar aquella noche.

Mi queridísimo Howard:

Me gustaría pensar que esta carta te llega el día de Año Nuevo, pero por desgracia no lo hará, aunque te llegará más rápido que si yo misma la llevara. Mi querido amigo, te deseo lo mejor en absolutamente todo. Que seas tan feliz como el éxito que has conseguido, durante muchos, muchos años. Te lo mereces. Ahora mismo, querido, eres mundialmente famoso y tu nombre se sumará en los anales de la historia al de los hombres más importantes. Es maravilloso. Me encantaría que pudieras volar hasta

Inglaterra, aunque sea solo por unas horas, ya que el interés auténtico y universal, y la excitación que tu descubrimiento han creado, te harían estremecer de emoción, compensando con ello todos los años de arduo trabajo y decepciones por los que has tenido que pasar. Es cierto que a una la molestan mañana, tarde y noche, y sé que contigo también lo harían. Desde que regresamos no hay lugar ni momento en que no me encuentre con un periodista. Papá realmente ha tenido mucho trabajo que hacer. Ha sido un poco agotador desde que llegamos el pasado sábado. Sin embargo, se deleita con todo. Y cuando está un poco cansado me llama para que le cuente de nuevo una y otra vez aquello del santo de los santos. Siempre estalla de alegría con una botella de champán. No te podré agradecer suficientemente el haberme permitido entrar. Fue el mejor momento de mi vida. Más no puedo decir, excepto que cuento el tiempo para volver a verte.

Querido con todo mi amor, tuya eternamente agradecida y afectuosa,

EVELYN

La mención al santo de los santos no es otra cosa que el acceso a la cámara funeraria que había tras la puerta escoltada por los *ka* de Tutankhamón. Leyendo entre líneas se deduce, además, que Carnarvon no entró. Quizá los problemas de movilidad o la estrechez del lugar le impidieron pasar. Por lo tanto, el conde y Callender debieron de quedarse en la antecámara mordiéndose las uñas mientras esperaban a que salieran los compañeros.

En ocasiones me he preguntado (son muchas las preguntas que me hago cuando leo y releo informes sobre el descubrimiento de la tumba de Tutankhamón) si la idea de dejar una señal tan evidente de que se había hecho un agujero en la puerta de acceso a la cámara funeraria no sería un nuevo intento de justificar con pruebas más sólidas que la tumba había sido saqueada, simulando así una supuesta entrada en la Antigüedad. No sé, se me ocurre que podría haber pasado.

Interior del estudio de Howard Carter en su casa museo de Luxor.
Foto © N. A.

Al parecer, Carter observó que los sellos de la primera capilla estaban rotos, es decir, que alguien había entrado hasta ahí antes que ellos. Sin embargo, los sellos de las puertas correspondientes a las capillas interiores estaban intactos. Al verlo debieron de cerciorarse de que se hallaban en el enterramiento intacto del faraón Tutankhamón y retrocedieron.

Meses después, el día 17 de febrero de 1923, con el fin de efectuar la «apertura oficial» de la cámara sepulcral, se preparó una soberbia pantomima ante un grupo reducido de autoridades y egiptólogos. Para que el público no advirtiera la clarísima mancha de yeso nuevo dejada en la puerta tras su furtiva entrada tres meses atrás, Carter y Carnarvon la taparon colocando una tarima que únicamente servía para ocultar tan comprometedora mancha. Solo ponían de manifiesto la entrada, una entrada atemporal que podría haber sido en la Antigüedad o en la Edad Media, tal como aparece en las fotografías. Estas imágenes podrían haberse usado como pruebas ante el Servicio de Antigüedades para demostrar que no se trataba de una tumba intacta, como todo parecía indicar, anillo arriba, collar abajo.

La mayor parte de los datos de esta historia se deben a la investigación del egiptólogo estadounidense Thomas Hoving, del Metropolitan de Nueva York, encargado en los años setenta de estructurar y dirigir la exposición de los tesoros de la tumba en su gira americana. En su libro *Tutankhamun. The Untold Story* Hoving aporta por primera vez la documentación que explica la verdad sobre la entrada furtiva de los arqueólogos a la tumba aquella noche de noviembre de 1922. Aquellos hechos cada vez se aceptan más y se entienden como un impulso totalmente natural y, sobre todo, acorde con los tiempos que se vivían en aquella época. No hay que olvidar que muchos de los miembros del equipo de Carter los conocían. Cuando James Henry Breasted examinó la puerta de la cámara funeraria para analizar los sellos y descubrió el agujero recién enlucido que Carter presentaba como el lugar de entrada empleado por los ladrones en la Antigüedad, el egiptólogo americano lo miró y sonrió. Una mirada escrutadora le bastaría a Breasted para decirle algo así como: «¿De qué vas, amigo Carter?».

Esto, que para algunos ha sido un verdadero punto negro en la historia del descubrimiento de la tumba de Tutankhamón, y que para mí no lo es, ha servido para que una banda de auténticos fanáticos e intransigentes, porque no merecen otro nombre, hayan tratado sin parar de dinamitar la labor arqueológica de Carter. Hace dos décadas se sumó a esta persecución Gerald O'Farrell, un «desinvestigador» que a través de un libro y una serie de televisión ha querido darle la vuelta a la tortilla, aunque lo único que ha conseguido es que toda ella se le escapara de la sartén y le ensuciara la cocina.[35]

---

35. Las sandeces que voy a exponer a continuación aparecen publicadas en un libro de Gerald O'Farrell que lleva por título *The Tutankhamun Deception. The True Story of the Mummy's Curse*, Londres, Sidgwick & Jackson, 2001.

El señor O'Farrell se ha propuesto acabar con el romanticismo que rodeó al increíble descubrimiento de la tumba. No solamente arremete contra Carter con el inexplicable argumento de la falta de dedicación arqueológica, sino que lo mezcla en una trama de sobornos, tráfico de antigüedades e incluso asesinatos que no tiene desperdicio. Agárrense, porque este tipo está convencido de que el hallazgo se produjo casi una década antes de lo que se ha contado.

En su libro *The Tutankhamun Deception* Gerald O'Farrell intenta demostrar una realidad totalmente diferente, más cercana al mundo de las modernas mafias y sociedades criminales que a la vida romántica y plácida de unos arqueólogos en un país de ensueño. Según O'Farrell, el sepulcro del joven rey fue descubierto en realidad en 1914, poco después de que se le concediera a Carnarvon el permiso para excavar en el Valle de los Reyes. O'Farrell se basa en que por esa época ya circulaban en el mercado negro de antigüedades egipcias algunas piezas procedentes, al parecer, de la tumba del joven rey. En concreto, el escritor británico habla de un anillo de oro con el nombre del faraón, del cual se tienen noticias desde unos siete años antes del hallazgo oficial de la tumba.

Sin embargo, O'Farrell lleva la trama mucho más allá. En este sentido, la famosa maldición de los faraones que atacó al mecenas de la excavación a las pocas semanas de abrirse la cámara funeraria, en 1923, fue en realidad una tapadera para encubrir un plan abyecto. Carnarvon fue asesinado, al igual que sucedió con otros personajes importantes relacionados con la tumba o las excavaciones en el Valle de los Reyes, como Theodore Davis, Ernest Harold Jones o Edward Russell Ayrton. Al parecer sabían demasiado. O'Farrell cree que Carnarvon fue envenenado; de lo contrario no se explica que sus vísceras fueran retiradas del cadáver poco después de su fallecimiento, circunstancia que ineludiblemente evitaba la realización de la autopsia.

El motivo del asesinato no está claro, aunque parece que, siempre según las investigaciones de este escritor, Carnarvon tuvo ciertas diferencias con Carter. De este, O'Farrell piensa que tenía buenos contactos con las bandas de ladrones de la zona, con quienes sacaba algunas piezas de la tumba con destino al mercado negro. Precisamente por eso fue el propio Carter quien, según O'Farrell, provocó su expulsión del Servicio de Antigüedades con el asunto del Serapeum en Sakkara, para trabajar a sus anchas en el mercado negro junto con los todopoderosos Abd el-Rassul. Esto es absurdo, desde luego, ya que Carter tardó un año en dimitir y dejar el puesto. Si hubiera tenido tanto interés habría agarrado la puerta el día siguiente.

Pero ahí no queda todo. El escritor inglés está convencido, aunque no tiene una sola prueba que lo pueda demostrar, de que lo que hoy conocemos como KV62 no es más que una reconstrucción realizada por Carter. La historia es muy pero que muy divertida. Vayamos por partes.

Sabemos que la estructura arquitectónica de la KV62 no cuadra con la de las tumbas reales que encontramos en el mismo Valle de los Reyes. Como explican el profesor Geoffrey Martin o Nicholas Reeves, la KV62 parece más bien la tumba remodelada de una reina, como veremos más adelante, o bien una suerte de *cachette* o escondite en el que se dejaron de forma apresurada los restos del funeral de Tutankhamón. Es decir, algo parecido a la KV55, pero en esta ocasión intacto. Hay muchas razones que así lo hacen presuponer. No solamente la mencionada estructura interna del hipogeo, sino también el hecho de que no existan, por ejemplo, pinturas sobre las paredes que guíen al difunto hacia el Más Allá, tal y como sucede en absolutamente todas las tumbas reales de la misma necrópolis. Esto realmente no es así, como luego explicaré, pero le sigo la corriente a O'Farrell.

El propio Carter se había percatado del problema de la estructura de la tumba. Conservamos algunos bosquejos de la planta dibujados por el arqueólogo inglés en los que se estudiaba esta posibilidad. En uno de ellos jugaba con la idea de que el pasillo de entrada a la tumba no fuera a dar a la pared oriental de la antecámara, sino a la pared sur. Con ello se conseguía una arquitectura mucho más esbelta, semejante a la de otras tumbas del valle.

O'Farrell ha llevado esta suposición a la realidad afirmando que la verdadera entrada a la tumba se encuentra en el lado sur de la antecámara y que el pasillo descendente que todos conocemos hoy es, en realidad, obra de Carter («¡Estoy locooo!»). Divagando con esta hipótesis, O'Farrell pretende hacer creer que la entrada a la tumba está en realidad en el pasillo descendente de la KV9, la tumba de Ramsés VI, que fue excavada justo encima de la de Tutankhamón. Cualquiera que vea un plano del valle puede darse cuenta de que físicamente resulta imposible. Es cierto que en absoluto silencio, debido seguramente a las grietas interiores de la roca de la montaña y a la cercanía entre una tumba y otra, es posible oír desde la de Ramsés VI voces que provienen de la de Tutankhamón. Pero nada más.

Descendiendo 46,5 metros en el interior de la tumba de Ramsés VI, observaremos en el zócalo de la pared derecha una porción de muro que no tiene decoración y que es totalmente blanca. Pues bien, para O'Farrell esta es la verdadera entrada a la tumba de Tutankhamón, descubierta por Carter en 1914. El inglés se cercioró de su «increíble» hallazgo cuando en la antecámara de Tutankhamón golpeó la pared con los nudillos y comprobó que sonaba a hueco. «¡Eureka!», debió de exclamar después de tan ardua prueba científica.

La teoría es sencillamente absurda. Aparte de que es imposible, O'Farrell se olvida de que desde comienzos del siglo xx la tumba de Ramsés VI ha sido una de las más visitadas del valle. No es creíble que por ese agujero salieran las riquezas de la tumba de Tutankhamón sin que nadie se percatara de las obras, con lo puntillosos que eran los del Servicio de Antigüedades. Vamos, que no puede ser.

Si el escritor inglés le hubiese explicado su teoría a Howard Carter, este se habría quedado de una pieza. Y conociendo el carácter del arqueólogo, al comprender que no había entendido absolutamente nada, Carter le habría contestado: «La respuesta a eso es esférica y en plural», que era lo que solía decir cuando alguien no comprendía de lo que se estaba hablando.

Ahora bien, todo este revuelo montado por O'Farrell con su teoría de la conspiración no nos debe hacer descartar el verdadero trasfondo del asunto. La pregunta es muy sencilla. Antes lo planteaba yo mismo: ¿conocía Howard Carter la ubicación exacta de la KV62, la tumba de Tutankhamón?

Es una cuestión que quizá nunca podremos resolver. A no ser que aparezca alguna carta o documento que lo aclare, todo lo que se diga al respecto no son más que especulaciones. Siempre me dicen que no me mojo, pero en esta ocasión lo voy a hacer. Creo que Howard Carter sabía dónde estaba la tumba de Tutankhamón, al menos tengo el presentimiento de ello. Se dieron demasiadas casualidades.

Existen varias historias al respecto. Una de ellas fue puesta en circulación por un escritor llamado Jon Manchip White. Según este autor, un anciano de Luxor le habló de una historia que le había contado hacía mucho tiempo un soldado de la Primera Guerra Mundial. Al parecer, el soldado le compró a un agricultor un rollo de papiro descubierto de forma accidental. No podía leerlo y, no se sabe cómo, acabó en las manos de Carter, quien lo interpretó como un plano de la ubicación de la tumba de Tutankhamón y de los tesoros que esta contenía.

La verdad es que la anécdota suena a leyenda arqueológica. Los que conocemos un poco a la gente de Luxor sabemos la rapidez con la que proliferan este tipo de historias y lo mucho que están dispuestas a exagerar algunas personas para salir en la foto y recibir una buena propina. A lo largo de mis viajes me he encontrado en Luxor con numerosos «últimos descendientes» de los Abd el-Rassul, la famosa familia de ladrones. Algo parecido pudo pasar con el relato del anciano de Luxor y la historia del militar relatada por Jon Manchip White.[36] Quizá no sean más que leyendas, pero, como sucede con este tipo de narraciones, es posible que en el fondo exista algo de verdad que luego fuera adornada con personajes y escenas de época.

En definitiva, esta historia me recuerda un poco a una realidad deformada hasta sus últimos extremos. Nadie puede negar que Howard Carter descubrió en el año 1902, cerca de la tumba de Tutmosis IV, un óstracon en el que aparecía un texto que aludía a la situación de varias tumbas en el valle, aunque no tenía nada que ver con la localización de la tumba de Tutankhamón y mucho menos con sus tesoros.

Sin embargo, también detectamos algunas contradicciones o extrañezas en el comportamiento de Carter en los primeros años de excavación. Nadie se puede explicar que cuando marcó el triángulo de trabajo entre las tumbas de Ramsés II, Merneptah y Ramsés VI, respectivamente las tumbas KV7, KV8 y KV9, y descubrió junto a la de Ramsés VI un montón de cabañas de obreros, el arqueólogo detuviera la excavación y continuara en el extremo contrario del triángulo.

Luego está la insistencia en excavar una temporada más en el valle cuando ya en 1922 lord Carnarvon estaba a punto de tirar la toalla. Carter incluso se ofreció a pagar la campaña. Poder seguir trabajando y encontrar la tumba de Tutankhamón dependía de Carnarvon, pues el permiso de excavación estaba a su nombre. Tampoco parece normal que casi al día siguiente de retomar la excavación saliera a la luz el primer peldaño de la entrada.

No debemos pasar por alto otro detalle quizá aún más esclarecedor. En las fotografías de la época del descubrimiento de la tumba aparece sobre la entrada del sepulcro el muro de contención en los lados sur y oeste de casi cuatro metros de altura que

36. Véanse Jon Manchip White, *Carter*, Londres (sin año de edición), y del mismo autor, *The Tomb of Tutankhamun by Howard Carter*, London 1970.

separa la KV62 de la KV9, la tumba de Ramsés VI, cuya entrada se encuentra, recordemos, inmediatamente encima de la de Tutankhamón. Hoy este muro sigue existiendo, aunque se ha prolongado por todo el perímetro de la entrada de la tumba de Tutankhamón. Pues bien, aunque resulte extraño, el muro fue levantado por Howard Carter no después del 4 de noviembre de 1922, cuando apareció la tumba de Tutankhamón, sino entre 1920 y 1921.[37] La explicación oficial es que estos muros evitaban que entrara arena en la tumba de Ramsés VI, una de las más visitadas del valle. Pero ¿cómo demonios es posible que Carter delimitara exactamente la entrada a la tumba de Tutankhamón de esa manera tan precisa dos años antes de que apareciera?

Quizá la verdad que subyace es que el inglés sabía dónde estaba la KV62; al menos así lo pienso yo, aunque no tengo pruebas que lo demuestren. Carter tenía la suficiente sangre fría para esperar el tiempo necesario, agazapado a la entrada de la madriguera, y cazar su presa.

Pero eso nunca lo sabremos. Si damos crédito a los hechos históricos que nos cuentan las cartas o los diarios de la época, se supiera o no la ubicación de la tumba, tenemos que aceptar que el hallazgo sobrecogió a sus protagonistas. Seguro que Carter, aunque conociera la existencia de la tumba en aquel lugar, no esperaba encontrar lo que descubrió. Estoy seguro de que, si lo hubiera sospechado, no habría dudado en sacar a la luz el hallazgo mucho antes. Cuando lo hizo, en 1922, fue el momento adecuado. De haberlo destapado unos años antes quizá se hubiera diluido con la Primera Guerra Mundial, quién sabe, como le sucedió a Pierre Montet con las tumbas reales de Tanis. Hoy nadie se acuerda del gran descubrimiento del arqueólogo francés porque coincidió con la Segunda Guerra Mundial.

37. Véase Christine El Mahdy, *Tutankhamen. The Life and Death of a Boy King*, Londres, Headline, 2000, pp. 58-59. [Hay trad. cast.: *Tutankhamón. Vida y muerte de un rey niño*, Barcelona, Península, 2002].

He tenido la suerte de poder entrar en la tumba de Tutankhamón en numerosas ocasiones, y en todas ellas he sentido el mismo sobrecogimiento. Tal vez es un estado de ánimo semejante al que experimentan las personas que visitan un antiguo campo de batalla, un lugar donde se entremezclan la historia y los sentimientos vividos por sus protagonistas. Sin duda, la KV62 es un sitio distinto. Es muy pequeña en comparación con otras tumbas del Valle de los Reyes, pero tiene su magia.

Antes de continuar con el relato de lo sucedido en aquellos días de noviembre del año 1922, creo que es necesario realizar una pequeña y somera descripción de la tumba. Más adelante tendremos la oportunidad de estudiar a fondo y con detalle todos y cada uno de los objetos aparecidos en las distintas cámaras, pero ahora es necesario que nos hagamos una idea del aspecto que tiene el recinto.

El acceso a la tumba es un poco incómodo. La bajada es empinada y los antiguos dieciséis escalones están cubiertos por una escalera de metal. Al igual que sucede en otros monumentos de Egipto, las autoridades han decidido entarimar el suelo por varias razones. Es cierto que es un poco antiestético, pero en ocasiones no queda otra solución. Así no solamente se evita que los miles de pies que a diario deambulan por la tumba dañen el suelo, sino que además se previene el movimiento de polvo que estropearía las paredes y las pinturas, si las hubiera.

Al igual que en otras construcciones y tumbas del Antiguo Egipto, la orientación de las cámaras que forman la KV62 no es casual. Nada en Egipto lo es. La entrada a la tumba está mirando justo hacia el este, el punto por donde sale el sol, nada extraño en las culturas antiguas cuyas divinidades más importantes giraban en torno al culto solar, como en Egipto. Algo muy parecido encontramos en la famosa esfinge de la meseta de Gizeh, levantada en el sector oriental de la planicie y orientada justamente hacia el punto por donde se alza el sol todas las mañanas, reivindicando así el triunfo del dios Ra contra las fuerzas del mal.[38] Y lo vemos también en las iglesias románicas, donde el altar mira al este, a la salida del sol. «Yo soy la luz del mundo», dice Jesús en el Evangelio según San Juan, en un guiño muy claro a las antiguas religiones solares.

La anchura de la entrada, al igual que la del pasillo que sigue, es de 1,68 metros.[39] En la actualidad, como sucede en otras tumbas del mismo valle, el entarimado instalado sobre el suelo original está dividido en dos partes separadas por una barandilla metálica que, además de ayudar a la gente a descender, separa el camino de bajada del de subida, de tal manera que no se forman atascos ni aglomeraciones entre los visitantes.

Al pie de los escalones parte un pasillo de 8,08 metros de largo, 1,68 de ancho y una altura de 2 metros. Su inclinación es de 45 grados, por lo que, si echamos la mirada al frente, lo único que vemos es el suelo de la cámara contigua o el techo del pasillo. Solo las tumbas de épocas posteriores tienen entradas grandiosas, así que Carter debió de darse cuenta enseguida, al ver la escalera formada solo por los peldaños, sin la rampa central que discurre por las escalinatas típicas de las tumbas ramésidas, y por el pequeño tamaño de la entrada y la galería, de que aquello no podía ser otra cosa que una tumba de la dinastía XVIII.

Al final del pasillo accedemos a la llamada «antecámara». En la esquina superior izquierda de la puerta sellada, en realidad un muro de albañilería, que separaba el pasillo de la antecámara, fue donde Carter realizó el famoso agujero por el que descubrió los tesoros de la tumba que le hicieron pronunciar las universalmente famosas palabras «sí, cosas maravillosas». Cualquiera que visite el lugar podrá oír el eco de esta frase en el ambiente, que ha quedado ligada a la tumba para el resto de los tiempos.

38. Para más información sobre este asunto, véase mi libro *El guardián de las pirámides*, Madrid, Oberon, 2001.

39. Todas las medidas que aquí presento están sacadas del libro de Nicholas Reeves *Todo Tutankamón*, Barcelona, Destino, 1992.

La antecámara es ligeramente más alta que el pasillo descendente. En sus 2,68 metros de altura podemos incorporarnos sin miedo a darnos en la cabeza. La habitación mide 7,85 metros de largo en los lados norte-sur y 3,55 en los lados este-oeste, y se encuentra 7,1 metros por debajo del suelo del valle.

En el extremo sudoeste de la pared oeste se abre una pequeña puerta de 0,95 metros de ancho por 1,3 de alto. Es la entrada al anexo, una habitación de 4,35 por 2,6 metros y de 2,55 de alto. El suelo de esta habitación está 0,9 metros por debajo del de la antecámara, es decir, 8 metros justos por debajo del suelo del valle.

Tanto el pasillo como la antecámara y el anexo tienen las paredes totalmente desnudas, sin ningún texto ni pintura. Solo en la pared sur vemos hoy un enlucido de color anaranjado que choca con el blanco de las otras tres paredes de la antecámara. Para encontrar pinturas tenemos que pasar a la cámara siguiente, la llamada «cámara del sarcófago». A esta se accede tras cruzar una puerta de 1,78 metros de alto por 1,65 de ancho que hay en el lado norte de la antecámara.

La cámara del sarcófago o cámara funeraria no es muy grande. Mide 6,37 por 4,02 metros y tiene una altura de 3,63 metros. El suelo vuelve a quedar por debajo del de la antecámara, exactamente 1,4 metros, es decir, 8,05 metros por debajo del suelo del valle.

En la pared este de la cámara del sarcófago se abre una puerta de 1,4 metros de altura y 1,12 metros de ancho que da a la llamada «cámara del tesoro», cuyas medidas son 4,75 por 3,8 metros y 2,33 metros de alto.

En la actualidad al visitante no se le permite realizar el mismo itinerario que siguieron los excavadores. Como ya se ha visto, el suelo del pasillo descendente y la antecámara está cubierto por un austero entarimado. Las pinturas de esta estancia solamente pueden contemplarse desde detrás de una pequeña barandilla de madera colocada a modo de balcón al pie de la cámara funeraria. Hasta principios de los años noventa todavía era posible descender por una pequeña escalerilla de madera que había en el lado norte de la habitación y ver de cerca el sarcófago de cuarcita y, en su interior, el ataúd dorado externo, hoy en el Gran Museo Egipcio de El Cairo. Después de la restauración de la tumba, a mediados de la década de 2000, el acceso a la cámara está totalmente prohibido. Hoy en día, el sarcófago de cuarcita amarilla continúa con la tapa rota, tal como se encontró.

La momia de Tutankhamón fue sacada del sarcófago y hoy se puede ver en el extremo izquierdo de la antecámara, protegida por una vitrina que controla la temperatura y la humedad, dicen, durante las veinticuatro horas del día.

Y este es el último lugar que se puede visitar de la KV62, pues se excluyen del recorrido la cámara del sarcófago y la del tesoro. La visita no es muy larga y no son pocos los que piensan que pagar una entrada extra por entrar en la tumba de Tutankhamón no merece la pena. Eso depende de cada uno, no obstante, si el visitante es capaz de impregnarse de las emociones allí vividas y conoce a fondo la historia del descubrimiento de la tumba, disfrutará de estar en el escenario en el que se escribieron las páginas más gloriosas de la historia de la egiptología. A los grupos que acompaño en los viajes que realizo a Egipto siempre los llevo a la casa de Howard Carter. Con la misma entrada puede visitarse la réplica que realizó la empresa Factum Arte y que recrea fielmente la tumba de Tutankhamón. Es otra opción.

La investigación de la tumba de Tutankhamón no fue, como podría parecer a primera vista, un camino de rosas para Howard Carter. No olvidemos que era la primera tumba real que se descubría intacta repleta de joyas del arte faraónico. Ningún arqueólogo se había enfrentado jamás a una situación tal. Ni Lepsius, ni Mariette, ni mucho menos Petrie, maestro de Carter y padre (sobrevalorado) de la arqueología moderna, se habían visto en semejante tesitura, con miles de objetos frente a los que había que actuar de una forma rápida con el fin de que no se perdieran para siempre. Carter era consciente de ello y de la grandísima responsabilidad que le echaba sobre las espaldas la historia. Al

El equipo frente al laboratorio, la tumba de Seti II. *De izquierda a derecha*:
Arthur C. Mace, Richard Bethell, Arthur Callender, lady Evelyn
Herbert, Howard Carter, lord Carnarvon, Alfred Lucas y Harry Burton.
© Album.

fin y al cabo, aunque extraordinario arqueólogo, Carter no era
ni fotógrafo profesional (aunque se manejaba con las cámaras de
la época y tomaba fotografías), ni químico, ni restaurador, ni filólogo, ni nada de lo que requiere hoy una misión arqueológica
convencional. Por ello reaccionó con celeridad y buscó un equipo de expertos lo más competentes posible para poder hacer frente a tan delicada situación.

El inglés organizó el mejor grupo de especialistas del momento. Aunque en el apartado siguiente matizaré algunos de los
detalles más curiosos de las personas que acompañaron a Carter
en su trabajo arqueológico, es hora de presentar, aunque sea en
un breve esbozo, a los componentes del equipo. El Metropoli-

tan de Nueva York puso sobre la mesa todas las facilidades para que sus operarios participaran en la empresa.

Arthur Cruttenden Mace (1874-1928) era un hábil egiptólogo y desde el principio se convirtió en el ayudante de más confianza de Carter. Alfred Lucas (1867-1945), químico, abandonó el Instituto Forense de El Cairo para trabajar en la consolidación y conservación inicial de los objetos. Harry Burton (1879-1940), que en realidad se llamaba Henry, era arqueólogo, si bien ha pasado a la historia de la arqueología como uno de los mejores fotógrafos de todos los tiempos. Trabajaba para el Metropolitan de Nueva York y se incorporó de inmediato al equipo de Carter. Arthur Robert Callender (1875-1936), llamado Pecky, era ingeniero, amigo íntimo de Carter y el encargado de construir las infraestructuras para mover piezas de un sitio a otro. Percy Edward Newberry (1869-1949) era profesor de egiptología en Liverpool, especialista en paleobotánica. Fue él quien llevó a Carter a Egipto por primera vez en 1891. Este arqueólogo, solamente seis años mayor que Carter, se convirtió en uno de sus mejores amigos. Alan Henderson Gardiner (1879-1963) era un millonario azucarero dedicado de lleno al estudio de los jeroglíficos. Hoy es considerado el padre de la moderna filología egipcia. Carter, dejando de lado sus desavenencias personales con él, lo incluyó en su equipo. James Henry Breasted (1865-1935) fue invitado por Carnarvon para realizar el estudio histórico de la tumba. Walter Hauser (1893-1959), arquitecto de profesión, realizó la mayoría de los dibujos de la antecámara. Lindsley Foote Hall (1883-1969) dibujaba los objetos de la tumba antes de que fueran fotografiados y llevados a restaurar. Al igual que Gardiner y Hauser, no confraternizó con Carter, por lo que su relación con el grupo terminó pronto y de una forma un poco abrupta.

A medida que pasaba el tiempo los trabajos se iban llevando a cabo de forma metódica. ¿Se podría haber hecho mejor? Seguramente sí, pero la metodología que aplicó Carter en esta primera campaña en la tumba ya la hubiera querido en cualquiera de las suyas Petrie, el sobrevalorado padre de la arqueología moderna.

En apenas tres meses y medio se sacaron los casi setecientos objetos que había en la antecámara. Los métodos empleados en tiempos más modernos hubieran convertido este plazo tal vez en varias campañas, pero nadie puede negar que Carter hizo las cosas perfectamente. La meticulosidad de la información registrada en los dibujos, las fotografías tomadas *in situ* y en el laboratorio, con y sin número de referencia, y la descripción de cada objeto, que detallaba en una ficha de cartón el contexto en el que apareció, convierten el trabajo de Carter en la primera excavación moderna de la historia de la arqueología. De eso nadie se acuerda ahora, porque, claro, Carter era un simple pintor. Algunos han llevado la titulitis a unos extremos absurdos. Las piezas eran trasladadas a la cercana KV15, la tumba de Seti II, hipogeo que desempeñó el papel de laboratorio improvisado, donde se realizaban los trabajos de restauración más urgentes antes de que las piezas partieran para El Cairo. En la capital, los tesoros de Tutankhamón eran vueltos a tratar para que se pudieran exponer en la primera planta del museo de El-Tahrir. Allí han permanecido durante un siglo, hasta su reciente traslado al GEM, el Gran Museo Egipcio que se ha construido al pie de las pirámides.

Durante esos meses sucedieron un montón de cosas de forma paralela al trabajo de campo. La recopilación de anécdotas por parte de Carter es inmensa y algunas son de lo más curioso. Desde políticos americanos de baja estofa que, después de haber recorrido una distancia tan enorme, no estaban dispuestos a volver a casa sin visitar la tumba hasta la llegada continua de cartas de supuestos parientes haciendo cábalas como «tú debes de ser aquel primo del que no tenemos noticias desde hace tanto tiempo». En otras ocasiones, las cartas de presentación o recomendación empleaban las argucias más insólitas. Universidades ficticias, catedráticos inventados y todo tipo de picarescas para poder entrar unos minutos a ver la ya entonces universalmente famosa tumba de Tutankhamón. Algunos, después de haber molestado a Carter con su presencia y conseguir entrar a ver el sepulcro, tenían la desfachatez de afirmar que «tampoco era para tanto» (igual que en el célebre caso Fibergran), por lo que imaginamos los deseos reprimidos de Carter de estrangular a más de un pedante engreído.

Así las cosas, era preferible que el grueso del trabajo de restauración se realizara en la tumba de Seti II. Ubicada al final del sector sur del valle, la sepultura de este faraón quedaba emplazada en una zona fuera del camino habitual de los turistas, por lo que los curiosos que intentaran molestar a los restauradores debían quedarse fuera del acceso, a más de cincuenta metros del improvisado laboratorio-almacén.

En este lugar, la labor realizada por Carter y su extraordinario equipo no podía ir más allá de lo que permitían los medios de su época en un trabajo de campo. Con todo, ya fue singular en su momento una catalogación tan precisa de cada una de las piezas descubiertas, circunstancia que facilitó sobremanera su estudio posterior. Lo mismo puede decirse de la consolidación de las piezas antes de salir de viaje hacia la capital.

La noticia del descubrimiento había corrido como la pólvora y todo el mundo quería visitar la tumba e informar sobre el hallazgo. Para evitar los problemas que esto pudiera ocasionar, lord Carnarvon se adelantó al arqueólogo y vendió la exclusiva al diario *The Times*. De esta forma, un solo periodista, Arthur Merton, que casi se convirtió en un miembro más del equipo, tendría acceso a las informaciones que diariamente le proporcionaba Howard Carter acerca del devenir de la investigación. Con ello no solamente evitaban que hubiera un enjambre de periodistas revoloteando alrededor de la tumba, sino que, además, controlaban lo que apareciera en los medios. Si alguien quería publicar fotos e información de primera mano, debía comprarlo al periódico londinense.

El negocio se presentaba redondo. El conde, con su habilidad especial para las finanzas, sacó buena tajada de esa exclusividad. *The Times* debía pagarle cinco mil libras por contar la historia. Además, Carnarvon percibiría el 75 por ciento de los beneficios obtenidos por el periódico con la venta de la información a otras publicaciones, una suma muy alta para la época y que comenzaría a compensar al lord inglés los más de diez años que había estado en Egipto sin recibir una sola libra. No obstante, como es lógico, la información era libre y pronto aparecieron reporteros contando lo que sencillamente veían, los rumores que corrían por el valle, propagados por los obreros, o lo que pudieran oír por casualidad en alguna charla informal entre los arqueólogos.

Aunque la exclusiva estuviera en manos del británico *The Times*, el *Chicago Daily News* se las arregló para insertar cada día entre sus páginas una reseña que, con el título de «Operación Tutankhamón», contaba las últimas noticias relacionadas con la tumba, añadiendo incluso detalles que sorprendentemente le habían pasado inadvertidos a Arthur Merton, el corresponsal de *The Times*. Las crónicas del rotativo americano iban firmadas por un tal George Waller Mechan, un hombre misterioso que ninguno de los que trabajaban en la tumba conocía. Y en verdad que el enigma tardó en desvelarse. El misterioso nombre no era más que un seudónimo de Charles Breasted, el hijo de Henry Breasted. El joven se limitaba a poner por escrito lo que su padre le comentaba en las horas de las comidas o cuando se tomaban un refresco en los momentos de descanso.

En este contexto tan repleto de emociones, más de tres meses después de que apareciera el primer escalón la mañana del 4 de noviembre del año anterior, el 17 de febrero se realizó la apertura oficial de la cámara funeraria. Se había despejado toda la antecámara, de tal manera que había espacio suficiente en ella para acomodar en sillas a casi una veintena de invitados. El ambiente era jovial y distendido, y de pronto lord Carnarvon, junto a su acólito, el arqueólogo Carter, anunció a la audiencia: «¡Vamos a dar un concierto! Carter nos va a cantar una canción». Allí estaban James Henry Breasted, sir Alan Gardiner, Herbert Winlock, egiptólogo del MET, y Arthur Weigall, egiptólogo y periodista, entre otros. Este último replicó refiriéndose a lord Carnarvon: «Si entra ahí, le doy seis semanas de vida». Algo empezaba a ir mal.

Se trataba de una apertura oficial, ya que, como sabemos, la oficiosa tuvo lugar mucho antes de lo que defendía Carter.

Los meses sucesivos fueron un auténtico tormento para el inglés y su equipo. Al poco tiempo de reabrir la cámara sepulcral, Carnarvon fallecía en el lujoso hotel Continental Savoy de El Cairo. Según la explicación oficial, el conde se había cortado por descuido, mientras se afeitaba, la hinchazón producida por la picadura de un mosquito. Tras una irreversible infección, Carnarvon murió entre delirios, mencionando fatigosamente el nombre de Tutankhamón. Fue precisamente esta circunstancia la que dio pie a que los aprensivos periodistas británicos lanzaran los primeros destellos de la maldición del Faraón Niño, atisbos que más tarde tendrían una sospechosa continuidad.

Carter y Carnarvon nunca pasaron del simple amor-odio que conllevan cualquier trato profesional y el roce continuo en una circunstancia como aquella. Por otra parte, el carácter de Carter tampoco daba para más. Sin embargo, cuentan las lenguas viperinas del cotilleo y el vodevil arqueológico que, poco antes de la muerte de Carnarvon, sus relaciones se vieron un tanto crispadas por el continuo acercamiento entre Carter y la hija del mecenas, la hermosa lady Evelyn Herbert. Al parecer, que su hija y el arqueólogo fueran algo más que amigos, como se decía que Carnarvon pensaba, no le agradó mucho al lord inglés. Sin embargo, sabemos que su repentina muerte, cuando empezaban a disfrutar las mieles del éxito, afectó profundamente a Carter, que le dedicó el fruto de su trabajo en sucesivas publicaciones. Es cierto, por ejemplo, que de la carta citada antes, donde lady Evelyn hace referencia a la entrada furtiva en la cámara del sarcófago, se desprende que había cierta cercanía entre ambos; sin embargo, las expresiones de afecto utilizadas no deben hacernos pensar en un romance ni en nada parecido, ya que eran habituales entre el arqueólogo inglés y la familia de Carnarvon, no solo con lady Evelyn, sino también con su madre.

A pesar del fuerte varapalo de la muerte del conde, los trabajos debían continuar. Lady Almina, la viuda, se encargó de preparar la documentación para ser ella la garante de los fondos y la persona que apareciera como sucesora de su marido en el permiso de excavación.

En la tumba, la salida de cualquier objeto se convertía en un espectáculo para los curiosos que se arremolinaban a la entrada. En estos meses comenzaron a desmontarse las cuatro capillas que cubrían el sarcófago de cuarcita que contenía los ataúdes y la momia del faraón. Los problemas estructurales fueron cuantiosos. El espacio de la habitación no era tan amplio como para poder mover con soltura los enormes paneles de madera dorada que formaban las capillas. De ahí que Carter se viera obligado a desmontar la parte del muro sur de la habitación, que se había hecho en la Antigüedad para cerrar la estancia y sobre el que se había pintado una escena que mostraba a la diosa Isis y a tres divinidades estelares. Harry Burton fotografió estas pinturas montándolas en el suelo y desde lo alto de una escalera realizó las placas que hoy conservamos. Una vez reproducidas, se empaquetaron y se enviaron al Museo Egipcio de El Cairo, en la plaza de El-Tahrir, en cuyos almacenes permanecen perdidas hoy.

Después de desmontar la primera capilla apareció una estructura de madera sobre la que había un enorme paño de lino decorado con rosetas doradas que simulaban un campo de estrellas. La pieza, única y de una delicadeza absoluta, fue sacada de la tumba y extendida en el patio del laboratorio, donde se prepararía para su conservación. Entre las capillas había además decenas de objetos, entre ellos unos espectaculares vasos de calcita casi translúcida y figuras como el célebre recipiente para ungüentos con un león tumbado en la tapa. Todo ello hizo las delicias de los curiosos arremolinados en el centro del valle, que esperaban preparados con sus cámaras para captar la mejor instantánea. En el recorrido de las piezas desde la salida hasta el laboratorio de la tumba de Seti II se formaba un pasillo de gente que apenas dejaba operar a los obreros egipcios.

Una vez desmontadas las cuatro capillas se procedió a abrir el sarcófago de cuarcita amarilla. Al levantar la tapa apareció un ataúd antropomorfo de madera cubierta de oro, de un peso extraordinario. Todavía no lo sabían, pero ese sería el primero de tres, uno dentro de otro, el último de los cuales de oro macizo.

Todo este trabajo quedó a un lado cuando se produjo un encontronazo con las autoridades egipcias. Los problemas serios comenzaron en el momento en que Carter quiso invitar a las mujeres de sus ayudantes a ver la tumba. Entonces, en una actitud totalmente infantil, el nuevo ministro de Obras Públicas, un egipcio nacionalista hasta la médula, prohibió la entrada en la tumba de Tutankhamón a cualquier mujer hasta que lo hubieran hecho las esposas de los dignatarios egipcios. Recordemos que el 28 de febrero de 1922 Egipto se había independizado de Inglaterra. Fuad I era el monarca reinante, y su hijo Faruk, el sucesor. Sin embargo, todo ello no era más que una pantomima. Inglaterra seguía controlando el país y la tensión se percibía en las calles de las grandes ciudades, especialmente en El Cairo, donde había continuos atentados terroristas. Poco después, el 19 de noviembre de 1924, sería asesinado en El Cairo el británico sir Lee Stack, gobernador general de Sudán, lo que hizo que el antiguo poder colonial se reactivara. El ambiente, por lo tanto, no era el más propicio, ni en el marco político ni el social. La anécdota de la visita de las mujeres, que en sí no era más que un feo detalle, fue la gota que colmó el vaso de la intromisión de las autoridades en el trabajo llevado a cabo en el Valle de los Reyes. Estas llevaban varios meses manipulando las circunstancias que rodearon el descubrimiento en beneficio de sus ideas políticas.

Howard Carter se reunió con urgencia con su equipo en el bar del hotel Winter Palace de Luxor. Allí, tras un caluroso intercambio de opiniones, se decidió hacer un comunicado en el que se anunciaba el cierre de la tumba ante los continuos atropellos contra la dignidad de los investigadores por parte del Gobierno egipcio en las últimas semanas.

Esta desafortunada situación, que conllevaba por contrato la pérdida de la subvención de los Carnarvon, tuvo otro episodio no menos curioso. El ministro de Obras Públicas forzó la entrada a la tumba de Seti II y realizó un inventario de todo el contenido del laboratorio. En la cámara principal apareció una caja de botellas de vino de la prestigiosa marca Fortnum & Mason.[40] En su interior se descubrió una estatuilla de madera que representaba la cabeza de Tutankhamón saliendo de una flor de loto, pieza que Carter no había recogido en ninguno de sus exhaustivos registros. Interrogado por la procedencia de la magnífica figura, aseguró que fue descubierta entre los cascotes que había al final del pasillo descendente y que si no había sido registrada ni fotografiada hasta ese momento había sido a causa de un olvido, que achacó a la tensión de los días siguientes al hallazgo. Esta excusa no sirvió y los egipcios lo acusaron de querer llevarse la pieza a Londres. Qué absurdo, porque en Londres no la quería para nada si él vivía todo el año en Luxor.

El arqueólogo abandonó el país dejando extendido en el patio del laboratorio el paño de lino aparecido entre las capillas y los ataúdes del faraón sin abrir. Las autoridades egipcias, que habían amenazado con retomar ellas mismas los trabajos, se vieron en una situación sin precedentes. No tenían a un solo egiptólogo egipcio preparado para la tarea. Puedo llegar a pensar que el minís-

40. Si van a Londres no dejen de visitar esta exclusiva tienda, situada en la calle Piccadilly, no lejos del antiguo Egyptian Hall, hoy desaparecido.

Cabeza de Tutankhamón saliendo de una flor de loto.
Foto cortesía SCA.

tro de Obras Públicas ni siquiera se molestó en buscarlo. El caso es que el paño, una pieza única, quedó a la intemperie en la entrada de la tumba de Seti II. Sobra decir que ningún arqueólogo extranjero quiso sustituir a Carter al frente de tan magna excavación.

Sin nada que hacer en Luxor ante la compleja situación política, Carter emprendió una gira de varios meses por dieciocho ciudades de Estados Unidos y Canadá, donde impartió charlas aquí y allá con las anécdotas del descubrimiento. En Washington fue recibido en la Casa Blanca por el presidente estadounidense, Calvin Coolidge, y en la Universidad de Yale lo nombraron doctor honorífico en Letras, que sería, a la postre, el único título académico que poseyera en vida. A su regreso a Europa,

Carter tuvo la oportunidad de impartir una conferencia en la Residencia de Estudiantes de Madrid, en noviembre de 1924.[41]

Fue precisamente en Madrid donde empezaron a enderezarse las cosas. Howard Carter había sido invitado por el duque de Alba, Jacobo Fitz-James Stuart y Falcó (1878-1953), al que había conocido en El Cairo poco antes. Ambos mantuvieron correspondencia durante esos meses, tras lo cual el duque, en calidad de presidente del Comité Hispano-Inglés, lo invitó de manera formal a dar una serie de conferencias en Madrid en 1924. Carter recibió el título de correspondiente de la Real Academia de la Historia de Madrid, que aparece bajo su nombre, junto al título concedido en Yale en estas fechas, en la primera página del segundo volumen de la publicación donde se dio a conocer la tumba de Tutankhamón. Asimismo, en Madrid lo presentaron al rey Alfonso XIII, con quien Carter entabló una gran amistad. Y fue precisamente el monarca español quien medió con Egipto para que le devolvieran la excavación al arqueólogo.

Es una historia completamente desconocida y no salió a la luz hasta que los egiptólogos Myriam Seco y Javier Martínez Babón realizaron una profunda investigación sobre la documentación que había relacionada con Howard Carter en el madrileño palacio de Liria, sede del archivo de la familia de los duques de Alba.[42]

El tema debió de salir en alguno de los encuentros en el palacio Real de Madrid, donde Carter, después de un rico vino español, debió de irse de la lengua y largar lo que no estaba escrito. En el archivo de la Casa de Alba se conserva un telegrama con fecha del 16 de enero de 1925 en el que se puede leer: «Arreglado asunto Carter Valle [de los Reyes]. […] Carter autorizado continuación trabajos buenas condiciones. Ruego le comunique grata

41. Véase la transcripción completa de las charlas de Howard Carter en Madrid y la historia de estas visitas a España en el apéndice de este libro.

42. Véase M. Seco y J. Martínez, *Tutankhamón en España*, Sevilla, Fundación José Manuel Lara, 2017.

noticia». Se trata de un mensaje transmitido por el ministro de Su Majestad en El Cairo al duque de Alba, a instancias del propio Alfonso XIII.

Este episodio tan poco conocido por el gran público, y mucho menos por el público inglés, pone de manifiesto el papel de España y de la Casa de Alba en la resolución del desencuentro entre Carter y las autoridades egipcias. Al mismo tiempo permite vislumbrar el vínculo del monarca español con el rey Fuad. Ahora, cuando veamos en los documentales de televisión o las dramatizaciones cinematográficas la llamada de teléfono que recibió Carter en su casa de Londres dándole la buena noticia, a quien nos tenemos que imaginar al otro lado del hilo telefónico no es otro que al duque de Alba. Ahí lo dimos todo. Como cuando el gol de Iniesta.

El Gobierno egipcio retomó las conversaciones con lady Carnarvon y con el propio arqueólogo para reanudar los trabajos en el valle ese mismo mes de enero de 1925.

Una vez en la Montaña Tebana, Carter tuvo que lamentar el estado de conservación del hermoso paño de lino negro tachonado de estrellas o rosetas doradas que cubría las tres capillas de madera dorada. Gran parte del paño, de 5,5 por 4,4 metros, se perdió para siempre cuando al irse los ingleses nadie se preocupó de protegerlo. Al reincorporarse, el arqueólogo les dijo a los egipcios: «¡Bueno, el paño es vuestro, no mío; y es único en todo el mundo!».

De vuelta a la normalidad, los trabajos se fueron convirtiendo en algo tedioso y duro. Tres días a la semana la tumba se abría a los visitantes, lo que significaba retrasos y ponía en peligro algunas piezas si las tocaban los desaprensivos turistas. Un comportamiento que he observado en muchas ocasiones, por no decir siempre, entre los visitantes que hoy se acercan a Egipto. La gente va con la pretenciosa idea de que el yacimiento pertenece a un país del tercer mundo y que todo vale. En cambio, no he conocido a ningún español, ruso o americano que en el Louvre o en el Prado se haya acercado a tocar la *Mona Lisa* o los lienzos de Velázquez. Entonces ¿por qué cuando un turista entra en una tumba del Valle de los Reyes lo primero que hace es tocar las pinturas? Es un verdadero misterio que he comentado a menudo con otros compañeros. La actitud colonial de «esto es mío y lo puedo tocar», que de alguna forma también ha calado entre los propios turistas egipcios, que lo tocan todo «porque es mi tierra y he nacido aquí» (esto me respondió un día una persona cuando le llamé la atención), solamente la he visto en Egipto. En Londres, París, Nueva York o Roma, la gente no va con ese espíritu, creyéndose con vía libre para manosear porque está en un parque de atracciones. No acabo de comprenderlo. Por eso entiendo el miedo de Carter cuando tres días a la semana la gente entraba en la tumba para poder disfrutarla y, por qué no, poner las manos en lo que tuviera delante.

Todo ello fue minando la moral y la salud de Carter, que terminó siendo un hombre enfermizo y huraño.

En 1932, diez años después de la apertura oficial, se dio por finalizado el trabajo de vaciado y restauración de la tumba de Tutankhamón. Carter publicó tres volúmenes, el primero con Arthur Cruttenden Mace, en los que relataba la historia del hallazgo. Prefirió dejar el resto de la investigación para las generaciones venideras, a las que legó una amplísima documentación, la gran mayoría aún inédita. Muchas de sus anotaciones personales se conservan en el Griffith Institute de Oxford. En la actualidad, casi la mayoría de los objetos hallados todavía no se han dado a conocer, si bien en los últimos cincuenta años se ha intensificado la publicación de estudios de grupos de objetos (muebles, barcos, capillas, etc.).

Después de abandonar definitivamente las excavaciones, Carter comenzó a frecuentar las terrazas del hotel Winter Palace. Allí solía sentarse solo y dejar pasar el tiempo, observando la navegación de las embarcaciones por las aguas del Nilo. De vez en cuando apabullaba a sus esporádicos acompañantes con historias exageradas del descubrimiento de lo que ya todo el mundo consideraba su tumba.

Poco después, su debilidad física se fue agravando. Los médicos le diagnosticaron linfoma de Hodgkin y el arqueólogo decidió regresar a Londres, donde alquiló un apartamento en Kensington, en Albert Court, junto al Royal Albert Hall, el célebre teatro. Allí pasó sus últimos años dedicado a las antigüedades egipcias y a visitar los clubes de Hyde Park, en donde seguía contando las mismas historias de siempre sobre Tutankhamón.

Carter, al residir en Egipto, siempre estuvo bastante alejado de su familia y de sus numerosos hermanos. En los últimos años, sin embargo, retomó la relación especialmente con dos de ellos, William y Amy, y en especial con la hija de esta, Phyllis Walker.

En las primeras semanas de 1939, con la enfermedad muy avanzada, el arqueólogo se vio obligado a contar con la ayuda de una enfermera para realizar las actividades cotidianas. El 2 de marzo, Howard Carter falleció en su casa del número 49 de Albert Court. Quizá conforme a su carácter, fue enterrado en la más fría de las soledades en el cementerio de Putney Vale, al sur de Londres. A la ceremonia no asistió ningún egiptólogo ni ningún representante del Gobierno británico o egipcio, y el periódico que tanto le debía por el descubrimiento de la tumba de Tutankhamón, *The Times*, solamente le dedicó una breve nota necrológica. Los que no se olvidaron nunca de él fueron sus fieles amigos egipcios. No quiero usar el término «sirvientes», pues para él fueron siempre amigos, los mismos que lo ayudaron económicamente cuando se vio en una situación precaria al dejar el Servicio de Antigüedades después del encontronazo con los franceses en el Serapeum de Sakkara. En una carta dirigida a su sobrina Phyllis Walker pocos días después del fallecimiento del arqueólogo, manifestaban el dolor por la pérdida de su mentor y amigo en su particular inglés:

Tanto nosotros como nuestras familias y todos los nativos de Egipto nos hemos enterado con tristeza de la muerte de nuestro director, el doctor H. Carter. Serví al doctor H. Carter durante cuarenta y dos años. Esta noticia es especialmente dolorosa para nosotros, sus más fieles siervos. Sir mister Bartin [Burton] nos dio la noticia que nos ha afligido, por lo que escribimos esta carta con la esperanza de que usted, señorita, se encuentre bien y con buena salud, y para que haga todo lo posible por el doctor H. Carter. Deseamos que usted se encuentre bien y con buena salud. Esperamos sus noticias sobre su estado y demás.

Quedamos a la espera.

Sus siervos más fieles,

ABD-EL-AAL AHMAD SAYAD Y HOSEIN IBRAHIM SAYED
El Gurna, Luxor, Alto Egipto. Egipto 19/3/1939[43]

Siguiendo los designios de su testamento, su colección privada de obras de arte egipcio pasó a manos de su sobrina Phyllis, quien, aconsejada por Percy Newberry, la legó al año siguiente al Museo Egipcio de El Cairo. Anteriormente los dos habían retirado varias piezas de pequeño tamaño que posiblemente procedieran de la tumba de Tutankhamón. Quizá ahí radicaba el interés de Carter en que fuera el propio Newberry quien se encargara de gestionar cualquier tipo de venta o cesión que determinara su familia.

Cuando hablamos del descubrimiento de la tumba de Tutankhamón siempre pensamos en Howard Carter y lord Carnarvon. Desde luego que ellos fueron sus más importantes artífices. Sin embargo, el equipo que trabajaba con el arqueólogo estaba compuesto por lo más granado de la egiptología del momento. El apoyo que recibió de sus miembros a pesar, en ocasio-

---

43. Carta publicada por T. G. H. James en su biografía *Howard Carter. The Path to Tutankhamun*, El Cairo, The American University in Cairo Press, 2001, p. 469.

nes, de los problemas existentes desde el punto de vista personal fue absolutamente primordial para el éxito del proyecto. La gran mayoría de ellos dependía de una u otra forma del Metropolitan de Nueva York, organismo con el que Carter y Carnarvon mantenían mejores relaciones que con el Museo Británico o con cualquier otra institución inglesa. En realidad, había ciertos vínculos de amistad, además de, por supuesto, un claro interés económico. Después del hallazgo de la tumba, el 4 de noviembre de 1922, todavía no estaba previsto qué partes del tesoro descubierto serían para el descubridor y qué otras, para el Gobierno egipcio. El nuevo director del Servicio de Antigüedades, el francés Pierre Lacau, había manifestado su intención de cambiar estas cláusulas con el objetivo de que el Gobierno egipcio se quedara finalmente con todo el descubrimiento, relegando al olvido la antigua disposición que afirmaba que se repartiría a partes iguales. Carter y Carnarvon desde antaño tenían muy buenas relaciones con los encargados del Metropolitan de Nueva York, especialmente el arqueólogo, quien había hecho en varias ocasiones de mediador y marchante en las gestiones para adquirir grandes colecciones de piezas egipcias.[44] Por lo tanto, además del evidente interés arqueológico, nadie puede negar cierto tufillo mercantilista, por otra parte lógico, ya que nadie trabaja gratis, en la idea de reclutar personal americano para el equipo de excavación de

44. Quizá uno de los casos más conocidos es el de la famosa tumba de las Tres Princesas, descubierta por una banda de ladrones de Gurna en julio del año 1916 en el valle occidental o Valle de la Tumba de los Monos después de que una torrencial tormenta removiera toneladas de escombros y liberara la entrada al sepulcro. Pertenecía a las princesas Menhet, Menwi y Merti, posiblemente esposas de Tutmosis III. La venta de las increíbles joyas descubiertas en este lugar fue gestionada por Carter en favor del Metropolitan, a cambio de una sustanciosa comisión. Véanse sobre este asunto Hoving, *Tutankhamun*, *op. cit.*, pp. 127-137; Laura Di Nobile Carlucci, «Joyas egipcias. El ajuar de tres esposas de Thutmose III», *Revista de Arqueología*, n.º 211 (noviembre de 1998), pp. 12-23.

la tumba de Tutankhamón, aunque algunos de los trabajadores del Metropolitan eran ingleses.

El encargado de habilitar el equipo fue Albert Lythgoe, conservador de la Sección Egipcia del Metropolitan. A él se dirigió Carter en estos términos después de recibir del propio Lythgoe un telegrama de felicitación por el hallazgo a principios de diciembre de 1922. En concreto solicitaba la cesión de Harry Burton, fotógrafo del Metropolitan:

> Gracias por el mensaje [de enhorabuena]. Descubrimiento colosal y necesito cualquier tipo de ayuda. ¿Podría prestarnos a Burton por un tiempo? Gastos van de nuestra cuenta. Conteste cuanto antes. Atentamente, Carter, Continental, El Cairo.

A los pocos días, el 7 de diciembre, Lythgoe respondía:

> Encantados de poder ayudar en todo lo posible. Por favor, cuente con Burton o con cualquier otro miembro de nuestra plantilla. Llamo a Burton para avisarle. Lythgoe.

Como explica Nicholas Reeves en su clásico *Todo Tutankamón*, en pocos días el equipo estaba completo. El 9 de diciembre se unió Alfred Lucas, químico del Gobierno egipcio, y el día 12, Arthur C. Mace, egiptólogo del Metropolitan. El día 18 del mismo mes lo hizo James Henry Breasted, director del Instituto Oriental de Chicago, para estudiar los sellos de la tumba. Al mismo tiempo llegaron Lindsley Hall y Walter Hauser, dibujantes del Metropolitan. El último en incorporarse, el 3 de enero de 1923, fue el filólogo inglés Alan Gardiner, para estudiar las inscripciones de los objetos.

De una forma u otra, todos estaban relacionados con el Metropolitan o conocían de antemano a Carter y Carnarvon. Cada uno vivió su particular historia en el descubrimiento de la tumba de Tutankhamón, repleta de anécdotas curiosas rodeadas de la tensión y el nerviosismo lógicos que acompañan a un hallazgo de estas características.

El mayor del equipo era el historiador americano James Henry Breasted, que contaba en el momento del descubrimiento con cincuenta y siete años de edad. Había nacido en Rockford (Illinois, Estados Unidos) en 1865. Fue fundador y primer director del importante Instituto Oriental de Chicago, entidad que aún sigue dedicada al estudio y restauración de monumentos y piezas egipcios, con centros arqueológicos especiales en Luxor y otros lugares de Egipto. En Luxor, en la orilla del Nilo, posee un inmenso y escondido edificio ajardinado, en el que se conserva valiosa documentación arqueológica de la zona. En la época del descubrimiento de la tumba, la sede del instituto estaba en el edificio que hoy es el popular hotel Marsam, en la orilla oeste de Luxor, un lugar acogedor, con estupenda comida, pero que, ojo, en cuestión de servicios hoteleros de campaña no ha cambiado nada desde hace cien años.

Breasted fue llamado por lord Carnarvon para llevar a cabo el estudio histórico de la tumba. Poco antes, el americano había publicado en cinco volúmenes la mayor recopilación de textos de monumentos egipcios traducidos al inglés, una obra de referencia que, a pesar del paso del tiempo, todavía sigue editándose como vademécum de la egiptología.[45]

De pelo y bigote canos, y siempre vestido de forma impecable con sombrero, aunque con los pantalones ligeramente recogidos para que no se le llenaran de polvo, se lo solía ver con su cuaderno de notas y su bolso de mano. Las gafas y el bastón eran el toque que le daba una imagen casi señorial. En aquel momento, el egiptólogo no tenía parangón en su terreno. Era obligado

45. Véase James Henry Breasted, *Ancient Records of Egypt*, vols. 1-4, Chicago, The University of Chicago Press, 1906-1907. La colección se ha ido reeditando continuamente desde que salió a la luz. La última reedición fue publicada en el año 2001 en rústica y a un precio muy asequible.

contar con él para realizar este tipo de estudios históricos siempre que se quisiera un resultado extraordinario. En un principio, antes de conocer el verdadero contenido del hallazgo, se pensó que habría material suficiente como para que Breasted tuviera mucho trabajo. Sin embargo, a medida que se fue vaciando la tumba se descubrió con cierta decepción que el único estudio histórico que podría realizarse sería a partir del análisis de los sellos reales y de la necrópolis estampados en los muros de cierre que hacían las veces de puerta para acceder al primer pasillo, la antecámara y la cámara del sarcófago.

El propio Breasted recordaba emocionado la primera vez que tuvo la oportunidad de entrar en la tumba y contemplar sus tesoros. Sucedió a finales del mes de noviembre de 1922. Después de ser invitado a participar en el proyecto y de aceptar con sumo gusto, Breasted fue acompañado por Carter hasta el interior de la tumba. Una vez allí, fue incapaz de reprimir las lágrimas de emoción ante tan maravilloso hallazgo.

Este instante quizá fue la antesala del montón de experiencias «emocionantes» que Breasted aún estaba por vivir. Al comienzo del descubrimiento, el equipo de arqueólogos todavía estaba un tanto intrigado por saber en qué momento de la Antigüedad se había saqueado la tumba. Carter y Carnarvon pensaban que un grupo de ladrones habría entrado durante el reinado de Ramsés IX, en la dinastía XX, hacia 1120 a.C., es decir, más de dos siglos después de que Tutankhamón fuera enterrado en el valle. Carter esgrimía que no había mención alguna a la tumba del Faraón Niño en los documentos conservados sobre los juicios a ladrones de las dinastías XVIII y XIX.

A los pocos días de abrir la antecámara, el americano ya pasaba horas dentro para tratar de descifrar tan apasionante enigma. Cierto día, mientras estaba enfrascado en el ensamblaje de los fragmentos de los sellos de la puerta abierta por los ladrones en el muro norte de la antecámara, comenzó a oír unos ruidos extraños. Levantó la cabeza y miró a su alrededor, pero no vio a nadie. Era normal; que él supiera, no había ninguna persona más que él ese día trabajando en la tumba. Sin embargo, la habitación tampoco era tan grande como para que algún inquilino no esperado escapara a su campo de visión. Bajó la vista y volvió a concentrarse en la reconstrucción de los sellos.

De pronto oyó dos bramidos fuertes que acabaron por desconcertarlo. Se giró todo lo rápido que pudo y el primer lugar al que dirigió su mirada fueron las cabezas de uno de los lechos funerarios del joven rey, que reposaba ante la pared oeste de la tumba. No podía ser verdad. O estaba soñando o aquellos seres mitológicos le querían comunicar algo.

La sangre fría de arqueólogo le hizo recapacitar y darse cuenta de lo que realmente estaba pasando. La tumba había estado cerrada durante más de tres mil años. El repentino cambio de temperatura y atmósfera sufrido en esos días provocaba que algunos de los objetos allí guardados tuvieran que adaptarse a marchas forzadas al nuevo ambiente. Muchos de los artículos de la antecámara eran de madera; madera que crujía a cada momento, lanzando al aire verdaderas llamadas de atención, reclamando los cuidados necesarios para no desvencijarse.

El pobre Breasted no ganaba para sustos. En otra ocasión casi se desmayó cuando, todavía dedicado a la dura tarea de reconstrucción de los sellos de la puerta norte, le dio por levantar la cabeza en un momento de reflexión. Cuando puso la mirada sobre una de las dos figuras de tamaño natural del *ka*, custodios de la entrada a la cámara del sarcófago, comprobó espantado que el guardián le guiñaba un ojo. Efectivamente, estuvo a punto de marearse. Aquello era demasiado. Blanco como la cera, consiguió incorporarse y, haciendo un esfuerzo sobrehumano, se acercó al *ka* que tan amistosamente lo había saludado desde el Más Allá. Hasta que estuvo a un palmo del rostro de la figura no se dio cuenta de la razón del insólito comportamiento del guardián. Debido a las mismas corrientes y cambios de temperatura que días antes le habían dado un susto de muerte con los ruidos de los muebles, en esa ocasión había sucedido algo más espectacular. Observando el rostro del Faraón Niño representado en el *ka* se dio cuenta de que, sobre el ojo de la figura, bailoteaba un pequeño trozo de pintura que pendía de un fino hilo de oro desprendido de la ceja del rey. El viento había hecho que el trozo de pintura tapara la pupila dando la impresión de que la estatua le guiñaba un ojo.

Arthur Cruttenden Mace fue el hombre que más estrechamente colaboró con Carter en muchos de los trabajos de conservación de la tumba. Nacido en 1874, era primo lejano de Flinders Petrie, con quien excavó en Dendera, Hiw y Abydos. Antes de incorporarse al equipo del Metropolitan en el año 1901, había trabajado con otro monstruo de la egiptología estadounidense, George Reisner, en la meseta de Gizeh y en Naga el-Der.

Aunque no se lo menciona en otras fuentes egiptológicas que no estén vinculadas a la tumba de Tutankhamón, el trabajo de Mace siempre fue encomiable, circunstancia que obligó a Carter a contar con él desde un principio a pesar del precario estado de salud que arrastraba el egiptólogo. Junto con Mace, Carter escribió el primer volumen de los que redactaría sobre el hallazgo de la tumba.[46]

Muy enfermo, en el año 1926 Mace se retiró definitivamente a Inglaterra. No consiguió recuperarse y falleció dos años después. Son muy populares las fotografías en las que aparece con su traje oscuro, el pelo peinado con raya y su sempiterno mostacho, reparando los carros descubiertos en la antecámara junto al químico Lucas. Son conocidas las anécdotas contadas por la hija de Mace, Margaret. Las cartas que Mace escribía a su madre a Inglaterra estaban llenas de historias de lo que pasaba en la tum-

---

46. Véase la obra en tres volúmenes de Howard Carter y Arthur C. Mace, *The Tomb of Tut Ankh Amen*, Londres, Cassell, 1923-1933. Como señala Reeves en *Todo Tutankamón*, *op. cit.*, la mayor parte del texto de Carter fue escrito por su amigo íntimo Percy White.

ba. Ya sabían que Tutankhamón era un niño cuando ascendió al trono. En una de las cartas, enviada tras descubrir unos guantes diminutos en una de las cajas de la tumba, Mace pedía a su esposa que fuera con la niña a Harrods para comprobar qué tamaño tenían los guantes que pudiera usar su hija, de la misma edad, unos diez años, que debía de tener el Faraón Niño cuando fue coronado.

Alfred Lucas nació en 1867 en Chorlton-on-Medlock (Manchester, Reino Unido). Pertenecía al equipo de trabajo del Servicio de Antigüedades egipcio y era, sin ningún género de dudas, el mejor restaurador de su época. A pesar del aire de despiste que le daba la expresión de los ojos, brillantes detrás de sus inseparables lentes, Lucas fue el verdadero artífice de que hoy conozcamos a Tutankhamón casi en persona. Su preciso análisis de los objetos, que determinaba el material del que estaban confeccionados y las medidas de conservación que debían aplicarse inmediatamente después de sacarlos de la tumba, mientras no se iniciaba el proceso de restauración en El Cairo, ha hecho posible que todavía hoy podamos contemplar la expresión de quietud y serenidad que manifiestan muchas de las esculturas del soberano. Carter llegó a comentar que, si no hubiera sido por el trabajo de Lucas, no habría llegado hasta nosotros ni el 10 por ciento de los miles de objetos que descubrieron. Por el contrario, se puede afirmar que gracias al trabajo de este químico sensacional solamente se perdió un 0,25 por ciento de lo que había en la tumba.

No quiero aburrir con los complicados métodos de trabajo empleados por Lucas durante los años de excavación, pero sí es necesario explicar, aunque sea brevemente, el proceso de restauración que requería cada objeto. Antes de tocar nada de su ubicación original, se realizaba una fotografía de la pieza sin sacarla del entorno en el que había sido descubierta. Si estaba en el suelo, se fotografiaba allí mismo, con los objetos que tuviera a su alrededor. Al abrir un arcón, se iban sacando una a una las piezas que hubiera dentro y se fotografiaba el mueble en cada paso. Y cada vez se repetía la fotografía colocando ante el objeto una etiqueta numerada que serviría de referencia para el catálogo general. Seguidamente se realizaban dibujos exhaustivos. Se encargaban de ello tanto los dibujantes contratados para esa función como el propio Carter, que en una ficha de cartón de 5 × 8 pulgadas (12,7 × 20,3 centímetros) esbozaba la figura y escribía algunas notas arqueológicas aclaratorias sobre la ubicación, la descripción, el material o el significado de la pieza, que ayudarían posteriormente a su identificación y estudio.

Una vez acabado este proceso, que para algunas piezas podía llevar varios días, se planteaba la cuestión de mover el objeto. Entonces entraba Lucas a trabajar. Con un primer análisis se cercioraba del tipo de material del que estaba hecho el objeto. Si se encontraba en buen estado y no necesitaba ningún tratamiento de urgencia, la pieza se embalaba con cuidado y se mandaba al laboratorio (la tumba de Seti II). Pero en muchas ocasiones esto no era así, especialmente con objetos tan delicados como las sandalias del faraón que aparecieron en el interior de algunas cajas. Así le contó Arthur C. Mace en una carta a su esposa, Winifred, las complicaciones que tenían con las sandalias (Carter 397):

> Tenemos serios problemas en la tumba. En estos momentos estamos trabajando en una caja en la que hay colgantes y sandalias, todo ello cubierto con abalorios. La tela está tan podrida que apenas se puede tocar y los abalorios se desprenden con solo mirarlos.[47]

Como vemos, la dificultad residía sobre todo en los collares de cuentas. De ellos solo quedaban los abalorios, ya que los hilos que los unían se habían podrido y habían desaparecido totalmente. Por lo tanto, era necesario llevar a cabo un tratamiento inicial en la propia tumba. En la mayoría de los casos, Lucas

47. Citada por Reeves en *Todo Tutankamón*, *op. cit.*, p. 155.

echaba mano de la parafina, una especie de cera que, aplicada con delicadeza sobre el objeto que se quería tratar, conseguía unir los fragmentos de tal modo que en un par de horas como máximo se podía mover la pieza con toda normalidad. Si no se hubiera llevado a cabo este proceso, por ejemplo, con los colgantes de abalorios, en vez de contemplar los tesoros de Tutankhamón en el Gran Museo Egipcio de El Cairo, hoy no tendríamos más que un puzle gigante con miles de bolitas de colores que nadie sabría dónde encajar. Gracias, Lucas.

Pero el verdadero centro de operaciones del conservador era el laboratorio de la KV15. Cuando lord Carnarvon regresó a Egipto después de las Navidades de 1922 para observar el trabajo que se iba realizando en la tumba de Tutankhamón, una de las primeras cosas que hizo fue visitar el laboratorio. En una entrevista al periodista de *The Times*, Arthur Merton, él mismo explicó:

> Primero fui a la tumba de Seti II, que, como sabe, ahora se usa a modo de lugar de trabajo o laboratorio. Allí pude ver y estudiar los resultados de los trabajos de mister Carter y sus ayudantes. Debemos tener mucho cuidado con quién se acerca aunque solo sea a la entrada del laboratorio, si bien entrar allí no es ningún placer. Incluso desde fuera se percibe perfectamente el olor a productos químicos. A medida que se entra es más fuerte el olor a acetona, colodión y a otros elementos poco agradables con los que los expertos parecen disfrutar.[48]

Viendo cómo estaban las piezas hasta hace pocos años en el Museo Egipcio de la plaza de El-Tahrir, uno podía pensar que muchas de las piezas estaban echadas a perder. Por desgracia es cierto. Pero ello no se debe al trabajo de Lucas en los años veinte, sino al precario sistema de cuidado y conservación del viejo

---

48. La entrevista aparece publicada de forma íntegra en Hoving, *Tutankhamun, op. cit.*, pp. 178-180.

museo. La situación ha cambiado en el Gran Museo Egipcio. Antes de su inauguración, muchas de las piezas fueron trasladadas a los laboratorios de restauración del museo, donde fueron sometidas a una limpieza, consolidación y restauración extraordinarias por parte del equipo egipcio. Cuando publiqué *Tutankhamón, el último hijo del Sol* en 2002 fui muy crítico con la conservación de las piezas en el antiguo museo de El-Tahrir. Sin embargo, hoy las cosas han cambiado y hay que reconocer que, en las últimas décadas, la formación y el progreso de los especialistas egipcios han sido brillantes. En poco tiempo se han convertido en verdaderos líderes y a la vista está el trabajo en el GEM. Las técnicas más modernas y los profesionales más adecuados han conseguido que el brillo del oro recupere todo su esplendor. Yo he tenido la oportunidad de visitar los laboratorios en varias ocasiones y son realmente espectaculares. Atrás ha quedado el limitado espacio de las instalaciones del museo de El-Tahrir, donde también se hizo un buen trabajo en los últimos años gracias sobre todo a la figura del doctor Moamen Othman, hoy director del Sector de Museos de Egipto. La restauración no solamente ha sido notable, sino que por primera vez las piezas han recibido tratamientos que no existían en la época de Carter y con los que han recuperado su estado original, lo cual nos permite tener un conocimiento mucho más amplio de los objetos en sí mismos, esencial para estudiar la cultura de los antiguos faraones. Curiosamente, gran parte de ese trabajo, conocer cómo estaban las piezas en origen cuando aparecieron en la tumba del Valle de los Reyes, se ha conseguido gracias a las fotografías conservadas de entonces.

Henry Burton, que suele aparecer en los archivos de la excavación como Harry Burton, fue otro pilar importante en la investigación de la tumba de Tutankhamón. A él se debe que contemos con inigualables imágenes de los objetos, así como de los diferentes pasos llevados a cabo en su trabajo de restauración. Menos conocidas pero igual de interesantes son las horas de metraje grabadas por él, tanto en las afueras de la tumba como dentro.

Burton, nacido en el condado inglés de Lincolnshire en 1879, había realizado gran parte de su trabajo en Florencia, en donde residió hasta el año 1914. Tenía treinta y cinco años cuando lo contrató el Metropolitan de Nueva York para hacer las funciones de fotógrafo de la expedición egipcia de 1914. Gracias a su relación con el museo neoyorquino Carter pudo hacerse con sus servicios.

Burton en realidad era arqueólogo y como tal trabajó años antes para Davis y otros egiptólogos. Sin embargo, su fama se debe principalmente a las fotografías que hizo de la tumba de Tutankhamón y de otros enclaves de la Montaña Tebana. Cualquiera que eche un vistazo a las imágenes puede darse cuenta del excepcional trabajo realizado por este artista. Muchas de ellas poseen una calidad tal que parecen haber sido tomadas hace apenas unas semanas con cámaras modernas digitales. Tanto en el interior como en el exterior del enterramiento, Burton realizó miles de negativos de todos y cada uno de los objetos de la tumba con cámaras y técnicas de la década de los veinte, eso sí, técnicas que él mismo había diseñado y que nadie más que él supo usar sobre el terreno.

Burton consiguió que se le diera la pequeña tumba KV55, el escondite de Amarna, apenas unos metros frente a la de Tutankhamón, la misma en la que aparecieron el misterioso ataúd de madera dorada y el ajuar de la reina Tiyi, para emplearla como laboratorio fotográfico. No era la mejor cámara oscura que se pudiera tener, pero era práctica. Como todavía comentan sus colegas modernos en lo que respecta a los laboratorios fotográficos de las misiones arqueológicas, parece que en Egipto es normal tener un cuarto oscuro lleno de luces. Bromas aparte, Burton no podía quejarse. Efectivamente, la KV55, aunque incómoda, contaba con una serie de ventajas para el trabajo de revelado de las fotografías. No olvidemos que la cámara funeraria de este sepulcro se encuentra al final de un pasillo de diez metros, lo que proporcionaba una oscuridad casi absoluta en el interior de la montaña del valle.

Para conseguir sus espléndidas instantáneas, Burton usaba las técnicas más singulares. Solía montarse en lo alto de una escalera de madera para fotografiar los objetos desde arriba y con más detalle. Así se lo ve en algunas grabaciones, bajando de la escalera con sus inseparables bombachos claros, su camisa blanca y su pelo negro siempre engominado, frente a la tumba de Seti II.

Harry Burton fue, junto con el capitán Bruce Ingram, editor del *Illustrated London News*, albacea de la herencia de Howard Carter, por el testamento escrito el 14 de julio de 1931, ocho años antes de que muriera el descubridor. Asimismo, aconsejó a la sobrina de este, Phyllis Walker (además de Percy Newberry), sobre qué hacer con las antigüedades de la colección privada del arqueólogo.

Burton murió en Egipto en 1940, sabedor de ser el artífice de uno de los legados fotográficos más impresionantes de la historia de la arqueología. Su tumba se encuentra en el interior de un monasterio copto de Asyut, en el Egipto Medio, aunque lamentablemente, debido a unas intensas lluvias que cayeron tiempo atrás en el lugar, la ubicación de sus restos está hoy perdida. Hace pocos años intenté dar con su tumba (verdadera locura de un entusiasta de la historia del descubrimiento de Tutankhamón), pero no tuve fortuna. La ayuda de los monjes y de los encargados del lugar fue en vano.

Alan Henderson Gardiner era otra de las vacas sagradas del equipo de Carter. Había nacido en Eltham (Inglaterra) en el año 1879, por lo que contaba con cuarenta y tres años cuando se incorporó al equipo. En las fotografías, un poco rechoncho, siempre aparece con trajes claros de lino, gafas redondas y su inseparable salacot. Al contrario que casi todos sus compañeros de la misión, Gardiner no tenía que dar cuentas a nadie. No dependía de ninguna institución ni estaba bajo las órdenes de entidad alguna. Simple y llanamente era jefe de sí mismo. Su familia contaba con empresas azucareras que lo respaldaban económicamente, por lo que después de estudiar en Oxford decidió emplear parte de su fortuna en el estudio y la investigación personal del Antiguo Egipto, en concreto de la escritura jeroglífica. Y lo hizo de forma brillante. A diferencia de Theodore M. Davis, el abogado millonario americano que trabajó en el valle antes que Carnarvon y Carter, que se pasó toda la vida pagando excavaciones en busca de tesoros que le reportaran fama y prestigio, Gardiner prefirió caminar por el humilde sendero del trabajo y la dedicación. El tiempo le acabaría dando la razón. En la actualidad, en los círculos egiptológicos Davis no es más que un cazador de tesoros frustrado, mientras que Gardiner se ha convertido en el padre de la filología egipcia. Su gramática de la escritura jeroglífica, publicada por primera vez en el año 1927, todavía es, a pesar de que algunos detalles han quedado obsoletos, uno de los pilares básicos del estudio del egipcio medio, la lengua clásica de los faraones. Las reediciones de esta práctica gramática son continuas. El propio Gardiner revisó la del año 1957, de la cual se han hecho decenas de reimpresiones.[49] Es cierto que Jean-François Champollion había descifrado la escritura en 1822 gracias a la interpretación de la piedra de Rosetta, pero fueron otros investigadores, entre ellos Richard Lepsius y sobre todo Gardiner, quienes después de él dieron cuerpo a los estudios filológicos de esta civilización.

49. Véase sir Alan H. Gardiner, *Egyptian Grammar. Being an Introduction to the Study of Hieroglyphs*, Oxford, Oxford University Press, 1957. De esta obra pueden encontrarse muy fácilmente reimpresiones más modernas. Existe una traducción bastante floja al castellano. En castellano recomiendo el libro de Mark Collier y Bill Manley, *Introducción a los jeroglíficos egipcios*, Madrid, Alianza, 2013, traducido por el egiptólogo español José Ramón Pérez-Accino.

La escritura jeroglífica consta únicamente de veinticuatro sonidos. Cada uno se representa mediante un logograma (un dibujo), que recibe el nombre de «unilítero». El resto de los sonidos, bilíteros, trilíteros y cuatrilíteros, representados con dos, tres o cuatro letras, se construyen a partir de la combinación de los primeros veinticuatro sonidos. Con este sistema, las combinaciones pueden ser muy numerosas, casi infinitas. Además, una de las características más destacables de la escritura jeroglífica es que no representa vocales, sino solo una especie de vocales fuertes, más cercanas a las consonantes. Los egiptólogos, por arbitrariedad, suelen utilizar la vocal «e» para leer fonéticamente las palabras y unen con ella las consonantes. Así, la palabra «Mns» se lee «Menes»; «Nfr» se lee «Nefer», etc. A veces conocemos cómo sonaban algunos nombres o palabras gracias al copto, el egipcio escrito en caracteres griegos. De ahí que «Ra» se pronuncie con «a» aunque algunos egiptólogos escriban «Re». El egipcio es una lengua muy complicada, especialmente porque nunca tuvo gramática; esta la hemos construido nosotros con nuestra tendencia moderna a encasillarlo y etiquetarlo todo, lo cual en esta ocasión resulta útil, que es lo más importante. Aun así, algunos filólogos modernos se empeñan en ponerle puertas al campo en un terreno totalmente artificioso. La cantidad de excepciones que hay en la escritura jeroglífica es enorme, una cosa exagerada. Al no haber reglas todo vale, y el contexto de una frase es lo único que puede indicar el sentido de un término. De ahí que vea absurdo los sesudos estudios que algunos hacen para empeñarse en decir que no era «Tutankhamón», sino «Tut-Anj-Amon», ¿o era «Tut-Ank-Amon»? No, yo creo que era «Tut-Ankh-Imen»... Hay gente que no tiene nada mejor que hacer.

Los ideogramas o jeroglíficos del alfabeto se agrupan formando, *grosso modo*, conjuntos tipológicos (hombres y mujeres y sus ocupaciones, dioses, plantas, animales, edificios, muebles, etc.). El creador de esta clasificación fue el propio Gardiner.

Es cierto que Carter y el filólogo inglés nunca hicieron buenas migas, pero no es menos cierto que Carter sabía que como Gardiner no había nadie más en todo el mundo. Tiempo atrás, el arqueólogo había escrito de Gardiner: «Cuanto más lo veo menos me gusta [...] seguro que, más allá de cualquier amistad, no es una persona de confianza». Sin embargo, se trataba del mayor experto en escritura jeroglífica y la persona más indicada para traducir los textos inscritos en los objetos de la tumba. Por ello, dejando de lado sus desavenencias con él, lo contrató.

Alan Gardiner fue el último miembro del equipo en morir. Lo hizo en 1963. Unos años antes de fallecer, a finales de los cincuenta, Gardiner concedió una entrevista al escritor Leonard Cottrell.[50] En ella, casi cuarenta años después del hallazgo de la tumba, desenterró muchos recuerdos y sacó a la luz detalles que hasta entonces habían permanecido en la sombra. Del filólogo casi octogenario surgieron anécdotas tan curiosas como la célebre insistencia de Carter en 1921 en seguir excavando una temporada más en el valle, ante la decepción de Carnarvon, que estaba a punto de abandonar. Si este lo hubiera dejado, habría sido el propio Carter quien habría sufragado los gastos de esa temporada. En una rara grabación de voz que aún se conserva, recogida poco antes de su muerte, más de veinte años después de que falleciera Carter, Gardiner habla del arqueólogo con cierta nostalgia. Sus palabras, lejos de ahondar en las desavenencias que llevaron a que Gardiner pronto abandonara el grupo de trabajo, son respetuosas y esconden, a pesar de todo, cierta admiración por el arqueólogo.

Carter fue un tipo extraño en muchos sentidos. Pero tenía grandes virtudes. Era una especie de genio en la mecánica práctica de la excavación y en el registro y conservación de objetos frágiles

50. Leonard Cottrell acabó publicando un libro bajo el título *The Secrets of Tutankhamen's Tomb*, London & New York, 1978.

de la Antigüedad. Encontró lo que parecía ser la cámara externa de la tumba de un faraón. La primera jamás encontrada. Y hasta que hubo tomado todas las precauciones para conservar hasta el último objeto de la tumba, no se planteó continuar con la segunda cámara.

El último personaje de esta historia que nos queda por ver es precisamente el más importante de todos. Arthur Robert Callender, alias Pecky, era, además de un gran amigo, la mano derecha de Carter en la excavación de la tumba de Tutankhamón. Callender, que nació en Boston (Lincolnshire, Inglaterra) en 1875, por lo que tenía un año menos que Carter, estaba entre los elegidos que la noche del 26 de noviembre de 1922 entraron clandestinamente en la tumba de Tutankhamón. Sin embargo, sabemos que, como Carnarvon, no traspasó la puerta sellada de la cámara funeraria ni llegó cerca de los ataúdes del faraón como Carter y lady Evelyn, debido a lo angosto del espacio por el que debían moverse.

Callender era arquitecto e ingeniero. Se había instalado en Egipto al trabajar en la construcción del ferrocarril para una empresa estatal. Retirado de su trabajo, ayudó a Carter desde el principio del descubrimiento. Uno se preguntará qué tiene que ver un ingeniero con la arqueología y qué pintaba Callender en el Valle de los Reyes si no era egiptólogo. Pues bien, además de confeccionar a medida todas las cajas empleadas para el transporte de las piezas al laboratorio y luego al Museo de El Cairo —en numerosas fotografías y filmaciones se ve a Callender martillo en mano construyendo personalmente estas cajas—, diseñó la infraestructura para desmantelar las capillas que cubrían los sarcófagos en la cámara funeraria. El ingeniero diseñó un sistema de vigas y poleas ideal para levantar las piezas y sacarlas de la tumba sin que sufrieran daño alguno. Imaginamos que su ingenio creó también el sistema de raíles de tren y vagonetas que sirvió para trasladar piezas y escombros desde el valle hasta la zona fuera de la necrópolis donde estaban los transportes que se iban a usar para llevarlos a la capital.

Arthur Callender falleció tres años antes que Carter, en 1936. Al parecer, también tuvo ciertos desencuentros con él, en este caso por cuestiones económicas. En una comida celebrada durante la primera campaña de excavación, entre 1922 y 1923, posó junto al resto de los compañeros ante la cámara fotográfica de lord Carnarvon presidiendo la mesa. La fotografía, todo un clásico en la historia de la egiptología, fue una de las especialidades de lord Carnarvon, gran aficionado a ella, como muestran los numerosos negativos y grabaciones hechos por Harry Burton, en los que se lo ve entrando y saliendo de la tumba cámara en mano, disparando a todo lo que se moviera. La fotografía de la comida fue tomada en la entrada de la tumba KV4, perteneciente a Ramsés XI. Esta última, que se encuentra en uno de los caminos que se abren en la entrada del valle, a la izquierda, servía de punto de encuentro para lo que los ingleses denominan *lunch*, es decir, el almuerzo. En la imagen podemos ver, en una mesa larga, de izquierda a derecha, a James Henry Breasted, Harry Burton (que mueve el rostro en el peor de los momentos), Alfred Lucas, Arthur Callender presidiendo la mesa y Arthur C. Mace, ya en el lado derecho de la mesa, seguido de Howard Carter y Alan Gardiner, que no parece hacer mucho caso a la fotografía y prefiere juguetear con los cubiertos que tiene sobre el plato. En el primer plano se observa el respaldo de la silla vacía de lord Carnarvon. Al fondo, a ambos lados de Callender, aparecen dos egipcios vestidos de camareros. Sobre la mesa, varias botellas de vino, ensaladas y pan son algunos de los elementos que acompañaban el yantar de los arqueólogos.

Estas seis personas, más Carter y Carnarvon, fueron a grandes rasgos los principales artífices de la gesta de la tumba de Tutankhamón. No obstante, conviene recordar a otros arqueólogos y científicos cuyo papel tuvo gran importancia en los casi diez años que duraron los trabajos. El primero de ellos es Percy Edward New-

Tumba de Howard Carter en el cementerio de Putney Vale en Londres.
Foto © N. A.

berry (1869-1949). Había sido el director de campo de Carter cuando este fue a excavar en 1891 a Beni Hassan con el Egyptian Exploration Fund. Newberry congenió con el recién llegado, apenas cinco años más joven que él, y ambos entablaron una estrecha amistad. Especializado en paleobotánica, era profesor de egiptología en la Universidad de Liverpool. Anteriormente había trabajado junto con Flinders Petrie para la Egyptian Exploration Fund. Además, antes y después de estar en el Valle de los Reyes, Newberry excavó en otros muchos lugares de Egipto. Participó en varias de las campañas de excavación en la KV62, centrándose en los restos de plantas y flores descubiertos en la antecámara y sobre el ataúd del Faraón Niño. Acerca de todo ello, Newberry hizo un pequeño informe que apareció en el segundo volumen de la trilogía que fue la primera publicación sobre la tumba. Cuando falleció Carter, en 1939, Newberry fue el único egiptólogo que asistió a su entierro en el cementerio de Putney Vale.

Walter Hauser (1893-1959) y Lindsley Foote Hall (1883-1969) pertenecían al equipo de trabajo del Metropolitan de Nueva York y se ocupaban de realizar los dibujos de las excavaciones. Hauser era arquitecto de profesión. Había estudiado en el Massachusetts Institute of Technology (MIT). Fue el autor de la mayoría de los dibujos de la estructura de la antecámara. Por su parte, Hall estaba encargado de dibujar los objetos de la tumba antes de que fueran fotografiados por Burton y llevados a la KV15, donde serían consolidados y restaurados. También había estudiado en el MIT. Ninguno de los dos se llevaba bien con Carter, aunque, en parte por la intermediación del propio museo y en parte porque se trataba de un trabajo difícil de rechazar, ambos acabaron por aceptar gustosos el encargo de dibujar la tumba. Con todo, la relación con el arqueólogo fue deteriorándose y no acabó bien, y, como sucedió con Gardiner, no tardaron en abandonar el grupo.

Cuando uno está ante la tumba de Seti II es lógico recordar la vida de todos estos personajes. Resulta curioso que en uno de los pasillos que descienden a la cámara funeraria, el tercero, antes de la antecámara de pilares que conduce a la cámara funeraria, están pintadas en los muros muchas de las estatuas que luego aparecieron en la tumba del Faraón Niño. Carter quizá interpretó ese guiño del destino como algo profético. Las imágenes del faraón sobre una pantera, sobre una barca levantando el arpón para atacar a las fuerzas del mal o siendo transportado por la diosa Menkeret para cruzar las aguas del caos hacia la vida eterna, que solo se conocían por pinturas como las de aquella tumba, poco después las encontraría Carter en la tumba de Tutankhamón.

Testigos mudos de la historia de la arqueología, las piedras que llevan a la tumba de Seti II adquirieron un protagonismo especial hace ahora un siglo. Como las estrellas de cine a la entrada de la ceremonia de entrega de los Óscar de Hollywood, los tesoros de la tumba de Tutankhamón hacían su camino desde la KV62 hasta la KV15 en olor de multitudes. Carter se sorprendía de las decenas de personas que escoltaban a ambos lados del camino las piezas de la tumba entre aplausos, exclamaciones y gritos de admiración. Era una expectación sorprendente en un momento en el que Egipto era el destino turístico de unos pocos privilegiados. El arqueólogo menciona en sus diarios la cantidad ingente de fotografías que se tomaron en aquellos días en el Valle de los Reyes. A veces se entretenía contando los clics de las cámaras en el trayecto entre la salida de la tumba de Tutankhamón y el laboratorio. En una ocasión llegó a contar hasta ocho disparos, un hecho totalmente extraordinario para la época, aunque lo que más gracia le hizo fue que la pieza en cuestión, las simples vendas de una momia, no tenía nada que ver con Tutankhamón. Daba igual, la gente no lo sabía y a Carter le divertía. Y es que al arqueólogo le encantaba jugar al gato y al ratón con el público.

Una de las anécdotas más curiosas se vivió el día de la apertura oficial de la cámara del sarcófago, el 17 de febrero de 1923. Uno de los obreros se dedicó a «filtrar» información sobre lo que se había encontrado dentro. Cada poco tiempo salía al exterior de la tumba y contaba algo a la prensa local y extranjera. Primero habló de tres momias, luego de cinco más, ocho en total. Finalmente relató la aparición de una enorme estatua de un gato sagrado. Como era de esperar, los reporteros reunidos a la entrada de la tumba tomaron muy buena nota de lo que decía el obrero egipcio. Antes de que anocheciera, la gran mayoría de los periodistas corrieron a Luxor para mandar telegramas a sus respectivas redacciones en el mundo entero. Las portadas de los periódicos del día siguiente hacían referencia a las momias y al gigantesco gato, menos la de *The Times*. En realidad, la filtración procedía del propio Carter, que dentro de la tumba debía de partirse de risa. El objetivo, además de pasar un buen rato, era despistar a la prensa para que *The Times* pudiera sacar en exclusiva la verdad de los hechos. Sin duda, Carter fue un tipo extraordinario.

3

El tesoro de Tutankhamón

Hay una imagen icónica con la que hemos crecido muchos «egip-
tolocos» de mi quinta. En una época en la que no había internet
y escaseaban las fotos de Egipto en revistas y libros, donde siempre aparecían las mismas vistas de la esfinge, las pirámides o Abu
Simbel, encontrar un dibujo que reconstruyera el interior de la
tumba de Tutankhamón era extraordinario. Recuerdo la primera vez que vi algunas de las fotos del interior de la tumba tomadas por Harry Burton. Fue en una conferencia que dio un profesor de arte en el aula magna de la facultad de Filosofía y Letras
de la Universidad de Valladolid. Debía de ser el año 1987. Por
entonces yo era un mediocre estudiante de BUP en el instituto
José Zorrilla de la misma ciudad, pero entusiasmado con todo
aquello que me recordara el mundo de los egipcios. Por eso,
cuando me enteré de que se daría la conferencia, allá que fui, y
me colé en la universidad como un alumno más entusiasmado
con la charla y las fotos de Burton. Pensaba que en cualquier
momento alguien me iba a echar, pero pasé desapercibido y dis-
fruté como nunca.

Hoy tal vez parezca una broma o algo difícil de creer, pero,
aunque mi pasión por la tierra de los faraones había comenzado
cuatro años antes, en ninguno de los libros o revistas que habían
caído en mis manos, tanto en mi casa como en la biblioteca pública, pude ver una foto del interior de la tumba de Tutankha-

món. ¿Cómo es posible, cuando hoy basta con un clic para hacer una visita virtual a la tumba con todo lujo de detalles? La respuesta es que en aquellos momentos no solo no había forma de hacer clic en ningún sitio, sino que además las publicaciones dedicadas al Egipto de los faraones eran muy escasas. Casi se podían contar con los dedos de una mano, y no estoy exagerando. Recuerdo como si fuera ahora que vi la proyección de las diapositivas en la enorme pantalla escondido en la parte de atrás del salón de actos (era una actividad para universitarios en la que me había colado gracias al chivatazo de un profesor del instituto que conociendo mis gustos me advirtió de la conferencia). Conocía las piezas arqueológicas porque las había visto en fotografías en color en algunas publicaciones, pero no las fotos originales de Burton en blanco y negro. Mi edición del libro de Carter sobre el descubrimiento de la tumba era muy modesta y no tenía ni una sola imagen. La que más me impactó fue la de la puerta aún sin abrir custodiada por los dos guardianes en forma de estatuas del *ka* de Tutankhamón.

Tiempo después conseguí hacerme con una joya que aún conservo con cariño, un viejo número de la revista *Muy Interesante* del año 1983, donde aparecía un artículo sobre la tumba de este faraón con un inmenso dibujo de la tumba tal y como apareció en 1922.[1] Fascinado por aquel tesoro, volví a releer, una vez más, los capítulos que Carter dedicaba a los objetos de la tumba, cámara a cámara. Me sumergí en esos capítulos sintiéndome uno más del equipo del arqueólogo, pues iba descubriendo en cada centímetro del dibujo de la revista una pieza tras otra al mismo tiempo que lo hacía el propio Carter.

Ha pasado casi medio siglo desde aquel sueño infantil y ahora tengo la suerte de haber podido visitar la colección de Tutankhamón en El Cairo cientos de veces. No, no exagero, cien-

---

1. Véase Virginia Oñate, «Los secretos de las tumbas faraónicas», *Muy Interesante*, n.º 22 (marzo de 1983), pp. 48-53.

Plano de la tumba de Tutankhamón. Dibujo © N. A.

tos de veces. He llegado a estar mañana y tarde durante días en las galerías tanto del museo de El-Tahrir como del GEM escrutando cada detalle de los tesoros. Incluso he tenido acceso privilegiado a algunas piezas increíbles en las salas de restauración. He tenido en las manos sillas, escudos o la emblemática cabeza del Faraón Niño saliendo de una flor de loto. Un sueño hecho realidad. He visitado su tumba en incontables ocasiones y he reproducido en el Valle de los Reyes cada uno de los pasos que llevaron a Carter a descubrir la KV62 en noviembre de 1922. Y todavía me emociono cuando miro frente a frente la máscara de oro o cuando me siento a pensar y dejar pasar el tiempo en la antecámara de la tumba totalmente vacía. Es la magia de Egipto que envuelve el inmenso legado de Tutankhamón.

Ni mi pluma ni mis conocimientos sobre la tumba se acercan, ni de lejos, al maravilloso relato de Howard Carter, así que voy a evitar emular su exhaustiva descripción de las habitaciones que forman la tumba. En este apartado solamente me voy a centrar en algunas de las piezas más curiosas allí descubiertas.

Cuando Carter vació de escombros el pasillo que descendía hacia la puerta de lo que luego sería la antecámara, es posible que en este sitio descubriera la famosa cabeza de Tutankhamón saliendo de una flor de loto que acabo de mencionar[2] y que meses más tarde aparecería dentro de una caja de vino de Fortnum & Mason. Como a la pieza no se le asignó ningún número de referencia, nunca se supo en qué lugar exacto de la tumba se había encontrado. Con todo, es muy probable que estuviera, bien al final del pasillo, bien justo después de cruzar la puerta de entrada a la antecámara. En ese mismo pasillo, como ya he contado al relatar la llegada de los arqueólogos, apareció un hatillo en cuyo interior había pequeñas joyas de oro, dejadas allí seguramente por los ladrones antes de salir huyendo. Se trataba de un conjunto de varios anillos, objetos pequeños y fácilmente transportables, envueltos en el trozo de tela para sacarlos a toda velocidad de la tumba. No sabemos lo que sucedió, pero no sería extraño imaginar cualquier escena en el momento del último robo de la tumba, ya que sufrió varios.

Cruzando la puerta de mampostería que se levantaba al final del pasillo descendente llegamos a la antecámara. Desde allí podían verse «cosas maravillosas».

La antecámara

El aspecto de esta primera habitación debió de ser realmente sorprendente, no solo por el brillo de las piezas de oro que contenía, sino también por el desorden, algo que se extendía al resto de la tumba. El suelo estaba plagado de objetos desparramados

2. Carter 008, JE 60723; 30 centímetros de altura. Existen dos tipos de numeración en la catalogación de las piezas del tesoro de Tutankhamón. Por un lado está la de Carter, compuesta por tres cifras y en ocasiones una letra; por otro, la que más tarde estableció el Museo de El Cairo, con las siglas JE y el propio número de catalogación.

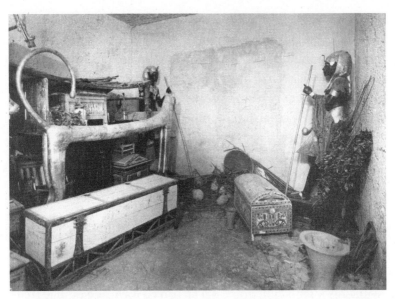

Antecámara de la KV62. Foto tomada por Harry Burton, © Album.

por todas partes, así como de una especie de ramaje que cubría los lados de la habitación. Tenemos que imaginarnos el ambiente denso y pesado que debía de respirarse en la habitación después de que nadie entrara en ella en, al menos, los últimos tres mil años. Aunque Carter dejara salir el aire durante unos minutos, seguramente, mientras ampliaban el agujero por el que poder entrar, el calor y el aire denso rezumando antiguos afeites debían de cubrirlo todo.

Justo a la derecha de la entrada, Carter descubrió, junto a unos ramos de flores apoyados en la pared oriental y un gran vaso de alabastro, la caja más hermosa hallada en la tumba.[3] Tiene toda la superficie cubierta de pinturas. En los lados largos podemos observar una magnífica escena de guerra en la que aparece Tutankhamón atacando a los soldados sirios con su casco azul

3. Carter 021, JE 61467; su longitud es de 61 centímetros, tiene una anchura de 43 centímetros y una altura de 44,5 centímetros.

ritual, que se suele identificar con la guerra. La idea hasta ahora predominante de que se trataba de una guerra ficticia se ha descartado y se piensa lo contrario. Como he explicado en la introducción histórica del libro, muy posiblemente Tutankhamón participó en batallas reales y quizá murió en una de ellas, aunque no debemos adelantar acontecimientos. Detrás de Tutankhamón se ven tres filas de carros con soldados egipcios. Además, la figura del rey aparece bajo el amparo de la diosa buitre Nekhbet, diosa protectora en el campo de batalla y del Alto Egipto, cuyas alas se abren sobre el rey y el disco solar que lo cubre. En la tapa se pintó una escena similar que reproduce una cacería en el desierto. Igual que en las imágenes de los lados, detrás del rey hay tres filas de cazadores, que en este caso acompañan al soberano en su batida de leones y gacelas. En los lados cortos de la caja se ve una representación doble del faraón en forma de esfinge frente a los cartuchos con su nombre, Nebkheperura.

Estamos ante uno de los mejores ejemplos de pintura en miniatura de toda la historia de Egipto. Si nos acercamos a observar los minuciosos detalles que abundan en las escenas pintadas en la caja, se entenderá perfectamente lo que digo. Los rostros están dibujados con una pulcritud exquisita y con una finura que aún hoy sorprende.

Al mismo tiempo, es una de las piezas que más problemas dio desde el punto de vista de la restauración. El cambio de temperatura que se produjo en la KV62 en aquellos días de noviembre de 1922 conllevó que la madera estucada de la caja comenzara a dilatarse, del tal modo que el yeso pintado empezó a desprenderse de la superficie ante los horrorizados ojos de los arqueólogos. En esta caja, Alfred Lucas hizo sin lugar a dudas uno de sus mejores trabajos. La restauración de la pieza se llevó a cabo de una forma rápida y eficaz. El químico del equipo cubrió toda la superficie con una solución de parafina gracias a la cual la madera se quedó, literalmente, paralizada. De esta manera se pudo trasladar a la tumba de Seti II, donde acabó de ser acondicionada para su posterior viaje a El Cairo. Aunque en los laboratorios del GEM se ha hecho todo lo posible para recuperar el color original del arcón, hoy sigue luciendo unos tonos amarillentos debido al uso de la parafina. Su aspecto es similar al de la *Gioconda* del Museo del Louvre. En este cuadro de Leonardo, las capas de barniz han hecho que el rostro de la hermosa y misteriosa joven retratada a principios del siglo XVI se oculte bajo una capa amarilla. El arcón de Tutankhamón ha corrido mejor suerte y su aspecto, con todo, es extraordinario.

Además, hay que decir que no solo la caja le supuso quebraderos de cabeza a Lucas, sino también el contenido. El arcón estaba repleto de vestidos infantiles de Tutankhamón. Lógicamente, su manipulación era más delicada que la de la madera, de ahí que se tardara tres semanas en extraer los trajes para luego acondicionar la caja.

Si seguimos nuestro recorrido virtual por el sector septentrional de la antecámara, es decir, hacia la derecha según entramos

Detalle de la caja de la antecámara con una escena de guerra. Foto © N. A.

Uno de los *ka* de Tutankhamón que custodiaba el acceso
a la cámara funeraria. Foto © N. A.

en ella, dejamos a un lado los ramos de flores desparramados en
el suelo y a continuación nos topamos con los dos guardianes
que protegen el muro que cierra la cámara funeraria. Son dos estatuas de madera de tamaño natural que reproducen los rasgos
del rey difunto, una de las cuales es la que le dio el susto de
muerte a Breasted cuando este copiaba los textos de los sellos
de la puerta y pensó que le estaba guiñando un ojo.

Solamente se distinguen una de otra por el tocado de la cabeza. A la derecha de la puerta se encuentra el llamado segundo
guardián, el que lleva el tocado *nemes*,[4] y a la izquierda, el pri-

4. Carter 022, JE 60707; 1,9 metros de altura y 56 centímetros de anchura.

mer guardián, tocado con el *afnet*, una especie de gorrito similar a una *bean bag*.[5] Se trata de dos figuras de madera pintadas de negro y con algunas zonas cubiertas de láminas de oro que les dan ese contraste tan característico. Según los textos que cubren el faldellín, son dos *ka*, una suerte de doble espiritual o energía vital que vivía dentro del cuerpo físico; el soporte energético que lo hacía vivir. El *ka* se solía representar en las paredes de las tumbas como una silueta o sombra de color negro, el mismo color que tienen aquí las dos figuras. Entre ambas está la puerta de acceso a la cámara funeraria, con el cestillo que colocaron Carter y Carnarvon en el centro para ocultar el agujero hecho en la pared la noche del 26 de noviembre de 1922.

En la pared oeste, la primera que vio Howard Carter cuando abrió el agujero en la entrada, se encuentran los tres lechos funerarios de madera y oro que tanto lo fascinaron. Empezando por la derecha, el primero tenía la forma de la leona Meht Weret,[6] en la que destaca la impresionante forma de expresar el llanto, aderezada por dos lágrimas de pasta vítrea de color azul. El nombre de Meht Weret, la Gran Inundación, aparece escrito en el lecho funerario, aunque no deja de ser curioso que esta divinidad tuviera cabeza de vaca. Seguramente, al igual que sucedió en las grandes capillas de la cámara funeraria, existió cierta confusión a la hora de montar las cuatro piezas que formaban los lechos y los artesanos pusieron los nombres de unos en los cuerpos de otros.

Por detrás estaba el lecho de Isis Mehtet,[7] una vaca con el disco solar entre los cuernos, es decir, el símbolo de Meht Weret.

---

5. Carter 029, JE 60708; 1,9 metros de altura y 54 centímetros de anchura.

6. Carter 035, JE 62911; 1,81 metros de longitud, 91 centímetros de anchura y 1,56 metros de altura.

7. Carter 073, JE 62013; 2,08 metros de longitud, 1,28 metros de anchura y 1,88 metros de altura.

Finalmente, en el extremo sur de la antecámara, junto a su pared occidental estaba el último de los tres lechos funerarios. Se correspondía con Amut, la Devoradora.[8] Esta curiosa divinidad andrógina, aunque de nombre femenino, tenía el cuerpo formado por partes de león o leopardo, cocodrilo e hipopótamo, y era la encargada de aniquilar al difunto que no consiguiera pasar con éxito el juicio de Osiris.

En el pasaje 125 del Libro de los Muertos se describe la famosa tradición de la cultura funeraria egipcia conocida también como «psicostasia», expresión griega que significa «pesaje del alma». En este episodio el difunto alcanzaba una estancia en la que había cuarenta y dos asientos, correspondientes al mismo número de jueces que iban a evaluar la bondad de sus acciones sobre la tierra. El centro del salón lo ocupaba la gran balanza de oro utilizada por el dios Anubis, divinidad con cabeza de chacal encargado del mundo de los muertos, para pesar el corazón del nuevo viajero. Junto a la balanza estaban Thot, dios con cabeza de pájaro ibis, símbolo de las ciencias, la magia y el saber, preparado para tomar nota del dictamen del tribunal sagrado, y Amut, la Devoradora. Al fondo del salón, bajo un rico baldaquino protegido por innumerables serpientes, se hallaba, con sus más de cuatro metros de estatura, el dios Osiris, juez supremo y divinidad de la muerte. Acompañado de su esposa, Isis, y de la hermana de esta, Nephtys, Osiris seguía atentamente el proceso. Junto a él esperaba su hijo Horus, encargado de mediar entre el difunto y su padre.

En el juicio, el difunto debía hacer la famosa confesión negativa mediante la cual afirmaba ante los cuarenta y dos jueces de Egipto, cada uno representante de una de las provincias que componía el país, que no había cometido en vida ninguno de los cuarenta y dos pecados capitales. Así, se declaraba inocente de

8. Carter 137, JE 62012; 2,36 metros de longitud, 1,26 metros de anchura y 1,34 metros de altura.

una serie de delitos o actos éticamente incorrectos, como robar, mentir, matar, defraudar en las medidas de grano, etc. Al mismo tiempo, defendía las virtudes de las que supuestamente había hecho gala, como defender al huérfano, alimentar al hambriento, saciar la sed del sediento o ayudar a la viuda o al desamparado, entre otras, y defendía una moralidad bien conocida en nuestro acervo cultural porque la hemos heredado de los antiguos egipcios a través de la tradición judeocristiana.

Tras este proceso se realizaba el pesaje del corazón en la balanza sagrada. De ello se encargaba Anubis. En uno de los platillos estaba el corazón del difunto, representado por uno de los amuletos que se colocaban junto a su cuerpo en el ritual de embalsamamiento, aquel que tenía forma de tinaja. En el otro plato, Anubis ponía la pluma de cola de avestruz, símbolo por antonomasia de la diosa Maat, la divinidad portadora del orden cósmico universal y de la justicia. Depositadas ambas piezas sobre los platos, Anubis se retiraba y observaba atentamente el movimiento de la balanza. Tras un pequeño vaivén, los platos quedaban equilibrados: el difunto era Justo de Voz, es decir, poseía un buen corazón, ya que el peso de este no era superior al de la pluma de Maat.

Thot tomaba nota de lo ocurrido con su cálamo sobre un papiro y lo notificaba a Horus. Este se acercaba a su padre Osiris y le comunicaba el resultado del juicio. Osiris, si el resultado del pesaje del alma había sido favorable para la persona (siempre lo era, no conocemos casos de lo contrario), permitía al difunto viajar hasta el reino de los muertos, los Campos de Ialu.[9]

9. Véase Raymond O. Faulkner, *The Ancient Egyptian Book of the Dead*, Londres, British Museum Press, 1996. En 2019 colaboré con CM Editores en la realización de un facsímil, el primero que se hacía sobre papiro, del Libro de los Muertos de Ani. Junto con la caja con las láminas se editó un libro: E. A. Wallis Budge, Nacho Ares y Zahi Hawass, *El Libro de los Muertos. Papiro de Ani*, Salamanca, CM Editores, 2019.

Este tipo de lechos funerarios aparecieron por primera vez en la tumba de Tutankhamón, y lo hicieron no con uno, sino con tres magníficos ejemplares de estos muebles mágicos. Hasta su descubrimiento, solo se tenía noticia de ellos a través de algunas representaciones artísticas en pinturas o relieves, o incluso de los fragmentos de lechos encontrados en otras tumbas del valle.

La pregunta que ahora nos hacemos es: ¿para qué servían? Siempre se han denominado lechos funerarios, pero desconocemos su finalidad real. No eran camas convencionales en las que dormir. El cine ha usado su forma para recrear las camas del Antiguo Egipto, como ocurre en la película *Tierra de faraones* (Howard Hawks, 1955). Sin embargo, resulta un poco extraño ver a un egipcio de aquella época, cuando la estatura media debía de ser de 1,55 o 1,60 metros, subirse a uno de estos lechos, cuya «cama» se encuentra a más de un metro del suelo. Un poco incómodo, creo yo. Seguramente servían más bien para colocar al difunto durante la momificación. La altura de la cama, como si fuera una de las camillas en las que se hacen autopsias, parece que nos señala ese camino. Tal vez luego estos objetos adquirieron cierto halo de sacralidad o simbolismo que hoy se nos escapa y tenían, bajo la protección de las divinidades del mundo funerario, un sentido diferente. Con todo, siempre se han llamado lechos funerarios y por eso he empleado el término en esta descripción.

Sobre los lechos había innumerables objetos. En el de las leonas, el primero por la derecha, aparecieron varios arcos, lámparas, un cajón, una cama más pequeña (en este caso bajita de verdad) y varios jarrones. Bajo sus patas, otros muebles, como una silla, un arcón y un conjunto de capillas destinadas a albergar estatuas doradas de divinidades. Lo mismo sucedía con el lecho de las cabezas de vaca. Además de tener colocada otra cama encima, entre las patas del animal sagrado se descubrieron unos cincuenta paquetes de comida. En ellos se encontraron gansos, patos, pan y otros preparados culinarios listos para ser consumidos por el difunto en el Más Allá. Se trata de verdaderas fiambreras o táperes, destinados a proporcionarle alimento para toda la eternidad.

Finalmente, sobre el tercer lecho funerario, el de la diosa de cabeza de hipopótamo, Amut, solo aparecieron un arcón y, entre las patas, el magnífico trono de oro de Tutankhamón.[10] Como ya he mencionado en otra parte del libro, se trata de una de las piezas más extraordinarias del tesoro. Es de madera cubierta con láminas de oro y en ocasiones de plata, y está decorado con incrustaciones de pastas vítreas. En el respaldo se ve la conocida escena de Tutankhamón sentado siendo ungido con aceites por su esposa, Ankhesenamón, mientras los dos soberanos reciben los rayos del disco solar de Atón, cuyos extremos acaban en manos que entregan a los reyes símbolos de la vida por medio de cruces *ankh*.

Esta escena presenta una particularidad en la que algunos investigadores se han detenido con especial interés. Los vestidos de los jóvenes están hechos de plata; la piel, de pasta vítrea roja, y el fondo, como el resto del trono, es de color amarillo por el oro empleado en el cubrimiento de la madera. Tutankhamón tiene los pies sobre un escabel, un mueble bajo en el que solían representarse los enemigos para que el faraón, al colocar los pies encima, apisonara la vil fuerza de los pueblos extranjeros que amenazaban el valle del Nilo. Lo curioso es que el Faraón Niño solo lleva sandalia en un pie. El pie derecho lo tiene desnudo. Con ello se ha querido ver cierto simbolismo, parecido, por ejemplo, al que algunos atribuyen a la portada del disco *Abbey Road* de The Beatles, en la que Paul McCartney va descalzo y los demás compañeros llevan zapatos. No obstante, la historia de Ankhesenamón, calzada con sus dos sandalias, y Tutankhamón, solo con una, es más sencilla, y no creo que se esconda ningún significado extraño detrás de este detalle. Si uno se fija con cui-

10. Carter 091, JE 62028; 1,04 metros de altura, 53 centímetros de anchura y 65 centímetros de profundidad.

Trono de Tutankhamón aparecido en la antecámara. Foto © N. A.

dado en la escena, observará que hay un hueco en el relieve de plata, en el lugar que correspondería a la sandalia ausente. Simple y llanamente, como sucede con el ojo vacío de Nefertiti, la sandalia se debió de desprender en algún momento y la tira de plata que le daba forma se perdió para siempre, no sabemos si en el trayecto que hicieron los muebles hacia la tumba durante el enterramiento o en algún instante después de depositar el trono en la antecámara.

Detrás del último lecho funerario, junto a la pared sur de la antecámara, se encontraba otra de las obras maestras del tesoro. Me refiero a la famosa capilla dorada.[11] Su interior estaba vacío,

11. Carter 108, JE 61481; 50,5 centímetros de altura, 26,5 centímetros de anchura y 32 centímetros de profundidad; el trineo sobre el que va la capilla mide 48 centímetros de largo.

seguramente porque los ladrones que entraron en la tumba en época faraónica se hicieron con su contenido. Sin embargo, la calidad de sus relieves es realmente excepcional. En las paredes exteriores pueden verse escenas de la vida cotidiana del rey junto a su esposa, Ankhesenamón, bien cazando en los pantanos, bien en escenas domésticas, muy similares a la que se representa en el respaldo del trono cubierto de oro.

Junto a esta capilla dorada se encontraba el magnífico maniquí del rey.[12] Se trata de una pieza sin igual, ni siquiera presente en las pinturas de tumbas. De entrada, se diría que es una suerte de maniquí, un soporte en el que colgar o probar las ropas del faraón. Refleja la figura de un joven con una camiseta de manga corta, de color blanco, a la que solo faltaría imprimir el logo de una marca comercial en el pecho para hacerla más moderna. Si fuera un maniquí, nos indicaría que Tutankhamón era un joven fornido, aunque la momia no confirma si lo era o si, como me señalaron a mí cuando hice la mili, era normosómico, es decir, de complexión normal. En cualquier caso, al no ser un maniquí de sastrería, o sea, un modelo empleado para confeccionar y medir los vestidos, no debemos descartar que su aspecto esté ligeramente idealizado.

Ya en la pared oriental de la antecámara, después de haber dado la vuelta completa a la habitación y terminar en la parte izquierda de la puerta de entrada, apareció un auténtico galimatías compuesto por seis carros con los ejes mezclados con los cajones y las ruedas cada una por un sitio. La pieza más importante de todas es un carro de oro, el llamado «segundo carro».[13] En la superficie del cajón había representaciones de prisioneros nubios y asiáticos magistralmente grabados en relieve en la madera y cubiertos de una fina lámina de oro que le da a la escena un as-

12. Carter 116, JE 60722; 73,5 centímetros de altura.

13. Carter 120, JE 61989; las ruedas tienen 90 centímetros de diámetro; el eje, 2,16 metros de longitud y la barra de tiro, 2,5 metros.

pecto absolutamente mágico. En los extremos se ven sendas representaciones del dios Bes en oro. Para que pudieran entrar por el estrecho pasillo de la tumba, debieron cortarse los ejes de las ruedas, ya que su anchura era superior a la de la puerta. De esta forma, como vemos en las fotografías tomadas por Harry Burton, el aspecto de los seis carros amontonados es un poco patético. El cuero que había en algunas partes de los carros se había podrido y, literalmente, disuelto, convertido en una masa bituminosa que cubría las decoraciones.

El examen de la estructura de los vehículos sacó a la luz la presencia de una amortiguación primitiva pero eficaz. Las juntas de los carros, hechas con madera y cuero, formaban una suerte de suspensión que amortiguaba los movimientos bruscos que la caja del vehículo pudiera sufrir en un suelo pedregoso. No me puedo imaginar a Tutankhamón ni a ningún faraón con la corona saltándole de un lado a otro de la cabeza por culpa de la falta

Parte sur de la antecámara con los carros desmantelados a la izquierda.
Foto tomada por Harry Burton, © Album.

de amortiguadores. Algo había que hacer, y parece que los ingenieros egipcios dieron con la solución.

Christian Eckmann, un científico alemán experto en el trabajo de los metales, especialmente el oro, que lleva vinculado al Museo Egipcio de El Cairo desde los años noventa, estudió los restos de los carros y extrajo una valiosa información que había estado perdida durante casi un siglo. El deterioro de algunas de las partes de los carros había afectado a varias láminas de oro. Y hasta la segunda década del siglo XXI, cuando los restauradores empezaron a centrarse en los tesoros del Faraón Niño para que pudieran exhibirse en el GEM, no se estudiaron estas partes menos vistosas. Entonces, Eckmann analizó con detalle casi mil quinientas láminas de oro procedentes de los carros que en la época de Carter habían sido depositadas en cajas y almacenadas, pensando en que algún día, sin que nadie imaginara que pasarían casi cien años, alguien les prestaría atención. El estudio comenzó en 2014 y, después de casi tres años de trabajo, el alemán consiguió recomponer setenta láminas de oro correspondientes a diferentes partes de los carruajes. Las láminas muestran escenas de todo tipo, que van desde momentos de caza o guerra en el carro hasta las titulaturas propias del faraón. Son láminas conseguidas por medio del martilleado del oro, una técnica que aún se sigue usando en la actualidad y que consigue láminas muy finas, de entre quince y cuarenta y cinco micras de grosor. Para grabar los detalles en las figuras se empleaban cinceles. Eckmann detectó, gracias a las marcas únicas de cada uno de los cinceles, varios grupos de láminas fabricadas en el mismo taller o incluso hechas por la misma persona. Lo más llamativo es que la decoración de algunas partes de los carros coincide con la que aparece en la famosa caja pintada encontrada en la antecámara. Ello nos hace pensar que el vehículo representado en la pintura de la caja es uno de los seis carros conservados en la misma habitación.

La primera vez que vi estas láminas fue en el Museo Egipcio de El Cairo, frente a la sala de los tesoros donde está la máscara de Tutankhamón. Allí se dispusieron varias vitrinas con grandes paneles informativos en los que se explicaban los trabajos de Eckmann y su equipo. En el verano de 2021 tuve la oportunidad de conocer a Eckmann personalmente. Tuvo la amabilidad de invitarme a su despacho de trabajo del museo de la plaza de El-Tahrir, y allí me mostró al detalle los últimos avances del proyecto. Las láminas de oro vistas en directo, ante tus ojos, son espectaculares. Algunas cuentan con elementos decorativos que no tienen paralelos en el mundo faraónico, sino en espacios geográficos más lejanos, como la antigua Siria. Esto hace pensar a los egiptólogos en la profusión de relaciones comerciales y culturales que hubo durante el reinado de Tutankhamón con la franja sirio-palestina.

He dejado para el final de la descripción de la antecámara una de mis piezas preferidas. Es la llamada «copa de los deseos», la *wishing cup* de la que hablaba Carter. Como sucede con la cabeza de Tutankhamón saliendo de una flor de loto, el descubridor no señaló el sitio exacto donde apareció. Unos dicen que fue junto a los carros, otros que nada más entrar en la antecámara a la derecha, junto a la célebre caja pintada. Los hay que, por el contrario, afirman que estaba en el pasillo, entre los escombros de relleno que colmataban el acceso. En cualquier caso, la copa de los deseos es una de las piezas más hermosas de la tumba.[14] Es una simple copa de calcita muy blanca, o alabastro, en forma de loto abierto. Una vez más, esta flor es un símbolo que nos habla del deseo de vida eterna y de renacimiento en el Más Allá. Las asas de la copa son dos figuras Heh, la eternidad, los «millones de años» con que los antiguos egipcios expresaban ese ciclo de tiempo interminable. Lo más conmovedor de la pieza, sin embargo, es el texto en escritura jeroglífica que aparece grabado y pintado de color azul alrededor del borde de la copa. El texto de este cáliz

14. Carter 014, JE 67465, GEM 36; mide 18,3 centímetros de altura y 28,3 centímetros de ancho.

de loto, otro de los nombres que recibe la copa, está dividido en dos partes. Una de ellas, desde la cruz *ankh* central hacia la derecha, es la titulatura real de Tutankhamón con sus cinco nombres. Desde el mismo punto hacia la izquierda, dice lo siguiente:

> ¡Que tu *ka* viva y que lo haga durante millones de años! Tú que amas Tebas sentado con tu rostro mirando hacia el viento norte y con tus ojos contemplando la felicidad.

Esta inscripción es la que hoy podemos leer sobre la lápida que cubre la tumba de Howard Carter en el cementerio de Putney Vale, en Londres. Siempre que veo la copa leo el texto en voz alta y me emociono.

El anexo

Cerca de la esquina sudoeste de la antecámara se abre casi a ras de suelo la puerta de acceso al llamado anexo. Según la numeración del propio Carter, se trata de la cuarta puerta de la tumba. No estaba cerrada ni contaba con ningún muro de mampostería. Simplemente era un agujero de paso perfectamente esculpido en la piedra de la montaña.

En su interior, los ingleses descubrieron un caos arqueológico aún mayor que el que imperaba en la antecámara. Cofres, camas, cestos, lámparas, vasos, cajones con *ushebtis* desparramados por el suelo, sillas y un sinfín de muebles y objetos, muchos de ellos utilizados en vida por Tutankhamón y que ahora, por avatares del destino, se presentaban a los ojos de los europeos de forma tan descortés.

Cualquiera que vea algunas de las fotografías de esta habitación realizadas por Burton se dará cuenta del desbarajuste al que me refiero. Seguramente, la función original de la estancia era almacenar los alimentos del difunto. En la parte inferior del amontonamiento había cestas y jarras selladas con comida. Luego se acabó de llenar el espacio con muebles que en un principio no estaba planeado que terminaran allí. Tiempo después, al llevar los táperes con comida cocinada como ofrendas alimentarias para el difunto, los sacerdotes se vieron obligados a colocarlos bajo el lecho funerario central de la antecámara.

Realmente, es difícil destacar algún objeto en especial entre los de esta habitación. Todos ellos, como parte del caos, participaron en algún momento de la vida del rey y, por lo tanto, adquieren gran importancia. Aun así, confieso mi clara predilección por un juego de tablero descubierto aquí.[15] Según sabemos por algunos textos, el juego más popular del Antiguo Egipto recibía el nombre de *senet*, aunque no es raro encontrar alusiones a él como el juego de las treinta casillas o, simplemente, el juego de los treinta. Sin embargo, el nombre *senet* nos da una primera pista, pues viene a querer decir «pasar» o «guiarse por», y este sugerente apelativo hace referencia a la propia dinámica del juego: atravesar su treintena de casillas y evitar los contratiempos y dificultades que puedan ir surgiendo.

En un mundo en el que no había televisión, ni cine, ni grandes espectáculos ni salas de fiesta donde pasar las largas horas del día, no es extraño que los juegos, los pasatiempos convencionales, tuvieran gran arraigo y difusión. «Estás sentado en el salón mientras juegas al juego del *senet*. Tienes cerveza. Tienes vino», reza una antigua inscripción egipcia, dando a entender que quien tenía eso lo tenía todo. Y Tutankhamón debía de saberlo, por eso se hizo enterrar con varios tableros, a cuál más hermoso por su diseño.

Hasta este punto todo parece lógico. Sin embargo, al igual que sucede en numerosos aspectos de la cultura del valle del Nilo,

15. Carter 345 (caja), 383 (cajón), 580 (soporte); JE 62508. Caja de 44,6 centímetros de longitud, 14,3 centímetros de anchura y 81,1 centímetros de altura. El soporte mide 55 centímetros de longitud, 17,5 centímetros de anchura y 20,2 centímetros de altura.

los antiguos egipcios supieron hilar muy fino a la hora de buscar un nuevo significado a este extraño juego de mesa.

Fue a lo largo del Imperio Nuevo, la época del Faraón Niño, cuando el *senet* adquirió el significado ritual e iniciático que lo caracterizó durante el resto de su historia. Durante este periodo, el tablero de *senet* se convirtió en un elemento habitual de los ajuares funerarios, como símbolo del camino que el difunto debía recorrer para pasar al Más Allá. Los ejemplares hallados en el anexo expresan de forma muy clara esta situación. Desconocemos cómo eran las reglas, pero las casillas con dibujos de las aguas del caos o la cruz de la vida tal vez tuvieran un sentido similar al de las casillas del popular juego de la oca.

El juego de las veinte casillas es una versión diferente del *senet*. Algunos de los tableros de Tutankhamón corresponden a esta versión. Son iguales que los del *senet* de treinta casillas, pero eliminando cinco casillas de cada lado, de forma que la cuadrícula adquiere forma de T. En ellos no había dibujos, de modo que lo desconocemos absolutamente todo sobre este juego.

Además de los tableros, en el anexo también se descubrieron varias piezas de alabastro, como un simpático barco con dos enanitos a los lados.[16] Se encontraron, asimismo, catorce cajas de los *ushebtis* que debían acompañar a Tutankhamón en su viaje al Más Allá. El resto de las figuras hasta completar las 413 que se hallaron en la KV62 aparecieron en la antecámara (una caja) y en la cámara del tesoro (once cajas).

El significado de la palabra *ushebti* es en esencia desconocido. Estas figuras se conocen igualmente como *shabtis* o *shauabtis*. La más conocida de todas, *ushebti*, podría significar el «respondedor», un sentido ligado a la funcionalidad de esta estatuilla funeraria.

Los *ushebtis* son unas figuras normalmente momiformes fabricadas en fayenza, cerámica, piedra o madera, entre otros ma-

---

16. Carter 578, JE 6212; 37 centímetros de altura y 58,3 centímetros de anchura.

Shabti de Tutankhamón portando sobre la cabeza el tocado *nemes*,
la cobra real y en las manos los símbolos de la realeza. Foto © N. A.

teriales, que representaban a la momia de la persona enterrada.
Estas pequeñas momias hacían el papel de sirvientes; con ello se
pretendía que el difunto no tuviera que realizar ningún tipo de
trabajo pesado cuando fuera admitido en los cultivos de Osiris,
ya que el sirviente se encargaría de los trabajos manuales que le
correspondieran.

A partir del Imperio Medio, que es el momento en que aparecieron estos sirvientes por primera vez, los *ushebtis* se fabricaron
por millones, al igual que sucedió con las figuras de escarabajos.
Gracias a ellos, el difunto tenía cubiertas todas las necesidades
en el Más Allá. Ritualmente parece que sustituyeron a las céle-
bres maquetas en las que se describía el trabajo del difunto en los
talleres o el campo, y que fueron tan populares en el Imperio
Medio, la época de eclosión cultural seis o siete siglos anterior al
tiempo de Tutankhamón. Así, ni la KV62 ni ninguna otra tumba

contemporánea contienen maquetas de esta clase, sino una gran profusión de sirvientes tipo *ushebtis* destinados a realizar las mismas funciones.

Siendo tan numerosos los ejemplares de estas esculturas funerarias que han llegado hasta nosotros, no es de extrañar que su tipología sea tan desorbitadamente amplia. Correspondientes a cada periodo de la historia de Egipto podemos encontrar *ushebtis* más o menos afines a una serie de divisas concretas, detalles que permiten a los investigadores fijar la cronología de las piezas cuando la inscripción jeroglífica que los acompaña no resulta útil en este sentido.

Quizá uno de los detalles más característicos de los *ushebtis* son las vestiduras. Normalmente, las figuras funerarias presentan el aspecto de una momia, la del dios Osiris identificada en cada caso con el difunto. No obstante, durante el Imperio Nuevo, y en especial tras el reinado de Amenofis III, el abuelo de Tutankhamón, fue más común que estas estatuillas lucieran vestidos propios de la vida cotidiana. Así, los *ushebtis* de finales de la dinastía XVIII y comienzos de la dinastía XIX solían lucir trajes plisados con faldellín trapezoidal en el frente. Los del Faraón Niño son momiformes casi todos, aunque presentan multitud de detalles tipológicos en cuanto a materiales, colores, herramientas o textos que los diferencian entre ellos.

En general, un *ushebti* tiene los brazos cruzados sobre el pecho, el derecho encima del izquierdo, y en las manos porta aperos agrícolas, normalmente dos azadones. Con ellos podrá realizar los trabajos en el Más Allá. En la espalda lleva siempre una bolsa a modo de mochila en la que guarda semillas para plantar en el campo de cultivo. Durante la época de Amarna apareció una singularidad exclusiva de este periodo y que se extendió hasta el reinado del Faraón Niño: algunos *ushebtis* llevaban colgando de las manos sendas bolsas con semillas. Se trata de una anomalía, si la comparamos con la uniformidad de las bolsas en la espalda de otros periodos, que solo vemos en esta época.

El pasaje 110 del Libro de los Muertos propone una descripción de ese paraíso en tierras de Osiris donde los trigales eran igual de altos que una persona y había abundancia de todo tipo de plantas y agua para pasar la eternidad. En las viñetas de este libro funerario aparece siempre el difunto, hombre o mujer, con su pareja. Sin embargo, el texto que cubre el cuerpo del *ushebti* ayuda a dar vida a la figura para que trabajara en representación del difunto. En la mayoría de los ejemplares no es más que una inscripción votiva en la que podemos leer el nombre del difunto, en este caso Tutankhamón, y una llamada a la vida eterna y a su vínculo con el dios Osiris. No obstante, hay *ushebtis* con inscripciones más elaboradas que contienen el pasaje número 6 del mismo Libro de los Muertos: «¡Oh, *ushebti* a mí designado! Si soy llamado o soy destinado a hacer cualquier trabajo que ha de ser hecho en el reino de los muertos, si ciertamente además se te ponen obstáculos como a un hombre en sus obligaciones, debes destacarte a ti mismo por mí en cada ocasión de arar los campos, de irrigar las orillas o de transportar arena del este al oeste: "Aquí estoy", habrás de decir».

Esta fórmula mágica deriva a su vez del pasaje 472 de los Textos de los Sarcófagos, un poco anteriores en el tiempo a la aparición del Libro de los Muertos, en el Imperio Nuevo. Con ello, lo único que se busca desde el punto de vista mágico es que el difunto no realice ningún trabajo manual en el mundo de Osiris.

Contamos con un par de documentos del Tercer Periodo Intermedio en los que se hace referencia al número exacto de *ushebtis* que debían ser depositados junto al difunto en la tumba. En las tablillas de madera McDullum y Roger podemos leer que los «esclavos» eran agrupados en cofradías de diez *ushebtis* lideradas por contramaestres que ostentaban el título de Grande de Diez. Como había un *ushebti* por cada día del año egipcio, que tenía 360 días, había, pues, 36 contramaestres. Si a estos les sumamos los cinco correspondientes a los cinco días epagomenales, unos días malditos que completaban el año de 365 días, obtenemos la siguiente suma: 360 + 36 + 5 = 401 *ushebtis*.

En muy pocas ocasiones la arqueología ha conseguido confirmar este número estandarizado de estatuillas en una tumba. En la de Tutankhamón, hay un ejército de 471 *ushebtis*. Lamentablemente, como hemos señalado, no todas las figuras estaban juntas, sino que aparecieron dispersas en diferentes estancias. Hay ejemplos extraordinarios, como los de algunos faraones kushitas de la dinastía XXV, entre ellos el caso de Sheskemanesken, quien depositó en su pirámide nubia 1.277 *ushebtis* de piedra de más de veinte centímetros de altura. Los antiguos egipcios se conformaban con poco. Hoy nos llevaríamos un teléfono móvil y la clave del wifi... Qué tristeza.

La cámara del sarcófago

A tenor del testimonio de Carter, fue quizá esta habitación la que más desconcertó a los arqueólogos. Como hemos visto en la descripción del hallazgo, la famosa pared de oro que en un principio creyó Carter haber descubierto era, en realidad, la pared exterior de la primera de un conjunto de cuatro capillas que cubrían en su totalidad el enterramiento del joven faraón.

Entre la capilla más externa, cuyo recubrimiento exterior estaba en parte decorado con porciones de cerámica azul, y las paredes de la cámara sepulcral había un espacio de apenas unos pocos centímetros, pero suficiente para que una persona de tamaño medio, como Carter y lady Evelyn, pudiera deambular alrededor de la capilla.

En este pasillo deambulatorio había esparcidos once remos de madera, necesarios, según las creencias de los antiguos egipcios, para que el difunto pudiera remar en la barca sagrada de Ra en su viaje hacia el Más Allá. Esto nos recuerda al capítulo 148 del Libro de los Muertos, en el que se describe cómo debía usar el difunto los remos para guiarse por las estrellas del firmamento

La pared de oro correspondiente a la primera capilla que vieron Carter
y su equipo al entrar en la cámara funeraria. Foto © N. A.

en busca de sus antepasados. Cada uno de los remos tenía un nombre vinculado a un punto cardinal del cielo.

En las dos esquinas de la pared oeste, Carter descubrió otros objetos rituales, como los dos misteriosos fetiches de Anubis, el dios de los muertos, formados por un pellejo de animal colgado de un pequeño mástil que a su vez descansa en un recipiente. En la actualidad todavía no se tiene una idea clara del significado de este extraño objeto, ni tampoco por qué está identificado con la figura de Anubis. Para completar la protección mágica de la estancia, en las cuatro paredes se realizaron sendos orificios a modo de capillas empotradas de dimensiones diminutas, en cuyo interior los sacerdotes depositaron en el momento del enterramiento una serie de figurillas protectoras.[17] Se trata de ladrillos

17. Son cuatro piezas depositadas en unas diminutas hornacinas: un pilar *djed* (Carter 260) en la esquina sudoeste, un Anubis (Carter 258) en el centro de

mágicos, con una figurita encima, idénticos a los que se han encontrado en otras tumbas del Valle de los Reyes, como el anexo de la KV55.

Como ya he explicado con anterioridad, las capillas que protegían el sarcófago de cuarcita amarilla del faraón eran cuatro, todas de madera cubierta con láminas de oro.

Hoy se exponen en El Cairo de mayor a menor, siguiendo el mismo orden que en la tumba. Cada una de ellas tenía su propio significado. La más grande[18] cuenta con una decoración característica de piezas de color azul, entre las que destacan amuletos de la diosa Isis, el nudo *tiet* y el pilar *djed* de su esposo, Osiris. Además, a modo de curiosidad, si nos acercamos, veremos en las esquinas algunos trazos hechos con pintura negra sobre las láminas de oro. Son las marcas dejadas por los carpinteros para señalar la colocación de las piezas, indicando «esquina noroeste», «esquina sudeste», etc., como en las instrucciones de montaje de Ikea. Una vez más, y como prueba de la precipitación con la que se preparó la tumba, los arqueólogos han comprobado que algunos paneles estaban colocados en la esquina que no les correspondía, lo que debió de complicar tanto el montaje como el desmontaje de la capilla tres mil años después.

El interior de esta primera capilla estaba decorado con escenas del Libro de los Muertos y del Libro de la Vaca Celeste. Las de este último tienen especial interés, ya que solamente se conserva otra representación del libro en la tumba de Seti I, en el mismo valle, siendo la de Tutankhamón la más antigua conocida. En él se cuenta la historia de la destrucción de la humanidad por parte del dios Ra, enrabietado porque los humanos nos hemos portado mal. Se trata de un texto que presenta una serie de paralelos con la historia de la destrucción del relato de Noé, por

---

la pared oeste, una figura similar a un *ushebti* (Carter 259) en la esquina noroeste, y finalmente una figura de Osiris (Carter 257) en el centro de la pared este.

18. Carter 207, JE 60664; 5,08 por 3,28 metros, y 2,75 metros de altura.

ejemplo, que también vemos en otras culturas del mundo antiguo tanto en Mesopotamia como en América. En la zona más profunda de la capilla hay un enorme relieve de una vaca, la diosa celeste Hathor, y el siguiente texto:

Sucedió en el tiempo de la majestad de Ra, el que se creó a sí mismo después de haberse convertido en rey de hombres y dioses. La humanidad conspiró contra él, mientras Su Majestad había envejecido, sus huesos eran de plata, su carne de oro, su cabello verdadero lapislázuli.

Cuando Su Majestad percibió la conspiración de la humanidad contra él, Su Majestad dijo a sus seguidores: «Invoquen mi ojo, y Shu, Tefnu, Geb, Nut y los padres y madres que estaban conmigo cuando me encontraba en el no-ser, y también al dios Nun; y que traiga a sus cortesanos con él. Pero que los traiga furtivamente, para que no lo vea la humanidad, para que no se desanimen. Venid con los dioses al Palacio, para que den su consejo. Al final puede que vuelva al no-ser, el lugar donde nací».

Los dioses fueron traídos y se colocaron a ambos lados, inclinándose hasta el suelo ante Su Majestad, para que pudiera pronunciar su discurso ante el padre mayor, el hacedor de la humanidad, el rey del pueblo. Dijeron a Su Majestad: «Háblanos para que te escuchemos».

Ra le dijo a Nun: «Oh, dios mayor en quien vine a existir y dioses ancestros. ¡Mirad! La humanidad que surgió de mi Ojo está conspirando contra mí. Dime qué harías en mi lugar, porque estoy buscando qué hacer. No los mataré hasta que haya escuchado lo que podrías decir al respecto».

Entonces habló la majestad de Nun: «Mi hijo Ra, dios más grande que su creador, más augusto que sus creadores, ¡quédate en tu trono! Grande es el temor cuando tu Ojo está en los que conspiran contra ti».

Dijo la majestad de Ra: «Mira, los hombres están huyendo al desierto. Sus corazones están temerosos de que pueda hablarles». Los dioses dijeron a Su Majestad: «¡Deja que tu Ojo vaya y aniquile por ti a esos intrigantes del mal! Ningún ojo es más capaz de golpearlos por ti. ¡Que caiga como Hathor!».

Tiempo después, la diosa regresó tras matar a la humanidad en el desierto, y la majestad de este dios dijo: «¡Bienvenida en paz, Hathor, Ojo que hizo lo que vine a buscar!». Dijo la diosa: «Como vives para mí, he dominado a la humanidad y fue un bálsamo para mi corazón». Respondió la majestad de Ra: «Tendré poder sobre ellos como rey, empequeñeciéndoles». Así nació la Poderosa, y Hathor se convirtió en Sekhmet.

Su Majestad pensó en fabricar una mezcla de cerveza y que la tomara por la noche para que chapoteara en su sangre. Ra dijo: «¡Llama a mensajeros veloces y ágiles para que corran como la sombra de un cuerpo!».

Los mensajeros fueron traídos inmediatamente y la majestad de este dios dijo: «¡Ve a Yebu y tráeme ocre rojo en gran cantidad!».

El ocre rojo le fue traído y la majestad de este dios ordenó moler el ocre al Portador de la cerradura de On, mientras que las sirvientas machacaban la cebada para hacer cerveza. Luego se puso el ocre rojo en la pasta de cerveza y se volvió como sangre humana; y se llenaron siete mil jarras.

Luego Ra, la majestad del rey del Alto y el Bajo Egipto, se reunió con los dioses para ver la cerveza. Ahora, cuando amaneciera el día en el que Sekhmet, viajando hacia el sur, iba a destruir a la humanidad, la majestad de Ra dijo: «La cerveza está bien. ¡Con ella salvaré a la humanidad!». Y Ra dijo después: «¡Llévala al lugar donde Sekhmet planea matar a los hombres!».

La majestad del rey Ra se levantó temprano antes del amanecer, para que se derramara este somnífero. Entonces los campos se inundaron a tres palmos de altura con el líquido del poder de la majestad de este dios. Cuando la diosa llegó por la mañana los encontró inundados, y su mirada estuvo complacida con ello. Bebió y complació a su corazón. Regresó borracha sin haber destruido a la humanidad. La majestad de Ra le dijo a la diosa: «¡Bienvenida, oh, graciosa!».

Así nacieron mujeres hermosas en la paz de la ciudad de Imu.

La segunda capilla funeraria[19] reproducía el aspecto de la capilla típica del Alto Egipto, llamada *per-wer*. Sobre las puertas aparece Tutankhamón ante Osiris y las paredes están decoradas con escenas del Libro de los Muertos. Sobre ella, Carter se topó con una especie de estructura de madera que servía de soporte para un inmenso velo negro tachonado de estrellas doradas, símbolo de la noche que cubría con su oscuridad el descanso eterno del soberano. Por desgracia, como ya he relatado, esta pieza, verdaderamente singular y única en su género, se perdió casi por completo debido a la sinrazón y la dejadez de las autoridades egipcias. Solamente se conserva de ella una pequeña porción, hoy expuesta junto a la capilla correspondiente en el mismo museo.

La tercera capilla es muy similar a la anterior, aunque lógicamente de dimensiones más reducidas para que pudiera caber dentro de aquella.[20] Porta decoración con temas del Libro del Amduat y del Libro de los Muertos. Su enorme difusión ya en época faraónica ha hecho que hoy consideremos el Libro de los Muertos el texto religioso egipcio más importante, pero en realidad no lo fue. El Libro del Amduat lo supera en muchos aspectos (en ocasiones se colocaban juntos al lado del difunto), aunque sí es cierto que el Libro de los Muertos cuenta con una serie de elementos que lo hicieron muy popular desde que aparecieron las primeras versiones, a comienzos de la dinastía XVIII, hasta prácticamente el final de la época grecorromana.

Los Textos de las Pirámides, fechado al inicio de la historia de Egipto, hacia 2400 a. C., estaban formados por los ocho centenares de fórmulas que el faraón emplearía para reunirse con

19. Carter 237, JE 60660; 3,74 por 2,35 metros, y 2,25 metros de altura.
20. Carter 238, JE 60667; 3,40 por 1,92 metros, y 2,15 metros de altura.

La tercera capilla de madera dorada que cubría el sarcófago de Tutankhamón.
Foto © N. A.

sus antepasados cerca de las estrellas. Con la llegada del Imperio
Medio, hacia 2000 a. C., los textos se popularizaron y ya no solo
estaban a disposición de los reyes, sino también de los nobles y
las personas importantes de la corte. Así nacieron los Textos de
los Sarcófagos o Textos de los Ataúdes. Contaban con la originalidad de que se escribían en el interior de los sarcófagos de
madera y, por primera vez, se incluían viñetas donde se explicaba con dibujos cómo era la geografía del Más Allá. Pero hasta la
llegada del Imperio Nuevo, con la familia de Tutankhamón, no
aparecieron los otros muchos textos funerarios y no accedieron
a ellos todos los miembros de la sociedad. Fue precisamente en
los albores del Imperio Nuevo cuando nació el Libro de los Muertos, o Libro de la Salida al Día, tal y como lo llamaban los egipcios haciendo referencia al reencuentro con la luz del sol en un
nuevo día, después de la oscuridad del tránsito de la muerte.

En las diferentes versiones y recopilaciones, el Libro de los Muertos recoge casi doscientas fórmulas o letanías que ayudaban al difunto a alcanzar el reino de Osiris. Todas ellas empiezan con la frase «Fórmula para...», seguida del texto mágico que debía ser declamado por el difunto para pasar una puerta, conocer el nombre de un guardián o tener la descripción de un lugar laberíntico, etc. Con estas fórmulas se pretendía que el difunto tuviera una idea clara y concisa de lo que se iba a encontrar en el camino hasta llegar a Rostau, el reino de Osiris, y una vez en él.

El Libro del Amduat, o Libro de la Cámara Secreta, es una descripción detallada de las doce horas de la noche y del viaje que realiza el sol por el inframundo hasta renacer en un nuevo día. El rey o el muerto era identificado con Ra y, como él, viajaba en su barca solar evitando los peligros de la noche y surcando lugares impenetrables de los que gracias a los textos podía salir siempre con éxito.

Estos son los «libros» inscritos en las capillas funerarias de Tutankhamón. La última de ellas, la cuarta,[21] tiene forma de *perun*, la capilla del Bajo Egipto. Está decorada con imágenes de dioses y escenas, una vez más, del Libro de los Muertos. Si nos fijamos detenidamente en los relieves de madera cubiertos con láminas de oro que la adornan, descubriremos un verdadero zoo de seres extraños y de aspecto insólito; un pozo sin fondo para aquellos que quieren ver en el patrimonio arqueológico de este país teorías sobre la presencia de *aliens*. Me parto.

Cuando Carter, colocado en el lado oriental, entre esta y la segunda capilla, descorrió los pestillos que cerraban las puertas de la primera capilla, descubrió numerosos objetos de un valor artístico incalculable. Fue aquí donde encontró muchas de las lámparas de alabastro en forma de loto, sugerentes geniecillos y animales como leones[22] o gacelas, o las figuras del dios Ha-

---

21. Carter 239, JE 60668; 2,90 por 1,48 metros, y 1,90 metros de altura.
22. Carter 211, JE 62119; 27 centímetros de altura y 12 centímetros de anchura.

py.[23] También donde se topó con una de las piezas más preciosas, por su exquisitez, de toda la tumba. Se trata de un pequeño bote para perfumes o ungüentos en forma de cartelas germinadas decoradas con cartuchos;[24] una obra maestra del trabajo del oro y la pasta vítrea que fue visto en la mesa de Carter antes de que, en teoría, se accediera a la cámara sepulcral.

Este fue uno de los hechos esgrimidos por algunos investigadores o arqueólogos, como Breasted, para demostrar que Carter y lady Evelyn entraron en esta habitación mucho antes de su apertura oficial en febrero de 1923.

No lejos de ahí se descubrieron dos de las trompetas de Tutankhamón.[25] Se trata de cuatro instrumentos (dos de ellos aparecieron en la antecámara) empleados seguramente en las paradas militares en las que participó el joven soberano. Son de bronce o de plata, y el 17 de abril de 1939, a las once de la mañana, se tocaron y su sonido se retransmitió a todo el mundo a través de la BBC desde el Museo Egipcio de El Cairo. James Tappern fue el trompetista encargado de interpretar la música con una de las trompetas de plata, a la que añadió una boquilla para que pudiera sonar. Todavía se conserva el registro sonoro del momento, una verdadera pieza maestra que, junto con una grabación de la voz de Howard Carter, guardo con mucho cariño en mi archivo de Tutankhamón.

Finalmente, otra de las joyas que aparecieron entre las capillas es uno de los vasos de perfumes más exquisitos del mundo antiguo, una joya hecha de calcita rematada por una tapa con un león tumbado. El felino nos muestra desafiante la lengua, una

23. Carter 271, JE 61344; 42,5 centímetros de altura, 48,2 centímetros de longitud y 44,4 centímetros anchura.

24. Carter 240bis, JE 61496.

25. La trompeta de plata (Carter 175, JE 6200; 58,2 centímetros de longitud) se conserva junto a la otra aparecida en el mismo lugar de la tumba, frente a los carros que se conservan en la sala 13.

Vaso para ungüentos con un león en la tapa aparecido entre las capillas de la cámara funeraria. Foto © N. A.

actitud misteriosa que los estudiosos del simbolismo egipcio aún no han podido explicar. ¿Por qué algunos felinos, como gacelas u órix, aparecen sacándonos la lengua? Nadie lo sabe, y lo más curioso es que muy pocos expertos se lo han preguntado hasta hoy. En el verano de 2021, en una charla distendida en Luxor, le hice esta pregunta a la egiptóloga Salima Ikram, experta en momias y, sobre todo, en animales del Antiguo Egipto. No fui el primero en hacerlo, así que alguien antes que yo, nada extraño, se había planteado la misma cuestión. La respuesta que me dio, aunque he de reconocer que no me satisfizo, puede apuntar en la dirección correcta. Salima me dijo que seguramente, como sucedía con el geniecillo Bes, una divinidad que aparece representada siempre frontalmente con la lengua fuera, se tratara de un gesto un tanto transgresor que le diera a la figura un aspecto simpático o «mono» ante el espectador. En la actualidad, muchas personas, cuando se quieren hacer las interesantes o simpáticas en una situación relajada y de confianza, sacan la lengua. Eso lo han hecho numerosos personajes, desde Einstein hasta Madonna, en fotos que son ahora iconos de la cultura popular. Así, podría ser que el león se nos presentara juguetón sacándonos la lengua. Pero este gesto es humano, no animal, por ello planteaba mis dudas ante esta explicación. Seguramente haya algo más que se nos escapa y que somos incapaces de interpretar.

El vaso del león tiene también un sentido mágico, ya que el recipiente descansa sobre las cabezas de varios enemigos de Egipto. Una vez más, los artistas de Tutankhamón no daban puntada sin hilo.

Cuando se desmantelaron las cuatro capillas, los arqueólogos pudieron acceder a la zona con mayor interés arqueológico de toda la tumba: el sarcófago del rey.[26] Aunque la tapa de granito rojo estuviera rota, hoy puede verse en el mismo lugar. El sarcófago de cuarcita amarilla es una pieza magnífica. Siguiendo los cánones típicos del arte de Amarna, en las cuatro esquinas presenta añadidos que se hicieron a posteriori. Es probable que se trate de un sarcófago reutilizado de los talleres del palacio real. El hecho de que la tapa y la caja sean de materiales diferentes, de granito una y de cuarcita la otra, ya lo indica. Además, la representación de Isis y sus tres hermanas, divinidades protectoras que extienden los brazos alados sobre las cuatro paredes del sarcófago, se agregó más tarde a la estructura original del sarcófago.

En su interior, sin embargo, esperaban a los arqueólogos tesoros más sorprendentes. En primer lugar, un inmenso ataúd de madera cubierto de láminas de oro con la efigie del rey y los símbolos de su poder real. Sobre la cabeza lucía un tocado formado por una peluca globulada. Otro indicio de que el ataúd seguramente no fue diseñado para Tutankhamón es que las alas que se extienden por el cuerpo son más de una reina que de un rey, y

26. Carter 240; 2,74 metros de longitud, 1,47 metros de anchura y 1,47 metros de altura.

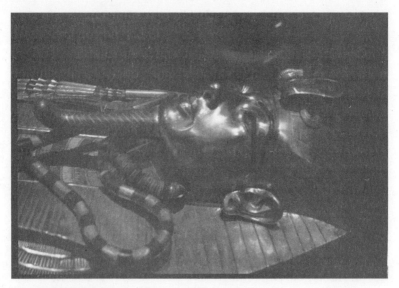

Ataúd antropomorfo de oro macizo en cuyo interior estaba la momia del faraón. Foto © N. A.

los pies debieron de serrarse en la Antigüedad para permitir que la tapa de granito cerrara encima del sarcófago de cuarcita.

Al abrir la tapa de este primer ataúd de madera dorada, los arqueólogos descubrieron otro,[27] muy similar, perfectamente encajado en el anterior, como si se tratara de un juego de muñecas rusas. Los rasgos del rostro de este segundo ataúd, rodeados por el característico tocado *nemes* de los faraones, no encajan con los de Tutankhamón, lo que señala una vez más la idea de la reutilización del ajuar. Se ha barajado la posibilidad de que la persona para la que se construyó fuera la reina Nefertiti, o incluso el faraón Semenkhare (¿la propia Nefertiti?), aunque hoy no hay nada que lo confirme. En cualquier caso, el avejentado rostro del dueño del ataúd se aleja demasiado de la estética empleada en los retratos de un lozano Tutankhamón.

27. Carter 254, JE 60670; 2,04 metros de largo, 68 centímetros de anchura máxima y 78,5 centímetros de altura máxima.

Dentro de este segundo ataúd había un tercero. En esta ocasión se trataba de una pieza realmente magnífica, mucho más impresionante que las anteriores, pues era toda de oro macizo.[28] El exceso de ungüentos empleados en los rituales funerarios había deteriorado los ataúdes de forma notable.

El aspecto de estos ataúdes es idéntico desde el punto de vista tipológico. En los tres el faraón aparece con los brazos sobre el pecho, el derecho pasando por encima del izquierdo, sosteniendo los emblemas reales, el cetro y el látigo. El tercer ataúd también lucía sobre la cabeza el tocado *nemes*, aunque sin incrustaciones de pasta azul delimitando el dibujo de las líneas que lo decoran. Al igual que en los otros ataúdes, las alas de las diosas Isis y Nephtys abrazan y protegen al difunto. En el ataúd de oro macizo hoy podemos observar la ausencia de los ojos. Sin embargo, originalmente los tenía. Carter los tuvo que retirar, según se aprecia en las fotografías de la época, porque el exceso de ungüentos había agrietado las piedras y las había convertido prácticamente en una masa de minúsculas partículas.

No tardaría en aparecer la obra más emblemática de todas las descubiertas en el interior de la tumba de Tutankhamón. Me estoy refiriendo a su máscara de oro,[29] hallada cubriendo la momia del rey en el interior del tercer ataúd. Cualquier descripción que se quiera hacer sobre esta magnífica pieza es probable que se quede corta. Sencillamente, hay que verla de frente, acercarse al rostro de Tutankhamón para poder apreciar y disfrutar en toda su grandeza la importancia no solo del hallazgo de la KV62, sino de todo lo que rodea a este periodo de la historia del ser humano.

Aunque parezca sorprendente, la máscara de Tutankhamón es una pieza que está por estudiar. Cuando Howard Carter falleció en 1939 dejó mucho trabajo para las generaciones futuras. Es

28. Carter 255, JE 60671; 1,87 metros de largo, 51 centímetros de altura máxima y 51,3 centímetros de anchura máxima; 110,4 kilos.

29. Carter 256a, JE 60672; 54 centímetros de altura, 11 kilos.

una de las piezas más sorprendentes del tesoro, ha sido reproducida millones de veces en fotografías, ha aparecido en miles de portadas de libros y revistas, ha protagonizado películas y documentales de televisión, y, sin embargo, es una de las muchas piezas sin estudiar de la tumba del Faraón Niño.

Hasta comienzos del siglo XXI, Nicholas Reeves no inició su investigación, si bien aún queda mucho por hacer. El interés de este egiptólogo británico se centraba sobre todo en la posibilidad de que la máscara fuera una más de las muchas piezas reutilizadas y se retocara para encajarla en el tesoro de Tutankhamón. Para Reeves, la máscara se hizo inicialmente para Nefertiti, según él, la madre del joven rey. El rostro, siguiendo siempre sus investigaciones, es un añadido a una pieza ya existente, cuyos rasgos se amoldaron a los de Tutankhamón. Esto se vería, por ejemplo, en que el cuello de la máscara tiene tres arrugas que parecen mostrarnos que la persona para la que inicialmente se construyó era anciana. Es cierto, no parece normal que se represente a Tutankhamón, un joven de apenas diecinueve años cuando murió, con arrugas en el cuello. Sin embargo, no es menos cierto que la célebre escultura de madera de la cabeza del joven rey saliendo de una flor de loto, que apareció en el pasillo que desciende a la antecámara o en la propia antecámara, también tiene estas arrugas en el cuello. No creo que la figura de madera representara a Nefertiti y luego se retocara. El dios Osiris en muchas ocasiones aparece representado con estas arrugas en el cuello. Así lo vemos, por ejemplo, en la extraordinaria pintura que hay de él en la cámara funeraria de la tumba de Irynefer en Deir el-Medina (TT290), de época ramésida, unos cien años posterior a la de Tutankhamón, o la de Nefertari, esposa principal de Ramsés II. Por lo tanto, ¿la representación de esas arrugas es un detalle propio de una representación realista de la persona o es, una vez más, un atributo vinculado a una cualidad del dios Osiris, como la ancianidad, o quizá la sabiduría? Lo desconocemos.

Lo único cierto, según Christian Eckmann, el mismo experto en metales que trabajó en las láminas de los carros, es que el oro del rostro de la máscara es el mismo que vemos en el resto de la pieza. El profesor alemán desmiente así a Reeves, y también señala que el cartucho con el nombre de Tutankhamón que vemos en el hombro izquierdo, cuyos jeroglíficos algunos expertos, como el egiptólogo inglés, sugieren que han sido manipulados, es en realidad la unión de dos láminas de metal, lo que puede llevar al error. Reeves, apoyado por Aidan Dodson, señaló que bajo el cartucho que hoy vemos con el nombre del joven rey se puede leer «Neferneferuatón», uno de los nombres de Nefertiti. Por el contrario, Marc Gabolde, el egiptólogo francés que se decanta por la teoría de que los objetos de la tumba no son de Nefertiti sino de una de sus hijas, Meritatón, ve precisamente el nombre de esta princesa en ese cartucho.

Además, Eckmann, en su estudio de la máscara, concluyó que no hay evidencias de manipulación en el rostro. Es decir, nadie quitó la cara de Nefertiti y puso la de Tutankhamón. Si se hubiera hecho, habrían quedado señales en el oro, cosa que no se ve, y, sobre todo, la pasta vítrea que está más cerca de las juntas se habría dañado por el calor. Esto puede ser cierto, pero eso no implica que no se montara un rostro nuevo y luego se colocaran las decoraciones vítreas. Que el rostro de la máscara es una parte añadida a la estructura final de la joya es algo que ni Eckmann puede negar. Este afirma que no era normal que se reusaran estas joyas; entonces yo me pregunto: ¿comparado con qué?, ¿qué otros tesoros reales de este periodo o de cualquier otro han llegado hasta nosotros para que podamos decir eso? Al contrario, el otro gran tesoro real que conservamos de Egipto, el de las tumbas reales de Tanis, lo forman todo piezas reutilizadas de faraones anteriores. No creo que se pueda desestimar la reutilización. No sabemos cómo eran los tesoros de Amenofis III, Ramsés II o Tutmosis III, y puesto que no contamos con estos restos, no podemos comparar.

El egiptólogo británico Aidan Dodson ha estudiado con detalle los ataúdes antropomorfos de Tutankhamón y ha observado en el segundo de ellos que los nombres del rey están rehundidos, es decir, grabados en la superficie de madera después de haber borrado el nombre que había previamente. Al colocar la nueva lámina de oro sobre el nombre retallado, ha quedado un hundimiento que se aprecia a simple vista. Algo parecido ocurre en las capillas exteriores de esta cámara funeraria. En los relieves grabados en la madera se borró la «t» de la forma femenina de algunas palabras. Para hacerlo se retiró la lámina de oro, se cubrió el ideograma que indica el femenino y se colocó una nueva lámina de oro, pero de una tonalidad diferente, lo que llamó la atención de los egiptólogos hace décadas. Esta circunstancia es aún visible.

Máscara de oro de Tutankhamón. Foto © N. A.

Volviendo a la máscara, sabemos que está confeccionada con varios materiales sorprendentes por sí solos. El oro parece egipcio, mientras que la coralina es de la India; el lapislázuli, de Afganistán; y la obsidiana, de minas turcas. Es justo el hecho de que solo el rostro, la parte con los rasgos de Tutankhamón supuestamente añadida luego, tenga las cejas de lapislázuli y en el resto del tocado el azul sea de pasta vítrea lo que nos hace pensar que son piezas fabricadas en momentos distintos y unidas, al parecer, para el entierro del faraón.

El empleo de materiales tomados de diferentes partes de la franja sirio-palestina ahonda en la idea de que muchos de los temas iconográficos proceden de esa parte del Mediterráneo oriental.

La elección de los materiales tampoco es casual. No solo en esta, sino también en otras joyas de la tumba de Tutankhamón, vemos oro, plata y lapislázuli. Recordemos las palabras del Libro de la Vaca Celeste inscritas en la capilla externa de Tutankhamón: «Sus huesos eran de plata; su carne, de oro; su cabello, verdadero lapislázuli». Todo tiene su significado.

Otro de los grandes enigmas que ha rodeado a la máscara y a otras piezas del tesoro del Faraón Niño es la presencia de agujeros en las orejas. Se han interpretado como un distintivo puramente femenino, que, por lo tanto, remitiría a una princesa o una reina, quizá Nefertiti. Sin embargo, esto no es así. Muchos reyes y príncipes se representaron con agujeros en las orejas, aunque realmente hay que reconocer que no es lo más común en los adultos, pero sí en los príncipes más jóvenes. La momia de Tutankhamón tiene agujeros en las orejas. Se ve perfectamente en las fotografías de la oreja izquierda hechas por Burton en los años veinte. Así pues, ¿son estos detalles de la máscara de Tutankhamón una prueba irrefutable de que en origen se hizo para una mujer? No lo sabemos. Nicholas Reeves, en su particular caza de evidencias para demostrar que se trata de la máscara original de Nefertiti, nos llama la atención una vez más sobre una singularidad. En las primeras fotos de la máscara de la momia, tomadas en 1925, hay un elemento que ha pasado inadvertido a muchos expertos. En los agujeros de las orejas se aprecian dos puntos dorados (en la foto, blancos), que es muy posible que fueran el relleno colocado para que las orejas no parecieran las de un príncipe o una reina, sino las de un soberano. Si los antiguos sacerdotes tomaron de los talleres reales una máscara que ya estaba hecha (para Nefertiti, según Reeves), era preciso tapar los agujeros para que no cuestionaran la madurez del soberano. Lamentablemente, los taponcitos de oro que taparían los agujeros de las orejas están hoy perdidos, seguramente en alguna caja de los almacenes del antiguo Museo Egipcio de El Cairo, en El-Tahrir.

Otro detalle característico de la máscara de oro que suele olvidarse es el texto que tiene al dorso. Las fotos que hay en los libros siempre nos muestran el rostro del Faraón Niño de frente y algunas veces un detalle del perfil, pero casi nunca la parte trasera. Pues bien, en ella podemos leer el capítulo 151 del Libro de los Muertos, que describe cómo ha de ser la cámara funeraria de la tumba y señala los ladrillos mágicos que hay que colocar en cada una de las paredes, cómo se ha de proteger y orientar a los puntos cardinales, entre otros requisitos.

Precisamente, una versión de este texto aparecida en otros papiros habla de la protección del difunto, lo que pudo llevar a equívoco a algunos investigadores cuando se refirieron poco después del hallazgo de la tumba a la presencia de un «papiro» en el que se mencionaba la maldición. Luego explicaremos con detalle esta posibilidad.

En los últimos años, una de las partes de la máscara que más polémica ha generado y que ha ocupado más horas de televisión y más páginas de periódicos o revistas, físicos o digitales, es la barba. Se trata de un añadido hecho de oro y con una decoración que representa el trenzado con el que el dios Osiris se presentaba ante sus seguidores. La llamada «falsa barba de los dioses» hunde sus raíces precisamente en el mundo osiriano y es un elemento típico del culto a este dios. Osiris la lleva siempre, y los faraones, para seguir su estética, se hacían representar con ella. Desconocemos de qué material estaba hecha, pero se cree que era una barba confeccionada con trenzas de cuero o tiras vegetales que, una vez tenía la forma que vemos en las pinturas o estatuas de los soberanos, se ataba a las orejas por medio de unas cinchas. Muchos reyes la lucen en las pinturas de las tumbas. De color azul o negro, junto con la doble corona del Alto y el Bajo Egipto, el tocado de rayas o *nemes* y los cetros reales que aparecen en los ataúdes antropomorfos, era uno de los atributos reales propios del soberano.

Hoy la barba se nos presenta de un color azul o gris, aunque debió de tener un tono más intenso en la época del faraón. La razón por la que muestra un aspecto «lavado» es, seguramente, la acción, una vez más, de la gran cantidad de ungüentos que se vertieron sobre la máscara y que dañaron muchas de sus partes. Por ejemplo, en la zona posterior del tocado *nemes*, el que representa la coleta en que termina el paño entrelazado del tocado y que cae entre el texto del Libro de los Muertos, las incrustaciones de pasta azul se quemaron y han desaparecido.

Lo que muy pocos saben es que en origen la barba se podía quitar, pues era un añadido posterior fabricado para ser colocado sobre el rostro del rey. En 1925, cuando Howard Carter retiró la máscara recién descubierta, la falsa barba de Osiris se desprendió. En las fotografías que hizo Harry Burton en aquella época vemos la máscara sin ella. Además, en el Museo de El Cairo fue expuesta sin este añadido hasta los años cincuenta, con la pieza suelta de la barba al lado, en la misma vitrina.

A principios del año 2016, cuando se abrió la vitrina de la máscara y se manipuló la pieza para moverla de lugar, crac, la barba se desprendió. Nadie debería haberse asustado. Si se hubiera sabido cómo había estado expuesta la máscara años atrás, se habría comprendido que la barba era una parte más de la pieza, como la cobra y el buitre que hay sobre la frente del Faraón Niño. Sin embargo, los nervios empezaron a hacer estragos en los operarios egipcios.

¿Cómo debían actuar los restauradores? Ante todo, con calma y cabeza, cosa que no hicieron. Aquello de «vísteme despacio que tengo prisa» que ponen en boca de Napoleón fue sustituido por el clásico «quita, que esto lo arreglo yo en dos minutos». Error. Y el remedio fue peor que la enfermedad. La pieza quedó pegada, sí, pero torcida y con berretes sobresaliendo. Como resultado, el aspecto de la máscara ya no era regio y pronto llamó la atención de los visitantes y de las autoridades del museo, y tampoco tardó en aparecer en las noticias.

Pasaré por alto esta historia que me provoca sentimientos encontrados. Como en todo, al final pagan justos por pecadores. Dejémoslo ahí.

Christian Eckmann, una vez más, tuvo que sacar las castañas del fuego y enmendar el error de un irresponsable. Para salir del paso, se había empleado sobre el oro un adhesivo de contacto. Es cierto que los medios de comunicación exageraron el entuerto y llegaron a decir que la máscara se había dañado de forma irreparable. Tampoco era eso. Eckmann retiró el adhesivo con un disolvente y luego pegó el fragmento con el producto que se debería haber utilizado desde el principio.

Otros elementos singulares de la máscara que también vemos en los ataúdes y en algunas piezas más del tesoro del Faraón Niño son la cobra y el buitre que hay sobre la frente. Son ambos símbolos reales muy comunes en el Antiguo Egipto, aunque bien es cierto que es inusual que vayan juntos. Una vez más, Nicholas Reeves toma este argumento para demostrar que la máscara tiene toque femenino. En el Antiguo Egipto, la cobra real solía representar a los reyes. El áspid era uno de los símbolos por antonomasia del poder de los faraones. Colocado en la cabeza de una estatua indicaba la condición regia del personaje representado. Esta tradición no se diluyó hasta prácticamente la época romana, cuando llevar una cobra era una suerte de amuleto usado por todos los ciudadanos egipcios. Sin embargo, en la época de Tutankhamón, solo los reyes se mostraban con la cobra en la cabeza. El empleo de la cobra y el buitre está más vinculado a las reinas que a los reyes, aunque este detalle tampoco es definitivo. El buitre en época faraónica era también símbolo de realeza, aunque estaba más vinculado al concepto de maternidad. Desconocemos qué razones llevaron a los antiguos egipcios a asociar este concepto con los buitres. Quizá no fuera más que una sencilla casualidad cuando vemos que la palabra «madre» se escribe empleando un buitre entre sus jeroglíficos. La cobra, sin embargo, sí parece contar, al menos desde nuestro punto de vista, con elementos naturales que llevan las ideas de fuerza, poder o regeneración, entre otras, que sí pueden vincularse con los soberanos.

Si observamos el resto de las figuras de Tutankhamón que hay en su tumba nos daremos cuenta de que la mayoría de ellas solo llevan la cobra sobre la cabeza, es decir, el símbolo de realeza más tradicional. Esto sería una evidencia más, según Reeves, de la reutilización de muchos de los objetos que forman el tesoro de la KV62, procedentes de un ajuar femenino y adaptados a la figura de Tutankhamón.

Para finalizar con esta pieza tan asombrosa diremos que cuenta con una suerte de imperfección, un extraño agujero en el lado derecho del tocado *nemes* (el izquierdo según lo observamos de frente) que cae sobre la zona del pecho. Este agujero siempre me llamó la atención desde niño cuando miraba con detalle fotografías de la máscara. Se ve claramente sobre una de las bandas amarillas del tocado *nemes*. ¿A qué se debe? Según Nicholas Reeves, puede ser el agujero en el que encajaba el remache que sostenía el flagelo que portaba en la mano derecha el faraón. Lo vemos en los dos ataúdes de madera dorada y el de oro macizo. Para que no estuviera en el aire, seguramente los artesanos lo fijaron con algún tipo de aplique que se perdió. Hoy el ataúd de oro cuenta con un apoyo de metacrilato que hace la misma función. Vemos un agujero muy parecido en la misma zona del tocado *nemes* del coloso de granito de Ramsés II que yace fragmentado en el Ramesseum de Luxor. En el lado derecho, también sobre una de las rayas amarillas, que hoy carecen de policromía, podemos ver un enorme círculo perforado en la piedra caliza que debió de tener la misma finalidad.

La momia

Debajo de la máscara se encontraba la momia del rey. Ha llegado hasta nosotros en muy mal estado de conservación debido a la cantidad excesiva de ungüentos que se le aplicaron durante el proceso de momificación. Se ha esgrimido la hipótesis de que Tutankhamón muriera lejos de Egipto, quizá en alguna de las escaramuzas representadas en las cajas o carros guardados en la antecámara o en los muros de su templo funerario. Es posible que, al ser una muerte repentina, el proceso se llevara a cabo de forma improvisada o precipitada. Prueba de ello es que la incisión para extraer las vísceras se encuentra en el centro del abdomen, cuando lo normal es que se realizara en el lado izquierdo. Además, se sacó el corazón, cosa extraña, pues siempre se dejaba en el cuerpo. Siguiendo con la idea de que el faraón muriera lejos y sin los medios para llevar a cabo el esmerado proceso de momificación que se merecía, a mí me cuesta creer precisamente que el faraón, cuando salía a batallar en tierras lejanas, no tuviera previsto que algo así pudiera suceder. No lo sé. Son conjeturas hechas desde una perspectiva actual, con nuestra lógica, pero si uno se pone a pensar como un antiguo egipcio, se da de bruces con muchos inconvenientes. Por la experiencia que tenían, los egipcios sabían perfectamente que el faraón podía morir en el campo de batalla. No parece razonable que se organizara una campaña en un lugar remoto sin preparar los pertrechos necesarios para solventar un contratiempo tan importante como una

La momia del Faraón Niño tal y como se puede ver hoy
en la antecámara de la tumba. Foto © N. A.

momificación y que esta se dejara en manos del primero que pasara por ahí. Un caso distinto es la momia de Sequenenre, uno de los primeros soberanos de la dinastía XVIII, que se cree que murió en alguna batalla fuera de Egipto, a la luz del enorme hachazo que tiene en la cabeza. Parece que le dieron el golpe mientras estaba postrado de rodillas. Desconocemos qué pasó después, pero todo indica que cuando el cuerpo fue devuelto o recuperado en una escaramuza por los egipcios estaba como estaba, y esa es la razón por la que vemos al pobre Sequenenre con los brazos en alto y la cabeza medio girada; los momificadores hicieron lo que pudieron. Este, en principio, no es el caso de Tutankhamón, aunque, insisto, todo puede ser.

Al pobre Faraón Niño parecía que le habían dado una soberana paliza, pero no en el campo de batalla, sino durante el proceso de momificación. Hoy podemos ver la momia en la antecámara de la tumba.

Alrededor de su cuerpo se descubrieron decenas de amuletos. Muchos de ellos, como los de los buitres,[30] tenían una factura magistral. Además, sobre la frente del joven rey apareció una diadema de oro.[31]

Al parecer, durante la Segunda Guerra Mundial la tumba de Tutankhamón fue saqueada de nuevo. Alguien entró en la habitación del sarcófago y abrió el ataúd para ver qué podía llevarse de la momia. Esto no se supo hasta época reciente.[32] En el año 2005 se realizó una tomografía axial computarizada del cuerpo. Era la primera vez que se hacía un trabajo de estas características en una momia real y fue el pistoletazo de salida de un ambicioso proyecto que preveía hacer un estudio similar de todas las momias reales. Lo que se observó en la momia del Faraón Niño fue que faltaban algunas cosas. Y no me refiero al pene, que en un principio se creía perdido, pero que luego resultó estar en otra parte del lecho arenoso en el que había descansado desde que allí lo dejara Carter. Faltaban cosas más importantes.

En efecto, los restos del soberano fueron depositados por Carter sobre una cama de madera llena de arena en la que se había reconstruido la posición anatómica de los huesos y los tejidos momificados. La momia se había encontrado muy deteriorada, a lo que hay que añadir el «maltrato» al que la sometieron los arqueólogos para poder separar el cuerpo de la máscara y del ataúd de oro donde reposaba. La falta de medios, hace cien años, para diluir los ungüentos empleados durante la momificación hacía imposible retirar la momia sin dañarla. Al final, lo que se decidió fue descuartizar el cuerpo (no había otro método) y colocar las partes sobre el mencionado lecho de arena. Harry Bur-

30. Carter 256 4j y 256 4h, JE 61846 y 61847; 6,6 centímetros de altura y 6,2 centímetros de anchura.

31. Carter 256 4o, JE 60684; 19 centímetros de diámetro.

32. Véase Denis Forbes, Salima Ikram y Janice Kamrin, «Tutankhamen's Missing Ribs», *KMT*, vol. 18, n.º 1 (2007), pp. 50-56.

ton se subió a lo alto de una escalera y disparó las fotos de la momia del joven rey que han llegado hasta nosotros. Y ahí estaba, más o menos entero, hermoso, lozano y gallardo, el cuerpo del rey. Pero cuando a finales de los sesenta se abrió de nuevo el ataúd para examinar la momia, lo que vieron sobrecogió a los investigadores.

El primer estudio data de 1968 y pretendía radiografiar la momia. El aspecto que tenía no coincidía con lo que mostraban las fotos tomadas por Burton cuatro décadas antes. Faltaban el casquete que cubría la cabeza del faraón y el pectoral que portaba en el pecho, y que, debido a su fragilidad, Carter y su equipo decidieron dejar en su sitio. Alguien se había llevado toda la parte exterior de la caja torácica, incluidas las costillas, haciendo un delicado trabajo quirúrgico para robar nada más y nada menos que el pectoral de Tutankhamón.

En las fotos de Burton se ve que, aunque deteriorado, el pectoral era importante. Contaba con varias filas de abalorios de colores y una serie de gotas de oro muy características que pendían en la parte inferior. El egiptólogo francés Marc Gabolde llamó la atención sobre un misterioso collar salido a subasta en Christie's (Londres) el 1 de octubre de 2015, lote 178, que tenía unas piezas de oro idénticas.[33] Lo dejo caer.

Cuando se perpetró este robo, los ladrones, seguramente egipcios por lo que voy a contar, quisieron cubrirse las espaldas ante el miedo que generan las supersticiones locales. La momia del Faraón Niño también tiene dañados los ojos, le faltan los párpados. Esto salta a la vista cuando comparamos su aspecto actual con el que tenía en la época de Carter según las fotografías de Burton. Los ladrones de tumbas egipcios suelen manipular los ojos de las momias para que el espíritu que aún vive en ellas no pueda ver a sus asaltantes y de esta forma no los persiga eternamente.

33. M. Gabolde, «An 18th-Dynasty gold necklace for sale: comparisons with Tutankhamun's jewelry», *BMSAES*, en prensa.

El estudio de la TAC que se le practicó a la momia en 2005 proporcionó mucha información acerca del faraón. La vida de Tutankhamón ha estado rodeada de misterios incluso mucho después de que el faraón viajara al Más Allá. Si ya nos fascina tratar de averiguar cómo fue la vida de este joven, no es menos cautivador intentar vislumbrar cuál fue la razón o las razones que lo llevaron a la tumba. Son muchos los libros que se han publicado desde los años sesenta sobre este tema. El asesinato de Tutankhamón ha estado en boca de todos desde que, en 1968, el profesor de anatomía forense de la Universidad de Liverpool Ronald G. Harrison dijera que la presencia de un huesecillo en la cavidad craneal podría deberse a un golpe en la parte trasera de la cabeza. «Está en los límites de la normalidad —afirmaba Harrison en un viejo documental—, pero en realidad podría haber sido producido por una hemorragia bajo las membranas que envuelven el cerebro en esta zona —añadía mientras señalaba la parte trasera del cráneo—. Esto pudo haberlo provocado un golpe en la parte posterior de la cabeza y convertirse en la causa de la muerte».

Para qué queremos más. Las primeras hipótesis sobre el asesinato de Tutankhamón aparecen precisamente en los años sesenta. La idea se ha ido retomando continuamente y no es extraño ver en la prensa referencias a este hecho como si se tratara de algo totalmente original y novedoso.

Algunas reconstrucciones de lo que pudo haber sucedido son muy divertidas, como la que hizo en 1997 el profesor y neurorradiólogo Ian Isherwood, ayudado por el inspector de la prestigiosa Scotland Yard Graham Melvin. En 1997, ambos reabrieron el posible caso del asesinato del Faraón Niño tres mil trescientos años después de que, supuestamente, sucediera. Tras analizar las radiografías del cráneo de la momia, realizadas a finales de los años sesenta, Isherwood estaba convencido de que la rotura del hueso occipital se había producido en vida de Tutankhamón y no durante su momificación. Según el neurorradiólogo, la herida se infligió un par de meses, seguramente, antes de su muerte. Además, la extraña ubicación de lo que parece ser un golpe indica precisamente eso, que nos encontramos ante un golpe intencionado que le provocó la muerte y no ante un accidente.

Aquí termina la investigación forense por parte de Isherwood. El resto del trabajo lo realizó el inspector Melvin, quien estudiando con detenimiento el momento histórico de Tutankhamón, confeccionó una lista de sospechosos entre los allegados al faraón. En primer lugar, se encontraba el sacerdote Ay, que subiría al trono inmediatamente después de Tutankhamón al casarse con su viuda, Ankhesenamón. Otro de los sospechosos sería Horemheb, general del ejército egipcio que gobernó Egipto después de Ay y dio comienzo a la gloriosa dinastía XIX. Otros detectives de la televisión, como Mike King y Greg Cooper, exagentes del FBI, hicieron un documental con la misma historia.[34]

En la primavera de 2021 tuve la oportunidad de compartir unos días de campaña con el equipo del Proyecto Djehuty, dirigido por el doctor José Manuel Galán, profesor de Investigación del CSIC. Fueron días muy intensos en los que pude conocer a una gran persona, el doctor Miguel Ángel Sánchez Matesanz. El doctor Sánchez, ahora ya retirado, es especialista en patología y durante cuatro décadas fue director médico del The Leslie Simon Breast Care and Cytodiagnosis Center, en el hospital de Englewood, New Jersey (Estados Unidos). Allí se convirtió en uno de los profesionales más respetados, con numerosos premios y reconocimientos internacionales por su excelente trabajo como médico e investigador. No obstante, la razón por la que yo quería conocer personalmente al doctor Sánchez era porque en la década de 1960 fue uno de los alumnos aventajados de Ro-

---

34. Véase el libro de Mike King y Greg Cooper, *Who Killed King Tut. Using Modern Forensics to Solve a 3,300-year-old Mystery*, Amherst, Prometheus, 2006.

nald Harrison. Prueba de ello es que, cuando lo conoció en Madrid, Harrison se lo llevó a Liverpool para que trabajara con él, y comenzó así una gran amistad que duró hasta la muerte del anatomista inglés dos décadas después.

El doctor Miguel Sánchez fue el primero en decirme que la teoría del golpe en la cabeza que había hecho célebre a Harrison a raíz de la interpretación de las radiografías de 1968 no era tan concluyente como se había pensado. Es cierto que existe una película en la que el propio Harrison explica delante de la radiografía esta idea. La marca de la parte trasera del cráneo se interpretó primero como una herida, luego como un desgaste natural del hueso y finalmente como el golpe que causó la muerte del rey. Por su parte, el huesecillo que se descubrió en el interior del cráneo era, para algunos expertos forenses, parte del tabique nasal, el hueso etmoides, manipulado para poder extraer el cerebro; es decir, se apoyaba la hipótesis barajada en un principio por el equipo de Carter.

No obstante, Harrison pronto cambió de idea al darse cuenta de que este último supuesto era más plausible. Aquel huesecillo flotando en medio de la cavidad craneal del Faraón Niño no era el resultado de un golpe sufrido en el occipucio, golpe que le causaría la muerte tiempo después, sino que seguramente no era más que un fragmento del hueso etmoides. El etmoides es el hueso que cierra el paso hacia el cerebro desde el fondo de la nariz. Ese hueso ha de romperse para acceder al cráneo y escarbar con un gancho o introducir un líquido, como se hizo con Tutankhamón, para disolver el cerebro y extraerlo.

Pero, claro, un asesinato vende más que decir que aquel hueso se había roto en una acción poco decorosa.

Como me señaló el doctor Miguel Sánchez, pocos de los miembros del equipo de Harrison defendían la teoría del golpe, ya que las pruebas nunca fueron tan claras como parecía. El doctor Robert Connolly, de la Universidad de Liverpool, uno de los primeros médicos que analizó mediante rayos X la momia de

Tutankhamón junto con Harrison, no respaldaba la conjetura del crimen.

Partiendo de los datos, Connolly cree que no hay una sola razón de peso que demuestre el asesinato de Tutankhamón. El cráneo, según él, no tiene nada extraño. Y tampoco podía considerarse algo anómalo una marca descubierta junto a la oreja derecha y que se interpretó como la huella dejada por el impacto. Por lo tanto, Robert Connolly afirma rotundamente: «La radiografía del cráneo de Tutankhamón es absolutamente normal».[35]

Finalmente, no tenemos que olvidar el testimonio de otro experto. El doctor Nasry Iskander, exdirector del Departamento de Momias del Museo de El Cairo, me confesó en cierta ocasión la prudencia con que es preciso abordar este tema:

> No tenemos que dejar de lado los increíbles problemas que surgieron a la hora de extraer el cuerpo del rey de su sarcófago. Cualquier movimiento brusco del cráneo le pudo haber desprendido más de un fragmento. Además, la propia iconografía del faraón señala claramente que ya en vida debió de tener más de un problema para caminar, quizá debido a una lesión sufrida en la cabeza o a una enfermedad hereditaria. Son muchas las momias que en sus radiografías o autopsias han presentado alguna deformación o rotura de huesos, y no por ello debemos pensar que estas personas fueron asesinadas. Nos sorprenderíamos de la cantidad de chapuzas que hicieron los embalsamadores de la época faraónica y que no han salido a la luz hasta que miles de años después los egiptólogos modernos se han molestado en radiografiar los cuerpos. Piernas cortadas porque no cabían en el sarcófago, ausencia de brazos, duplicidad de cabezas o huesos rotos por todas partes son algunas de las sorpresas que se han llevado los fo-

35. Declaraciones del doctor Connolly a la BBC en el ya mencionado documental sobre Tutankhamón, dirigido y presentado por Christopher Frayling, *El rostro de Tutankhamón*, BBC, editado en España por Folio.

renses modernos después de analizar algunas de las momias. Y, repito, ello no indica que en el Antiguo Egipto se llevaran a cabo extraños rituales con los cadáveres ni nada parecido.

De haber sido asesinado Tutankhamón, habría que pensar por qué razón. La verdad es que no hace falta ser un lince para dar con alguna posibilidad. En primer lugar, nos enfrentamos a un periodo de la historia de Egipto bastante convulso. Los recientes cambios en el sistema religioso seguramente provocaron más de una represalia incluso en el entorno del palacio, que pudieron acabar con la muerte de algún dignatario o de algún sacerdote. Hoy día, con el conocimiento que tenemos sobre la vida en el periodo de Amarna, cualquier hipótesis es simple especulación. Se ha barajado en más de una ocasión la idea de que la misteriosa desaparición de Nefertiti o incluso el fin del reinado de Akhenatón y la sucesión de Semenkhare estuvieran relacionados con crímenes de Estado motivados por la restauración del clero de Amón en Tebas. Con Tutankhamón pudo haber sucedido lo mismo. Una vez reinstaurada la hegemonía del dios Amón en todo el valle del Nilo y recuperados los territorios de la franja sirio-palestina, Tutankhamón no debía de ser útil para nadie ni para nada, y es posible que fuera asesinado por su sucesor, Ay, tal y como defendía Bob Brier en su libro, el ya clásico *El asesinato de Tutankhamón. La verdadera historia*.[36] A lo largo de su adolescencia, el faraón pudo ser manipulado por el clero de Amón y, como decimos hoy, reciclado a la antigua ideología religiosa. Pero nadie nos asegura que a medida que dejara de ser un niño, por alguna razón desconocida, Tutankhamón no empezara a darse cuenta de lo que le estaba sucediendo, no recordara con añoranza su verdadero inicio atoniano y no se le pa-

36. Bob Brier, *El asesinato de Tutankamón. La verdadera historia*, Barcelona, Planeta, 1998. El título original de la obra es *The Murder of Tutankhamen. A True Story*.

sara por la cabeza volver a sus orígenes. De haber sido así, es posible que su presencia ya no interesara al todopoderoso clero de Amón. Seguramente, como decía Nasry Iskander, nunca sabremos la verdad.

Ay, pero todos se equivocaban. Harrison, Connolly y Douglas Derry, que también estudió la momia en la época de Carter, ya habían anunciado que no había nada en la momia de Tutankhamón que señalara a un asesinato. Cuando se hizo el escáner en 2005, lo primero que quedó claro es que el huesecillo que tanta polémica había suscitado desde los estudios de Harrison en 1968 era, como se sospechaba, parte del etmoides que había saltado hacia el interior de la cavidad craneal durante el proceso de momificación.

Los resultados del escáner se hicieron públicos por medio de un documental de televisión de National Geographic, un nuevo método con el que no todos los investigadores están conformes. En él se decía que no había evidencias de que Tutankhamón hubiera sido asesinado. Al contrario, parece que la causa de la muerte fue una infección en la parte superior de la rodilla izquierda provocada por una fractura que pudo hacerse en una caída. A la momia le faltaba la rótula de esa pierna, por lo que el golpe debió de ser fuerte. Ahora bien, ¿qué provocó dicho golpe? Volvemos a destapar el tarro de las especulaciones. Para unos, fue una caída desde un carro. Desde luego, es la teoría más romántica, aunque no podemos descartar que se cayera por las escaleras de su casa.

Tutankhamón, ya lo decía Carter, debió de padecer varios problemas de salud y no caminaba correctamente. Algunos han visto en la TAC que tenía incluso un pie zambo, una anomalía en la que los músculos y huesos del pie se curvan y se giran hacia el interior. Sin embargo, a simple vista, en la momia que hoy se expone en la antecámara de la tumba, cuyos dos pies nos saludan por debajo del lino que la cubre, no parece haber ninguna anomalía de este tipo.

Ahora bien, los propios tesoros descubiertos en la tumba ya nos indican que algo no marchaba bien. Efectivamente, en la KV62 se hallaron casi 130 bastones, además de varios fragmentos de otros. Todos ellos habían sido hechos de forma magistral, y, por supuesto, no hay que dejar de lado la posibilidad de que muchos fueran realmente objetos votivos destinados a servir al faraón en el Más Allá. Sin embargo, uno de los detalles que llamaron la atención de Carter y su equipo de arqueólogos es que algunos de estos bastones tenían marcas de haber sido utilizados. El desgaste que presentaban varios de ellos no dejaba lugar a dudas.

Las sospechas comenzaron a surgir en la mente de los arqueólogos. ¿A qué se podía deber el desgaste de los bastones? ¿Acaso Tutankhamón sufría algún tipo de cojera? Las dudas se disiparon cuando los investigadores cotejaron estos hallazgos con las representaciones de Tutankhamón descubiertas en placas y relieves de algunos muebles. La tapa de una caja de marfil[37] ofrecía una imagen bastante curiosa. En ella se ve al matrimonio de jóvenes reyes deambulando por una zona ajardinada. Ankhesenamón, que está a la derecha de la imagen, ofrece un ramo de flores a su esposo. Este, a la izquierda de la placa de marfil, recibe con agrado el obsequio levantando la mano izquierda, mientras que con la derecha descarga el peso de su cuerpo sobre un bastón. Ciertamente, es bastante típico que los soberanos y grandes dignatarios se hicieran representar con bastones en la mano. No olvidemos, por ejemplo, grandes esculturas de la historia del arte egipcio, como la famosa estatua del Alcalde del Pueblo o Sheikh el-Beled, en la que este orondo personaje camina con un bastón en la mano derecha. El bastón es una insignia de poder y de prestigio, y muchos lo usaban en este sentido.

37. La caja de marfil fue inventariada como 540 + 551. Se trata de una pieza hecha de madera, marfil y bronce, de 48,5 centímetros de altura, 72 centímetros de longitud y 53 centímetros de ancho. El número de catálogo del Museo Egipcio de El Cairo es JE 61477.

Pero lo que es extraño en el caso de Tutankhamón es el gesto con el que inclina el cuerpo sobre el bastón. Quizá haya más ejemplos que nos ayuden a ver con más claridad el hecho de que el joven rey tuviera problemas para caminar. Si dejamos de lado las representaciones rituales de la tumba y nos centramos en las escenas típicas de la vida cotidiana plasmadas con un arte sin igual en este periodo de la historia de Egipto, nos daremos cuenta de este detalle.

Recordemos que, junto al tercer lecho funerario de la antecámara, el primero empezando por la izquierda y que tiene la representación de una cabeza de hipopótamo, Amut, se descubrió una pequeña capilla de madera cubierta con láminas de oro. Su trabajo es realmente magistral y se considera una de las piezas más emblemáticas de la KV62. Pues bien, en el lado derecho de esta capilla se conserva un relieve esclarecedor, al menos para mí. Representa una típica escena de caza en un pantano. El lugar está repleto de ánades que revolotean sobre marjales de papiros. A la izquierda de la escena se encuentra el faraón Tutankhamón en el momento de tensar el arco para disparar contra una presa. Entre la maraña de ánades hay uno herido, cuyo cuerpo, atravesado por una flecha, cae sobre las plantas. Junto a Tutankhamón, el artista grabó la imagen de un león, una especie de animal de compañía para el joven soberano. En el centro de la escena, a la derecha del rey, está su esposa, Ankhesenamón, acercando una flecha a su marido.

Nada tendría de extraño esta escena si no cayéramos en la cuenta de un detalle bastante evidente. Es normal que la reina aparezca sentada sobre una especie de cojín con la cabeza vuelta a su esposo, pero no lo es tanto que el propio Tutankhamón tense el arco acomodado en una silla de tijera. ¿Qué cazador que se precie dispara su arco… sentado? Esta pregunta quizá tenga respuesta. En breve lo explico.

Hay otro detalle de la escena que también me llamó la atención cuando lo vi por primera vez. Si nos fijamos en la pierna derecha del rey, observamos que está replegada, dejando como único punto de apoyo del pie la puntera de la sandalia. Nos encontramos, pues, ante una representación totalmente inédita en el arte egipcio. En todas las representaciones de personas sentadas, hombres y mujeres, estas siempre aparecen con los dos pies en el suelo, uno ligeramente más adelantado que el otro, pero nunca con la planta levantada.

Los estudios que se han hecho de las sandalias del soberano no dan pie, nunca mejor dicho, a pensar que tuviera un pie zambo o una anomalía similar. Aun así, basta un análisis superficial de un par de sandalias de papiro con decoraciones de marquetería y oro con la representación de dos cautivos, un asiático y un nubio, en la plantilla,[38] para ver perfectamente que la izquierda presenta síntomas de haber sido empleada, mientras que la derecha se encuentra intacta; es decir, la del mismo pie que aparece recogido en el relieve de la capilla dorada de la antecámara. Y es el derecho el que los estudios han señalado como pie zambo o pie equino. En la tumba aparecieron más de cuarenta pares de sandalias o zapatos, muchos en muy mal estado de conservación, con el cuero desintegrado de tal modo que ni siquiera era posible adivinar el aspecto original del calzado. Sin embargo, otros tienen un grado de conservación extraordinario y se han podido reconstruir con mucho detalle. Algún par tiene una de las tiras colocada en una posición extraña, lo que ha hecho pensar a algunos expertos en calzado que si el faraón necesitaba las tiras en un punto determinado para que no se le cayera la sandalia era porque el pie no tenía la forma habitual.

De ser así, este dato entra en colisión con las representaciones del Faraón Niño en otros entornos. Es cierto que en las imágenes se tendía a idealizar al monarca. Las representaciones tradicionales de los faraones presentan a hombres atléticos, de espaldas anchas, guapos y «dados en vida», como decían las ins-

38. Sandalias catalogadas por Carter con el número 397.

cripciones que acompañaban a sus nombres. Solamente al final del reinado de Amenofis III, el abuelo de nuestro protagonista, encontramos representaciones de este monarca anciano, con el vientre fofo y cierta dejadez en el aspecto físico, algo que coincide con los restos de su momia, aparecidos en el escondite de Deir el-Bahari en 1881.

En el otro extremo del plantel médico hay quien piensa que del escáner que se hizo de Tutankhamón no se puede concluir ningún tipo de anormalidad. Analíticas más profundas y sesudas han llegado a decir que pudo haber muerto de malaria, o incluso que su ADN, como señalaré más adelante, tiene el origen en la península ibérica. Sin embargo, hay que tener presente que la investigación del ADN antiguo aún está en ciernes, y no es oro todo lo que reluce; quién lo diría hablando del Faraón Niño.

Ahora bien, intentar saber cuál fue la causa de esta cojera es un problema bastante complicado. Desconocemos incluso si la cojera fue consecuencia de la afección que lo llevó a la muerte.

El lector en este punto tendrá muy asimilado un detalle aparentemente probado: Tutankhamón era cojo. Y lo cierto es que no hay evidencias que lo demuestren. La doctora Salima Ikram, experta en momias, me comentó en una ocasión que la de aquel no tenía ninguna anormalidad. Más adelante insistiré en algunos aspectos relacionados con la muerte del Faraón Niño, pero que tuviera, por ejemplo, bastones en su tumba y que estos contaran con marcas de uso no demuestra nada. Estos bastones podrían ser simplemente objetos de prestigio. Una vez más, hay que decir que no contamos con otras tumbas reales de este periodo con las que comparar. Seguramente, si hubieran llegado intactas hasta nosotros las tumbas de Tutmosis III, Horemheb o Ramsés II, dentro habrían aparecido decenas de bastones, símbolos del prestigio real, y todos ellos con marcas de uso. En las pinturas y relieves aparecen los reyes portando bastones, y no por ello tenemos que pensar que fueran cojos. Las varas tal vez tenían, además del uso ceremonial, una función en la caza o en mil otras actividades. Asimismo, en otras representaciones de reyes los vemos cazando aves en los pantanos sentados, y no por ello tenemos que pensar que tenían un problema en una pierna o un pie. Por si esto fuera poco, existen paralelos que nos pueden hacer pensar que esta postura era más común de lo que creíamos. La egiptóloga alemana Marianne Eaton-Krauss llama nuestra atención sobre un relieve del rey Sahure, de la dinastía V, en el que vemos al monarca disparando su arco en una cacería en los pantanos... sentado.[39]

Además, tampoco tenemos paralelos en arcones o muebles de otras tumbas reales de las representaciones de la vida cotidiana del soberano que sí aparecen en la de Tutankhamón. El egipcio no es un arte realista o descriptivo, no dibuja lo que se ve, sino que lo idealiza. Antes decía que todas las representaciones de los reyes siempre nos muestran a hombres y mujeres atléticos y hermosos, pero es muy probable que no fueran así. Que Tutankhamón tenga el pie izquierdo o derecho doblado cuando se sienta, de hecho, no significa nada. En las pinturas y relieves, como, por ejemplo, en la cámara funeraria de Tutankhamón, vemos a menudo a los personajes con dos pies izquierdos o dos pies derechos. Son normas artísticas o simbólicas cuyo sentido hoy se nos escapa y que no tienen por qué reflejar, como es obvio, la realidad. Nadie tiene dos pies iguales o dos manos derechas, izquierdas o invertidas, como le ocurre a un personaje de la alegoría de Venus y Cupido de Bronzino.

El doctor Robert Connolly, que participó siendo muy joven en el estudio de las radiografías de Harrison de 1968 y se negó a aceptar que Tutankhamón hubiera sido asesinado, destacó un detalle que al parecer se había pasado por alto. Dejando de lado el robo del pectoral después de la Segunda Guerra Mundial, parecía obvio que al faraón le faltaban algunas costillas del lado iz-

39. Mencionado en Jo. Marchant, *The Shadow King*, Boston, Da Capo, 2013, p. 194.

quierdo, y lo más singular era que no tenía corazón. Recordemos que el corazón permanecía dentro del cuerpo después del proceso de momificación. Era donde descansaban los sentimientos del difunto, que necesitaba llevarlo «puesto» cuando se presentara en el tribunal ante el dios Osiris. En ese momento, el dios Thot pesaba el corazón colocándolo en un plato de la balanza y poniendo en el otro la pluma de la diosa Maat, la diosa de la verdad y la justicia. Si Tutankhamón no tenía consigo el corazón, es que algo había pasado con él. Sumando a este detalle el hecho de que le faltaban varias costillas, todo parecía indicar que la muerte la había causado un fuerte golpe, una contusión extraordinaria que acabó arrancándole el corazón. Sin embargo, ya hemos visto que no, que las costillas no se perdieron por una contusión en la Antigüedad sino por un robo en época moderna.

No obstante, es un poco extraño, todo hay que decirlo, que el corazón se «perdiera» sabiendo lo cuidadosos que eran los egipcios con estas cosas. Aunque estuviera en mal estado o desplazado por culpa de un accidente, lo normal era dejarlo en su sitio.

Un equipo de expertos de la Universidad de Cranfield generó para National Geographic la reconstrucción virtual de un accidente en el que Tutankhamón era atropellado por un carro.[40] Desde mi punto de vista, no es más que una especulación. Si buscas una causa a partir de una conclusión, acabas encontrándola. Y estoy convencido de que si en la reconstrucción virtual en vez del atropello hubieran recreado la caída desde un segundo piso o un encontronazo con un hipopótamo, el animal más peligroso de África y el que más muertes causa, el resultado habría sido el mismo. El experimento, un tanto surrealista ya que estaba fundamentado en una deducción errónea, pues la falta de costillas era producto de un robo moderno, fue un poco más allá. Se to-

40. Véase el documental *El verdadero Tutankhamón*, de National Geographic (2017), presentado por mi buen amigo el egiptólogo Chris Naunton.

maron unas costillas de cerdo para comprobar qué efecto tendría en ellas el golpe producido en el supuesto accidente de carro, una premisa totalmente inventada. El cerdo es el animal que siempre se usa para estos experimentos, por la similitud de su piel y sus huesos con los del ser humano. La simulación del golpe hizo que las costillas del animal (sacrificado con antelación, queremos creer que de forma piadosa y sin sufrimiento) se rompieran de un modo muy parecido a como estaban las de Tutankhamón.

Todos estos revoltijos y errores se originan en una circunstancia evidente, y es que la momia ha llegado a nuestros días en un estado muy precario. No me refiero a que Carter y su equipo la tuvieran que desmembrar, sino a que ya en la Antigüedad, durante el propio proceso de momificación, los excesos en el empleo de ciertos ungüentos dañaron el cuerpo de forma irremediable. Hoy podemos ver la momia literalmente carbonizada en la antecámara de la tumba. Los restos del Faraón Niño siempre habían estado ocultos a la vista del público dentro del ataúd más externo de madera dorada, en la cámara funeraria de la KV62. Sin embargo, cuando a mediados de la década de 2010 empezaron a llevarse a los laboratorios de restauración del GEM en El Cairo muchos de los objetos de Tutankhamón, entre ellos el mencionado ataúd, la momia se colocó en la antecámara. Allí está en un ambiente con la temperatura y la humedad controladas. Dicen que por las noches, cuando apagan las luces del Valle de los Reyes, la máquina que las supervisa deja de funcionar, por lo que no sirve de nada ese sistema de control. Sin embargo, es algo que no he podido constatar de primera mano y que bien podría ser un rumor divulgado por las voces críticas que tachonan de desprecios cualquier trabajo de los arqueólogos egipcios. Imagino que, de igual forma que las cámaras de seguridad de la necrópolis siguen grabando por la noche, la vitrina en la que descansa el pobre Tutankhamón continuará controlada.

Con todo, la momia ha sufrido más daños en el último siglo que en los casi tres mil quinientos años de «vida» con que cuenta.

Las investigaciones más novedosas que se han realizado sobre sus restos, y también las que más controversia han generado, son los estudios de ADN. Hasta la publicación del estudio en febrero de 2010 en la revista de la Asociación Médica Estadounidense, *JAMA*, la aventura del ADN del Faraón Niño ha sido una historia de varias décadas que quiero contar con detalle.

En cierta ocasión, el doctor Nasry Iskander, antiguo director del Departamento de Momias del Museo Egipcio de El Cairo, me comentó que si alguien se hubiera planteado pocos años atrás la posibilidad de trabajar con el ADN de las momias antiguas, lo habrían tomado por loco. Si los análisis de los grupos sanguíneos ya parecían de ciencia ficción, hablar de ADN era todo un sueño.

La razón de formalizar un proyecto científico en el que se trabajara con el ADN de las momias reales cuando aún estaban en el Museo Egipcio de El Cairo era, precisamente, buscar una salida definitiva al problema de la identificación de los cuerpos que ha existido siempre. «En 1898 se descubrió el segundo escondrijo de momias reales —me confesó el doctor Iskander—. Precisamente en el estudio de estos cuerpos estamos trabajando ahora. En el escondrijo apareció, junto a otras nueve momias reales, la del faraón Amenofis III, cuyo cuerpo ha sido identificado por algunos forenses con el de Amenofis IV, Akhenatón, gracias a una serie de particularidades físicas. Por otra parte, en la tumba 55 del Valle de los Reyes apareció, en el año 1907, la momia del faraón Semenkhare, también vinculada en un principio con la de Akhenatón. Además, tenemos una tercera momia, en esta ocasión anónima, atribuida a este insólito rey. El problema se complica cuando hacemos un estudio computarizado de una momia que los textos datan en la dinastía XVIII y el ordenador proporciona una fecha totalmente diferente; nadie puede responder a este enigma. Puede que sea Amenofis III, Amenofis IV o alguno de los hijos de aquel. En cualquier caso, no tenemos ninguna seguridad, solamente posibilidades. En cambio, si conseguimos el ADN, entonces sí que hay seguridad».

Kent Weeks, el célebre egiptólogo que ha trabajado en el Valle de los Reyes en las últimas cinco décadas, en cierta ocasión me comentaba algo parecido. Él fue quien junto con el doctor Harris realizó un estudio mediante rayos X de las momias reales del museo de El Cairo.

El ADN podría resolver uno de los mayores enigmas que se han planteado acerca del Antiguo Egipto en las últimas décadas. Es cierto que se ha llevado a cabo un estudio pormenorizado de las momias reales, pero los resultados no son concluyentes, por lo que aún estamos a la espera de confirmar muchas cosas.

«Cuando examinamos con rayos X las momias reales en el museo de El Cairo, allá por los años setenta —me decía el doctor Weeks—, identificamos por primera vez este problema. Nos dimos cuenta de ello porque cuando los patólogos miraron las placas obtenidas de las momias descubiertas en 1881 en el escondite real de Deir el-Bahari, la primera pregunta que se hicieron fue: "¿A qué edad murieron estas personas?". Y determinaron, por ejemplo: "Este individuo murió cuando solamente tenía veinte años". Con esos datos en la mano lo que hicimos fue ir a las fuentes históricas. Entonces nos dimos cuenta de que la persona supuestamente identificada con esa momia había vivido hasta los cincuenta y cinco años. La pregunta es clara: ¿cómo resuelves el problema de tener por un lado los restos de una persona que murió a los veinte años y por otro el hecho de que la historia nos dice que llegó a vivir hasta los cincuenta y cinco? Había algo que no encajaba. La primera explicación que se nos ocurrió fue que cuando las momias fueron llevadas desde sus enterramientos originales en el Valle de los Reyes hasta este escondite, las etiquetas que cubrían e identificaban los cuerpos se debieron de desprender. Entonces, alguien vino y, quizá con precipitación, las fue reasignando colocándolas en las momias equivocadas. De esta forma, hoy tenemos casi una treintena de momias reales en el museo de El Cairo que están mal identificadas. Llevando este problema a la KV5, vemos que nos encontramos con algo parecido. En la tumba de los hijos de Ramsés hemos encontrado numerosos cuerpos. Si partimos de un análisis antropométrico facial, el estudio estadístico nos dice que tal momia es más parecida a esta que a esta otra. Realizando este tipo de estudios comparativos en las momias del museo de El Cairo podemos afirmar con certeza que una momia, por ejemplo, tiene más posibilidades de ser Amenofis II que Tutmosis III. Con estos cambios y basándonos en esta clase de estudios estadísticos, descubrimos que la identificación de las momias encaja perfectamente en una nueva recolocación de todas ellas, en todos los sentidos, incluida la edad a la que debieron de morir. Por lo tanto, es cierto que hay muchas momias que están mal identificadas y que las investigaciones de E. Wente y Jim Harris proporcionaron datos y posibilidades muy, pero que muy acertadas».

Suena a chiste, pero es así. Alguien se confundió con las etiquetas de las momias reales cuando estas fueron trasladadas en la Antigüedad. Y, como decía, aún no tenemos respuestas para todas las preguntas. De las momias de la dinastía XVIII que se estudiaron, solo la de Tutmosis III y la de Tutankhamón, por haber aparecido en su tumba, podrían estar bien identificadas. No obstante, los métodos de comparación empleados por Harris también han sido criticados y la cuestión sigue estando en el aire, aunque en la actualidad, con todas las dudas existentes, la identificación de las momias reales es la misma de siempre, y los nombres permanecen tal y como los dejaron los antiguos sacerdotes egipcios.

En este campo de la investigación parece que todos los expertos están de acuerdo. Egipto es, sin duda alguna, la fuente de ADN antiguo más importante del mundo. El doctor Scott Woodward, experto algo polémico en ADN antiguo , decía de las momias egipcias lo siguiente:

Podemos extraer ADN de personas que pertenecieron a todas las clases sociales, desde los campesinos más pobres hasta los reyes más importantes. Podemos conocer las relaciones que se establecían entre unos y otros, si se entremezclaban, si viajaban de un lugar a otro, etc. Pero lo más importante de este tipo de investigaciones es observar detenidamente la evolución de los genes en el tiempo, hasta nuestros días. En cuanto sepamos cómo ha sido esa evolución a lo largo de los miles de años que han pasado desde las primeras civilizaciones, podremos saber también de alguna manera hacia dónde nos dirigimos en términos de evolución. Si somos capaces de conocer el ADN de las momias, podremos averiguar infinidad de secretos familiares que todavía son un enigma para la historia. Saber quiénes eran esas personas y de dónde venían, si realmente existía una especie de círculo cerrado en el que, para mantener la pureza de sangre, se casaban unos con otros, cómo afectó esta circunstancia en la evolución normal de las generaciones o a qué enfermedades eran más propensos. Además, en el caso de los animales, nos puede servir para conocer a qué especie pertenecían, ya que en numerosos casos es prácticamente imposible identificarlos a simple vista. El ADN puede dar respuesta a estas y muchas otras preguntas. A pesar de todo, y eso es una cosa que hay que dejar bien claro, el estudio del ADN en las momias es algo que todavía se encuentra en sus primeros balbuceos.[41]

El mundo del ADN es realmente complejo para todos aquellos que lo vemos desde fuera. Los términos mediante los que se expresa son bastante engorrosos para una persona que nunca ha estado familiarizada con ellos. Literalmente, el ADN es el ácido desoxirribonucleico, material genético de todos los organismos celulares y casi todos los virus. En palabras más sencillas, po-

---

41. Estas declaraciones aparecen en el documental de televisión *Los secretos de los faraones*, National Geographic Channel, 1997.

dríamos decir que es una especie de clave de la vida. En 1973, la Universidad de Filadelfia en Estados Unidos y, dos años más tarde, la de Manchester en Gran Bretaña comenzaron a emplear en sus trabajos con momias egipcias la más alta tecnología. Desde los rayos X que usó Weeks en las momias del Museo Egipcio de El Cairo hasta los más modernos escáneres con los que se hicieron las TAC que acabamos de estudiar, las investigaciones han avanzado con tal rapidez que jamás se pensó en llegar al estadio en el que hoy nos encontramos. El verdadero paso de gigante se dio justo una década después. En 1983, un equipo de médicos de la Universidad de Cambridge logró extraer el ADN del tejido rehidratado de una momia. Era la primera vez que se alcanzaba un logro de estas características. Más tarde vendría el análisis de algunas momias de El Fayum, de época grecorromana. La euforia no se hizo esperar y muy pronto saltaron a la prensa las primeras especulaciones sobre la posibilidad de clonar a un individuo fallecido hace miles de años. Desde entonces han pasado más de treinta años y muchos aún siguen hablando de la misma quimera.

El proceso para obtener una muestra de ADN es relativamente sencillo. Solo se necesita extraer una diminuta porción de tejido que no esté contaminado; ahí radica el principal inconveniente, y por eso se emplean guantes y mascarilla que eviten el error de mezclar el ADN extraído con el del propio experimentador. Como medida adicional para descartar malentendidos, suele tomarse una muestra del cabello de todos los participantes en la investigación, ya sean científicos o los obreros locales que sacan la momia del yacimiento arqueológico. El resto del trabajo se lleva a cabo en el laboratorio. Allí el ADN se coloca en un botecillo mezclado con un líquido. La solución con el ADN antiguo se vierte en una compleja máquina que aplica una corriente eléctrica muy fuerte a este líquido gelatinoso, que hace que se revele el ADN. Un lego en la materia como yo solamente ve un movimiento de colores muy brillantes por un panel de cristal.

Otra máquina nos ofrece una imagen de la cadena de ADN propiamente dicha, la referencia básica para realizar el trabajo de comparación. Esto ayudará a reconstruir algunos de los componentes del genoma humano, aunque solamente sean fragmentos de la cadena, no el genoma entero. A pesar de todo, la información que se obtiene es muy valiosa.

Todos los estudiosos coinciden en que la arena es un desecante óptimo que conserva el ADN en los tejidos. El mejor lugar del cuerpo de la momia para obtener la muestra es el diente, ya que su propia estructura ofrece una protección natural que evita cualquier tipo de contaminación exterior, incluso la de las radiaciones. En definitiva, se trata de un complicado y tedioso trabajo de laboratorio que a la postre ofrece información valiosa. De los miles de millones de pares de bases que contiene una pequeña muestra, que no suele ser más que un reducido conjunto de células, cualquier investigador se conforma con unos pocos centenares más o menos intactos para poder realizar las comparaciones necesarias entre unos individuos y otros.

En la década de los noventa, uno de los grandes proyectos que se llevaban a cabo en el Museo Egipcio de El Cairo estaba directamente relacionado con el ADN. Se trataba de un estudio de una magnitud nunca vista, que pretendía obtener material genético de las casi treinta momias reales que se conservaban en el museo. Las primeras en ser estudiadas fueron las de Sequenenre, Amenofis I, Tutmosis I, Tutankhamón y alguno de los fetos que aparecieron en su tumba. Según los encargados del proyecto, solamente con el ADN de los fetos se podría explicar todo el linaje de la dinastía XVIII o saber si la sucesión era matrilineal o patrilineal. Además, el proyecto tenía pensado extraer el ADN de otras quinientas momias que se apilaban olvidadas en los almacenes del mismo edificio. El estudio de un número tan vasto de restos humanos, pertenecientes la gran mayoría a personas de diferentes estratos de la sociedad, podría proporcionar a los investigadores una idea muy clara de lo que era una civilización en la Antigüedad. Como me comentaba el doctor Nasry Iskander en aquellos años:

> Son muchas las momias reales de la colección del museo y llevamos solamente unos pocos años investigándolas. Además, nos encontramos con el inconveniente de que algunas de ellas fueron radiadas hace décadas. Por ejemplo, no creo que se pueda extraer ADN de alguno de estos cuerpos, como ocurre con el de Ramsés II. En su caso, la momia fue sometida a una radiación de rayos gamma muy alta para destruir los microorganismos que la estaban devorando. Sin embargo, aún tenemos suficiente información para poder estudiar en profundidad su momia y conocer algunas de las enfermedades que padeció en vida.

El encargado de este ambicioso experimento, que duró unos cuantos años, era en su momento uno de los máximos expertos del mundo en este terreno. Se trataba del microbiólogo estadounidense Scott Woodward, de la Brigham Young University (Utah), a quien mencioné anteriormente. Su fama como investigador dio la vuelta al mundo por haber sido el primero en extraer una cadena de ADN del hueso de un dinosaurio, el primer paso para hacer algún día realidad lo que hoy todavía nos parece un sueño: dar vida a un dinosaurio y crear nuestro propio Parque Jurásico.

Gracias al ADN de una momia es posible obtener cualquier clase de información. Se puede añadir o corregir lo que se sabe por los documentos históricos, aunque también hay que reconocer que, en ocasiones, no contienen nada nuevo. Hasta la fecha conocemos algunas listas reales, como la de Abydos o la de Sakkara, pero en ellas no se dice qué relación había entre los faraones. No se conserva un solo texto que dé alguna pista sobre las leyes de sucesión dictadas por los antiguos egipcios para conservar la sangre de los faraones lo más pura posible. Quiénes eran, qué relación tenían entre ellos o a qué clase pertenecían son algunas de las preguntas que el ADN podría responder.

Desde el punto de vista histórico, son también infinidad los enigmas que el ADN ayudaría a resolver. Una de las figuras más impactantes de la historia de Egipto es, sin duda, Amenofis IV, Akhenatón, posiblemente el padre de Tutankhamón. Conocido por su herético culto monoteísta al disco solar Atón en el país de los tres mil dioses, Akhenatón ha sido identificado con la figura de Moisés por algunos investigadores, como Ahmed Osman. Si a estos detalles añadimos las singulares deformaciones físicas que el faraón exhibía sin rubor en sus estatuas, es comprensible que la búsqueda de la tumba y la momia de, para algunos, un rey asceta, se haya convertido en la fervorosa cruzada de muchos investigadores. Sin embargo, podría darse la paradoja histórica de que el ADN determinara que la momia ya se encontraba en el museo sin que nadie se hubiese percatado de ello.

Lo mismo sucede con Tutankhamón. Una vez más, el ADN puede ser crucial para esclarecer un enigma histórico que ha traído de cabeza a multitud de investigadores en las dos últimas décadas. ¿Fue en realidad una mujer el sucesor de Akhenatón, el faraón Tutankhamón? Recordemos que la polémica se desató en 1978, cuando Thomas Hoving publicó el libro *Tutankhamun. The Untold Story*. A lo largo de sus páginas, Hoving defendía esta sugestiva posibilidad basándose en diferentes características estilísticas de las estatuas conservadas en la tumba y la presencia de dos fetos en ella. Hoy sabemos que el aspecto femenino de las figuras del ajuar funerario del Faraón Niño se debe no a que fuera una mujer, sino que se reutilizaron tras formar parte del ajuar de una princesa de Amarna, quizá Meritatón, o una reina como la propia Nefertiti.

Han pasado muchos años de aquello y es realmente poco lo que ha avanzado la investigación para intentar resolver un problema histórico cuya solución desestabilizaría profundamente muchos de los conocimientos que hoy poseemos del Antiguo Egipto y en especial de la dinastía XVIII. Ante este inquietante problema, el profesor Iskander era bastante claro:

Los últimos estudios realizados sobre la momia de Tutankhamón son del año 1972 y no se ha hecho nada nuevo desde entonces. En ellos no se decía nada de que Tutankhamón fuera una mujer. Pero no olvidemos que en 1922 Howard Carter calentó la momia a quinientos grados para separarla del sarcófago de oro al que se había adherido. Por ello, si ya es complicado obtener una muestra de ADN antiguo de una momia convencional, en el caso de este faraón resultó ser mucho más difícil. Hoy en día, el esqueleto está desmembrado y requiere un estudio detenido. En lo que respecta a los fetos de este rey, no sabemos para qué servían ni de quién eran. Necesitan un nuevo estudio, ya que los que se realizaron antaño ofrecieron muy pocos datos. En ocasiones tenemos que repetir los análisis de ADN hasta diez veces para conseguir buenos resultados. Si eran hijos de Tutankhamón y de su joven esposa, Ankhesenamón, o fueron puestos allí por razones religiosas, no lo podremos decir hasta comprobar los análisis de ADN. De nada valieron los estudios hechos por el forense Elliot Smith en 1927 sobre las momias, pues debemos repetir absolutamente todo con el método moderno.

Hoy sabemos que esos fetos eran hijos de Tutankhamón y de una reina, Ankhesenamón, cuyos restos podrían ser los aparecidos en la KV21, ya que el ADN coincide. De igual forma, sabemos que Tutankhamón era hijo de la momia descubierta en la KV55, el escondite de Amarna, unos restos que, según la opinión general, son los de Akhenatón, pero esto no se puede afirmar con total seguridad. Bien podrían ser los de Semenkhare o cualquier otro príncipe de la época de Amarna cuyo paso por la historia fuera borrado por el clero de Amón después de las casi dos décadas de herejía de Atón.

Lamentablemente, el proyecto de Scott Woodward fue cancelado a los pocos años. Las razones que se esgrimieron entonces eran científicas y, sobre todo, político-religiosas. En primer lugar, se desveló que el ADN de dinosaurio cuyo estudio Woodward había publicado en la revista *Science* y que le dio fama mundial al final era ADN de uno de los miembros de su equipo (así es). Tamaña metedura de pata acabó con la carrera de Woodward en pocos meses. A esto hay que sumar que la universidad para la que trabajaba, la Brigham Young, pertenece a la Iglesia de Jesucristo de los Santos de los Últimos Días, es decir, a los mormones, y que él mismo profesaba esta fe. Cada científico puede tener las ideas religiosas que quiera o incluso no tenerlas. Nadie entra en esta cuestión, pero al parecer el interés de la universidad afincada en Utah por las momias reales de Egipto tenía otras razones, más allá de lo propiamente científico. Dicen los que saben de esto que su verdadero anhelo era rastrear las huellas de los faraones hasta llegar a Moisés (así es, otra vez). Esto no gustó nada a los egipcios, que sienten cierta animadversión por todo lo relacionado con el mundo judío. La historia es más complicada y extensa, pero en esencia el problema fue ese. Por lo tanto, el estudio se canceló hasta que años después lo retomó el doctor Zahi Hawass de una forma menos mediatizada.

En 2010, todo el mundo hablaba de un artículo publicado en la revista científica *JAMA* con el título «Ancestry and Pathology in King Tutankhamun's Family».[42] El doctor Albert Zink, de Bolzano, experto muy conocido y mediático por la divulgación de sus estudios de la momia de Ötzi, fue el encargado de estudiar y extraer el ADN de Tutankhamón. Lo cotejó con el de once momias de la dinastía buscando paralelismos y similitudes. La conclusión firme que sacó es que los padres de Tutankhamón eran hermanos, que el padre es la momia descubierta en la KV55 y que la madre del Faraón Niño es la llamada Young Lady, «dama joven», aparecida en la KV32, el segundo escondite de momias reales, la tumba de Amenofis II. Según el doctor Zink, los genes débiles se van pasando de padres a hijos cuando los

42. Z. Hawass, PhD; Yehia Z. Gad, MD; Somaia Ismail, PhD; *et al.*, «Ancestry and Pathology in King Tutankhamun's Family», *JAMA*, vol. 303, n.º 7 (17 de febrero de 2010).

padres son hermanos, tal y como parece que sucedió con Tutankhamón.

Este detalle es importante, ya que, como nos gusta a los egiptólogos, complica las cosas hasta un extremo inimaginable. Si damos por bueno que la momia de la KV55 es la de Akhenatón, entonces la madre no puede ser Nefertiti, de quien sabemos que no era su hermana. Si no es Nefertiti sino Kiya, la confusión aumenta, pues no sabemos nada de esta mujer y no tenemos ni la más remota idea de quiénes eran sus hermanos, sus padres o ni siquiera, como hemos visto, qué fue de ella después de desaparecer de la historia de Egipto. Hay quien dice que se casó luego con Ay, pero afirmar eso es como decir que alguien tiene una tía en Albacete, porque no está basado en nada ni demuestra nada.

La posibilidad más sencilla de todas, si es que realmente los padres de Tutankhamón eran hermanos, es que fueran Semenkhare y Meritatón. De esta forma se demostraría que ambos eran hijos de Akhenatón, al mismo tiempo que se remarcaría la idea de que Nefertiti no era Semenkhare, aunque llevaran entre sus nombres el apelativo de Neferneferuatón. Por lo tanto, Akhenatón pasaría de ser el padre a ser el abuelo de Tutankhamón.

El lío es perfecto. Estamos ante dos hermanos que se casan y tienen un hijo que, a su vez, se casa con una hermana de sus padres, esto es, Ankhesenamón, que ya no sería hermana de Tutankhamón, sino su tía. La locura total.

El resultado del análisis del ADN de Tutankhamón nunca se hizo público, lo que generó mil y una especulaciones al respecto. Por ejemplo, recordemos cuando se dijo que su ADN encajaba con el cromosoma Y (R1b), que hasta en un 80 por ciento está presente en las poblaciones antiguas de Europa occidental (Reino Unido, Bretaña francesa y norte de la península ibérica). Entonces se afirmó que la familia de este faraón procedía de la zona norte de la península ibérica. Este argumento se divulgó en 2010 y la noticia sorprendió a la comunidad internacional, como no podía ser de otra manera, al tratarse de algo relacionado con el mundo faraónico y, en especial, con el universal Tutankhamón.

Realmente, el origen de toda la discusión se basaba en un simple plano de televisión. El doctor Zahi Hawass, director entonces del Consejo Superior para las Antigüedades de Egipto y cabeza visible del proyecto, se negó a hacer públicos los análisis de ADN de la familia de Tutankhamón. El artículo de la revista *JAMA* no daba los datos, solo las conclusiones, seguramente porque, como hemos dicho antes, los resultados no eran todo lo fiables que se deseaba o la procedencia étnica del grupo egipcio no encajaba con lo «políticamente establecido» en la historiografía. A estas alturas, decir que el todopoderoso mundo de los faraones es de origen europeo caería como un jarro de agua fría sobre los grupos nacionalistas egipcios, que tampoco entienden que ellos no tienen nada que ver con el mundo faraónico y sí con el árabe. Recordemos que llegaron al valle del Nilo casi seis siglos después de que el último faraón se fuera cerrando la puerta para siempre. Esto es otro tema, aunque el problema iba más allá. Por eso en los medios de comunicación y en los ámbitos científicos solamente se publicaron resultados de la investigación, nunca los datos en sí mismos. Sin embargo, en uno de los dos programas de televisión emitidos en Estados Unidos por Discovery Channel se ven en un momento dado los marcadores genéticos del análisis en la pantalla de un ordenador. El resultado ya lo conocemos.

El doctor Whit Athey, un médico estadounidense retirado, señaló que estos marcadores genéticos indicaban que el origen de la familia del Faraón Niño por parte de padre, es decir, los ascendientes de Akhenatón, era europeo, en concreto de la zona occidental del continente. Esto es lo mismo que proclamar que provenían de la península ibérica, aunque no fueran de origen ibero, tal y como se llegó a publicar. Cuando Tutankhamón gobernaba el valle del Nilo (s. XIV a. C.), los iberos no eran ni un futurible en la historia de la Península. No conocemos el origen de

Nefertiti, quien para Nicholas Reeves y otros egiptólogos podría ser la madre de Tutankhamón. Esta «belleza que nos ha llegado», haciendo referencia a un lugar del extranjero, podría estar relacionada con los datos europeos que aparecen en el ADN de Tutankhamón, siempre según el doctor Whit Athey, por supuesto. Por otra parte, esta era la interpretación de la noticia que se hacía en España. Si echáramos un vistazo a las noticias de Reino Unido, veríamos que para unos era escocés, para otros, inglés… Cada uno barría para su casa.

La doctora en genética y periodista científica Jo Marchant publicó un extraordinario libro sobre la investigación del ADN de la familia de Tutankhamón que apareció en *JAMA*.[43] La conclusión a la que llega en él es que la única certeza que tenemos hoy, por mucho que leamos en obras complejos datos aparentemente demostrados por la ciencia, es que no sabemos nada. Se vende humo sobre los trabajos con ADN antiguo y no hay ningún consenso entre los científicos. Para unos expertos, los estudios son válidos, y para otros, igual de reconocidos que los primeros, hablar hoy de ADN antiguo en momias es una quimera debido a la contaminación que ha afectado a los cuerpos, sobre todo a las momias reales egipcias, desde que fueron descubiertos en sus escondites o tumbas en el siglo XIX o a principios del XX. Marchant trabajó en la revista *Science* y, como doctora en genética, conoce muy bien los entresijos de las investigaciones. Como ella misma relata en su libro, había cosas que no le encajaban. Se puso en contacto con los autores del artículo y muchos le hablaron de la presión a la que fueron sometidos para realizar la investigación. Algunos iban más allá y reconocían que las muestras de los estudios no eran correctas y que no aseguraban nada de lo que aparecía publicado en el artículo. Donde dije digo, digo Diego. A esto hay que añadir las críticas recibidas por otros genetistas que ponían en duda el método y los resultados

---

43. Marchant, *The Shadow King*, *op. cit.*

aparecidos en *JAMA*. Sin embargo, Jo Marchant señala que nada de esto trascendió a los medios de comunicación habituales y la idea que ha quedado en el imaginario colectivo es que hoy se conoce al cien por cien la realidad de la familia de Tutankhamón, cuando no es así.

Una prueba clara de ello es, por ejemplo, el vínculo sólido y directo que se establece entre los restos aparecidos en la KV55 y Akhenatón. Aunque por la edad de los restos se deduce que no son los del Faraón Hereje, como por otras fuentes sospechamos, que no sabemos, que él pudo ser el padre de Tutankhamón, y el ADN ha señalado que son los restos de este padre, se afirma que la momia tiene que ser la de Akhenatón. Y realmente no es así. No sabemos nada de la familia de Tutankhamón, por mucho que aparezcan sesudos científicos en los documentales de televisión. El propio Hawass me dijo una vez, cuando le pregunté por el libro de Jo Marchant y los comentarios que en él vertían algunos de los autores del artículo publicado en la revista *JAMA*, que ese libro era de divulgación, no era un libro científico. Asunto zanjado, pasamos página. Pero las cosas no son así, o al menos no deberían ser así.

A lo largo de los últimos cuarenta años se han hecho numerosas reconstrucciones faciales, todas científicas y con los medios más sofisticados. El hecho de que ninguna de ellas se parezca a las demás nos indica que debemos desconfiar de estas técnicas. Quizá tanto como de los análisis de ADN. La primera que conocí se hizo a partir de una réplica en yeso del cráneo basada en las medidas conseguidas en las últimas radiografías realizadas al rey en 1978. La idea nació en mayo de 1983. En aquella fecha, Patrick Barry, ortopeda aficionado al Antiguo Egipto, presentó ante la Sociedad Egipcia de Miami (Estados Unidos) el resultado de una investigación realmente singular y curiosa. Ante la incógnita de si el rostro reflejado por la máscara de Tutankhamón tenía algún parecido con el verdadero aspecto del rey, Barry se hizo con los servicios de los dos mejores reconstructores faciales de su país, Clyde Snow y Betty Pat Gatliff. Ambos ya habían colaborado con asiduidad con la policía para resolver casos en los que no se sabía qué hacer con un cadáver sin rostro. El paso del tiempo o la desfiguración provocada por un accidente obligaba en muchas ocasiones a la policía a investigar la identidad de cadáveres totalmente anónimos.

A partir de las medidas del cráneo tomadas en 1923 por Douglas E. Derry y de las radiografías de Harrison de 1968, Snow y Gatliff moldearon un cráneo de yeso idéntico al de Tutankhamón. Ahora solo quedaba reconstruir con arcilla las facciones del joven rey y observar hasta qué punto se parecían a las obras de arte halladas en la KV62.

Gracias a las tablas de grosor de los tejidos blandos (músculos y grasa) realizadas a finales de los años treinta por el antropólogo ruso Mijaíl Guerásimov, se pudo saber cómo sería el aspecto de Tutankhamón hace casi tres mil quinientos años. Además, se emplearon otras tablas donde aparecían datos similares de la raza caucásica. El resultado del trabajo de Snow y Gatliff fue sorprendente. No sabemos si actuaron condicionados por las conocidas imágenes del personaje que estaban reconstruyendo, pero el parecido de su reconstrucción con la máscara y los retratos de Tutankhamón hallados en su tumba, como el maniquí, la cabeza saliendo de una flor de loto o los ataúdes, era bastante grande.

Después de este intento se hicieron varios por parte de grandes productoras de televisión a partir de los datos de la tomografía axial computarizada realizada a la momia en el año 2005, que nos han legado resultados cuando menos dispersos o antagónicos. El método de trabajo siempre ha sido el mismo. Se hace una copia del cráneo en resina con una impresora 3D a partir de los datos de la TAC y luego el artista, empleando las tablas de grosores, modela el resto. En todos los casos se ha generado una gran expectación por la labor de los artistas, todos reconocidos forenses que han resuelto casos complicadísimos ayudando a la policía con la reconstrucción del rostro de cadáveres. No obstante, el nulo parecido entre unos resultados y otros me hace, como mínimo, dudar de su veracidad.

Las pinturas

Retomando nuestro viaje por la tumba del Faraón Niño, regresamos a la cámara del sarcófago. Esta es la única de toda la tumba que tiene decoración en las paredes, si bien es cierto que se trata de unas pinturas bastante pobres. Sin embargo, a pesar de que por su calidad no pueden compararse, por ejemplo, con las que hay en la tumba de Seti I, posterior al enterramiento de Tutankhamón en unos cien años, sí merece la pena que nos detengamos en ellas para explicar su significado mágico.

El estado de conservación no es muy bueno. Al parecer hubo cierta precipitación a la hora de realizarlas y no se dejaron secar. Por esta razón, en todos los muros las pinturas están cubiertas de unos puntos oscuros o verduzcos que en ocasiones incluso desdibujan la escena que tienen debajo. Se trata de hongos, que debieron de aparecer en la tumba cuando la cámara funeraria se cerró de forma apresurada y no se dejó secar la pintura como se debía. Es imposible hacer nada al respecto más que controlar las condiciones de humedad y temperatura de la estancia. En la década de los noventa, la tumba permaneció varios años cerrada al público por restauración. Mi primera foto allí me la hice precisamente en 1992 delante del cartel de «CLOSED FOR RESTORATION». Si observamos las fotografías tomadas en la época del descubrimiento y las cotejamos con las de ahora, no se advierte que las colonias de hongos hayan crecido. El problema parece estabilizado y adaptado a las nuevas condiciones de la tumba. No obstante, los especialistas siempre están ojo avizor a los cambios que pueda haber.

Las escenas que recorren las cuatro paredes de la cámara funeraria están enmarcadas desde el punto de vista mágico por varios jeroglíficos. La línea gruesa que hay en la parte superior es en realidad el ideograma del cielo; la línea negra del suelo, el ideograma de la tierra. Con ello vemos cómo las escenas quedan perfectamente enmarcadas entre el cielo y la tierra.

Si comenzamos por el lado este, justo por encima de la puerta de entrada a la cámara del tesoro, o a la derecha si miramos desde la barrera de madera que hay para los turistas, descubrimos la pintura que reconstruye la escena del traslado del catafalco con los restos de Tutankhamón hasta su tumba.

La lectura de las pinturas —en efecto, se leen porque reflejan una historia con inicio y final— debe hacerse a partir del lado oriental, el lado por donde nace el sol cada amanecer. En esta ocasión, que Tutankhamón se asimile al dios solar Ra es el motivo por el que el inicio del viaje por el inframundo se representa en esta pared. Es cierto que el sol se pone por el oeste y así inicia el viaje por el inframundo, pero este inframundo también tiene un este por el que nacer.

En la pintura, la momia es arrastrada por doce personas divididas en cinco grupos. Entre ellos podemos distinguir por su cabeza rasurada a los visires del Alto y del Bajo Egipto, quizá Pentu

Pared este de la cámara funeraria con el grupo de nobles portando el catafalco. Foto © N. A.

y Usermont, acompañados de otros oficiales de palacio, cuyos nombres no aparecen en los jeroglíficos. El texto que los acompaña dice: «Palabras para ser dichas por los cortesanos y altos oficiales de la casa del rey, que están llevando al rey Osiris, Señor de las Dos Tierras, Nebkheperura, hacia el oeste. Ellos dicen estas palabras: "¡Oh! Nebkheperura, ve en paz. ¡Oh! dios protector de esta tierra"». Se trata de un texto votivo que podemos encontrar en otras sepulturas de este periodo, en el que se lanza una loa para desear un buen camino para la marcha hacia el mundo de Osiris. Precisamente, de los jeroglíficos se desprende que Nebkheperura, es decir, Tutankhamón, ya es Osiris, se ha asimilado a él y se ha convertido en una entidad divina.

He leído en más de una ocasión que entre los cortesanos del grupo que lleva el catafalco está el tesorero Maya, pero en realidad es todo especulación. Al igual que sucede con los visires, todo lo que podamos decir de la identidad de esos personajes es pura invención.

En el catafalco va la momia, con sus vendas blancas y portando una máscara que nada tiene que ver con la de oro que apareció en la misma habitación. Es una máscara de madera muy parecida a las que se usaban en enterramientos de nobles y que se han descubierto en otras tumbas de la necrópolis. En el texto que hay sobre el cadáver se lee: «El dios perfecto, el Señor de las Dos Tierras, con vida eterna, para siempre».

Llama la atención el uso de un trineo para arrastrar el pesado catafalco. En esta época, como hemos visto en la descripción de la antecámara, se conocía la rueda desde hacía casi doscientos años. ¿Por qué no la usaron para llevar más cómodamente la momia? La respuesta no tiene nada que ver con la repetida explicación de que se hundiría en las dunas del desierto. La pista y los caminos de tierra y piedras que llevaban al Valle de los Reyes debían de ser como verdaderas carreteras perfectamente preparadas para las ruedas.

Quizá la respuesta esté en el lado simbólico del trineo. Este vehículo es el empleado por el dios Anubis para adentrarse en el

Más Allá. Así se le representa en muchas ocasiones, subido a un trineo abriendo los caminos, como el Upuaut, hacia el mundo de Osiris. Si es así, el trasfondo mágico-religioso de esta escena es claro. Sería impensable usar ruedas cuando la tradición señalaba que debía ser el trineo de Anubis el que llevara al difunto a las puertas del Más Allá, exactamente como se describe en esta pared oriental de la tumba, la del lado por donde sale el sol y donde comienza el camino del renacer.[44]

Debemos hacer un inciso para explicar el sentido de la orientación de las paredes. El Libro de los Muertos cuenta con un pasaje muy conocido, el 151, donde se describe cómo debía ser la cámara funeraria o cámara de oro, como decían los antiguos egipcios, en la que se depositaba la momia. El nombre de «cámara de oro» tiene en esta ocasión aún más sentido, ya que la decoración del muro sobre el que discurren las figuras es de color amarillo, el del oro que reproduce la piel de los dioses.

El pasaje 151 es el mismo que aparece en la parte trasera de la máscara del Faraón Niño. Según este texto funerario, cada pared, orientada a un punto cardinal, debía contar con un pequeño nicho en el que incluir un ladrillo mágico a modo de amuleto protector. En esta pared el nicho cuenta con el amuleto de la cruz de la vida, el *ankh*. El resto de los muros, como iremos viendo, tienen cada uno su propio nicho con el amuleto correspondiente a uno de los puntos cardinales. En esta cámara, donde la orientación de las pinturas coincide con la orientación geográfica, se podría haber evitado colocar los amuletos protectores y «reorientadores»; sin embargo, se emplearon. Estos elementos tienen más sentido, por ejemplo, en la cámara funeraria de la tumba de la reina Nefertari, cuyas paredes no señalan los puntos cardinales y tuvieron que reorientarse mágicamente. Lo mismo

44. Esta idea la publiqué y desarrollé en el artículo «The Religious Meaning of Sledges in Ancient Egypt», *Ancient Egypt Magazine*, vol. 21, n.º 1 (septiembre-octubre de 2020).

sucede en los pilonos de entrada al templo funerario de Ramsés III, en Medinet Habu. La orientación del templo es bastante anómala. No sabemos por qué, pero en vez de estar orientado de este a oeste, lo está de sudeste a noroeste. Sin embargo, para los magos egipcios esto no era problema alguno. Si nos fijamos en las representaciones del monarca de los pilonos de entrada, la fachada de acceso al templo, vemos que en la parte derecha el rey luce la corona del Bajo Egipto, el norte, y en la de la izquierda, la del Alto Egipto, el sur. De esta forma el templo quedaba automáticamente reorientado por medio de la magia, de modo que el sanctasanctórum está mirando con precisión al oeste.

Una vez que el catafalco llega a la necrópolis arrastrado por los funcionarios que en vida trabajaron más cerca del faraón, comienza la ceremonia frente a la puerta de la tumba. Esto es lo que describe el pasaje 23 del Libro de los Muertos y lo que vemos en la primera escena de la pared norte, empezando a leer desde la derecha.

Pinturas de la pared norte de la cámara funeraria. Foto © N. A.

La imagen representa al faraón sucesor de Tutankhamón, Ay, vestido como sacerdote realizando el ritual de apertura de la boca a una figura momificada como Osiris, que representa a Tutankhamón. Ay levanta el azadón de hierro empleado en esta función, con la que el difunto recupera los cinco sentidos para poder disfrutar de ellos en el Más Allá. Delante tiene una mesa en la que podemos ver los cuencos con bolitas de incienso empleados en la ceremonia, y otros artilugios, como una pluma de la diosa Maat, diosa de la justicia y la verdad. El faraón lleva la piel de leopardo sacerdotal y sobre la cabeza porta la corona ritual, el *khepresh*, identificada por algunos egiptólogos como un tocado de guerra. Delante de Ay está el texto que nos señala quién es: «El dios perfecto, el Señor de las Dos Tierras, Señor de los Rituales, el Portador del sello del Bit (rey del Alto y del Bajo Egipto) Kheper-Kheperura, Hijo de Ra, el Padre Divino Ay, que vive eternamente y para siempre como Ra».

La figura de Osiris tiene los brazos doblados sobre el pecho, donde destaca un pectoral *wesekh* con un enorme escarabajo alado sobre el que brilla el sol. En las manos, el Osiris-Tutankhamón lleva dos flagelos, símbolo real. Delante del rostro podemos leer: «El dios perfecto, Señor de las Dos Tierras, Señor del Horizonte, el Portador del sello del Bit (rey del Alto y del Bajo Egipto) Nebkheperura, dado en vida, Hijo de Ra Tutankhamón, Señor de la Heliópolis del Sur (Tebas), eternamente».

Después de recibir esta iniciación en la entrada de la tumba, en la siguiente escena de la pared, a la izquierda de la anterior, el difunto es recibido por la diosa del cielo, Nut. Con ella emprenderá el viaje para reencontrarse con sus ancestros y revivir en el mundo de Osiris.

En la escena, Tutankhamón no aparece como Osiris, sino como un monarca, luciendo una peluca sobre la que destaca la cobra, como símbolo real, en la diadema de oro, atada a la parte de atrás por medio de dos cintas que cuelgan por la espalda; además luce un pectoral multicolor y, en las manos, un bastón en la derecha y una maza y un amuleto *ankh*, la cruz de la vida, en la izquierda. Vemos una vez más el uso de bastones como símbolo de prestigio real, no necesariamente como una pista de que el rey fuera cojo. Asimismo, recordemos lo que he dicho de la presencia del buitre y la cobra en la frente de las máscaras de los ataúdes, relacionada con la iconografía femenina. Aquí Tutankhamón lleva solamente la cobra, lo cual tiene más sentido siendo él el faraón.

Frente a él vemos a Nut luciendo un vestido de lino ajustado y atrevido, ceñido a la cintura por una enorme cinta de color rojo, y una diadema blanca sobre la peluca tripartita característica de los egipcios. En las manos se observa el dibujo de una línea ondulante, símbolo del agua y la purificación con el que recibe al fallecido. Frente a Tutankhamón podemos leer su titulatura habitual: «El Portador del sello del Bit (rey del Alto y del Bajo Egipto) Nebkheperura, dado en vida eterna y para siempre». Frente a la diosa, el siguiente texto: «Nut, Señora del Cielo, señora de los dioses, da la bienvenida a aquel a quien ella ha dado a luz, ella es la que da la salud y la vida a tu nariz, que tiene vida para toda la eternidad».

Estos apelativos hacen referencia a conceptos que son visibles en otras divinidades femeninas a las que Nut está asociada, como la diosa Hathor, Señora de Occidente, quien es considerada la mujer que da a luz al difunto en el Más Allá. Hathor era también diosa del cielo y compartía con Nut, Isis y otras diosas muchos elementos.

La escena de la izquierda de la pared norte cierra las pinturas de este muro. El tercer grupo de figuras muestra como, una vez cruzado el umbral del cielo para comenzar el viaje por el inframundo, Tutankhamón conoce a Osiris. En la escena participan tres personajes. El joven soberano está en el centro, frente a Osiris en forma de momia, con el rostro verde, y tras el rey aparece su *ka*. «El *ka* real de quien está a la cabeza del palacio», podemos leer en la inscripción que hay junto a esta extraña figura con la peluca tripartita rematada con el símbolo de los brazos en alto, ideograma del *ka* y una imagen de Horus. En la mano izquierda lleva el *ankh* de la vida y con el brazo derecho presenta al faraón ante Osiris.

El soberano luce el tocado *nemes*, el mismo que en la máscara, el clásico de los faraones, con la cobra en la frente como símbolo de realeza. Una vez más hay que llamar la atención sobre el detalle de que en esta imagen Tutankhamón lleva solo la cobra, no el buitre que sí vemos en la máscara, más vinculado a las reinas. Sobre él leemos: «El dios perfecto, Señor de las Dos Tierras, Señor de los Horizontes, Nebkheperura, dado en vida eterna y para siempre».

En el extremo derecho del muro vemos a Osiris con su característico ropaje momiforme y el rostro verde. El verde era el color de la regeneración, de la vida, de la explosión de la naturaleza en primavera. De ahí que Osiris soliera ser representado de color verde, aunque también lo podemos encontrar de color negro, el color que dejaba el limo de la crecida del Nilo cuando se retiraban las aguas allá por el mes de septiembre u octubre. Este limo era muy rico en sales y nutrientes y permitía que los campos de cultivo pudieran tener dos o hasta tres cosechas al año.

Ante la figura de Osiris hay un texto en el que se dice: «Osiris, Señor de Occidente, el dios perfecto».

A su espalda, en la parte inferior del muro, vemos una hornacina pequeña, de color blanco, en la que se depositaba el ladrillo mágico en forma de *ushebti* para proteger al difunto en su periplo, según marcaba el pasaje 151 del Libro de los Muertos.

Preparado para el viaje y habiendo sido recibido por la entidad suprema, al difunto solo le quedaba iniciar la travesía por las tortuosas horas de la noche. Esto es lo que vemos en la pared oeste, la del lado por donde se pone el sol y en la que los artistas dejaron una representación de la primera hora del Libro del Amduat: doce monos (en el libro suelen representarse solo nueve) con los brazos levantados en señal de saludo reciben al sol (el faraón muerto) cuando se pone por el horizonte occidental. Los recuadros en donde se insertan los babuinos nos dan sus nombres: Ib-ta, que significa «el corazón de la tierra»; Ib-ib Ta, «el favorito de la tierra»; Ifu, «el mono que aclama», etc.

Los monos estaban relacionados con el culto solar por razones que desconocemos. También se identificaban con Khonsu, dios de la luna, o con Thot, dios de las letras y la sabiduría. Es muy posible que su relación con el sol se base en un gesto que los babuinos hacen al comienzo del nuevo día. Tal y como los vemos en las pinturas que recrean la primera hora del Amduat, al amanecer los monos levantan las manos como si estuvieran saludando al sol y así lo debieron entender los antiguos egipcios. Los monos en realidad lo hacen para secarse con el calor del sol las gotas de rocío que impregnan su frondoso pelaje.

La parte superior de esta pared oeste está rematada por un friso con un texto escrito en tinta roja y en retroescritura, es decir, al revés, con lo que se quería dar un sentido críptico y mágico al mensaje. El texto empieza en el apartado de la derecha, donde se lee: «Los dos Maat que remolcan a este dios en el Mesektet que navega con los miembros de la asamblea de esta ciudad», y continúa por la izquierda diciendo: «entre los que este dios entra en forma de carnero (el *ba*)».

Debajo observamos un espacio en el que aparecen, a la derecha, varias divinidades. De derecha a izquierda vemos a Maat, la Señora de la Barca, Horus, el *ka* de Shu y Nehes. Y en el lado izquierdo, una barca con el dios Kheper, el escarabajo que simboliza el sol del amanecer, con dos personajes a ambos lados que llevan solamente el nombre de Osiris.

En la hornacina que hay en el centro, junto al mono que no tiene nombre, estaba el ladrillo mágico del dios Anubis sobre su escriño.

Superadas las vicisitudes de las doce horas de la noche, solo queda renacer en el Más Allá. Eso es lo que nos muestran las

La pared oeste de la cámara funeraria con los babuinos
de la primera hora del Amduat. Foto © N. A.

pinturas del cuarto y último muro, la pared sur. Su lectura, una vez más, va de derecha a izquierda. Al principio encontramos la hornacina destinada a acoger el ladrillo mágico correspondiente, el pilar *djed*, símbolo del dios Osiris por antonomasia, dios del mundo de occidente en el que ya nos encontramos.

En la primera escena vemos a la diosa Hathor, vestida de igual forma que la diosa Nut de la pared opuesta. Solamente sabemos de quién se trata por el texto que la acompaña: «Hathor, Señora del Cielo, la que está al frente de la necrópolis de Occidente». Se trata de una versión reducida del capítulo 186 del Libro de los Muertos, en el que Hathor, como Señora de Occidente, da la bienvenida al difunto al mundo del Más Allá.

Hathor lleva en la mano derecha un amuleto *ankh* y lo acerca a la nariz de Tutankhamón. En efecto, frente a ella está el faraón vestido con sencillez y portando en esta ocasión el tocado *afnet*, una especie de bolsa casi esférica que cubre la cabeza. Jun-

Pared sur con las pinturas de Nut y Anubis. Foto © N. A.

to a él, un texto reza: «El dios perfecto Nebkheperura, dado en vida eterna y para siempre».

La escena se completa con la figura de Anubis, dios de los muertos, representado con su cabeza de chacal característica. Con la mano sobre el hombro de Tutankhamón es presentado como «Anubis, Señor de Occidente, el dios perfecto que está en el lugar del embalsamamiento, Señor del Cielo».

Hasta aquí lo que hoy podemos ver en las pinturas de la cámara funeraria. Sin embargo, había más. Para sacar los enormes paneles de las capillas doradas, Carter tuvo que desmontar parte del muro de mampostería que enmarcaba la puerta sellada de la habitación. Ahí había más pinturas que hoy; por desgracia, están perdidas en algún lugar de los almacenes del Museo Egipcio de El Cairo, en la plaza de El-Tahrir. Las conocemos por las fotografías que hizo en su momento Harry Burton. En ellas aparecía la diosa Isis, «Señora del Cielo, la que da la bienvenida a quien ella dio a luz, dándole toda la salud», como una mujer vestida igual que Hathor y Nut. Distinguimos quiénes son por el nombre escrito en jeroglíficos, ya que incluso los apelativos que reciben las tres son muy similares. En este caso, Isis lleva sobre la cabeza el trono, símbolo de su nombre, y en las manos las mismas ofrendas de agua que brinda la diosa del cielo en la pared opuesta. Detrás de la deidad hay tres registros con tres divinidades estelares llamadas igual: «El dios perfecto, señor de la Duat».

Seguro que el lector anda un poco despistado con la cantidad de palabras que parecen referirse al mismo Más Allá, y es que los egipcios de época faraónica empleaban diferentes términos para describir las regiones sutiles del inframundo.

Los Campos de Ialu eran una región agrícola de cultivo ideal que se describe con todo detalle en el pasaje 110 del Libro de los Muertos. Sabemos que en origen este lugar estuvo en algún emplazamiento hoy desconocido del delta, al norte del valle del Nilo, aunque con el paso del tiempo la especulación religiosa hizo que se trasladara a Occidente. Allí, el clima y la calidad de la tierra de cultivo permitían que hubiera varias cosechas al año, de modo que eran una especie de territorio de opulencia. Además de los Campos de Ialu, estaba la región de Rostau, el reino de Osiris propiamente dicho. Este lugar es descrito por los egipcios en sus textos como un espacio ubicado en el extremo occidental del cielo; nos dicen que a su alrededor solo hay oscuridad y fuego. Este es el espacio al que el Libro de los Muertos te transporta si consigues superar todas las pruebas que encuentras en el camino y te conviertes en Justo de Voz, el que pasa con éxito el juicio ante Osiris.

También estaba el Amduat o la Duat, un concepto parecido a nuestro Más Allá más genérico, definido por la división de la noche en doce horas de oscuridad, cada una con sus espacios y regiones.

Y, por último, el Amenti, nombre genérico que se refiere a todo Occidente, es estrictamente una parte del Amduat, en concreto la Quinta Hora de la noche, correspondiente al reino de Sokaris, una divinidad funeraria con cabeza de halcón, aunque esta idea se generalizó como sinónimo del Más Allá.

Para finalizar el recorrido por las pinturas debo señalar otra singularidad. Si bien todas las figuras que vemos en las paredes este, norte y oeste se enmarcan en la cuadrícula de veinte casillas típica del esbelto y estilizado arte del periodo de Amarna, en la pared sur advertimos que el canon empleado es el de dieciocho casillas, es decir, el utilizado convencionalmente a lo largo de toda la historia del arte egipcio, antes y después de la etapa de Amarna. Es posible que las pinturas fueran realizadas por artistas diferentes o que el mismo artista cambiara el canon de proporciones según las órdenes recibidas. No lo sabemos. Sin embargo, sí percibimos a simple vista que, por ejemplo, el Osiris y el faraón Ay que vemos en la parte derecha del muro norte tienen una figura más estilizada y más alargada que las que encontramos en el muro sur.

La cámara del tesoro

Una de las partes más impresionantes del relato de Carter sobre el hallazgo de la KV62 es la que narra su entrada en la llamada «cámara del tesoro». No hace falta tener mucha imaginación para darse cuenta de la impresión que debió de darles a los descubridores toparse de bruces con la magnífica escultura del dios Anubis sobre un escriño dorado[45] que guardaba esta habitación. Las enormes orejas puntiagudas señalaban que estaba al acecho de la presencia no deseada de cualquier extraño. No es raro, por lo tanto, que una de las versiones de la historia de la maldición de Tutankhamón naciera precisamente de esta impresionante figura de madera. Anubis, como abridor de caminos e introductor del difunto en el tribunal de Osiris, tenía sobre los hombros una

---

45. Carter 261, JE 61444; 2,7 metros de largo, 52 centímetros de anchura y 1,18 metros de altura.

tela de lino, y entre las patas, una paleta de escriba con el nombre de Meritatón, la hermana del Faraón Niño.

Justo detrás del chacal, Carter descubrió una cabeza de la diosa Hathor como diosa de la Montaña Tebana, la Vaca Celeste y madre universal que daría a luz al difunto en la nueva vida.

Junto al escriño de Anubis y la cabeza de Hathor, a la izquierda según se entra en la habitación, había cinco cofres de madera, algunos de ellos decorados con marfil[46] o pastas vítreas. En su interior se encontró de todo; un caos absoluto de ropas, collares, amuletos, figuras, telas, etc. Y detrás del conjunto se levantaba casi hasta el techo otro de los grandes tesoros de la tumba: la capilla en la que se conservaban los vasos canopos con las vísceras procedentes de la momificación del rey.[47] Cada uno de los lados de esta capilla de madera cubierta con láminas de oro estaba protegido, como las cuatro esquinas del sarcófago de cuarcita amarilla, con imágenes de Isis (oeste), Selkis (sur), Nephtys (este) y Neith (norte). En la parte superior de la capilla, recorriendo todo el perímetro de la caja, había un friso de cobras, reptil que protegía contra las fuerzas adversas al mismo tiempo que simbolizaba la realeza. En su interior se descubrió un cofre de alabastro en el que se conservaban los cuatro vasos canopos con los restos de las vísceras del faraón.[48] Levantando cada una de las tapas de alabastro, todas ellas en forma de cabeza humana,[49] se descubría una réplica de los ataúdes antropomor-

---

46. Carter 551 (caja), Carter 540 (tapa), JE 61477; 72 centímetros de longitud, 40,6 centímetros de anchura y 63,5 de altura.

47. Carter 266, JE 60686; 1,53 metros de longitud, 1,22 de anchura y 1,98 de altura.

48. Carter 266b, JE 60687; 85,5 centímetros de altura y 54 de anchura.

49. Poco después, los vasos canopos llevarían tapas no en forma de cabezas humanas, sino de las cabezas de los cuatro hijos de Horus: Hapy, con cabeza de babuino, protegía los pulmones; Duamutef, un chacal, se encargaba del estómago; Imset, con cabeza humana, cuidaba del hígado, y, finalmente, Qebehsenuef, con cabeza de halcón, protegía los intestinos.

fos, de un tamaño mucho menor, que contenía las vísceras.[50] Muchas personas confunden estos pequeños estuches de 39 centímetros de altura con los ataúdes de la momia. El tamaño nada tiene que ver, pero en algunos libros y revistas me he encontrado imágenes con reproducciones de los vasos canopos como si fueran los ataúdes.

El resto de la cámara del tesoro estaba repleta de arcas, barcos que recreaban la peregrinación a Abydos, cofres y capillas. Entre las cajas aquí descubiertas había once que contenían *ushebtis* del rey. En el interior de varias de estas capillas negras, Carter y su equipo hallaron algunas de las piezas más hermosas de la tumba. Es el caso de las famosas figuras dobles de madera dorada de Tutankhamón pescando en una barca, arpón en mano,[51] que aluden a la escena en la que Horus aniquila en los marjales del Nilo a su maléfico tío Set, convertido en hipopótamo. En otra de las capillas negras se descubrieron dos figuras de madera dorada que representaban a Tutankhamón sobre una pantera negra.[52] Carter conocía muy bien este tipo de figuras, ya que había descubierto otras pintadas en una de las paredes de la tumba de Seti II, la que ahora empleaban como almacén y laboratorio.

Junto a la pared del fondo de la cámara del tesoro, la oriental, Carter se topó con algo que lo sobrecogió. Había una caja de madera de poco más de 60 centímetros de longitud[53] que tenía la tapa caída en el suelo. En su interior se podían ver a simple vista dos diminutos ataúdes antropomorfos de madera, de 48 y 58 centímetros respectivamente. Dentro de estos ataúdes aparecieron

50. Carter 266, JE 60690; 39 centímetros de altura, 11 de anchura y 12 de profundidad.

51. Carter 275c, JE 60709; 69,9 centímetros de altura.

52. Carter 289a, JE 60715; 85,6 centímetros de altura.

53. Se trataba de una caja pintada catalogada por Carter como 317. Los ataúdes diminutos se catalogaron como 317a y 317b.

Aspecto de la cámara del tesoro tal y como apareció.
Foto tomada por Harry Burton, © Album.

otros dos de menor tamaño, que encajaban perfectamente en los anteriores, como si se tratara de un juego de muñecas rusas. Al retirar la tapa de estos nuevos ataúdes se descubrieron dos pequeños cuerpos momificados y vendados. Uno de ellos tenía encima una máscara de oro. El estudio de estas curiosas momias se realizó en 1932, dirigido por el médico forense Douglas E. Derry. Después de retirar las delicadas vendas de lino que, enmarañadas, intentaban simular una pequeña silueta humana, Derry descubrió dos cuerpos de piel grisácea. Eran dos fetos, seguramente dos hijos prematuros del joven matrimonio. Según el forense, el primer feto, que todavía conservaba parte del cordón umbilical, no parecía haber sufrido ningún proceso de momificación. Era, probablemente, el cuerpo de una niña de no más de cinco meses de gestación, cuya altura era en aquel momento de unos 25 centímetros. El segundo ataúd ofreció una sorpresa similar. En esta ocasión el feto era también de una niña, de 36 centímetros de altura, que al parecer había fallecido después del sexto mes de gestación. Su estado de conservación era mejor que el del primer feto. En este caso, al diminuto cuerpo se le había practicado una incisión de casi dos centímetros en la zona abdominal por donde se le había introducido un fajo de lino impregnando en sal para que desecara la cavidad interior del cuerpo. Luego se cubrió la incisión con una fina capa de resina. En el cráneo se llevó a cabo un procedimiento similar. Las radiografías realizadas a la momia demostraron la presencia de un fajo de lino parecido al anterior que se había introducido por la nariz.

Como hemos visto antes, en 1968 Ronald G. Harrison realizó nuevos análisis de las momias descubiertas en la tumba de Tutankhamón, incluyendo la del propio faraón. Se llevó a cabo un segundo estudio radiológico, y en esta ocasión las placas sacaron a la luz algunos detalles novedosos sobre los cuerpos. Por ejemplo, en lo que respecta al segundo de los fetos, Harrison afirmó que se trataba de un aborto producido muy cerca de la que habría sido la fecha del nacimiento, ya que el feto debía de contar con ocho o nueve meses de gestación cuando falleció, y no seis, tal y como había dicho Derry.

Ahora bien, el problema real que plantean estos fetos, muy importantes desde el punto de vista histórico, es el de intentar averiguar su identidad. Los estudios de ADN publicados en 2010 demostraron que eran retoños de Tutankhamón. No olvidemos que cuando se casó con su hermanastra, Ankhesenamón, tenía poco más de diez años, y la princesa debía de rondar los doce o trece. No sabemos que Tutankhamón tuviera otra esposa, y además era relativamente frecuente que los reyes se hicieran enterrar con sus hijos fallecidos durante la gestación. Algunos ejemplos de esta práctica los tenemos en el mismo Valle de los Reyes, en la tumba de Amenofis II y Tutmosis IV, aunque aquí los cuerpos no son de fetos, sino de hombres y mujeres jóvenes.

En otras ocasiones, la colocación de fetos junto a la entrada de la tumba era un ritual que cuenta con varios paralelos. El más conocido es el de la tumba de Amonkherkopesef, un príncipe de Ramsés III de nombre impronunciable. Ernesto Schiaparelli descubrió un feto en el patio que se abre frente a la entrada de dicha tumba. No sabemos a quién pertenece, si a un hijo del príncipe, otro retoño del faraón o, lo más probable, si se trataba de algún tipo de ofrenda, cuyo significado se nos escapa, relacionada con el renacimiento en el Más Allá. Es complicado investigar esta cuestión porque las excavaciones arqueológicas que se han llevado a cabo en Egipto en muy pocas ocasiones han mostrado interés por el patio que antecede a la entrada de la tumba. Sabemos que algunas tumbas privadas de la orilla oeste de Luxor, no lejos del Valle de los Reyes, cuentan con patios que son verdaderas necrópolis, con enterramientos y reutilización de enterramientos. Si en el pasado se hubieran estudiado con esmero estos patios, en vez de ir directamente a la tumba a ver qué se podía encontrar, quizá entre los escombros habría aparecido alguna más de estas «ofrendas» en forma de feto y ahora dispondríamos de más información.

Los dos fetos de la tumba de Tutankhamón podrían haber tenido un significado similar, aunque en este caso creo que es improbable. Recordemos que estos cuerpos sirvieron para el estudio de ADN antiguo, que señaló como padre de las criaturas al Faraón Niño y como madre, a falta de un nombre, a una mujer cuyos restos aparecieron en la KV21, que, por lógica, deberían ser los de Ankhesenamón.

En la misma cámara del tesoro apareció otro ataúd que en sí mismo planteaba uno de los mayores enigmas de la tumba.[54] Se

54. Carter 320, JE 60698; 78 centímetros de longitud y 26,5 centímetros de anchura. Dentro de él había otro ataúd: Carter 320a, JE 60698; 74 centímetros de longitud.

tratava en realidad de dos ataúdes de madera dorada, uno introducido en el interior del otro de una manera similar a como lo están los aparecidos en la cámara del sarcófago. Lo más llamativo no era su aspecto, de una ejecución magistral, por otra parte, sino su misterioso contenido. En el ataúd interior apareció un hatillo de tela con una imagen del rey de oro macizo. Junto a la imagen había un tercer ataúd de madera, diminuto, que a su vez contenía un cuarto, aún más pequeño, de 12,5 centímetros de longitud. En el interior de este, finalmente, apareció un mechón de pelo de color caoba. Puesto que en el último ataúd podemos leer textos referidos a la figura de Tiyi, esposa de Amenofis III y madre de Amenofis IV, todo parecía indicar que el mechón de pelo pertenecía a esta reina, posiblemente la abuela de Tutankhamón. Y así se demostró cuando se comparó el cabello con los restos de una mujer, «la mujer anciana», encontrada en el escondite de momias reales de la tumba de Amenofis II en el Valle de los Reyes. Cuando Victor Loret descubrió esta tumba en 1898, las alarmas se encendieron porque había indicios que hacían pensar que la mujer podría ser Tiyi. ¿Por qué? No lo sabemos, pero era una mujer anciana y, en relación con esa época, solo la abuela de Tutankhamón era candidata a dar nombre a la misteriosa momia. También se pensó en Hatshepsut, por lo que fueron necesarios varios análisis. En 1975, el profesor James Harris confirmó que se trataba de Tiyi a partir del pelo encontrado en la tumba de Tutankhamón. No obstante, la validez de sus análisis ha sido puesta en duda en más de una ocasión, y entre unas cosas y otras el enigma de la identificación de esta mujer siguió sin resolverse hasta que los análisis de ADN confirmaron su identidad al comparar el suyo con el de sus padres, Yuya y Tuya, cuya tumba descubrió Davis intacta en el Valle de los Reyes.

Tutankhamón fuera de Egipto

A nadie se le escapa que entre tantos miles de objetos más de uno pudo haber burlado la vigilancia de las autoridades egipcias. Partiendo de la idea de que Carter, Callender, Carnarvon y su hija Evelyn accedieron al interior de la tumba el 26 de noviembre de 1922, lo lógico es que se llevaran algo, sinceramente. Si no lo hicieron, es que eran tontos. Pensemos que corría la década de los veinte, y que entonces la idea de la excavación era distinta a la actual. Ni mejor ni peor, solo distinta, y debemos abstraernos del presente para calificar lo que hicieron ellos en aquel momento. Si no censuramos a Flinders Petrie, padre de la arqueología moderna, que en unas pocas horas vació decenas de tumbas en Nagada sin ningún rigor científico desde el punto de vista actual, no lo deberíamos hacer con ninguno de los excavadores, que deberían tomarse como meros tratantes de antigüedades.

Yo me hubiera llevado más de una cosa, para qué lo voy a negar. Obviamente, no me refiero a una cama o un cofre repleto de elementos del ajuar funerario. Habría escogido algún pequeño objeto cuya ausencia, en el contexto arqueológico general, no hubiera supuesto ni siquiera una pérdida apreciable para el estudio posterior de la tumba. Y, como era de esperar, los arqueólogos se llevaron piezas, algunas de las cuales han aparecido décadas después en colecciones privadas, principalmente de Estados Unidos.

A finales de los años ochenta, la prensa de todo el mundo se hizo eco de una noticia estremecedora. Realizando el inventario de algunas piezas arqueológicas conservadas en el castillo de Highclere, propiedad de lord Carnarvon, aparecieron en dobles fondos de las paredes algunas piezas egipcias de cuya existencia se habían olvidado todos los habitantes de la casa a excepción de uno de los mayordomos. Esta historia que parece de película sucedió en la primavera del año 1988. Sirvió para volver a hablar de Tutankhamón y, cómo no, de la controvertida maldición que siempre rodeó a la figura del quinto conde de Carnarvon, sobre la que volveremos en el capítulo siguiente. Precisamente, en Highclere nadie se acordaba de esas piezas egipcias porque tras la muerte del conde, en 1923, parece que se quiso cubrir cualquier vestigio egipcio con el insondable velo del olvido. Y el tiempo hizo el resto.

La mayor parte de la prensa, desinformada, habló del descubrimiento de los tesoros perdidos de Tutankhamón. No se trataba de eso. Todas las piezas que aparecieron en Highclere detrás de paredes falsas, al mejor estilo de las novelas británicas de terror, eran en realidad fragmentos de figuras y vasos de época saíta y ptolemaica, y algún trozo de la dinastía XVIII, del periodo de Amenofis III, y nada más. Bueno, quizá habría que decir «nada más» entre comillas, porque las piezas seguramente habrían alcanzado un valor incalculable en las subastas de arte por proceder de la colección Carnarvon. En España, varias publicaciones dieron la noticia con portadas realmente curiosas, como la de la revista *Natura*, en la que aparecía un simpático dibujo de la máscara de Tutankhamón con un pañuelo a modo de mordaza. Todavía recuerdo que cuando escuché las noticias en la radio y en la televisión salí corriendo al quiosco que había cerca de la casa de mis padres en Valladolid para hacerme con un ejemplar tanto de *Natura* como de la revista *Muy Interesante*, que era la otra publicación que ofrecía información detallada e ilustrada de la noticia de Highclere.[55] Pues bien, era muy poco probable que en el castillo mansión de los Carnarvon apareciera algo de Tutankhamón, por la sencilla razón de que todo lo que la familia tenía de este rey había salido del castillo hacía mucho tiempo.

55. Véanse María José Casado, «La trastienda de Tutankamon», *Muy Interesante*, n.º 84 (mayo de 1988), pp. 88-98, y Santiago Pérez Díaz, «El tesoro perdido de Tutankamon», *Natura*, n.º 62 (mayo de 1988), pp. 8-18. Véase también Nacho Ares, «El tesoro abandonado», *Misterios de la Arqueología y del Pasado*, n.º 14 (noviembre de 1997), pp. 48-52.

Tuvieron que transcurrir más de cinco décadas para que se conociera la verdad de los hechos. Una vez más, tenemos que hablar de Thomas Hoving, del Metropolitan de Nueva York. Después de leer y estudiar hasta el último detalle todas y cada una de las cartas que componían la correspondencia de Carter y Carnarvon con los miembros de la excavación vinculados con el museo neoyorquino, Hoving descubrió un suceso alucinante. Él lo describe como «uno de los secretos mejor guardados de la historia de la egiptología».[56] Y la verdad es que no le falta razón. Vamos con ello.

La mayor parte de las piezas se encuentran en el Metropolitan de Nueva York. Son en total 27 objetos de procedencia muy variada. No voy a especificar la de cada uno de ellos, pero en su gran mayoría las piezas habían formado parte de las colecciones privadas de Carter y Carnarvon, y el museo las compró cuando estas salieron a la venta después de su fallecimiento o tras ser vendidas o regaladas a amigos años antes por los propios excavadores. Algunas, sin embargo, no son más que meras cesiones. Por ejemplo, existe un primer grupo de objetos que aparecen registrados en las notas de Howard Carter. En su mayoría eran muestras de materiales de diferentes piezas de la tumba que debían ser analizadas en los laboratorios del museo, ya que Egipto no contaba con los medios necesarios para ello. En este grupo hay que incluir un fragmento de cuarcita procedente del sarcófago en el que se encontraban los tres ataúdes de oro; una copa con restos de los líquidos empleados para los rituales funerarios; un fragmento de madera laminada en oro procedente de la cuarta capilla de la cámara funeraria; un fragmento de lino del sudario que cubría la momia del faraón; varios trozos de esterillas de

56. Véase Thomas Hoving, *Tutankhámun. The Untold Story*, Nueva York, Simon and Schuster, 1978, en cuyo capítulo 35, «The Secret Division», explica los detalles que llevaron al descubrimiento de piezas de la colección de Tutankhamón fuera de Egipto.

la cámara funeraria, y un fragmento del inmenso velo de lino que cubría la capilla exterior y la segunda en la cámara funeraria.

Como se puede observar, estas primeras piezas no poseen una singularidad especial desde el punto de vista artístico, aunque es cierto que podrían alcanzar un valor incalculable en cualquier subasta moderna de arte si pujara por ellas un fetichista de Tutankhamón... como yo.

Hoving menciona nueve piezas más, conservadas también en el Metropolitan, cuya importancia es más significativa. En primer lugar, hay dos anillos de fayenza en los que está grabado el nombre de Nebkheperura; dos clavos de plata procedentes del segundo ataúd de madera dorada; dos clavos más, esta vez de oro, del tercer ataúd, el que es de oro macizo; una roseta de bronce dorado procedente del paño que cubría las dos primeras capillas funerarias, el mismo paño de lino del que Carter mandó un trozo a Nueva York para analizar; un collar de fayenza azul descubierto en la antecámara de la tumba, y, finalmente, un magnífico perrito de bronce aparecido probablemente en la antecámara.

El bloque más importante está compuesto por diez piezas de una calidad extraordinaria inventariadas en el Metropolitan como objetos «posiblemente procedentes de la tumba de Tutankhamón, pero imposibles de identificar en la lista de Carter».

La primera es un magnífico anillo de oro con el nombre de Tutankhamón. Lleva en el museo desde diciembre de 1922 y pudo ser un regalo de Carter y Carnarvon a la institución por su ayuda en la confección del equipo de excavación. Sin embargo, en los archivos del museo figura que fue comprado en el mercado de antigüedades de El Cairo, en donde llevaba circulando desde 1915.[57] Es muy probable que se trate de uno de los anillos que

---

57. Este mismo anillo de oro es una de las «pruebas» presentadas por Gerald O'Farrell para demostrar que Carter llevaba varios años saqueando la tumba de Tutankhamón antes de que la descubriera oficialmente en 1922.

Carter encontró en un hatillo de lino en el pasillo descendente, dejado por los ladrones en su huida precipitada.

La lista sigue con un fragmento del mango de oro de un cetro, tal vez de la cámara funeraria; dos cajas de cosméticos con representaciones de unos patos de marfil, muy parecidas a otro recipiente descubierto en la tumba; un perro de juguete de marfil con la mandíbula articulada, que normalmente está en la exposición permanente del MET; una jarrita de perfume de alabastro de 7,5 centímetros de altura decorada con figuras de sirvientas que permanecen sobre un loto, y dos paletas de escritura, una de ellas de marfil con cuatro depósitos para la pintura y varios palillos para escribir, y con una inscripción que dice: «La hija del rey de su Cuerpo, su amada Meritatón, nacida de la Gran Esposa Real Neferneferuatón Nefertiti, que viva por siempre», es decir, que posiblemente perteneció a la hermana de Ankhesenamón, la esposa de Tutankhamón. Recordemos que el egiptólogo francés Marc Gabolde sostiene la idea de que muchos de los objetos de la tumba son de Meritatón. Además de la pulsera que lleva su nombre completo, su nombre aparece también en el tirador de una caja de forma semicircular.

El grupo se completa con la figura de un caballo brincando hecha de marfil con el pelaje pintado de marrón y las crines negras, de quince centímetros de largo, y la de una magnífica gacela africana o ariel, de marfil pintado, de quince centímetros de altura. Según los archivos del Metropolitan, estas dos últimas piezas proceden de la colección de Carnarvon y fueron compradas por el museo en 1926.

Si me dejan elegir una me quedo con el caballo. Seguramente es el mango de un látigo, quizá de juguete. Si uno entra en la página de internet del Metropolitan, verá esta pieza presentada como una de las obras estrella de la colección egipcia.[58] La ficha

58. Consúltese la página <www.metmuseum.org/collections/>, y desde allí se puede acceder a las piezas estrella de la colección egipcia (*highlights*).

Mango de un látigo con un caballo saltarín, probablemente de la tumba de Tutankhamón. Metropolitan Museum de Nueva York. Foto © N. A.

que lo acompaña lo denomina «Prancing horse» (es decir, «caballo saltador») y lo fecha entre 1391 y 1353 a. C. No especifica absolutamente nada más y se limita a decir que posiblemente pertenezca a finales de la dinastía XVIII, quizá del reinado de Amenofis III. En la selección de piezas estrella, este mango de látigo figura con el número 28 de 50, y en ningún lugar se hace una sola mención a su posible procedencia de la tumba de Tutankhamón. Hoving sugería en su libro, verdaderamente revelador, que el Metropolitan jamás reconocería públicamente, aunque esté convencido de ello, que alguna de estas piezas proviene de la KV62. De hacerlo, se convertirían en una especie de encubridores de un delito. Sin embargo, el museo neoyorquino ha devuelto recientemente las piezas que se le enviaron para hacer análisis o que, según la célebre lista de Carter, se sabe con certeza que salieron de la tumba del Faraón Niño. Por ello hoy podemos ver en El Cairo el collar de fayenza azul, los clavos de los ataúdes mandados a analizar o el precioso perrito de bronce, de pocos centímetros.

No lejos del corazón de la Gran Manzana, en Brooklyn, descubrimos el museo donde se halla el segundo mayor grupo de piezas posiblemente procedentes de la KV62. El Museo de Brooklyn siempre ha sido cauto a la hora de reconocer públicamente su origen. Sin embargo, cuatro hermosas piezas con las que cuenta esta institución ya fueron asociadas con Howard Carter y la tumba de Tutankhamón en un artículo aparecido en el boletín del museo y escrito por John Cooney, el conservador de la colección egipcia, publicado en 1948. Cuando Hoving escribió su libro, tres décadas después, siguió la pista de estas piezas. Al pedirle que confirmara la procedencia de los objetos de la KV62, un miembro del departamento, cuyo nombre Hoving no quiere desvelar, le respondió: «¿De dónde si no?». Vamos con ellas.

Las joyas de la colección son una figura femenina de marfil sustentada por una base de fayenza; un gran collar de fayenza; una cucharilla de marfil para ungüentos y un vasito de cristal azul. Todo este primer grupo procedía de la colección privada de Howard Carter, que su sobrina Phyllis Walker heredó y vendió con la mediación de Harry Burton como albacea testamentario.

Otra pieza del Museo de Brooklyn, que fue una donación de la colección Guennol realizada en 1947, es un magnífico saltamontes de marfil. También perteneció a la colección privada de Carter, y luego fue adquirida por un anticuario neoyorquino, Joseph Brummer, quien a su vez se la vendió a dicha colección.

Otros museos de Estados Unidos poseen piezas procedentes de la KV62. Las compraron siempre a través de intermediarios o galeristas. Por su parte, estos las habían adquirido directamente de las colecciones de Carter o Carnarvon, en alguna subasta o mediante algún intermediario.

El Cleveland Museum of Art, en el nordeste de Ohio, compró a mediados de los años setenta una pieza interesante. Se trata de un amuleto en forma de gato, hecho en hematita oscura, posiblemente procedente de la KV62. La operación se realizó gracias a la intermediación de John Cooney, el conservador de arte egipcio que había trabajado años atrás para el Museo de Brooklyn y que ahora se encontraba en Cleveland. Menudo ojo tenía ese hombre...

La William Rockhill Nelson Gallery of Art, de Kansas City, conserva varios fragmentos de oro de un collar descubiertos en la tumba de Tutankhamón. Carter se los regaló a su médico y este se los vendió a un comprador de oro de Londres, de quien los adquirió el museo de Kansas.

Finalmente, el Cincinnati Art Museum acoge una de las piezas más insólitas. Se trata de una pantera de bronce con ojos de cristal en actitud acechante, con la cola levantada y la cabeza vuelta hacia un lado. También provenía de la colección de Carter, quien muy posiblemente la halló en la cámara funeraria de la tumba.

Hoving habla también de al menos seis piezas más hoy recuperadas por el museo de El Cairo. La primera de ellas es un adorno de oro procedente quizá de un broche. En él aparece el Faraón Niño lanzándose en su carro de guerra. En algunas partes está decorado con diminutas gotas de oro puro, como si el carro en su marcha se hubiera ensuciado de polvo. El objeto fue un regalo de lord Carnarvon al rey egipcio Fuad (1868-1936). En 1952, el hijo de este, el entonces rey Faruk (1920-1965), se lo devolvió al país antes de abdicar y exiliarse en Mónaco.

El mismo Faruk parece que fue la vía por la que regresó otro puñado de piezas, cuatro o cinco anillos de oro y fayenza, que salieron de Egipto hacia Inglaterra. Se devolvieron gracias al gesto de la sobrina de Carter. Al parecer, cuando Phyllis Walker descubrió, tras la muerte de Carter en 1939, que estos anillos llevaban el nombre de Tutankhamón, se los envió de inmediato a Faruk.

En 2002 saltó a la palestra otra pieza posiblemente procedente de la tumba o vinculada a Tutankhamón. En esta ocasión se trataba de una máscara de madera. Se conserva en la actualidad en el museo parisino del Louvre y debió de formar parte en la Antigüedad de la tapa de un ataúd. Este detalle se deduce de las cuatro pestañas que posee por la parte de atrás y que demuestran que la máscara se colocaba sobre otra pieza de madera. La artífice del hallazgo es la egiptóloga americana Susan E. James.[59] Según el Museo del Louvre, la pieza catalogada como E11647 es una máscara de madera (quizá habría que escribir «máscara», entre comillas, tal y como hace la propia doctora James) con incrustaciones de pasta vítrea que forman ojos y cejas. Sus medidas son 18 centímetros de alto, 17 de ancho y 8,8 de grosor. En los archivos del museo figura únicamente la datación «dinastía XVIII». Patricia Rigault, a la sazón documentalista del museo, afirma que la E11647 fue adquirida en el mercado de antigüedades por esta institución en el año 1921, pocos meses antes del descubrimiento de la tumba de Tutankhamón. ¿Pudo cambiarse la fecha de compra para evitar sospechas sobre su procedencia?

La doctora James insiste en el hecho de que, al igual que la gran mayoría de las piezas extraídas de la tumba de Tutankhamón, esta misteriosa máscara de madera no posee ningún texto que la identifique. ¿Procede realmente este tesoro del Louvre de la KV62? No lo sabemos. Yo antes pensaba que sí, pero cada vez estoy más convencido de lo contrario. Y es que no hay que dar la espalda a un hecho evidente. Si realmente procediera de esta

---

59. Véase de esta misma autora el artículo «A Lost "Mask" of Tutankhamen?», *KMT*, vol. 13, n.º 1 (primavera de 2002), pp. 62-66. El texto está ilustrado con superposiciones de esta pieza con otras halladas en la KV62, como la máscara de oro del faraón, algunos *ushebtis*, la cabeza de madera del rey saliendo de una flor de loto e incluso la propia momia, en donde se aprecia la extraordinaria semejanza de los rasgos que identifican de forma indudable este trabajo con la figura de Tutankhamón.

tumba, por fuerza tendría que haber estado ensamblada en algún ataúd, máscara o escultura, pero ninguna de las piezas de madera de la KV62 susceptibles de haber albergado la E11647 encaja con esta posibilidad. Tanto el maniquí como los ataúdes y el resto de las figuras de la tumba están enteros. También es posible que la dejaran en el suelo de la antecámara o de la cámara del sarcófago los sacerdotes que organizaron de forma precipitada el cierre y nueva selladura del sepulcro después de que, seguramente, fueran apresados *in fraganti* los autores del robo, cuando el ataúd en cuestión o la escultura desapareció. Pero también es posible que el conjunto se vendiera completo y que el resto del ataúd todavía ronde por cualquier colección privada o museo, de modo parecido a lo que sucedió con el ataúd descubierto en la KV55 y del que ya hablé anteriormente.

Con todo, si me preguntan ahora, mi respuesta es clara. No creo que la máscara esté relacionada con Tutankhamón ni con la tumba. En la Antigüedad no solían robarse piezas del volumen de un ataúd. Al contrario, se les arrancaban las láminas de oro o de metal, que era lo que interesaba y lo que se podía vender en el mercado. Es cierto que la pieza es una obra magnífica seguramente procedente de los talleres reales y que su tipología y rasgos se corresponden con el reinado de Tutankhamón, pero no se puede añadir nada más.

En otras ocasiones, nadie esconde la procedencia de algunos objetos de Tutankhamón en museos fuera de Egipto. En el Museo del Louvre, por ejemplo, hay un *ushebti*, una figura funeraria de fayenza blanca, con el nombre de Tutankhamón inscrito en la parte delantera. Se trata de un regalo de Carter a su médico, y el Museo del Louvre se hizo después con él de forma legal. Nadie duda que la pieza salió de la tumba, aunque es cierto que los faraones a veces dejaban depósitos de *ushebtis* en lugares con cierta importancia en el ritual funerario, como la ciudad de Abydos o la meseta de Sakkara. Pero no es el caso. Algo parecido sucede con la colección de los Museos Reales de Arte

Shabti de Tutankhamón conservado en el Museo del Louvre, París.
Foto © N. A.

e Historia de Bruselas, que albergan pequeños objetos que Carter y Carnarvon regalaron a la reina Isabel de Bélgica en sus varias visitas a la tumba. Se trata de pequeños objetos, un trozo del tejido de lino que cubría las capillas de la cámara funeraria y dos amuletos en forma de azadones que deberían ser usados por el difunto en los Campos de Ialu en esa estancia eterna en el Más Allá.[60]

Como vemos, son muchas las piezas esparcidas por diferentes museos del mundo que quizá provengan de la tumba. Aunque en su mayor parte son objetos pequeños que no tienen una trascendencia muy grande para el estudio de la tumba, algunos, como la figura del perro de bronce, la gacela, el saltamontes o el

60. El trozo de lino cuenta con la referencia E.7900 y es un regalo de la reina Isabel al museo en 1951. Los azadones (inv. E6385 a y b) fueron donados por Alberto I en mayo de 1930.

caballo brincador, por citar varios ejemplos, son sin lugar a dudas piezas únicas en la historia del arte egipcio.

Nada que ver con estos objetos tangibles y mensurables tienen las historias que han crecido alrededor del descubrimiento de la tumba de Tutankhamón. Entre los guías de Egipto circulan algunas leyendas urbanas que hablan de la desaparición de objetos del tesoro del Faraón Niño, que se avivan o decaen dependiendo de la simpatía que despierte el presidente del Gobierno de turno. Por ejemplo, se dice, sin prueba ninguna, que en los años setenta desapareció del Museo Egipcio de El Cairo uno de los bastones del tesoro de Tutankhamón. Se trataba de una magnífica pieza de madera, posiblemente ébano, pero lo más espectacular estaba en el mango del bastón. Allí había una representación en oro macizo del dios Kheper, el escarabajo pelotero símbolo del devenir y el crecimiento, saliendo de una pequeña flor de loto. Una verdadera obra maestra de la que no se ha vuelto a saber nada… porque en realidad ese bastón nunca ha existido. Los egipcios son muy dados a relacionar todo con el oro. Es más, la forma en que se extravió el bastón fue, según estos guías, muy cinematográfica. Al parecer sucedió durante la visita de un importante político al museo, acompañado por el presidente Anwar el-Sadat. Este, en un momento dado, rompió (literalmente) la vitrina en la que estaban los bastones y tomó la mencionada pieza con el mango de oro para regalárselo a su invitado sin ni siquiera avisar a los encargados del museo.

En la actualidad no es difícil encontrar réplicas de este misterioso bastón en los mercadillos de Egipto. Suelen ser trabajos bastante buenos, aunque en el mango se sustituye el oro macizo, lógicamente, por marfil o incluso plástico, materiales mucho más baratos. Qué les voy a contar. Unos preguntan si no habría que mirar en la buhardilla de la casa del expresidente estadounidense Jimmy Carter en su plantación de cacahuetes, en Plains (Estados Unidos); otros que sería mejor buscar en el domicilio del antiguo primer ministro israelí, Menajem Beguin, con quien

Sadat compartió el Premio Nobel de la Paz en 1978. En Egipto se dice que no era extraño que Sadat visitara el museo con personas importantes y decidiera, sin que nadie osara rechistar, que tal o cual pieza debía ser entregada como regalo a Fulano o Mengano. La experiencia me ha hecho saber que estas habladurías no son más que leyendas urbanas que no tienen ningún sentido. Las piezas del tesoro de Tutankhamón están más que controladas y nunca ha sucedido nada parecido a lo que relatan los guías, al menos que se sepa.

Algunos de ellos incluso acusan a Howard Carter de ser el sempiterno ladrón de antigüedades. De vez en cuando algún amigo me envía el último texto de Facebook publicado por un receloso desinformante egipcio que acusa a Carter de haber robado kilos y kilos de oro en joyas de la tumba de Tutankhamón, para hacerse millonario. Al parecer esas joyas están ahora en el Metropolitan de Nueva York, y no se entiende cómo el Gobierno egipcio sigue dando permiso a esta institución para llevar a cabo excavaciones en el valle del Nilo, con todo lo que ha robado… Pero las joyas de oro solo existen en la imaginación de los pobres guías; aunque parezca extraño, pues muchos cuentan con una formación arqueológica y el respaldo egiptológico que da el hecho de haber nacido en el país y estar familiarizados con las piezas que ven en los museos, son incapaces de distinguir una Barbie de un *ushebti*.

Lo mismo se decía de uno de los estandartes del faraón. En esta ocasión, la historia tuvo un final más feliz, ya que la pieza acabó apareciendo, aunque nunca se supo qué hubo realmente detrás de lo que se contó. Imagino que, una vez más, desinformación e ignorancia. Entre los estandartes de Tutankhamón hay uno magnífico en forma de halcón, de madera dorada y con incrustaciones de pasta vítrea, que representa al dios Gemehsu.[61] Apareció en uno de los arcones negros descubiertos en la cáma-

61. Carter 283c.

ra del tesoro. Representa a un halcón momificado que porta el mayal real. El conjunto reposa sobre la base de un estandarte, también de madera dorada, parecida a una escuadra, que servía de soporte a este tipo de emblemas. A su vez, todo el conjunto descansa en una base de madera negra en la que hay una inscripción sobre Gemehsu.

Pues bien, conocí la historia cuando hacia el año 2000 un amigo me contó que la figura de Gemehsu había desaparecido y que en su lugar habían colocado una copia de bronce. Eso es lo que le habían comentado algunos compañeros. Al parecer, no era porque se estuviera restaurando. De ser así, se habría dejado una nota en la vitrina informando al visitante de que la pieza se encontraba en el laboratorio sometiéndose a un proceso de conservación y limpieza. En esta ocasión, algo debía de pasar cuando en vez de la pieza original se exponía una réplica que parecía recién salida, según decían, de una tienda del Khan el Khalili, el bazar más popular de El Cairo. Lógicamente en el museo nadie sabía nada. O nadie quería saber nada.

La situación se tranquilizó cuando a los pocos meses la pieza original fue devuelta a su vitrina y se retiró la réplica. Hasta aquí la leyenda, parecida a la de la chica que deja la chaqueta en la cruz del cementerio.

La resolución del misterio fue sencilla. Como pude comprobar tiempo después, los guías confundieron dos de los estandartes del mismo dios, uno más dorado que el otro. Los dos siempre estuvieron ahí hasta que un día se llevaron el más brillante a restaurar. Entonces, al darse cuenta de que solo había uno con menos brillo, hicieron correr la falsa noticia de que lo habían robado. La culpa en este caso era de Hosni Mubarak.

Así son las noticias que se difunden por las redes sociales en el país de los faraones como si fueran verdades absolutas. Por ejemplo, la historia que Hoving contaba en su libro sobre la entrada furtiva en la cámara funeraria, en Egipto llegó a incluir una cartera con documentos secretos que había aparecido bajo el suelo de la casa de Carter, documentos en los que se podía leer esa historia y que contenían pruebas de todo el oro que se había llevado el arqueólogo. Para no parar de reír.

El tráfico de antigüedades en Egipto es algo que está a la orden del día incluso en las esferas más altas del Gobierno. Por eso uno se pregunta muchas veces a qué viene que las autoridades egipcias despotriquen contra el mal llamado «saqueo europeo» de su país en el siglo XIX, cuando son ellos mismos los que van poniendo precio al patrimonio. Además, y nunca me cansaré de repetirlo, si el Museo Egipcio de Turín, el Británico de Londres, el Louvre parisino o el de Berlín cuentan con excepcionales colecciones de arte egipcio es, ni más ni menos, porque los propios egipcios en los siglos XIX y XX comerciaban con su patrimonio. Zahi Hawass, exministro de Antigüedades, ha estado en el ojo del huracán por esta cuestión. Vistas con perspectiva, uno se da cuenta de lo poco creíbles que son este tipo de historias. Hawass no tiene ninguna necesidad de meterse en estos líos para conseguir dinero; lo hace, y creo que brillantemente, por otros métodos más honestos.

Por desgracia, hubo un momento de la historia reciente en el que el tesoro sí corrió verdadero peligro. Me refiero al asalto al Museo Egipcio de El Cairo, en la plaza de El-Tahrir, el 28 de enero de 2011 durante la revolución que supuso el abandono del Gobierno del sempiterno Hosni Mubarak.

Toda revolución implica cambios, algunos de ellos bruscos y violentos, que suponen la ruptura de una dinámica de trabajo y la estabilidad social. El día 25 de enero de 2011 comenzó en Egipto una revolución social que en apenas dos semanas obligó al entonces presidente a dejar el Gobierno y delegar todas las funciones en un consejo superior de transición liderado por los militares.

Durante los días previos al cambio político, el país se sumió en un verdadero caos. La policía desapareció de las calles y de los yacimientos arqueológicos dejando a la intemperie un enorme patrimonio cultural. Si a esto añadimos que las cárceles se vaciaron y muchos criminales deambulaban a sus anchas por calles y plazas, no es extraño suponer que, en algún momento u otro, alguna catástrofe podría producirse en lo que respecta al legado cultural de los faraones.

Además de los saqueos a almacenes en Sakkara, el Sinaí, Alejandría o Luxor, quizá el hecho más mediático en toda esta historia fue el asalto al Museo Egipcio de El Cairo el viernes 28 de enero.

Pocos días antes de producirse el levantamiento popular, el museo cambió de dirección. La doctora Wafaa el-Sadik dejó su puesto después de casi siete años de excepcional trabajo al frente de esta importante institución. El nuevo director, el doctor Tarek el-Awady, había desempeñado en varias ocasiones funciones de responsabilidad en yacimientos arqueológicos, en lugares como Abusir o Luxor. Seguramente jamás imaginó el controvertido comienzo que iba a tener en su nuevo puesto.

«El destino hizo que el museo estuviera en el corazón de la revolución —me dijo el doctor Tarek el-Awady pocos meses después—. No hay que olvidar además que El-Tahrir significa "liberación". Aunque no todo sucedió aquí, sí se ha identificado la plaza como el símbolo de la revuelta. Cuando empezaron las protestas el día 25, en el museo todo estaba tranquilo. Lo mismo sucedió los días 26 y 27. Público, visitas, autobuses, etc. El problema vino el día 28, que era viernes».

En los alrededores de la plaza se llegaron a congregar más de un millón de personas, por lo que se decidió cerrar el museo. Solamente quedaron en el ala de la administración algunos funcionarios y los policías que monitorizaban las cámaras de seguridad, estos en una habitación que se encuentra fuera del museo, en el jardín, realmente lejos de las galerías.

Quienes de verdad protegían el museo eran las fuerzas de la policía que había en el exterior. Después de la oración de la una de la tarde comenzaron los problemas entre la policía y los protestantes, que pedían libertad y una vida mejor. Según me confesó Tarek, «al atardecer la tensión entre la policía y los manifestantes se incrementó. Por ello se pidió al ejército que ayudara a los policías a controlar la situación. Desafortunadamente, la policía se marchó de la plaza de forma repentina, en muy pocos minutos. Fue el momento que aprovecharon varios criminales para mezclarse en El-Tahrir con la masa y empezar sus actividades delictivas».

Los manifestantes prendieron fuego al edificio del Partido Nacional Democrático (el partido de Mubarak), que se encuentra a solo treinta metros del museo. Esa fue la primera preocupación, más que la posibilidad de un saqueo. Los funcionarios del museo intentaron ponerse en contacto con el servicio de emergencias, pero por desgracia ese día todas las comunicaciones estaban cortadas. El Gobierno de Mubarak había tenido la genial ideal de cortar el acceso a internet y las líneas telefónicas para evitar que corrieran mensajes de apoyo a la protesta.

En esos momentos algunos asaltantes entraron en los jardines. Cuando los manifestantes vieron lo que sucedía se acercaron y crearon una cadena humana alrededor del edificio para protegerlo. Algunos de los manifestantes fueron heridos por los ladrones, que portaban cuchillos y armas. Se intentó contactar con los responsables del ejército, pero era imposible porque todo el mundo celebraba la victoria sobre la policía. Había cientos de miles de personas alrededor del museo y era imposible acercarse.

Solamente unos criminales pudieron entrar por el techo del museo a través de la escalera de incendios que hay en el exterior. Fue muy fácil para ellos, porque hay numerosas cristaleras para la luz y aperturas para la ventilación. Recordemos que había muchas ventanas abiertas en el techo de las galerías. Los ladrones entraron por el techo de la sala 36 de la primera planta. Uno de ellos se precipitó sobre la primera vitrina, la de un sarcófago. Quedó malherido y no pudo abandonar el museo, por lo que fue arrestado dentro. Lo llenó todo de sangre y se le pudo seguir el rastro. Afortunadamente no se perdió nada en la sala. Se ha pensado en dejar todas estas evidencias para que en una exposición futura se pueda ver la sangre. Después de la muestra, la limpiaremos.

La única decisión que se tomó en la habitación de control del museo fue cortar la luz para que los ladrones no vieran y no supieran por dónde caminaban. Al no contar con ningún tipo de equipación, se pensó que así el daño sería mínimo.

El objetivo principal de los ladrones era el oro. La ignorancia popular de muchos egipcios los lleva a pensar que todo lo heredado de los antiguos faraones es de oro, y que el museo de El Cairo está repleto de objetos hechos de este metal precioso.

«Entonces se dedicaron a romper las piezas —continúa explicándome Tarek— y descubrieron que eran de simple madera o piedra. Cuando se desesperaron porque no encontraban el oro que buscaban, se llevaron cincuenta y cuatro objetos, muchos de ellos de bronce, y algunas estatuas de madera dorada. Del tesoro de Tutankhamón rompieron dos vitrinas, de las que desaparecieron dos figuras. Pero las piezas de oro, como la máscara o los ataúdes y algunos objetos pertenecientes a otros faraones, se encuentran custodiados en tres habitaciones de seguridad separadas de las galerías. De igual manera, las dos salas de las momias también están cerradas y separadas de las galerías por puertas, y quedaron a salvo».

Las imágenes de televisión que se pudieron ver en todo el mundo dieron una versión distorsionada de lo ocurrido. En ellas aparecían destrozadas contra las vitrinas o el suelo algunas figuras del tesoro de Tutankhamón. Sin embargo, las autoridades egipcias eran ambiguas y en un principio no quisieron reconocer este detalle. En algún medio se llegó a decir incluso que la máscara de Tutankhamón había desaparecido. La información era confusa, y hasta unos días después, cuando se hizo un chequeo de lo que había pasado realmente la noche del 28 de enero en el Museo Egipcio de El Cairo, no se pudo conocer la verdad.

Cuando hicimos el inventario de las vitrinas rotas y los objetos que faltaban nos dimos cuenta de que habían desaparecido cincuenta y cuatro piezas. Se confeccionó una lista y se publicó. La policía y el ejército pudieron detener a tres criminales y devolver al museo doce objetos. Más tarde capturaron a otros tres, que devolvieron otros cinco objetos. Y finalmente se hicieron con ocho ladrones y dos objetos más. Cuando se dio a conocer la noticia de que había habido detenidos, que fueron condenados a quince años de prisión y una multa de sesenta mil euros, otro grupo de saqueadores devolvió cuatro objetos más.

El doctor Tarek el-Awady está muy molesto por lo que se dijo en la prensa en aquel momento.

Ha dicho muchas bobadas. Incluso se llegó a publicar que la máscara de Tutankhamón había desaparecido y que lo que hoy vemos en el museo es una réplica. En muchos medios árabes se afirmó incluso que el museo se había saqueado por completo y que ahora solo tiene réplicas, o que se incendió en la revolución. La gente es muy ignorante. Estas cosas se decían en la televisión. Hasta el día 31 de enero, incluso, el ejército siguió deteniendo a personas que saltaban la tapia porque habían oído en la radio o la televisión que estaba todo destruido y que podías coger lo que quisieras y hacerte rico. Pero el museo únicamente se vio asaltado el 28 de enero.

Entre las fotografías que recorrieron los medios de comunicación de todo el mundo había una en la que se veía la cabeza de una momia. No era una momia real, guardadas entonces con seguridad en dos cámaras muy bien custodiadas, sino que pertenecía a un individuo anónimo cuyo ataúd estaba expuesto en el museo. Los ladrones también saquearon varios ataúdes buscando un extraño elemento llamado «mercurio rojo», *sheba lahmy* en árabe egipcio. El mercurio rojo en el mundo musulmán es un compuesto con el que dicen algunos egipcios que se momificaba a los antiguos reyes y se colocaba junto al cuello. Es mucha la gente que cree todavía que en época faraónica las momias se protegían depositando en su interior una píldora de este misterioso material. Según la creencia local, con el mercurio rojo se puede dominar a los espíritus y, por lo tanto, conseguir cualquier cosa que se desee: dinero, vigor sexual o la eterna juventud.

Se trata de una leyenda, como es lógico. No existe nada parecido al mercurio rojo; sin embargo, esta curiosa leyenda está grabada a fuego en la cultura popular egipcia. He hablado con ingenieros, abogados e intelectuales, personas a las que se les presupone cierta cultura, y todos ellos defienden la existencia de este elemento. Un completo absurdo que algunos de los ladrones del museo buscaron con denuedo.

La historia del mercurio rojo es muy larga . No solamente se da en Egipto, sino también en otros países árabes. A más de un jeque del golfo Pérsico lo han estafado cobrándole varios millones de dólares por un bote de mermelada de fresa haciéndole creer que era mercurio rojo. Algunos amigos me han hablado de vecinos que vendieron tierras para comprar mercurio rojo con el que recuperarían su dinero y luego lo multiplicarían por mil.

La leyenda que rodea a este insólito elemento le ha hecho traspasar el mundo de lo irreal para convertirse en protagonista de insólitos engaños. El mercurio rojo es moneda de cambio en el tráfico de armas, pues se lo supone capaz de crear bombas de fusión de una forma más sencilla que la de las tradicionales armas nucleares.

El legendario elemento alcanza precios desorbitantes. Hay quien ha llegado a pagar más de medio millón de euros por un cuarto de gramo. Jeques árabes en busca de potencia sexual o políticos sin escrúpulos, como el serbobosnio Radovan Karadžić para fabricar armas de destrucción masiva, han sido objeto de estafas millonarias cuando iban tras el desconocido mercurio rojo, no más que un simple bote de mermelada.

Después de limpiar el desastre de la búsqueda del mercurio rojo y comenzar la restauración de muchas piezas, el 20 de febrero se abrió de nuevo el Museo Egipcio de El Cairo. Las salas recibieron a cientos de visitantes que querían ver qué era lo que había pasado en aquellos días. "Es mejor así para que todos estén tranquilos —me reconoció el entonces director del museo—. Hay que pensar que no teníamos planes de emergencia para una situación semejante, ni siquiera el país los tenía. Nadie estaba preparado, por eso pasó lo que pasó. La gente decía que por qué no protegimos el museo, pero ¿cómo puedes detener una riada de cientos de miles de personas que viene hacia ti? Lo ves pero no puedes hacer nada para evitarlo. Tenemos cámaras de seguridad, detectores de movimiento, todo. Pero no había comunicación, teníamos que venir andando para avisar de viva voz a los militares. Por el momento sí es cierto que no se puede entender la totalidad de lo que pasó. Se necesita tiempo para documentarlo».

Era necesario hacer una valoración de los daños. Por ello, una comisión de la Unesco se acercó a Egipto para llevar a cabo, in situ, un detallado estudio de los acontecimientos y las medidas que se estaban aplicando para resolver los problemas existentes.

Con el equipo de la Unesco estuvimos tres horas. Ellos mismos reconocieron que lo que había pasado era un daño menor. Si pierdes treinta y un objetos de ciento sesenta mil, el porcentaje es muy pequeño. Todo lo que hay dentro del museo tiene su valor, lógicamente, pero las piezas maestras están seguras y no han sufrido. Ninguno de los guías que vienen con su grupo nota que haya desaparecido nada en especial. Su itinerario no se ha visto en absoluto perjudicado por la falta de estas treinta y una piezas.

El 95 por ciento de las que volvieron estaban en muy buenas condiciones y en poco tiempo fueron expuestas de nuevo. Únicamente hizo falta limpiarlas y volverles a poner la referencia, porque los ladrones la borraron cuando oyeron en los medios que todas las piezas estaban registradas, creyendo que así ya no podrían ser identificadas. Detalles como este demuestran que no eran profesionales y que desconocían el mundo de las antigüedades. «Fíjate —me indica el doctor Tarek el-Awady— que querían vender cinco antigüedades por tres mil libras (trescientos cincuenta euros, una cantidad ridícula) en Khan el Khalili. Y si les daban solamente mil quinientas libras decían: "Pero ¿por qué, si vienen del museo de El Cairo?". Así se los detuvo».

Muchas de esas treinta y una piezas han ido apareciendo poco a poco. Al parecer, aunque la información era escasa y contradictoria, todas estaban dentro del país, ya que la noticia del arresto de los ladrones, así como la sentencia y la enorme multa a la que se enfrentaban, generaron pánico entre el resto de los criminales. Para un egipcio normal, sesenta mil euros era el sueldo, sin exagerar, de toda una vida de trabajo.

Al poco trascendió la noticia de la detención de un traficante de origen turco que guardaba varios de los objetos en su casa de El Cairo. También hay que tener presente que muchas de las informaciones fueron proporcionadas por las autoridades del momento, por lo que han de ser puestas en cuarentena.

¿Qué pasó con el tesoro de Tutankhamón y esas dos vitrinas destrozadas? El laboratorio de restauración del Museo Egipcio de El Cairo cuenta con excelentes profesionales. Todos ellos se han formado en Europa o Estados Unidos y los medios, métodos y, sobre todo, la sensibilidad con que trabajan han cambiado favorablemente en las últimas décadas. La mejor prueba de ello es quizá el resultado de los trabajos llevados a cabo en las piezas recuperadas tras el saqueo, especialmente las de Tutankhamón.

La doctora Hoda Abd el-Hameed era en ese momento la directora del laboratorio de restauración. Según sus palabras, «los objetos de Tutankhamón fueron los más importantes en la restauración. Se destruyeron en muchas piezas pequeñas que aparecieron después. Además, se encontraron en diferentes lugares. En otros casos, como en el de los *ushebtis*, por ejemplo, la destrucción se debía a que se machacaron en varios pedazos contra otras estatuas de piedra».

Uno de los incidentes más sangrantes por el valor de la pieza es el de la figura de Tutankhamón sobre una barca de papiro asiendo un arpón. Se trata de una estatua (JE 60710.1) de madera dorada de setenta y cinco centímetros de altura. «De esta figura, dentro del museo solamente encontramos los brazos y los pies pegados a la barca —me contó la doctora Hoda Abd el-Hameed—. El cuerpo apareció luego, cuando los militares detuvieron a uno de los ladrones que lo portaba. Otros fragmentos de la estatua estaban en el exterior del edificio. En lo que respecta a la figura de Tutankhamón sobre una pantera (JE 60713), el animal apareció muy deteriorado en una sala de la planta superior, lejos de

Estado en el que quedó una de las figuras de Tutankhamón dañadas en el asalto al Museo de El Cairo en enero de 2011. Foto © N. A.

donde se encuentra la vitrina donde se conservaba, situada en la galería principal del Faraón Niño. El cuerpo del rey se encontró en el interior de otra vitrina, ya que la usaron para romper el cristal. Al parecer, los ladrones no conocían el valor de las piezas de Tutankhamón. Solamente buscaban oro y no les valía que fueran de madera cubierta de yeso y una capa de oro. Las destruyeron y las abandonaron porque pensaron que no podrían sacar nada de ellas».

Esta pieza del Faraón Niño sobre una pantera negra es de especial importancia por formar parte del ajuar funerario reutilizado, bien de Nefertiti, bien de Meritatón. Es una de las estatuas del rey que tiene pechos abultados, creando esa contradicción natural.

La única pieza de Tutankhamón que no se ha podido recuperar es la escultura de la diosa Menkeret, la divinidad que portaba al pequeño Tutankhamón momiforme sentado en la cabeza. La diosa ayudaba a cruzar las aguas del inframundo al Faraón Niño, de la misma forma que la tradición cristiana reconvirtió este arquetipo en san Cristóbal. La figura de Menkeret apareció muy deteriorada en el exterior del museo, entre basuras. En la actualidad no conserva el rostro ni los brazos. La figura del pequeño rey también ha desaparecido, y habiendo pasado ya tantos años, parece difícil que aparezca. Yo mismo participé en la búsqueda de la figura meses después en los jardines del museo, cuando aún quedaban esperanzas de que anduviera por allí.

Algunos hablaban de un encargo por parte de deshonestos coleccionistas que querían piezas de la época de Amarna, muy difíciles de conseguir. Esta idea se basaba en que muchas de las figuras pertenecían al tesoro de Yuya y Tuya (especialmente *ushebtis*, algunos de los cuales están todavía en paradero desconocido) o de la estatua de Akhenatón con una bandeja de ofrendas que luego, dicen, se descubrió escondida en un maletín en la estación de metro de Sadat, frente al museo.

Lo que sucedió el 28 de enero de 2011 es aún un misterio. La escalera de incendios que, según el doctor Tarek el-Awady, usaron los ladrones para subir a la terraza del edificio y descolgarse desde ella era en realidad la de un andamiaje que inmediatamente se retiró. Esa escalera no debía estar allí. Por eso señalo que lo ocurrido parece bastante oscuro. Algunos trabajadores del museo me dijeron también que la policía había tomado objetos del interior, que luego habían aparecido en los coches policiales. Lo cierto es que hay ciertas contradicciones entre las imágenes que emitieron todas las cadenas de televisión y lo que cuentan las fotografías que yo obtuve de manos de los militares acerca de lo que se hizo el día 29 para comprobar los daños. Había cosas cambiadas de sitio y otras anomalías que no encajaban con el relato de las autoridades. Me llamó la atención especialmente una figura de una barca con remeros del Imperio Medio que estaba en la sala 36 de la planta superior, la misma por donde se habían descolgado los cacos. En las imágenes de televisión emitidas por todas las cadenas, grabadas por el ejército, no por la prensa, salían varios soldados caminando por el museo con sigilo y armados hasta los dientes, apuntando hacia delante, como si en cualquier momento fuera a aparecer un ladrón detrás de una columna. En esas imágenes, la barca del Imperio Medio se veía deshecha en el suelo, con el capitán tirado a un lado, al pie de una vitrina de madera. Pues bien, en las fotos que conseguí de la revisión del museo al día siguiente, el 29 de enero, esa estatua aparece en una papelera de la planta baja, la papelera del puesto de policías que hay en el acceso a las oficinas de dirección. ¿Qué hacía esa estatua abajo cuando debía estar arriba? ¿Quién había cambiado las cosas de sitio? ¿Por qué las imágenes de televisión nunca mostraron el boquete abierto en la techumbre de la sala 36? Son muchas preguntas aún sin respuesta, y que no creo que puedan responderse nunca. Cuando le transmití mi curiosidad por este hecho al director del museo, se limitó a sonreírme y asegurarme que esa estatua había aparecido en la planta superior. A buen entendedor, pocas palabras bastan.

Una vez más, Tutankhamón fue protagonista, en este caso sin desearlo, de un momento de la historia de su país. Y hay que tomarlo así. Las piezas del tesoro restauradas han quedado extraordinariamente bien, y quien no las conoce es incapaz de percatarse de los arreglos. Una muesca más en el azaroso tesoro del Faraón Niño.

4

Los misterios de la tumba

Conozco por experiencia propia la fascinación que causa en
todo el mundo la imagen de Tutankhamón. No es extraño que,
cuando acompaño a un grupo de visitantes al Valle de los Reyes,
muchos de ellos pregunten por curiosidad dónde se encuentra la
tumba de este joven rey. La mayoría es la primera vez que viaja a
Egipto y nunca antes ha sentido especial interés por la historia
de este país. Sin embargo, cualquier recuerdo del mundo faraónico, un destello de una película que viene a la memoria o la simple mención del inquietante mundo de las momias, por ejemplo,
les hace pensar en Tutankhamón.

Ya he intentado explicar en la introducción cuál podía ser la
clave de este curioso fenómeno. Al igual que se identifica la cultura americana con la figura de un vaquero, la española con un
torero y la británica con un miembro de la guardia real, todos
vemos en Egipto ese mundo faraónico distante, lleno de exotis-
mo y boato, en el que, imaginamos, Tutankhamón desempeñó
un papel importante. Y ya hemos visto que no. El paso de este
rey por la historia del valle del Nilo fue tan breve como el brillo
de una estrella fugaz en una noche de verano. Y, sin embargo, la
gente sigue teniendo en mente la idea de que Tutankhamón lo
fue todo. De lo contrario, ¿cómo explicar esa cantidad de oro,
riquezas y maravillosas obras de arte descubiertas en su tumba
en 1922?

Los visitantes acostumbran a tomar conciencia de la exigua importancia de Tutankhamón cuando visitan la KV62. Se trata de una tumba diminuta, con muy pocas pinturas y de una calidad no muy lograda. Pero la decepción que acompaña al hecho de tener que abonar una entrada suplementaria para ver ese pequeño almacén, no resta atractivo a la imagen del Faraón Niño. ¿Por qué? La respuesta es muy sencilla. Por mucho que se hable de la poca importancia que tuvo este rey en el Egipto de la dinastía XVIII, que fue una verdadera marioneta de los sacerdotes de Amón, o de que gran parte de sus tesoros de oro fueran construidos para otras personas y reutilizados por él, Tutankhamón sigue rodeado de un impresionante velo de misterio que hasta hoy nadie ha podido retirar. Y esto tiene un motivo. Efectivamente, Tutankhamón se sumerge en un periodo del que prácticamente nada se conoce. A este hecho, además, hay que añadir el halo que emana su propia imagen: un faraón muy joven, prácticamente un niño, que nos ha legado una tumba modesta pero repleta de magníficos tesoros, algunos de ellos insólitos, y que estuvo rodeada de extrañas muertes desde el principio del descubrimiento. Prácticamente todo el mundo ha oído hablar de la maldición de Tutankhamón.

El simple detalle de que la ciencia se haya molestado en investigar qué es lo que pasó con las muertes que rodearon al descubrimiento de la tumba ya nos está señalando un hecho: algo debió de suceder en aquellos meses de principios de 1923 y los que sucedieron a la apertura oficial de la cámara funeraria. Todo tiene una explicación lógica. Hubo muertes, en efecto, pero no me atrevo a decir que fueran provocadas por la existencia de una maldición, sino por algo más cercano y común a nuestro mundo mortal, por llamarlo de alguna manera. En este breve apartado me voy a limitar a presentar los hechos y a plantear los últimos hallazgos que se han presentado en torno a la maldición.

La maldición de Tutankhamón

Esta apasionante historia, una mezcla entre lo real y lo irreal, comienza a las dos menos diez de la madrugada del jueves 5 de abril de 1923.[1] La escena se desarrolla en una lujosa habitación del hotel Continental Savoy de El Cairo. Allí lord Carnarvon decía sus últimas palabras: «He escuchado... su llamada... y le sigo». Pocos minutos después, todas las luces de El Cairo se apagaron y la ciudad se sumió en un respetuoso luto. A la misma hora en que fallecía el noble inglés, pero en Inglaterra, a las cuatro menos diez de la madrugada, en su fastuosa mansión de Highclere, la perra de la familia, Sussie, se sentó sobre las patas traseras, aulló lastimeramente y murió.

La muerte de lord Carnarvon parecía el resultado de una «profecía» lanzada semanas antes, exactamente el 17 de febrero de 1923. En aquella fecha todo estaba preparado para realizar la apertura oficial de la cámara mortuoria. Arthur Weigall, a la sazón inspector del Servicio de Antigüedades de Egipto, tuvo la ocurrencia de comentarle a Howard Carter: «Si [lord Carnarvon] desciende a esa tumba, le doy seis semanas de vida». Seguramente lo dijo en broma en el contexto de una charla informal sobre los miedos que existen entre los egipcios por este tipo de cosas. Sin embargo, Weigall lo clavó.

El 19 de marzo de 1923 Carnarvon cayó enfermo. Afeitándose se había abierto la pequeña herida que le produjo la picadura de un mosquito días antes. La zona se le infectó y automáticamente le subió la fiebre. Aunque el día 21 mejoró, el 30 de marzo contrajo una grave pulmonía. Tras padecer una fiebre altísima y delirios de toda clase, el 5 de abril lord Carnarvon moría a los cincuenta y siete años de edad. Habían pasado poco más de cua-

---

1. Se puede encontrar más información sobre el asunto en el libro de Philipp Vandenberg, *La maldición de los faraones*, Barcelona, Plaza & Janés, 1986, y en Nacho Ares, *El valle de las momias de oro*, Madrid, Oberon, 2000.

tro meses desde la apertura de la tumba, pero faltaba solamente un día para que se cumplieran las seis semanas previstas en el inquietante aviso de Weigall.

La versión oficial de lo sucedido, reflejada en el certificado de defunción expedido tras la muerte de lord Carnarvon, hablaba de una septicemia. Hoy ese certificado puede verse en el castillo de Highclere. Allí, en el museo con recuerdos de los viajes a Egipto de lord Carnarvon, se muestran el célebre documento y la cuchilla con la que se cortó afeitándose, y así comienza la historia que todos conocemos. El lord inglés era una persona enfermiza, ya lo hemos dicho antes. En el mismo museo podemos ver el maletín del médico personal de Carnarvon, donde, como es lógico, en 1922 no había ningún antibiótico, medicamento que ahora le hubiera salvado la vida en apenas unas horas.

Las inexplicables muertes que se sucedieron tras el fallecimiento de lord Carnarvon sirvieron de caldo de cultivo al nacimiento de una nueva creencia: la maldición de los faraones. La prensa británica no tardó en denominar al fenómeno «la mal-

Castillo de lord Carnarvon en Highclere. Foto © N. A.

dición de Osiris». No hubo que esperar mucho tiempo para escuchar un rumor inquietante. Se hablaba de la supuesta existencia de una tablilla de cerámica, descubierta en la antecámara, que contenía la siguiente inscripción: «La muerte tocará con sus alas a todo aquel que ose despertar el sueño eterno del faraón». Este texto, que según se dijo también en la época apareció no en la antecámara, sino junto a una figura alada grabada en los relieves de la segunda capilla de oro, no existe en ningún lugar de la tumba, y mucho menos en dicha capilla. Pero también hay más versiones del texto de la maldición. En aquellos tiempos la prensa habló de una piedra descubierta por Carter a la entrada de la tumba, y que luego él sacó y enterró, con una inscripción en la que se podía leer: «¡Que la mano que se levanta contra mí sea fulminada! ¡Que sean destruidos los que atacan mi nombre, mi tumba, mis efigies y mis imágenes!». Nada de esto recoge la historia del descubrimiento, aunque hay que decir que esta segunda inscripción encaja mejor con los textos con maldiciones que dejaban los antiguos egipcios en sus tumbas, aunque no con esas palabras tan contemporáneas. Seguramente se tomó de otro lugar y se publicó en la prensa de la época como si fuera un hallazgo realizado en la tumba de Tutankhamón.

También hubo en los periódicos quien dijo que Carnarvon se había cortado en la tumba al ser atacado por una especie de trampa que inoculaba un veneno muy poderoso, todavía activo incluso miles de años después.

Por su parte, un corresponsal afirmó que en la base de barro de un candil colocado frente a la figura de Anubis descubierta en la cámara del tesoro había una inscripción en la que se leía: «Yo soy el que impide que la arena obstruya la cámara del tesoro. Yo soy el que protege al difunto».[2] Este último quizá sea el único elemento real de todo lo relacionado con la maldición de

2. Véase Thomas Hoving, *Tutankhamun. The Untold Story*, Nueva York, Simon and Schuster, 1978, p. 227.

Tutankhamón. Efectivamente, junto a la lámpara de caña descubierta por Carter frente a la figura de Anubis, apareció una tablilla de barro con un texto mágico protector. El propio Carter habló de la existencia de esta tablilla y de su contenido en una de las charlas impartidas en nuestro país el 22 de mayo de 1928, aunque no hizo ninguna alusión a su posible conexión con la maldición.[3] Ese tipo de textos protectores son muy comunes en la literatura egipcia, y solamente con el descubrimiento de Tutankhamón han trascendido de una forma especial.

En cualquier caso, salvo el último, ninguno de estos textos existió en realidad y no hay más que decir que pertenecen a la literatura romántica de la época, creada por la prensa para vender más periódicos. No obstante, no se puede negar que había un increíble caldo de cultivo.

Algunos de los rumores que rodearon a la muerte de Carnarvon mencionaban a una conocida médium, Velma, a la que consultaba con frecuencia el lord inglés. Tras la muerte de Carnarvon, Velma publicó un relato titulado «The fatal curse from the tomb», («La maldición mortal de la tumba»), en el que describía las poderosas fuerzas ocultas que acompañaban a su antiguo cliente, muchas de las cuales salieron a la luz en sus sesiones espiritistas. Según esta mujer, cuando se disponía a marcharse a Egipto, Carnarvon le pidió que le leyera la mano. La médium vio en ella una mancha junto a la línea de la vida y advirtió al conde: «Veo gran peligro para usted. Lo más probable, dado que en su mano son tan fuertes las indicaciones de interés esotérico, es que el peligro surja precisamente de esa fuente».

Carnarvon realizó otra sesión antes de partir. Entonces, Velma vio un templo, una procesión mortuoria en época faraónica, a Carnarvon liderando un grupo de excavación y finalmente a alguien pidiendo justicia porque se había perturbado el des-

3. La mención aparece recogida en la transcripción de las charlas de Carter en España que adjunto en uno de los apéndices de este libro.

canso de un antiguo rey. Carnarvon, desoyendo la advertencia, exclamó: «¡Un desafío a los poderes ocultos de los tiempos, Velma! ¡Y qué desafío!».

También desempeñó un papel importante sir Arthur Conan Doyle, conocido amante del espiritismo y creador del popular Sherlock Holmes. Cuando se le preguntó su opinión sobre lo sucedido en la tumba de Tutankhamón, no tuvo reparos en contestar que efectivamente se trataba de una maldición. Y con el peso que tenía la opinión de este autor, la intriga alcanzó límites insospechados.

El propio contexto histórico de la época nos ha de dar las claves para entender lo que sucedía. Se acababa de dejar atrás la Primera Guerra Mundial, con millones de muertos en Europa. En Inglaterra se decía que no había una sola familia que no hubiera perdido a alguien cercano en la contienda, un padre, un hermano, un hijo… Todas se vieron afectadas, y fue precisamente el sentimiento de vacío que se generó en aquella época lo que propició que el espiritismo y los médiums aparecieran como setas por todas partes. La búsqueda de una forma de contacto con los seres queridos caídos en la guerra para poder despedirse de ellos propició el boom de las sesiones espiritistas. Estas sesiones tenían lugar en reuniones sociales, y eran algo normalizado y, hasta cierto punto, de buen gusto. De la misma forma que hoy en nuestra cultura occidental nadie se extraña, si entra en una iglesia, de que haya una persona, el sacerdote, haciendo de intermediario entre Dios y los seres humanos y dando la comunión y el perdón, en la Inglaterra de hace cien años la sociedad había asimilado el espiritismo. De ahí que Velma fuera llamada continuamente para prestar sus servicios en casa de lord Carnarvon.

Es más, Arthur Weigall cuenta algunas historias curiosas sobre esta tendencia cultural en aquella época.[4] En algunos artícu-

---

4. Arthur Weigall cuenta esta historia en *Tutankhamen and Other Essays*, Nueva York, George H. Doran, 1924, pp. 123-126.

los publicados en aquellos años, el egiptólogo habla sin tapujos de los rituales y las fiestas espiritistas en las que participaba junto con lord Carnarvon y el propio Howard Carter. En una de las sesiones más espectaculares no se les ocurrió otra cosa que ir al Valle de las Reinas a implorar al espíritu de Akhenatón. Según nos cuenta Weigall, fueron muy preparados, ya que portaban incluso máscaras de papel maché para meterse en sus personajes. No sabemos si como consecuencia del llamamiento a los espíritus de la época de Amarna o por simple casualidad, lo cierto es que de forma repentina se desató una tormenta sobre la Montaña Tebana y se vieron obligados a montarse en sus coches de caballos y salir todos de allí como alma que lleva el diablo. Eso es lo que cuenta Weigall.

Con todo, más allá de la simple casualidad, hay constancia de la muerte en extrañas circunstancias de multitud de personas que de una manera u otra estaban vinculadas con el descubrimiento de la tumba.

El hermano pequeño de lord Carnarvon, Aubrey Herbert, tuvo una muerte repentina en septiembre de 1923; el magnate ferroviario americano Jay Gould murió de neumonía por un resfriado cogido en su visita a la tumba; el egiptólogo francés Georges Bénédite pereció víctima de una afección respiratoria tras visitar la tumba; el ayudante de Carter, Richard Bethell, murió en extrañas circunstancias en 1929; el padre de este, lord Westbury, se suicidó al conocer la noticia de la muerte de su hijo, y mientras se transportaba el cadáver hacia el cementerio, el coche fúnebre atropelló a un niño de ocho años; el antiguo director del Servicio de Antigüedades, Arthur Weigall, el mismo que avisó de la proximidad de la muerte de lord Carnarvon si se abría la cámara sepulcral de la tumba, falleció de unas extrañas fiebres.

Estas muertes por asociación, como muy acertadamente ha señalado el egiptólogo británico Nicholas Reeves, se alejan, en muchos casos, de los miembros directos del grupo que en teoría deberían haber sido los primeros en caer bajo el poder de la maldición. Sin embargo, su elevado número, casi veinticinco durante los primeros años de excavación de la tumba, resulta escalofriante.

Hoy nos hace gracia y lo vemos desde una óptica muy diferente, pero en la época se llegó a propagar una verdadera histeria por toda Inglaterra. A medida que aparecían nuevas muertes en la prensa relacionadas con la tumba de Tutankhamón, el Museo Británico comenzó a recibir envíos de lo más insólito. Se trataba de souvenirs comprados por turistas ingleses en sus viajes a Egipto. No pretendían otra cosa que deshacerse de la posible maldición que pudiera estar impregnada en aquellos objetos. En la mayoría de los casos eran piezas que no tenían ningún valor, pues se trataba de reproducciones, aunque bien es cierto que hasta hubo quien mandó el brazo de una momia antigua. De todo había.

Howard Carter cuenta en su estudio sobre la tumba que recibía numerosas cartas con las recomendaciones que debía tener presentes para no desatar la maldición, por ejemplo, hacer rituales de limpieza con leche a la entrada de la tumba. Qué desperdicio de leche, por favor.

A toro pasado nos damos cuenta de que la historia se inició no con la muerte de lord Carnarvon, sino con la del canario de Carter.[5] El arqueólogo inglés era un enamorado de los animales y no es extraño verlo en las fotografías antiguas con sus gacelas y caballos, o incluso verlo en las películas que nos han llegado jugueteando con los perros del Valle de los Reyes. En cierta ocasión se hizo con un canario, un pájaro amarillo muy hermoso que los obreros enseguida relacionaron con la buena fortuna, ya que su color significaba que el arqueólogo descubriría un gran tesoro de oro. Y así fue: al poco tiempo apareció la tumba del Faraón Niño. Lo que nadie esperaba era que la naturaleza hiciera una de las suyas y que a los pocos días una cobra se introdujera en casa de Carter y se hiciera con el pobre canarito, al que no

5. Weigall, *op. cit.*, p. 110.

le dio tiempo ni a decir «pío». El hecho, dado que la cobra es uno de los símbolos reales por antonomasia de los antiguos egipcios, para qué más, se interpretó como un anuncio de mal agüero sobre lo que podría suceder en la tumba, como así fue también.

Este tipo de temores se extendieron pronto entre los obreros. Tanto los egipcios de hoy como los de hace un siglo son muy supersticiosos. El Corán habla de espíritus, *djinas*, que para los egipcios son entes completamente reales ya que así los menciona el libro sagrado. Creen que los lugares arqueológicos están protegidos por estos espíritus o incluso por los peligrosos *afrit*, una suerte de genios que despiden fuego por los ojos y el mismo olor a azufre que nosotros vinculamos, en nuestra cultura occidental, a los demonios. En la actualidad, no es extraño encontrarse a *gafires*, los vigilantes de las tumbas, tan cuidadosos que practican concienzudamente rituales protectores antes de entrar en una tumba. Yo lo he visto en Luxor, en Amarna y en Sakkara. Antes de abrir el candado que cierra la puerta de la tumba, golpean tres veces aquella para avisar a los *djinas* que habitan en su interior de que vamos a entrar. Esperan unos segundos y, si nada lo impide —nunca me he visto en la tesitura contraria—, abren la puerta y entran con toda normalidad. Los espíritus están conformes con nuestra visita.

Weigall escribió otro relato de espíritus casi coetáneo del descubrimiento de la tumba de Tutankhamón. La famosa estatua de la diosa Sekhmet que hay en el templo de Ptah, dentro del complejo de Karnak, cuenta con una historia bastante oscura. Hoy mucha gente va a verla y a hacer extraños rituales que no voy a comentar. Sekhmet era hija de Ra, una diosa guerrera y poderosa. Precisamente su nombre significa «la poderosa». Como ya hemos visto al hablar del texto sobre la destrucción de la humanidad que aparece en una de las capillas de oro de la cámara funeraria, en el mito de Ra esta diosa, primero en forma de diosa vaca Hathor y luego como leona, destruye a los seres humanos cuando su padre, Ra, observa que hemos contravenido sus deseos y nos hemos rebelado. Cuando a finales del siglo XIX se excavaron los alrededores del templo de Ptah, el esposo de Sekhmet, al aparecer la estatua de la diosa —por cierto, la estatua no estaba en el interior sino fuera, lo digo por todos los que van allí a rendirle pleitesía: ¡esa estatua no es de este templo!— se generó un pequeño corrimiento de tierras que acabó con la vida de varios niños que trabajaban como obreros en la excavación. La historia de la escultura no empezaba con buen pie. A esto hay que añadir que, tiempo después, uno de los *gafires*, convencido de que era esa figura de Sekhmet la causante de los males de su familia y de la enfermedad de sus hijos, un buen día se presentó en la capilla donde la habían dejado y la destrozó a martillazos. Por ello también les digo a los que van allí a rezarle que la figura que hoy se ve en la capilla es una pobre reconstrucción en resina del original, del cual quedan apenas unos fragmentos de las piernas y la cabeza. Digo esto porque más de uno ha ido hasta allí a abrazarla y ha sentido la energía de Sekhmet contenida en la piedra; energía no, caballero, es que la resina se recalienta en aquella habitación, que es como un horno.

Esta historia sobrecogedora, contemporánea a la de nuestro descubrimiento, nos puede explicar cómo era la mentalidad de los obreros y en qué contexto trabajaban los arqueólogos hace un siglo en el Valle de los Reyes.

Al final, tras sucederse un buen número de muertes en la tumba del Faraón Niño, se inició la búsqueda de una razón médica lógica que solucionara el problema de la maldición de Tutankhamón. Con ello, sin embargo, no se hacía más que reconocer de una forma velada la autenticidad de los hechos relacionados con la maldición de Tutankhamón: la gente moría por causas extrañas.

En 1962, el médico egipcio Ezz el-Din Taha anunció la presencia de un peligroso hongo, el *Aspergillus niger*, en algunos de los arqueólogos afectados por la maldición. Este hongo provocaba fiebres muy altas y afectaba de forma fatal a las vías respiratorias. De todos era sabido que lord Carnarvon había sufrido un accidente de coche en Alemania en 1901, del que su aparato respiratorio había salido mal parado. De ahí que tuviera por costumbre pasar los inviernos lejos de Inglaterra, beneficiándose del clima, más benigno, de Egipto. También otros de los miembros del equipo que fallecieron a causa de la maldición tenían graves problemas respiratorios, como Arthur C. Mace, la mano derecha de Carter; Georges Bénédite, el egiptólogo francés, o Douglas Reed, que examinó la momia con rayos X.

El propio doctor El-Din, tras salir de la conferencia de prensa en la que había expuesto su novedosa teoría sobre la maldición, murió en el acto en un espectacular accidente de tráfico, algo tristemente común en Egipto, pero que no deja de ser curioso.

A esta misma conclusión llegó el doctor Bolesław Smyk una década después cuando investigó las extrañas muertes que habían rodeado a todos los miembros del equipo de investigadores que trabajó con él en la tumba de Casimiro IV, rey polaco del siglo XV enterrado en la catedral de Cracovia. Efectivamente, Smyk descubrió que los objetos hallados en la tumba estaban contaminados con enormes colonias de *Aspergillus flavus*, que habían mutado genéticamente y se habían convertido en microorganismos extremadamente tóxicos. Las mismas colonias se descubrieron en París cuando se restauró y limpió la momia de Ramsés II a principios de los años setenta, pero, a diferencia de otros casos, entonces no murió nadie. ¿Por qué? Muy sencillo. Todos los miembros del equipo trabajaron con mascarillas y guantes.

Desde mi punto de vista, la teoría de *Aspergillus* es la más convincente, aunque también existen algunas más.

Otras hipótesis de trabajo se han encaminado a la creencia de que los antiguos egipcios conocían algún tipo de material radiactivo con el que podrían haber construido o decorado sus tumbas. En 1949, el profesor Luis Bulgarini, célebre científico atómico, estaba convencido de que los egipcios conocían los minerales uraníferos que hoy en día se siguen explotando en Egipto, con los que podrían haber tratado los suelos, las paredes o los objetos de las tumbas. Hay que pensar que esta hipótesis se barajó a finales de los años cuarenta, después de que se lanzaran las bombas atómicas en Japón y cuando lo atómico estaba de moda. La radiación era la panacea para explicar cualquier anomalía. Así como todo médico piensa que la enfermedad de la que es experto pudo haber sido la causa de la muerte de Tutankhamón, tal vez todo científico se sirve de su especialidad para explicar la maldición de los faraones, y pudo haber pasado lo mismo. Bulgarini quiso ver en las muertes de los visitantes de la tumba síntomas parecidos a los que se aprecian en las personas que tienen contacto directo con elementos radiactivos. Según algunos investigadores, los síntomas de los arqueólogos afectados por la maldición eran muy similares a los que padecieron muchas personas tras el lanzamiento de la bomba atómica en Hiroshima. En los últimos años se ha medido la radiación en algunos monumentos egipcios, yo mismo lo he hecho, buscando niveles anormales. Pero no se ha encontrado nada en este sentido.[6] Los egipcios siempre han sido los más inclinados a pensar en la radiactividad como la explicación «lógica» que demostraría las muertes relacionadas con descubrimientos arqueológicos como el de la tumba de Tutankhamón. El profesor Sayed Mohamed Tebal, de la Universidad de El Cairo, recuperó a finales de los años ochenta esta inquietante hipótesis después de analizar algunos objetos y momias hallados en tumbas egipcias.[7] Sin embargo, salvo Carnar-

6. Véanse J. Bigu, Mohamed I. Hussein y A. Z. Hussein, «Radiation Measuremets in Egyptian Pyramids and Tombs. Occupational exposure of workers and the public», *Journal of Environmental Radioactivity*, n.º 47 (2000), pp. 245-252; Mohamed I. Hussein, A. Z. Hussein, M. F. Barakat, S. Nakhla y N. Iskander, «Radiation Levels in Ancient Egyptian Mummies» *Radiat. Phys. Chem.*, vol. 44, n.º 1/2 (1994), pp. 169-171.

7. Christopher Frayling, del Royal College of Art de Londres, entrevistó a Tebal para la serie sobre Tutankhamón realizada en 1992 por la BBC. La podemos ver en su edición española bajo el título «El despertar del faraón», den-

von, quienes murieron habían entrado solamente una vez o dos en la tumba. ¿No sería más normal que Carter y sus ayudantes hubieran muerto los primeros?

Otra teoría que intenta ofrecer una solución racional a tan oscuro problema es la de que los sacerdotes egipcios utilizaran alguna clase de veneno en polvo o en estado gaseoso que cubriera las partes más preciadas de la tumba, como la cámara del sarcófago y la del tesoro. No olvidemos que el mismo Carter, antes de entrar en la tumba el día de su apertura, introdujo una vela y esperó unos segundos para comprobar que no había ninguna clase de gas venenoso. Esta idea, por tanto, se desestimó casi desde el inicio.

Finalmente se habló de la histoplasmosis. Se trata de una enfermedad producida por un microhongo, *Histoplasma capsulatum*, que se desarrolla en los excrementos del murciélago o en sustancias en descomposición. Hay dos variantes. La primera genera un simple catarro bronquial con fiebre que se cura en pocos días, la más común. La segunda forma es más grave y también más rara. Ataca especialmente a personas que ya han padecido algún proceso pulmonar grave que haya debilitado su sistema respiratorio. A pesar de todo, con la medicación moderna la mortalidad no supera el 1 por ciento de los casos estudiados.

La pregunta que debemos hacernos, ya que, honestamente, no sabemos cómo solucionar el enigma de la maldición, es cómo nació esta historia. Yo he oído mil explicaciones. Como he dicho, se ha hablado de un papiro, un texto antiguo que advertía de que la muerte tocaría con sus alas a quien se atreviera a importunar al faraón. ¿De dónde viene esta idea de un texto con un mensaje de malditismo? Yo cuento con mi propia teoría.

Como sucede con toda leyenda, siempre hay un trasfondo de realidad. Aunque ya lo he comentado en programas de radio o

---

tro de la serie *El rostro de Tutankhamón*, editada por Folio en su colección *Egipto* (Barcelona, 1998).

en vídeos de mi canal de YouTube, creo que nadie hasta ahora lo ha publicado. Y cuando una teoría aparece impresa en papel parece adquirir más solidez. Pues bien, es cierto que en la cámara funeraria de la tumba de Tutankhamón había un texto que puede entenderse como una maldición. No es un papiro, aunque estos textos siempre se escribían en papiros; quizá por esto se generó el error. Me estoy refiriendo al capítulo 151 del Libro de los Muertos, que se grabó al dorso de la máscara de Tutankhamón y al que nadie ha prestado nunca atención. Ya he mencionado en su momento que sobre la máscara nadie ha publicado ningún estudio científico, y tal vez esta es la razón del malentendido. En algunas versiones del pasaje 151 del Libro de los Muertos, en el que se describe cómo debía ser la estructura de la cámara funeraria para que pudiera protegerse mágicamente de cualquier tipo de contratiempo, incluidos los ladrones, podemos leer: «Que sus enemigos caigan debajo de él [Tutankhamón] ante la Gran Enéada, en la que podemos encontrar la gran mansión de los dioses de Heliópolis». Con ello se está haciendo una referencia muy clara a ese elemento protector contra todos aquellos que entren de forma impía en la tumba con la mala idea de robar.

Realmente, no se podía entrar con otra idea, ya que las tumbas de los reyes de este periodo no contaban con lugares donde los familiares o los sacerdotes pudieran rendirle culto al muerto. Esto sí se hacía en las tumbas privadas de la Montaña Tebana en donde vemos que hay habitaciones para reunir a los familiares en las fiestas de difuntos, como la Bella Fiesta del Valle de principios de verano. Los familiares se reunían en la entrada de la sepultura o en el exterior para recordar a los muertos cuyos restos se encontraban en la cámara funeraria, al final de un pozo inaccesible. Sin embargo, con los reyes estos encuentros y depósitos de ofrendas debían de llevarse a cabo en el templo funerario, construido lejos de la tumba, en la misma orilla oeste de Tebas. En el caso de Tutankhamón, su templo funerario estaba detrás del de Amenhotep Hijo de Hapu, el alto funcionario de la época de Amenofis III, al norte de Medinet Habu.[8]

Seguramente nadie leyó el pasaje 151 inscrito en la máscara de Tutankhamón. Pero si algún avispado oyó a Carter hablar de este detalle o lo leyó en sus libros y consultó una de las versiones publicadas por entonces, pudo haber leído esa advertencia y tomarla como un texto de maldición.

Los textos de maldición en Egipto son relativamente frecuentes. En la tumba de un trabajador de las minas de principios del Imperio Nuevo llamado Ursu, podemos leer lo siguiente: «Al que traspase mi propiedad o dañe mi tumba o dañe mi momia, el dios Sol lo castigará. No podrá legar sus bienes a sus hijos, su corazón no obtendrá ningún placer en vida, no recibirá agua en la tumba (para que su espíritu pueda beber) y su alma será destruida para siempre».[9]

8. Precisamente ahí, en 2020, el doctor Zahi Hawass retomó la excavación del templo del Faraón Niño, y sacó a la luz los restos de una ciudad de la época de Amenofis III-Akhenatón. El hallazgo ha sido asombroso, aunque se ha querido minimizar diciendo que ese lugar ya era conocido por las excavaciones de Alexander Varille en la década de los treinta. Es cierto. El francés trabajó a unos cien metros de allí, más al oeste, en el templo de Amenhotep, hijo de Hapu, y dio con varias casas. Pero incomprensiblemente no continuó y no supo valorar el potencial y la importancia de un lugar de esas características. Las catas de Hawass se realizaron no con la idea de continuar los trabajos de Varille, que él mismo ha reconocido que desconocía, sino para profundizar en el templo funerario de Tutankhamón con la idea de hacer un descubrimiento importante relacionado con el Faraón Niño pocos meses antes del centenario del hallazgo de su tumba. Sorprendentemente, lo que apareció sobrepasó sus expectativas. Es la llamada Ciudad Dorada Perdida de Atón, cápsula del tiempo en la que se ha conservado una ciudad entera de la época previa a la marcha de Akhenatón a Amarna y que, misteriosamente, no fue reutilizada nunca más. Varille jamás vio algo así, y si lo hizo cometió el gravísimo error de no continuar los trabajos.

9. Weigall, *op. cit.*, p. 111.

En las tumbas de los constructores de las pirámides de Gizeh, algunos pasajes advertían a las personas que entraran de forma impía en la sepultura para saquearla del peligro de ser atacadas por cocodrilos e hipopótamos. Y esto sucedía casi mil quinientos años antes de la época de Tutankhamón. Los textos desempeñaban un papel muy importante dentro de la magia. Bastaba beber el agua en la que se había disuelto la tinta con que se había escrito una fórmula mágica o que había sido derramada sobre una estela con un texto protector para quedar resguardado de cualquier mal. Además, al igual que hacemos hoy al escribir nuestros deseos en pequeños papeles y arrojarlos a fuentes o pozos «mágicos», los antiguos egipcios formulaban preguntas o pedían deseos escribiéndolos en un papiro que depositaban ante la estatua del dios.

No obstante, los textos mágicos más insólitos que han llegado hasta nosotros, y que tienen ese halo maligno que rodea a la maldición de Tutankhamón, son los llamados «textos de execración». Grabados normalmente sobre figuras de barro que representaban a los enemigos del país o a la persona que se quisiera destruir por medio de la magia, acababan arrojándose contra la pared o al fuego. Los egipcios pensaban que de esta manera, roto en mil pedazos, terminaría también el poder de su contrincante.

Pero textos de este último tipo no han aparecido en la tumba. Aun así, la semilla había sido plantada con éxito y el fruto maléfico no tardaría en aparecer. La noticia correría como la pólvora, y ya sabemos cómo pueden entender la prensa y la masa social una advertencia de este tipo. El resto de la historia ya lo conocemos.

La maldición de los faraones sigue viva, quizá en la tradición. Es más conocida la propia maldición que la vida de Tutankhamón. Al menos, la prensa británica todavía se hace eco de la historia de forma recurrente. Cuando el primer ministro Tony Blair visitó Egipto a finales de diciembre de 2001, tuvo la oportunidad de ir a la meseta de Gizeh y ser casi el primero en desenterrar los restos humanos de una momia de una tumba del Imperio Antiguo en un sepulcro del mencionado cementerio de los constructores de las pirámides. Como escribió la prensa inglesa: «*Curse of the mummy doesn't scare Blair*» («La maldición de la momia no asusta a Blair»).[10] Siguiendo la broma, las autoridades egipcias le dijeron al primer ministro que no se afeitara hasta dos días después para que la maldición no lo perjudicara.

Hallazgos curiosos

Revisando la colección de Tutankhamón podemos descubrir cosas realmente sorprendentes. En un capítulo anterior ya he hecho mención de algunos de los objetos que más me han impresionado. Tampoco se trata de hacer un catálogo de las miles y miles de piezas que forman el tesoro; en el apéndice recojo las que he considerado «Mis veinte piezas clave del tesoro de Tutankhamón». Pero más allá de la fascinante estética que muestran algunas de estas y de la trascendencia histórica que han tenido con el paso de los años, desde su descubrimiento en 1922 hasta la actualidad, un siglo después, hay otras piezas para mí más curiosas. La mayoría de ellas pasan totalmente desapercibidas, se diluyen entre una multitud de obras de arte, y el visitante del museo donde se exponen no cae en la cuenta del valor que poseen a no ser que alguien le llame la atención sobre su verdadera importancia. En este apartado, por lo tanto, voy a presentar algunas de las «perlas» descubiertas en la KV62. Ellas nos pueden ayudar a comprender ese otro sentido que tenía el mundo egipcio, envuelto en un velo de misterio, que es, en definitiva, uno de los elementos que más nos atraen de la cultura faraónica y, en concreto, de la figura de Tutankhamón.

En la tumba aparecieron varios bumeranes. Seguro que el simple hecho de leer esta frase ha dejado boquiabierto a más de

---

10. Véase el periódico *Post* del día 30 de diciembre de 2001.

Colección de bumeranes aparecidos en la tumba de Tutankhamón.
Foto © N. A.

uno, pero sí, en la tumba de Tutankhamón aparecieron varios bumeranes como los australianos. La gran mayoría se encontraron en cajas o esparcidos por el suelo del anexo, a excepción de dos descubiertos en el interior de una caja en la antecámara.[11] Este tipo de armas arrojadizas solamente eran conocidas hasta la fecha gracias a las representaciones pictóricas. Por ejemplo, es célebre la pintura de Nebamón, conservada en el Museo Británico de Londres, donde aparece este noble de la dinastía XVIII arrojando un bumerán a una manada de pájaros que vuelan sobre un

11. En la caja 054 de la antecámara se descubrieron dos bumeranes de madera decorados con fayenza y oro. En el anexo se encontraron otros treinta y cuatro, en las cajas 367 y 370 (grupo 607) y en el suelo (grupo 620: 4-12). Mencionados por Nicholas Reeves en *Todo Tutankamón*, Barcelona, Destino, 1992.

marjal de papiros, mientras un gato ayuda a su señor en la captura de varias aves.[12] En este caso se trata de una especie de palo decorado como si fuera una serpiente. En la tumba de Tutankhamón, además de los bumeranes de este tipo, también aparecieron algunos del modelo que todos conocemos. Estas armas son muy similares a las australianas en lo que concierne a sus precisas formas aerodinámicas, y han servido de argumento a más de un aficionado a la antropología para establecer posibles conexiones entre Egipto y Australia en la Antigüedad. Efectivamente, en Australia han aparecido estructuras piramidales y en algunos lugares incluso textos en escritura jeroglífica que, desde mi modesto punto de vista, no son sino burdas falsificaciones. Además, hay quien se ha aventurado a manifestar la presencia de un canguro en un relieve de la calzada de Unas. En realidad es un jerbo, representado junto a otros animales del desierto en una escena naturalista.

Sin embargo, lo extraordinario de los bumeranes de la tumba de Tutankhamón no reside solamente en los aspectos antropológicos que podamos ver en las hipotéticas relaciones entre Australia y Egipto.[13] No es la primera vez que se descubre en una tumba egipcia algún objeto con sorprendentes cualidades aerodinámicas. En la sala 22 del Museo Egipcio de El Cairo (El-Tahrir), en la planta primera, hay una vitrina dedicada a exhibir pájaros de madera. Con el número de catálogo 6347 se conserva un halcón de madera de unos 14 por 18 centímetros, una de las piezas más curiosas de todo el museo. Dado a cono-

12. Nebamón fue escriba y contador de grano durante los reinados de Tutmosis IV y Amenofis III. Su tumba se descubrió en la necrópolis tebana (TT146), aunque hoy está perdida. Se cree que debe de estar en la zona de Dra Abu el-Naga. Las mejores pinturas se conservan en el Museo Británico (37977, 37983, 37976, 37978 y 37982).

13. Parecidas conclusiones se han extraído de las claras similitudes entre el arte americano precolombino y algunas piezas egipcias. Véase Nacho Ares, *Egipto el oculto*, Pozuelo de Alarcón, Aguamarina, 1998, pp. 223-238.

cer por el suizo Erich von Däniken, este halcón fechado a finales de la historia de Egipto, en época grecorromana, llamó la atención de Khalil Mesiha, un médico y aeromodelista egipcio, mientras revisaba algunas piezas arqueológicas descubiertas en Sakkara, la antigua necrópolis situada veinte kilómetros al sur de El Cairo. Los estudios que llevó a cabo Mesiha sobre este extraño pájaro de madera ofrecieron resultados sorprendentes. El ala izquierda del ave tiene una longitud un poco mayor que la derecha. Además, esta posee una ligera curvatura. Todo ello convierte esta pieza en un objeto tremendamente aerodinámico, como se demostró lanzando una réplica al viento. Si a esto añadimos que la cola no se parece a la de un pájaro, sino que es vertical como la de los aviones, podemos dar rienda suelta a la imaginación.

El pájaro de Mesiha volaba porque este le puso un contrapeso en la parte delantera. Él decía que el original lo había perdido, pero no hay evidencias de que fuera así. Otros expertos en aeromodelismo construyeron réplicas del pájaro que no volaron bien, ni siquiera poniendo el contrapeso en la parte frontal.

Lo de las alas a mí me parece una casualidad. Que sea una más larga que la otra tal vez no signifique nada. No veo al carpintero poniendo los cinco sentidos en una cosa que seguramente no tuviera mayor trascendencia si se trataba de un juguete o de una veleta. Lo que sí es extraño es la cola vertical, aunque bien es cierto que algunos pájaros durante el vuelo giran tanto la cola que la ponen así. Ahora bien, es raro que un artista egipcio represente al animal realizando uno de estos movimientos tan extraños. Lo natural sería que lo representara como se ha hecho siempre, con la cola plana, tal y como la llevan todas las aves de esa misma vitrina. Lo que hoy se piensa es que el pájaro pudiera ser realmente o un juguete o una veleta, como los barcos ceremoniales de la fiesta de Opet hallados en el templo de Khonsu, en Karnak.

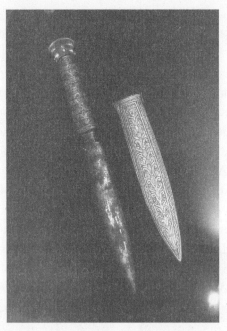

Cuchillo de hierro meteorítico hallado junto a la momia de Tutankhamón.
Foto © N. A.

Otros objetos curiosos de la tumba de Tutankhamón son los cuchillos, uno con la hoja de oro y otro con la hoja de hierro. El que nos interesa en esta ocasión es el de hierro.[14]

Este tiene una longitud de 34,2 centímetros. Apareció junto a la cadera derecha de la momia y recuerda a las dagas enviadas por Tushratta, rey de Mitani, a Amenofis III. Nada tendría de extraño el cuchillo si no nos encontráramos ante una de las primeras piezas de este metal de la historia de Egipto. Según la historia tradicional, el hierro llegó a Egipto gracias a los intercam-

14. El cuchillo o daga con hoja de oro tiene el número de catálogo 256dd, JE 61584. El de hierro con parte del mango fabricado en cristal de roca tiene el número 256k, JE 61585. Ambos cuentan con sendos estuches de oro.

bios culturales y comerciales con los hititas hacia el año 1400 a. C. Sin embargo, los antiguos egipcios estaban más familiarizados con este metal de lo que se cree. En los Textos de las Pirámides, por ejemplo, fechados a partir de la dinastía V, aparece en numerosas ocasiones un término, *bja*, que se ha traducido como «metal del cielo», haciendo una clara alusión al hierro de origen meteorítico, los sideritos.

En el año 1837, el ingeniero J. R. Hill, ayudante del coronel británico Howard Vyse, halló una pequeña placa de hierro en el interior del canal sur de la cámara del rey, en la Gran Pirámide de Gizeh. Estos canales no tienen más de veinte centímetros de lado y discurren en una dirección ascendente hacia el exterior del monumento. Tras emplear pólvora para abrir un boquete por el que poder escudriñar el interior de este agujero, se descubrió una lámina de este metal de 26 por 8,6 centímetros. Inmediatamente se llevó a Londres para que fuera estudiada en el Museo Británico. El tiempo pasó y no se analizó de nuevo hasta casi medio siglo después. En 1881, Flinders Petrie confirmó la antigüedad de la pieza. Aun así, el primer estudio moderno de la polémica placa de hierro no se realizó hasta que la pieza cayó en manos de Alfred Lucas, el químico que ayudó a Carter en la conservación de los objetos de Tutankhamón. Lucas fue quien confirmó por primera vez que se trataba de una pieza de hierro mineral y que su origen no era, en absoluto, meteorítico. ¿Nos encontrábamos entonces ante la primera pieza de hierro fabricada por el ser humano, más de mil años antes de que los hititas introdujeran este metal en Egipto?

El cuchillo de Tutankhamón, sin embargo, trasciende este tipo de cuestiones. Por ejemplo, no cuadra el hecho de que sea un cuchillo de origen hitita, fabricado con hierro mineral, con que luego se demuestre que la pieza es inoxidable. ¿Es realmente un cuchillo de hierro mineral? Pues no. Los análisis se habían equivocado. La presencia en un porcentaje muy alto de ciertos componentes químicos, como el níquel, en el metal no deja lugar a dudas: nos encontramos ante un objeto hecho de un material de naturaleza meteorítica.[15]

Lo mismo podríamos decir de otras piezas descubiertas en la KV62 que manifiestan una naturaleza similar. En primer lugar, existe un reposacabezas de hierro que, al igual que los cuchillos, se descubrió entre los vendajes de la momia.[16] Es un diminuto amuleto, que apenas mide cinco centímetros de ancho y fue descubierto cerca del cuello del faraón, bajo la máscara.

Más curiosas son varias herramientas descubiertas en una caja dentro de la cámara del tesoro.[17] En su interior aparecieron algunas cuchillas destinadas quizá al rito de la apertura de la boca. De entre todas, había dieciséis de hierro posiblemente de origen meteorítico, aunque cuando se encontraron las cubría una leve pátina de óxido.

En menor medida, algunos de los pectorales descubiertos tanto en la momia como en algunas cajas en las diferentes habitaciones de la tumba poseían pequeños elementos de hierro, sobre todo en los broches. Normalmente son simples objetos decorativos que pasan inadvertidos entre otros metales como el oro, el electro, la plata o el bronce.

El origen del hierro en el Antiguo Egipto sigue siendo un secreto para los historiadores. Como también lo son las dos estatuas de tamaño natural que simbolizaban el *ka* del faraón Tutankhamón, es decir, su doble espiritual, según podemos leer en los textos grabados en los faldellines de oro. Muy pocos saben que estas estatuas de madera cubiertas con betún negro que vigilaban a ambos lados de la puerta de entrada a la cámara funeraria de la KV62 pueden ser, en realidad, los guardianes del último secreto de la tumba.

15. Véase G. A. Wainwright, «Iron in Egypt», *Journal of Egyptian Archaeology*, vol. 18, partes 1 y 2 (1932).

16. El reposacabezas de hierro lleva el número de catálogo de Carter 256 4v.

17. Caja número 316.

El asunto es bastante curioso. Existen otros ejemplos de estatuas similares descubiertas en tumbas del Imperio Nuevo, figuras muy parecidas a las del *ka* de Tutankhamón. En el Museo Británico de Londres se conserva una pieza catalogada con el número EA 882. Se trata de una estatua de madera en la que se realizó una perforación de casi veinte centímetros por debajo del faldellín. En la actualidad este hueco se encuentra totalmente vacío, pero es muy probable que originalmente fuera el refugio de algún tipo de objeto sagrado o ritual, o un papiro con un texto mágico. No lo sabemos. Los expertos creen que posiblemente allí se guardara algo similar a los llamados «ladrillos mágicos» que han aparecido en las paredes de algunas tumbas. Recordemos que en la de Tutankhamón, como hemos visto, en la cámara del sarcófago existen cuatro agujeros en las paredes destinados a recibir pequeñas figuritas que hacían las veces de ladrillos mágicos.

La clave de este asunto es que todo parece indicar que las estatuas *ka* de Tutankhamón pudieron haber desempeñado la misma función. Si cuando visitemos el museo que guarda la colección del Faraón Niño en El Cairo nos acercamos a estas figuras y nos agachamos, podremos verlo con claridad. La gente nos mirará con sorpresa porque no sabrá qué hacemos mirando por debajo del faldellín del soberano. Puede parecer cualquier cosa, pero la ciencia es la ciencia y en ocasiones es necesario llamar un poco la atención para conseguir algo. Pues bien, así agachados, advertiremos fácilmente que, en la superficie que cubre la parte inferior del faldellín, las planchas doradas que rodean las dos piernas de la estatua no tienen la misma textura que el resto de la pieza. Más bien parece que nos encontramos ante una zona que ha sido manipulada, posiblemente ahuecada y vuelta a tapar con una suerte de emplaste que más tarde ha sido cubierto con una lámina de oro. Hasta hoy nadie ha abierto el agujero en cuestión, si es que realmente ahí hay un agujero, pero uno de los conservadores del museo me señaló en cierta ocasión que las radiografías que se habían realizado de las figuras no parecían señalar la presencia de una cavidad anómala. Misterio solucionado.

Avanzando un poco en nuestra búsqueda de objetos curiosos en la tumba de Tutankhamón, tenemos que volver otra vez a los pectorales. En concreto quiero hablar de uno de ellos que cuenta con dos particularidades bien curiosas.[18] Por un lado, la evidente escritura críptica, ya que los componentes de la decoración del pectoral forman uno de los nombres del faraón, Nebkheperura. La segunda es un detalle realmente insólito que hasta hace poco seguía siendo un enigma para los arqueólogos. El problema, que hoy ya no lo es, estribaba en conocer cuál era el material que se había utilizado para dar forma al escarabajo Kheper que sobresalía en el centro del pectoral.

En realidad, se trata de un singular mineral denominado «piedra del desierto» (calcedonia translúcida). Fue descubierto por primera vez en el año 1932 por el cartógrafo británico Patrick A. Clayton. Además de ser el primer hombre que cruzó de este a oeste por el paralelo 27 el Gran Mar de Arena, que se abre por toda la parte egipcia del desierto Líbico, a su regreso dio con este mineral tan extraño. Su origen seguramente esté relacionado con algún objeto estelar que chocó con la Tierra hace unos 28 o 29 millones de años. Antes de ayer... Lo más probable es que el meteorito en cuestión chocara con tanta fuerza contra nuestro planeta que lanzara al aire rescoldos de material derretidos, que, tras enfriarse en pocos segundos, cayeron otra vez al suelo. El paso del tiempo y el azote de la erosión del viento hicieron el resto: una superficie cristalina realmente increíble en la que destacan especialmente las tonalidades verdosas, como vemos en la piedra que forma el escarabajo del pectoral de Tutankhamón.[19]

18. Carter 267d, JE 61884.
19. Véase Uwe George, «En busca de la piedra de Tutankamón», *GEO*, n.º 170 (marzo de 2001), pp. 58-70.

No deja de ser curioso que esta piedra solamente la conozcamos a través de una joya de la tumba de Tutankhamón. No me cabe la menor duda de que otros grandes faraones de la Antigüedad poseyeron piezas similares, aunque no hayan llegado hasta nosotros. Por eso siempre insisto en el hecho de que por mucho que en la tumba de Tutankhamón se hayan descubierto *unicums*, esto es, piezas que no tienen paralelos no solamente en el mundo egipcio, sino en todo el mundo antiguo, no debemos ser categóricos. Si contáramos con una mínima parte del ajuar funerario de otros soberanos del mismo periodo, sin duda observaríamos que lo que a nosotros nos parece insólito era común para los soberanos o la élite social de aquella época. El problema estriba en que a menudo no tenemos con qué comparar y eso aviva la imaginación, y en muchas ocasiones se sacan conclusiones que seguramente nada tengan que ver con la realidad.

Otra de las obras chocantes descubiertas en la tumba de Tutankhamón es una lámpara de alabastro en forma de jarra en la que aparece una representación de la pareja real en una escena muy similar a la que refleja el respaldo de oro del trono del rey. Él, a la izquierda, se encuentra sentado en una silla. Lleva la corona azul de los reyes egipcios, símbolo que en la dinastía XVIII parece que estaba identificado con la guerra. En la mano derecha sostiene una cruz *ankh*, el símbolo de la vida, mientras que en la mano izquierda sostiene un cetro. Frente a Tutankhamón, a la derecha de la imagen, está la reina Ankhesenamón sosteniendo en cada mano dos cetros *was*, símbolos de la ciudad de Tebas. Es cierto que en la KV62 aparecieron piezas de alabastro por docenas, pero desde luego esta es realmente singular. Su originalidad recae en el hecho de que la decoración no está ni en la cara exterior del vaso de alabastro ni en la interior, sino en medio. Me explico.

Se trata en realidad de una lámpara de aceite de 51,4 centímetros de altura.[20] A simple vista no se aprecia ninguna escena.

20. Está catalogada con el número 173 y es una de las dos lámparas de ala-

En cambio, al prender la mecha del interior de la copa de alabastro descubrimos, al trasluz, la representación de los dos reyes. La lámpara está formada por varias piezas: las asas, la base y el propio vaso que servía de quinqué están pegados entre sí de una manera magistral. El vaso está hecho en realidad con dos vasos, uno encajado dentro del otro con una habilidad asombrosa. El más pequeño es el que posee la decoración en la cara exterior. De esta forma, al encajar en el vaso mayor, pasa totalmente desapercibida si la lámpara no está encendida. Sencillamente, genial.

Respecto a este asunto, el de la iluminación, la tumba de Tutankhamón también arrojó luz, y nunca mejor dicho, sobre algunos aspectos que aún hoy siguen siendo oscuros en los estudios egiptológicos, como la iluminación en el interior de las tumbas, especialmente la que empleaban los artesanos para realizar las pinturas. Solo se ha encontrado un rastro de hollín en el techo de una tumba egipcia, de nuevo, la de Tutankhamón. Si nos fijamos al visitar la cámara funeraria, observaremos unas marcas negruzcas. Seguramente son los restos de las antorchas empleadas por los ladrones cuando entraron en el sepulcro en la Antigüedad.

Se ha intentado explicar de innumerables maneras cuál fue el método empleado para que los artistas no dejaran restos de hollín. A lo largo de los años he oído teorías de todo tipo, desde que se empleaban espejos que iban reflejando la luz de una habitación a otra hasta que se utilizaba la electricidad,[21] pasando por que los pintores egipcios tuvieron la extraordinaria habilidad de desarrollar una visión casi nocturna. Si leemos los textos egipcios, estos nos hablan del uso de lámparas, aunque no nos dicen

---

bastro encontradas en la tumba de Tutankhamón. La otra, la número 174, no cuenta con esta particularidad del trasluz.

21. El autor austriaco Peter Krassa fue el primero en hablar de esta absurda teoría. Véase P. Krassa y R. Habeck, *Das Licht der Pharaonen*, Múnich, Herbig, 1992. Véase Ares, *Egipto el oculto*, *op. cit.*, pp. 161-172.

de qué tipo. Seguramente funcionaban con una solución especial gracias a la cual la mecha apenas expulsaba humo. Sin embargo, en los experimentos que se han realizado siempre, en mayor o menor cantidad, acababa saliendo humo. Algunas de estas lamparillas de aceite están expuestas en la planta superior del Museo Egipcio de El-Tahrir, y son idénticas a las que vemos pintadas, por ejemplo, en algunas tumbas de Deir el-Medina. En la escena de la tumba de Pashedu, donde se representan la Montaña Tebana y una imagen de Osiris sedente ante ella, este dios tiene a los pies dos lámparas. Son dos vasos de cerámica con una mecha de la que sale la llama de fuego, es decir, igual que las lámparas que han llegado hasta nosotros en algunas tumbas y hoy conservadas en el museo de El Cairo.

Son un simple cuenco de barro con una mecha fabricada con tejido trenzado. Nada extraño si las comparamos, por ejemplo, con las lámparas empleadas en Roma casi mil quinientos años después. Debían de ser objetos muy preciosos, igual que las herramientas de metal que se usaban en las obras, ya que los obreros tenían que dar cuenta de la toma y la devolución de estos objetos al principio y al final de la jornada de trabajo, respectivamente. La documentación descubierta en la aldea de Deir el-Medina es muy clara en este sentido, sin embargo, no se nos especifica de qué están hechas las lámparas.

¿Dónde está Ankhesenamón?

No solamente la figura de Tutankhamón está rodeada de misterio. Como hemos visto en la introducción histórica al principio del libro, en todo el periodo de Amarna hay un vacío bastante grande en lo que respecta a las reinas. Muchas de ellas, como sucedió con Nefertiti, Meritatón, Kiya o Ankhesenamón, desaparecieron del panorama político y social de una manera misteriosa. Nunca más se volvió a saber de ellas al no ser mencionadas en ningún texto ni representadas en ninguna escena. Pero lo más

Detalle de la capilla dorada con una escena de Tutankhamón y su esposa, Ankhesenamón, cazando en los marjales. Foto © N. A.

curioso es que en la gran mayoría de los casos no tenemos evidencias ni en el terreno físico ni en el espiritual. Sabemos dónde están enterrados muchos de los soberanos de este periodo: en Biban el-Moluk, el Valle de los Reyes.[22] Pero no son pocos los que se han preguntado dónde están enterradas las reinas. Así que, centrándonos en el tema que nos atañe, debemos preguntarnos: ¿dónde se encuentran los restos de la reina Ankhesenamón, la esposa de Tutankhamón? La respuesta es bastante complicada y desde luego que no está relacionada, como veremos a continuación, con el llamado Valle de las Reinas.

La Montaña Tebana de Luxor guarda con celo un secreto insondable. Efectivamente, todavía no ha aparecido ninguna de las tumbas de las reinas de la dinastía XVIII, la más poderosa de la

22. En el Valle de los Reyes existe una tumba, la KV20, que fue construida para albergar los restos de la reina Hatshepsut. Tiene doscientos metros de profundidad y fue excavada para Theodore Davis por Howard Carter entre 1903 y 1904. Es un caso único, ya que esta reina gobernó como faraón y por lo tanto se hizo enterrar en el Valle de los Reyes. No tiene nada que ver con el problema que aquí tratamos, es decir, las tumbas de las esposas de los reyes.

historia de esta fascinante civilización. Su ubicación es desconocida, aunque todo parece indicar que no deben de hallarse muy lejos de las encrespadas rocas de esta árida y estremecedora región del valle del Nilo.

Contamos por cientos los relieves, pinturas, grabados en vasos de piedra y ornamentos en donde aparecen estas mujeres. Tiyi, la esposa de Amenofis III, Nefertiti, la del herético Akhenatón, o incluso nuestra Ankhesenamón fueron las verdaderas reinas del mundo durante una de las épocas de máximo esplendor de la civilización egipcia. Y, sin embargo, su paso por la tierra se ha quedado en eso: simples representaciones artísticas que en muchos casos no sabemos si hacen justicia al aspecto que tenían estas soberanas en vida. En la actualidad son muy numerosas las misiones arqueológicas internacionales que se encuentran excavando en las ensortijadas lomas de la Montaña Tebana. Solamente españolas hay más de media docena. Los trabajos que realizan estos egiptólogos son muy variados y van desde la simple limpieza de tumbas para su posterior apertura al público hasta las nuevas investigaciones de enterramientos descubiertos en el siglo XIX o principios del XX y hoy olvidados, pasando, por supuesto, por la búsqueda de nuevos yacimientos arqueológicos totalmente vírgenes. Por esta razón, nadie olvida que en cualquier momento puede aparecer el primer peldaño de la escalera que baja a una tumba. Un sepulcro que podría ser, en definitiva, el punto de partida del que sería uno de los hallazgos arqueológicos más extraordinarios de todos los tiempos, el auténtico Valle de las Reinas.

Y digo «auténtico» porque, aunque parezca insólito, en la orilla oeste de Luxor ya existe un Valle de las Reinas. A poco más de mil quinientos metros de Biban el-Moluk se encuentra Biban el-Harim, el Valle de las Reinas.[23] Sin embargo, el nombre

23. Podemos encontrar un repertorio bastante amplio de fotografías de las tumbas de este lugar, así como los planos de algunas de ellas, en un libro de Alberto Siliotti que lleva por título *El Valle de los Reyes y los templos y ne-*

solo refleja a medias la realidad. Los antiguos egipcios se referían a este hermoso lugar con la expresión Ta Set Neferu. Con este término, los antiguos escribas denominaban el recinto en el que a partir del reinado de Amenofis III se comenzaron a enterrar a los hijos e hijas de los faraones que fallecían en edad infantil.

Tradicionalmente, el nombre de Ta Set Neferu se ha traducido como «el lugar de la belleza», significado que hizo pensar que allí había algún tipo de enterramiento de reinas o princesas. Hasta que, en los últimos años, egiptólogos como Christian Leblanc o Christiane Desroches-Noblecourt han señalado la posibilidad de que la expresión *Ta Set Neferu* deba traducirse en realidad como «el lugar de los niños».[24] La explicación es bastante lógica desde el punto de vista arqueológico. De las más de 98 tumbas que allí se conservan, muy pocas pertenecen a reinas. Casi hay más tumbas de nobles y altos funcionarios de la corte del reinado de Ramsés II que de reinas.

El doctor Mohamed el-Bialy fue director general del Servicio de Antigüedades en la zona de Tebas Oeste. Según él, el Valle de las Reinas se utilizó durante la dinastía XVIII únicamente como lugar de enterramiento de princesas y príncipes, muchos de ellos fallecidos en plena infancia. A lo largo de la dinastía siguiente, la XIX, Ta Set Neferu fue destinado a sitio de descanso de varias reinas (muchas de ellas princesas del reinado de Ram-

---

crópolis de Tebas, Barcelona, Martínez Roca, 1997. A pesar del título, en realidad es una guía de toda la necrópolis occidental de Luxor en la que no solamente se habla del Valle de los Reyes y de las Reinas sino también de todos los templos de esta región. Tampoco hay que dejar de consultar el clásico de Nicholas Reeves y Richard H. Wilkinson, *Todo sobre el Valle de los Reyes*, Barcelona, Destino, 1999. En él podremos disfrutar de unos magníficos mapas de la Montaña Tebana, así como de información relacionada con el Valle de las Reinas.

24. Véase Christian Leblanc, *Ta Set Neferu. Une nécropole de Thèbes-Ouest et son histoire*, El Cairo, C. Leblanc, 1989.

sés II casadas con su padre), y en la dinastía XX de nuevo se volvió a emplear exclusivamente para los príncipes y princesas.[25]

Efectivamente, la primera reina enterrada en este misterioso valle fue Satra, esposa de Ramsés I, el primer faraón de la dinastía XIX, alojada en la tumba QV38.[26] Pero ¿dónde están entonces todas las reinas de la dinastía XVIII? Este vacío histórico abre la puerta a un enigma arqueológico sin parangón. Si este valle en realidad es el «valle de los niños», ¿dónde se encuentran las tumbas de las madres? ¿Dónde están las tumbas de las reinas más poderosas de Egipto?

Es muy posible que las pocas soberanas de la dinastía XIX enterradas en lo que hoy se conoce como el Valle de las Reinas lo fueran debido al instinto maternal, por el deseo de las reinas de ser enterradas con sus hijos. Sin embargo, no hay un ápice de información sobre las reinas de la dinastía XVIII. Sabemos que se han encontrado tumbas de algunas soberanas del principio de este periodo, como la de Ahmose Nefertari, esposa de Ahmose I, fundador de la dinastía, en Dra Abu el-Naga. A continuación, los restos de las demás reinas se diluyen en el viento.

Algunos egiptólogos han planteado la posibilidad de que el Valle de los Reyes fuera al mismo tiempo una necrópolis para reyes y reinas, y que en las tumbas de los faraones allí descubiertas también descansaran los restos de sus esposas, compartiendo así la morada eterna. Esto es lo que piensan, por ejemplo, egiptólogos como los británicos Geoffrey Martin y Nicholas Reeves. Para defender esta hipótesis, los expertos se

25. Información transmitida en una comunicación personal durante una disertación impartida por el doctor El-Bialy el 13 de diciembre de 2001 en el Museo San Isidro de Madrid, dentro del ciclo de conferencias «Tebas, los dominios del dios Amón», organizado por el Instituto de Estudios del Antiguo Egipto.

26. La denominación QV proviene de la expresión inglesa *Queen's Valley*, es decir, «Valle de las Reinas».

basan en la existencia de sepulcros de reinas importantes, como Isisnofret,[27] madre del heredero Merneptah, primera esposa de Ramsés II después del fallecimiento de la reina Nefertari. Recordemos el óstracon J2460, cuya inscripción aludía a varias tumbas existentes en el Valle de los Reyes. La pieza fue descubierta en 1902 por Howard Carter junto a la tumba de Tutmosis IV, y en ella se menciona precisamente la tumba perdida de Isisnofret.

Ciertamente no era la primera vez que Carter se encontraba con un documento de estas características. Antes de fallecer, el arqueólogo británico reveló a sus amistades más cercanas uno de los secretos arqueológicos que más han cautivado la mente de los exploradores a lo largo de toda la historia: aseguró haber dado con la tumba de Alejandro Magno. Desconocemos si contaba con un texto que le señalara el lugar exactamente, si había dado físicamente con la tumba, tal y como le contó al rey Fuad de Egipto, o si en realidad la noticia no era más que una fantasmada. Aunque pueda quemarme, me inclino a pensar que las dos primeras opciones pueden ser viables. Carter nunca fue un hombre dado a fantasear. Tampoco le hacía falta. Además, parece algo lógico después de haber descubierto la tumba de Tutankhamón. Es más probable que el desorbitado presupuesto que se necesitaba para realizar la excavación fuera lo que echara atrás al arqueólogo británico. Mover toneladas de escombros era y es una tarea muy costosa para los presupuestos normales de las misiones arqueológicas.

27. Esta reina, también conocida como Istnofret, fue la madre de personajes tan importantes como Khamwaset, el príncipe arqueólogo, como algunos lo llaman por su afán de reconstrucción de monumentos antiguos, y de otro hijo que ascendería finalmente al trono con el nombre de Merneptah, precisamente, el faraón que más se acerca cronológicamente a los hechos narrados en el Éxodo bíblico.

Volvamos a la cuestión. El óstracon J2460 no acaba de dar respuesta al problema. Isisnofret es una reina de la dinastía XIX.[28] ¿Qué pasa con la dinastía XVIII?

Lo cierto, sin embargo, es que no existen pruebas de que las reinas de la dinastía XVIII fueran enterradas en las mismas tumbas que sus maridos en el Valle de los Reyes. No hay textos, ni material arqueológico, ni ninguna mención en otro documento descubierto fuera de la necrópolis que así lo demuestre. El vacío histórico en este sentido es enorme, pero el misterio alcanza su máximo apogeo en el caso de Ankhesenamón. Su nombre parece haberse disipado de la memoria de Egipto justo después de la muerte de su esposo.

Como explicaba la egiptóloga británica Christine El Mahdy, aunque en el interior de la KV62 se encontraron regalos de muchos cortesanos de su reinado, es inexplicable que absolutamente ninguno lleve el nombre de Ankhesenamón.[29] Tampoco aparece su nombre en los pocos textos de la cámara funeraria, ni su representación pictórica. Lo cierto es que no suele retratarse a las reinas, las grandes esposas reales, en las tumbas de los reyes. Ellos tampoco están en las de ellas. En la tumba de Nefertari, la esposa principal de Ramsés II, no hay ni una sola mención a su marido. Solo vemos el título de gran esposa real, aunque no señala de qué faraón. Entendemos que se trata de Ramsés II, detalle que se confirma por la estética de las figuras.

Tampoco encontramos en la KV62 objetos que pudieran ser utilizados en el Más Allá por la reina, luego su enterramiento tiene que encontrarse en otro lugar. Si, como afirman algunos investiga-

28. El asunto no está claro. Michael Rice, en su libro *Quién es quién en el Antiguo Egipto* (Madrid, Acento, 2002), afirma que la tumba de esta reina se encuentra en el Valle de las Reinas, aunque está hoy perdida.

29. Véase Christine El Mahdy, *Tutankhamen. Life and Death of a Boy King*, Londres, Headline, 2000, p. 136. [Hay trad. cast.: *Tutankhamón. Vida y muerte de un rey niño*, Barcelona, Península, 2002].

dores, las tumbas del valle estaban destinadas a recoger los restos tanto de los reyes como de sus esposas, no hay una sola prueba en la de Tutankhamón, ni en ninguna otra tumba de la necrópolis, que nos haga pensar que allí estuvo enterrada Ankhesenamón.

Existe una idea romántica nacida a partir de una afirmación de Carter que no tiene ningún sentido histórico. Cuando se abrió la tumba, el arqueólogo descubrió varios ramos de flores en el interior. Algunos de ellos permanecían apoyados en la pared este de la antecámara, mientras que otras guirnaldas decoraban los ataúdes de oro de la cámara funeraria. En su descripción de los hechos, el inglés apuntó que seguramente fueran el último gesto piadoso y de despedida de la joven reina Ankhesenamón, pero en realidad no hay absolutamente nada que lo demuestre. Carter dijo que los ramos los había depositado Ankhesenamón por dar cierto aire romántico al momento del entierro del joven rey, igual que cuando dijo que la tumba la había encontrado un niño aguador. Pero no existe ningún texto que justifique que los ramos eran de la esposa, pudieron ser la ofrenda de cualquier otra persona, o simplemente una parte más del ritual de enterramiento que tanto desconocemos. No olvidemos que la KV62 es la única tumba real descubierta intacta en el Valle de los Reyes. No hay elementos con los que comparar ni otras referencias que nos ayuden a desentrañar el enigma de los ramos de flores. La ofrenda implicaba un juego de palabras muy hermoso, que conocemos aunque no entendamos su significado. Los antiguos egipcios usaban la palabra *ankh* para referirse a los ramos de flores, que tiene el mismo sonido que *ankh*, «vida». Por lo tanto, cuando dejaban un ramo de flores en la tumba de un ser querido no estaban dejando un objeto hermoso, que también, sino que estaban deseando vida eterna al difunto. La tradición la hemos heredado nosotros a través del mundo judío y cristiano, aunque se ha perdido el sentido mágico inicial y nos hemos quedado solo con la belleza de las flores.

En definitiva, no hay un solo testimonio de la presencia de regalos donados por Ankhesenamón en la tumba de su esposo.

En otros casos, la falta de información nos impide saber cualquier cosa sobre las personas enterradas en algunos puntos tanto del Valle de los Reyes como del Valle de las Reinas. No olvidemos que, por ejemplo, en este último, del centenar de tumbas que allí se han descubierto, solo han conseguido ser atribuidas a un personaje en concreto poco más de la mitad. La gran mayoría permanecen anónimas debido a su pésimo estado de conservación o a que nunca pasaron de ser un simple pozo excavado en la roca.

El lugar donde se encuentra el Valle de las Reinas también posee un importante aspecto simbólico y mágico que apunta, una vez más, a que su verdadero nombre debería ser el Valle de los Niños.

Antes del Imperio Nuevo, Ta Set Neferu ya era un sitio sagrado; quizá de ahí el hecho de que luego fuera convertido en necrópolis real para los príncipes. Su ubicación en el corazón de la Montaña Tebana le permitía gozar de los beneficios otorgados por la diosa del lugar, la cobra Meretseger, «la que vive en silencio». Esta era la personificación de la Montaña Tebana, representada por una mujer con cabeza de cobra en ocasiones coronada con los cuernos de la diosa vaca Hathor. En efecto, el valle de Ta Set Neferu pudo haber representado el útero de la Vaca Celeste, Hathor, de quien manaban las aguas que revivían al difunto. En uno de los extremos del moderno valle hay un acantilado por el que se precipitan con fuerza las aguas que caen en la montaña los días de tormenta, fenómeno más común de lo que seguramente pensamos en un lugar desértico, y que proporciona cantidades ingentes de esa agua vivificadora.

El circo sobre el que se abre el templo en terrazas de la reina Hatshepsut podría haber sido identificado con los cuernos de la Vaca Celeste, completando así el valor simbólico y mágico de la montaña.

La tumba más conocida del Valle de las Reinas es la QV66, la de Nefertari, la Gran Esposa Real de Ramsés II. Su restauración acabó en 1995, después de haber sufrido en sus paredes los males producidos por el que yo denomino *Homo turisticus*. Cada persona que accede al interior de un monumento deja en el ambiente veinte gramos de agua. Mientras la humedad media en una tumba convencional aumenta después de un día de visitas en un treinta por ciento, en la tumba de Nefertari los cientos de turistas que la visitaban a diario hacían ascender la humedad al ciento por ciento. Esta circunstancia provocó que, junto con el propio cambio climático sufrido por la tumba tras su descubrimiento en 1904, la humedad formara cristales de sal bajo las pinturas, desprendiéndolas de manera irreversible.

Tras su magnífica restauración, el Gobierno egipcio hizo caso omiso de las sugerencias de los expertos, quienes aconsejaban su cierre. Como parecía algo imposible, se decidió, como mal menor, que las visitas bajaran a ciento cincuenta personas diarias, límite que se respeta cuando se quiere, haciendo buenas las proféticas palabras de algunos de los restauradores, que afirmaron que «cuando abran la tumba, eso va a ser "maricón el último"». Hoy sería políticamente incorrecto decir esto que se dijo en los años noventa, pero casi tres décadas después puedo constatar que así ha sido.

La otra gran tumba del valle es la de Amón-Kher-Khopeshef, la QV42. Este príncipe, hijo de Ramsés III, reposa en un sepulcro con unas pinturas excepcionales en las que predominan los fondos blancos y el azul turquesa típico de los últimos Ramsés. En la primera habitación hay una vitrina con un feto de seis meses, cuya identidad se desconoce, encontrado junto a la entrada de la tumba. Posiblemente fuera colocado allí por razones religiosas, a modo de símbolo del renacimiento, como los fetos descubiertos en dos ataúdes en la cámara del tesoro de la KV62.

La inmensa mayoría de las reinas encontradas en los escondites de la DB320 y la KV35 no tienen tumba. Todo lo contrario sucede con ellos, los reyes, ya que por ejemplo se sabe dónde están las tumbas de Tutmosis III, Seti I o Ramsés II, cuyas momias aparecieron en estos *cachettes*; en el Valle de los Reyes.

Tampoco la Montaña Tebana es tan grande como para esconder una necrópolis de estas características. Todo parece señalar un lugar: Dra Abu el-Naga. Se trata de una región rocosa que queda a la izquierda de la carretera que lleva hacia el Valle de los Reyes, y a la derecha de la que lleva al templo de Deir el-Bahari. ¿Por qué este lugar y no otro? La verdad es que no hay muchas razones para pensarlo, pero es el único reducto que queda en toda la necrópolis real que se extiende por la Montaña Tebana. Como he dicho antes, ahí apareció la tumba de la reina Ahmose Nefertari, cuya momia se encontró en un ataúd gigantesco dentro de la DB320. Hoy se puede ver en la sala de las momias del Museo Nacional de la Civilización Egipcia de El-Fustat.

John Romer, el célebre egiptólogo inglés, cuando le pregunté por este enigma histórico, el de la ubicación de las tumbas de las reinas, me señaló una dirección: el sur de la montaña. Y podría tener razón, ya que allí, en los riscos del llamado Valle de los Monos, se encuentra la tumba de las princesas de la época de Tutmosis III. Cerca del monasterio copto de San Teodoro, en Deir el-Mohareb, podría estar esa necrópolis que tanto anhelamos descubrir.

Leyendas urbanas sobre el Faraón Niño

Al igual que sucede con la maldición y la historia de la muerte de los descubridores de la tumba de Tutankhamón, hay otras leyendas que siguen dando vueltas como si fueran verdad. El rumor queda latente en la cultura popular y al final acaba solidificándose hasta constituir un hecho aparentemente verídico y contrastado.

Uno de los relatos más repetidos tanto en libros como en documentales o películas es el del hallazgo del primer escalón de la tumba el 4 de noviembre de 1922. Un niño que portaba agua para los obreros, al hincar la jarra en el suelo para sostenerla y servir el líquido a los trabajadores, descubrió la superficie lisa del primer escalón. Automáticamente, dejó la jarra a un lado y fue corriendo hasta donde se encontraba Howard Carter para avisarle del sensacional descubrimiento.

Esta recreación la hemos oído y leído infinidad de veces. Incluso la cuentan egiptólogos serios en documentales de televisión, llegando a lo más profundo del corazón de los espectadores.

Sin embargo, es todo falso. No hubo ningún niño aguador ni nada que se le pareciera. Y, a pesar de todo, es una historia que vemos repetida continuamente en libros de cierto peso científico.

¿Dónde nace esta leyenda urbana que ha quedado tan asentada en el inconsciente colectivo de los aficionados al Antiguo Egipto? Su creador no fue otro que el propio Howard Carter.

Muchos de los grandes descubrimientos realizados en Egipto tienen un trasfondo vinculado a la casualidad, mezclado con el oportunismo y, en algunas ocasiones, un animal de por medio. El Valle de las Momias de Oro, en el oasis de Bahariya, salió a la luz en el año 1999 cuando un egipcio iba con su burro por las inmediaciones de la población de El-Bawity y las patas del animal se hundieron en un agujero. El egipcio, llamado Mohamed, se acercó curioso a la abertura y descubrió en su interior el brillo del oro de varias momias doradas. Aquello se convirtió en el mayor descubrimiento en Egipto desde el de la tumba de Tutankhamón. ¿Cuántas veces hemos escuchado esta frase? Se hablaba de una necrópolis de casi diez mil momias, todas ellas de época romana, aunque con un sabor a misterio y oro. El brillo del oro a carretadas cautivó al público de todo el mundo durante muchos meses. Se hicieron programas de televisión en directo y la historia del burro y el paisano quedó en la memoria colectiva.

Algo parecido sucedió pocos años antes cuando el caballo de una turista estadounidense que cabalgaba al sur del Muro del Cuervo, en la meseta de Gizeh, introdujo las patas en un hueco que resultó ser la primera tumba descubierta en el cementerio de los constructores de las pirámides. Estábamos casi en 1990 y este acontecimiento tan romántico supuso un gran impulso en favor de la promoción del país. Los titulares de la prensa dieron la vuelta al mundo no solo por la importancia del hallazgo, las tumbas de los obreros que construyeron las pirámides, casi nada, sino porque este venía de la mano de un hallazgo casual realizado por una bella amazona.

No nos olvidemos de la historia de la tumba-cenotafio de Mentuhotep II, en Deir el-Bahari, descubierta en 1898 por Howard Carter cuando su caballo, yendo por esa zona después de una tormenta, metió las patas en una cavidad y tiró al joven arqueólogo al suelo. El enterramiento se denominó Bab el-Hossan, es decir, «la tumba del caballo».

Lo cierto es que no tenemos por qué dudar de este tipo de relatos. Ya sabemos que la realidad siempre supera a la ficción. Yo mismo he sido protagonista de una historia parecida. Sucedió en junio de 2021, subiendo con Carmen Ruiz, miembro del equipo del Proyecto Djehuty, a la tumba de Huy en Qurnet Moray, en la Montaña Tebana de Luxor. Delante de nosotros se abrió un agujero en el suelo que en apenas cinco segundos tenía un diámetro de un metro. Asombrados, nos acercamos con miedo, pues el perímetro del agujero no cesaba de ensancharse, dejando caer arena al interior de aquello que parecía ser una tumba ubicada debajo del camino que asciende a la colina. El cuidador de la zona que nos acompañaba tapó el agujero con unos cartones y seguimos subiendo por la montaña.

Cuando Carter viajó a Estados Unidos para impartir conferencias a lo largo y ancho del país, fue recibido como una estrella mediática. Podemos imaginarnos la tensión de quien se veía obligado a contar lo mismo una y otra vez a los voraces periodistas que anhelaban una historia singular para llenar las páginas de sus periódicos. Y entonces fue cuando nació la historia del niño aguador que descubrió la tumba de Tutankhamón. Carter contó esta anécdota seguramente para dar cierto halo de romanticismo al descubrimiento, como hizo con los ramos de flores de la antecámara supuestamente dejados por Ankhesenamón. Un periodista se hizo eco de la anécdota y encendió la mecha de la propagación de un relato que no ha cesado desde hace casi un siglo. Pero es una historia falsa. Y lo voy a demostrar.

El lector se preguntará por qué digo esto. La explicación es muy sencilla. Ni en los diarios de Carter, ni en la correspondencia de la época ni en los testimonios de los protagonistas (obreros egipcios o extranjeros) se hace jamás alusión a ningún niño aguador. Es una historia inventada. Solo aparece en la prensa de Estados Unidos. Es más, si observamos las fotografías de la excavación en el momento del hallazgo, cuando se había realizado un profundo agujero bajo la entrada de la tumba de Ramsés VI al que había que acceder con cierta habilidad porque las paredes del pozo son casi verticales, nos damos cuenta de que no tiene ningún sentido que baje hasta ahí un niño de diez años con una enorme tinaja de agua. No hay espacio, literalmente, para varias personas en el fondo del agujero. Lo normal es que los obreros salieran del pozo, bebieran en la zona llana que había fuera del agujero excavado y volvieran de un salto al trabajo. Siempre hemos imaginado, condicionados por el cine y la televisión, que el lugar en donde apareció el escalón era llano, diáfano, con unas piedras en las que un crío se sentaba, jugaba con un palo, rascaba la tierra y descubría un escalón. Yo de pequeño imaginaba la habilidad y las virtudes del muchacho para poder distinguir un escalón del resto de las piedras, hasta que me di cuenta de que había algo que no encajaba.

La historia ha ido más allá e incluso, desde hace casi dos décadas, se ha puesto nombre y apellidos al ficticio niño aguador. Cualquiera que se pase por la cafetería que los Abd el-Rassul, los descendientes de los ladrones de tumbas que encontraron el escondite de momias reales en Deir el-Bahari en 1881, tienen junto al Rameseum podrá conocer de primera mano la historia de Hussein Abd el-Rassul, el fundador del negocio. Hussein se hizo famoso en la década de los veinte, cuando tenía apenas diez años, por posar con uno de los collares encontrados en la tumba de Tutankhamón. Al ser de la misma edad más o menos que el Faraón Niño cuando subió al trono, Carter pensó que Harry Burton, el fotógrafo, podía tomarle algunas fotos con aquel espectacular collar. Hussein era el hijo de uno de los *reis* o jefes de obreros que trabajaban con Carter, así que este debía de tener buena relación con él.

Pues bien, cuando Hussein falleció, en los años noventa, se convirtió de pronto en el niño aguador que había descubierto el primer escalón de la tumba por obra de la imaginación de sus hijos, que regentaban entonces la cafetería. La idea caló en los incautos periodistas que se dejaron engañar con esta historia que no tenía ningún viso de ser real.

La prueba más clara de ello son los testimonios del propio Hussein. A lo largo de su vida fue entrevistado docenas de veces por medios de todo el mundo, desde Egipto hasta China, que lo

Hussein Abd el-Rassul posando con la foto que le hizo Burton siendo niño con uno de los pectorales de Tutankhamón. Foto © N. A.

presentaban como el último testigo vivo del descubrimiento de la tumba de Tutankhamón. El restaurante cuenta con dos vitrinas en donde se exponen muchas de las entrevistas que se le hicieron a Hussein en vida. Y lo más llamativo de todo es que en ninguna de ellas Hussein dice en ningún momento que él descubriera el peldaño. Sí es cierto que menciona que él se encargaba a veces de llevar agua, pero no dice nunca que fuera el descubridor del peldaño ni que él fuera el célebre niño aguador. Es más, en varias de esas entrevistas, realizadas hace décadas, describe con detalle el momento del hallazgo, señalando que él, su padre y Carter estaban lejos de la entrada de la tumba: «Mi padre y Carter fueron inmediatamente a ver qué sucedía. Habían encontrado la parte superior de una escalera». Fueron a ver, no vinieron. Seguramente él ni siquiera estaba allí. «Habían encontrado» no es «yo encontré».

El historiador Christopher Frayling lo entrevistó en 1992 para la BBC pocos años antes de morir. Hablaron de la maldición, de la foto del collar, pero del hallazgo del escalón nada. Hussein no dijo nada ni adquirió ningún protagonismo en ese sentido, porque sencillamente él no tenía nada que ver con esa historia inventada.

Recientemente, la egiptóloga francesa Florence Quentin, en un libro sobre Tutankhamón, comenzaba su relato con una antigua entrevista que le había hecho de joven a Hussein Abd el-Rassul. La sorpresa fue que en aquella charla Hussein reconocía que era el niño aguador y que había descubierto el primer peldaño de la tumba. Era la primera entrevista que leía en la que Hussein afirmaba tal cosa. Lamentablemente, yo no tuve la oportunidad de conocerlo, pero en mi investigación me puse en contacto con algunas de las personas que lo habían entrevistado en vida. Todas me confirmaron lo que sospechaba, que Hussein jamás dijo haber sido el niño aguador, e incluso que no trataron esa historia en sus entrevistas. Por ello, extrañado por el giro que daban los acontecimientos con la entrevista de Florence Quentin, me puse en contacto con ella, pues deseaba pedirle una copia de la grabación de la charla o una transcripción. Cuando le pregunté si esa entrevista era real o si, por el contrario, era una licencia literaria, la comunicación telefónica se cortó abruptamente. Y no hay más que decir. Es una leyenda urbana.

Los hijos siguen difundiendo el bulo seguramente por intereses comerciales. Resulta ridículo argumentar esa historia delante de los recortes de prensa donde se dice lo contrario. Desde mi punto de vista, es una falta de respeto imperdonable a la memoria de su padre, pero no seré yo quien juzgue lo que hace cada uno con su vida ni con la historia de su familia.

Otra de las leyendas urbanas más conocidas acerca del descubrimiento de la tumba de Tutankhamón está relacionada con un militar inglés. Su historia consiguió engañar a muchos, entre ellos a Nicholas Reeves, y de forma indirecta a mí también.

Richard Leslie Adamson (1901-1982) se hizo popular en los años sesenta y setenta, cuando afirmó que había trabajado para Carter en el Valle de los Reyes durante el descubrimiento. Adamson era sargento del ejército británico y decía que había hecho las funciones de guardia de la tumba durante siete años. Al parecer se quedaba a dormir en el interior de la sepultura y allí pasaba las horas vigilando para que nadie entrara y se llevara nada. El militar decía que el propio arqueólogo le había proporcionado un gramófono con discos de ópera, que escuchaba por las noches en la soledad del valle para distraerse. La imagen de un valle estrellado, en completa oscuridad, con la música quebradiza saliendo de la tumba de Tutankhamón puede emocionar a cualquiera. Sin embargo, como sucede con el niño aguador, es todo mentira.

Adamson fue recibido por la reina de Inglaterra como el último miembro del equipo vivo. El propio Nicholas Reeves, como he dicho antes, lo citó en su libro *Todo Tutankamón* como uno de los miembros del equipo.

Adamson se había hecho muy popular en Inglaterra dando conferencias aquí y allá. Se calcula que impartió unas mil quinientas, cobrando por ello y contando sus anécdotas sobre la excavación y su vida con los arqueólogos. Incluso fue protagonista de un libro, *A Journey Between Souls* («Un viaje entre almas»), escrito por Elaine Edgar, amiga de Adamson que creyó su mentira hasta después de su muerte y que, incomprensiblemente, aún la defiende.

Las alarmas saltaron desde el principio. Reeves me reconoció en una ocasión que dudó si incluir o no a este militar en la lista de los miembros del equipo. La razón era evidente. Adamson aseguraba que había estado allí durante varios años, pero no había mención de él en ninguna parte. Era un poco raro que no se conservara ninguna fotografía de él en el Valle de los Reyes. En efecto, que no se le mencionara en los diarios, ni en los listados de cobro de los miembros del equipo ni en las cartas, y que no apareciera en las fotos de las comidas resultaba muy pero que muy extraño. El equipo inglés era una verdadera piña, aunque hubiera asperezas entre algunos de sus miembros. Solamente por cortesía británica, todos se hablaban con todos, y en cambio nadie nombraba a este soldado, cuya presencia en el valle en aquella época no habría llamado la atención, ya que el ejército británico estaba asentado en Egipto. Solamente era su palabra la que le hacía estar allí.

Chris Ogilvie-Herald acabó deshaciendo el entuerto cuando Adamson ya había muerto.[30] Las dudas empezaron a confirmarse cuando en los listados del ejército británico de los años veinte, la época en que este anciano entrañable decía haber estado en Egipto, se vio que en realidad no había salido de Inglaterra. Los documentos no mentían: el sargento no había servido en las tropas destinadas en Egipto, y todo comenzaba a encajar. Al fallecer Adamson, apareció una maleta suya donde había guardados recortes modernos relacionados con Tutankhamón, pero nada de la época del descubrimiento.

30. C. Ogilvie-Herald, «The forgotten survivor» (2015), en la web <www.academia.edu >, artículo de acceso gratuito.

Adamson fue listo, pues no se lanzó a divulgar su historia ni a dar charlas hasta después de la muerte de Alan Gardiner, en 1963, el último miembro real del equipo de Carter y quien podría haber advertido el engaño.

¿Por qué lo hizo? No lo sabemos. Seguramente tenía alguna enfermedad mental que lo llevaba a fabular ese tipo de historias, mentir compulsivamente y crear relatos con los que, en el fondo aquí está lo bueno, consiguió engañar a muchos egiptólogos y periodistas. El padre de una persona que conozco tiene un comportamiento similar. No hace más que inventarse historias y en más de una ocasión me ha puesto en un compromiso diciendo que ha estado conmigo trabajando en cosas increíbles. Aunque parezca un chiste, es realmente triste. La forma de solucionarlo, en mi caso, fue cortar por lo sano y dejar la relación, pero con Adamson esto no se pudo hacer. Antes de morir fue invitado a Egipto, donde «regresó» a la tumba de Tutankhamón en la que decía haber trabajado. Jamás presentó una prueba que lo situara allí o que demostrara que conocía a quien aseguraba conocer. Su mérito está en haber aguantado casi dos décadas el embuste; me parece un récord y me recuerda a esas personas que ocultan parte de su pasado, no al negarse a contar cosas, que es muy común, sino a inventarse un pasado casi fantasmagórico. En la actualidad sería más difícil porque contamos con medios y plataformas digitales que vierten luz sobre cualquier duda que tengamos, pero en el caso de Adamson caló de una forma muy intensa, como hemos visto.

Vemos que la historia de Tutankhamón da para mucho. Y no es nuevo, viene de antiguo. Cuando era prácticamente un chaval cayó en mis manos un ejemplar de la revista *Año/Cero* que me llamó la atención. En ella, Luis García Gallo,[31] que firmaba

---

31. Este autor en realidad es un dibujante que seguramente muchos lectores conocerán por un libro del que se han hecho infinidad de ediciones: Luis García Gallo, *De las mentiras de la egiptología a las verdades de la Gran Pirá-*

como egiptólogo, publicó un artículo que llevaba por título «Una princesa llamada Tutankamón».[32] El título lo decía todo. Después de empezar el artículo despotricando contra Howard Carter y lord Carnarvon, hablando de ellos de forma despectiva como si fueran ladrones de tumbas y buscadores de tesoros, se metía de lleno en el asunto central de su artículo. Tutankhamón, siempre según García Gallo, fue en realidad una mujer, una joven princesa enterrada como si se tratara de un faraón en la KV62 del Valle de los Reyes. La idea no es original de García Gallo. Mucho antes que él ya se había hablado de esta posibilidad, para mí totalmente absurda por lo que voy a explicar a continuación. Pero lo que quizá llamaba la atención del artículo era que se justificaba en el libro de Thomas Hoving, *Tutankhamun. The Untold Story*, para defender la idea del cambio de sexo de nuestro faraón; libro al que ya he recurrido en más de una ocasión. Y lo que más sorprende de todo es que, se lea por donde se lea el libro de Hoving —recordemos, director del Metropolitan Museum de Nueva York y perfecto conocedor de todo lo sucedido en la tumba de Tutankhamón a lo largo del siglo XX—, no se encuentra la más mínima alusión al cambio de sexo. Yo mismo creí durante muchos años que, efectivamente, Hoving sostenía que Tutankhamón era una princesa, hasta que pude conseguir el libro y leerlo.

Para defender la femineidad de Tutankhamón, los investigadores se han agarrado a una serie de pilares a cuál más endeble. El primero de ellos es la posición del pene en la momia y su posterior ausencia. El segundo, la presencia de la diosa buitre Nekhbet en los tocados del faraón, emblema que ciertamente es típico en la iconografía femenina egipcia, aunque este detalle no quiere

---

mide, Barcelona, Antalbe, 1988. En él daba credibilidad a afirmaciones gratuitas como que todavía no se pueden leer los jeroglíficos y a teorías más cercanas a la piramidología decimonónica que a la egiptología científica del siglo XX.

32. Véase *Año/Cero*, n.º 4 (noviembre de 1990), pp. 90-93.

decir nada. No olvidemos que muchos de los objetos empleados en el entierro de Tutankhamón no habían sido construidos para él, sino para Nefertiti, Meritatón o quién sabe si Semenkhare, como es el caso de los ataúdes de oro.

En el artículo de la revista *Año/Cero* se publicó una foto totalmente distorsionada del rostro de la máscara de oro macizo de este rey, tomada con un gran angular y a una distancia que no debía de superar los veinte centímetros. Según el pie de la ilustración: «Los rasgos de la mascarilla funeraria de Tutankamón parecen corresponder a una mujer». Pues vale.

También se hablaba de que los cuchillos descubiertos entre los vendajes de la momia, uno de oro y otro de hierro posiblemente meteorítico, indicaban que se había practicado una cesárea de fatal resultado para la princesa. Esta cuestión, que en realidad no tiene nada de misteriosa porque hablar de una cesárea en la momia de Tutankhamón es no tener ni idea de lo que se dice, se relacionaba con los dos fetos aparecidos en la cámara del tesoro de la tumba, argumento que también se utilizó para probar la femineidad de Tutankhamón. La cesárea era el corte practicado en el vientre de Tutankhamón para sacar las vísceras durante el proceso de momificación.

En cualquier caso, ni los fetos ni las demás pruebas demuestran que Tutankhamón fuera una mujer. Al menos, los resultados de los estudios forenses de la momia hallada en la tumba son rotundos: la momia de la KV62 es de un hombre joven, de apenas veinte años.

En más de una ocasión he llamado la atención de forma cariñosa a mi gran amigo Enrique de Vicente, exdirector de *Año/Cero*, por publicar semejante artículo en aquel número de 1990. Quizá se vio afectado por la maldición de los faraones. Recuerdo que cuando leí el texto escribí una carta a la redacción manifestando mi indignación por este tipo de «investigaciones», señalando que Luis García Gallo, una vez más, había cometido un serio error.

Pero la extrapolación de la figura histórica de Tutankhamón no solamente se ha visto tergiversada en cuestión de sexo, sino también en la identidad del personaje, hasta un punto tal que más de un ultraortodoxo lo calificaría de irreverente. Dando un giro de ciento ochenta grados a la interpretación del Antiguo y el Nuevo Testamentos, el egipcio Ahmed Osman se ha convertido en un autor polémico, en cuyos libros plantea débiles hipótesis desestabilizadoras sobre la historia de la religión judeocristiana. Una de sus teorías consiste ni más ni menos, agárrense, en afirmar que nuestro Tutankhamón y el Mesías, Jesús de Nazaret, fueron la misma persona. Sí, lo han leído bien: Tutankhamón fue el Mesías, Jesús de Nazaret. Si todavía siguen sentados y no han sufrido desmayo alguno, voy a intentar esbozar brevemente las ideas de este autor.

Ahmed Osman ha sido el autor de varios libros controvertidos. Se presentó en sociedad sorprendiendo a propios y extraños con un libro titulado *Extranjero en el Valle de los Reyes*,[33] en el que afirmaba que el noble Yuya, el suegro del monarca Amenofis III, y el José del Génesis, el que interpretó de forma brillante los sueños del faraón, eran una sola persona. La verdad es que si uno lee el libro de Osman encuentra, ciertamente, varias similitudes cronológicas, antropológicas e históricas, y aunque la posibilidad de que su planteamiento fuera cierto es remota, no hay que desechar que pueda haber un poso de realidad. Luego, el trabajo de Osman no se detuvo en el bueno de José. Tres años más tarde, el autor egipcio contraatacó con un no menos impactante *Moisés, faraón de Egipto*.[34] A lo largo de sus páginas, Osman defendía la teoría completamente fantasiosa de que el Moisés del Éxodo era el faraón hereje Amenofis IV, Akhenatón. En este caso, la hipótesis no hay por dónde agarrarla. En primer lu-

33. Ahmed Osman, *Extranjero en el Valle de los Reyes*, Barcelona, Planeta, 1988.

34. Ahmed Osman, *Moisés, faraón de Egipto*, Barcelona, Planeta, 1992.

gar, no solo porque Osman presenta los datos históricos interpretados de una manera totalmente arbitraria, sino porque, como defendió el egiptólogo belga Claude Vandersleyen, profesor emérito de la Universidad Católica de Lovaina, ningún texto egipcio habla del paso del pueblo de Israel junto con Moisés por el mar Rojo hasta la península del Sinaí. Nos encontramos ante un hecho que no tiene ningún tipo de respaldo histórico. Cuando Vandersleyen hizo este comentario en el congreso de egiptología de Cambridge, en septiembre de 1996, recibió palos por todos los lados, especialmente de algunos egiptólogos cristianos ultraortodoxos americanos, como K. A. Kitchen, autor de la mejor monografía existente en la actualidad sobre la figura de Ramsés II, quizá el faraón del Éxodo.[35]

Después de que Osman dijera que Yuya era José y que Akhenatón era Moisés, muchos críticos pensaron que ya no tendría nada más que añadir. Sin embargo, se equivocaban. En 1992 Osman se atrevió, literalmente, a sacar a la luz la que sin duda es su obra más osada. Traducida y publicada al año siguiente en nuestro país con el título de *La casa del Mesías*,[36] en ella el autor arremetía con uno de los temas más espinosos de la Biblia: la figura de Jesús de Nazaret y su supuesto momento histórico, hace casi dos mil años. Alcanzando cotas inimaginables de osadía, Osman defendía en su nuevo libro la absurda teoría de que Jesús y Tutankhamón eran uno.

Así pues, la venida del Mesías se dio en el tiempo relatado en el Antiguo Testamento, no en el Nuevo. Con ello, el escritor egipcio modificaba la cronología tradicional de la historia sagrada, no la de la historia convencional, al identificar algunos de los personajes más conocidos del Egipto de la dinastía XVIII con figuras de renombre en el Antiguo y el Nuevo Testamentos.

35. Véase A. K. Kitchen, *Pharaoh Triumphant. The Life and Times of Ramesses II*, El Cairo, The American University in Cairo Press, 1990.

36. Ahmed Osman, *La casa del Mesías*, Barcelona, Planeta, 1993.

Para dar forma a esta idea tan sugerente, al igual que en otras ocasiones, Ahmed Osman se desplazó desde Egipto hasta la capital británica, ciudad en la que le resultó más fácil consultar fuentes arqueológicas y documentos escritos, como transcripciones de los textos del mar Muerto, el Corán, el Talmud y, por supuesto, la Biblia. Sin embargo, no sé qué es lo que consultaría, porque cualquiera que lea sus libros no verá más que continuas patadas a la historia y los textos.

Osman comienza su obra con una gran falsedad: no hay pruebas históricas que demuestren la existencia de Jesús en los años en que lo sitúa la tradición judeocristiana, es decir, hace dos mil años. El autor egipcio confunde al Jesús divino, producto de la especulación religiosa de los siglos I y II, con el Jesús judío de quien hablan varios autores clásicos como Flavio Josefo (*Antigüedades judías*, 18, 3, 3) o Tácito (*Anales* 15, 44). Además, según Osman, los textos de los autores romanos que escribieron sobre el Mesías o los propios evangelios canónicos no son sino una recopilación de datos y tradiciones mucho más antiguas, que se pusieron por escrito siglos después del supuesto nacimiento de Cristo, circunstancia que el autor egipcio denomina «un eco del pasado». Muy bien, Osman.

Ya de entrada su trabajo empieza a perder consistencia por todas partes. Para Osman una de las principales raíces del problema radica en la equivocación que ha supuesto que la tradición popular judeocristiana mezclara personajes diferentes que no tenían en absoluto nada que ver entre sí. Esto es lo que ha ocurrido, por ejemplo, con David. Osman defiende que en realidad hubo dos Davides que no tuvieron ninguna relación entre sí, aunque los historiadores los han confundido. Uno de ellos fue el jefe local de una pequeña tribu en la Tierra Prometida de Israel, durante la primera mitad del siglo X a. C., al cual es preciso no confundir con el rey más importante, el rey David que gobernó desde Egipto hasta los confines del río Éufrates, en pleno corazón de la antigua Mesopotamia. Este segundo David, el rey, y siempre según Osman, no sería otro que el mismísimo faraón Tutmosis III, sin duda uno de los grandes monarcas, junto con Ramsés II, de la historia de Egipto.

Aparte de una serie de argumentos históricos de nula validez, hay varios puntos de conexión entre las dos figuras. Según la tradición judía, David estuvo casado con su hermanastra, Betsabé (Samuel II, 11, 3), detalle que también podemos observar en la biografía de Tutmosis III, quien, siguiendo la tradición de la casa real egipcia, estuvo casado con su hermanastra, Merit Ra.

Otra conexión entre la figura de Tutmosis III y el Nuevo Testamento, siempre según Osman, es la batalla de Armagedón (Apocalipsis 19, 11 y ss.). Si bien a simple vista parece que no tienen ningún punto en común, los filólogos se han encargado de demostrar lo contrario. Literalmente, «Armagedón» viene de la expresión *Har Meggidon*, es decir, «el monte de Meggido», lugar que se encuentra en Canaán, hoy Israel. Y fue precisamente allí donde Tutmosis III libró una importante batalla contra la coalición de los Grandes de Retenu, los jefes locales que componían las colonias egipcias en el Mediterráneo oriental y que se levantaron en busca de la independencia. Después de siete meses de asedio a la ciudad, el triunfo de Tutmosis III acabaría dando a Egipto el control de los territorios desde el Mediterráneo oriental hasta el Éufrates. De esta manera, Osman explica en su libro que el pasaje relatado en el Apocalipsis de san Juan es un recordatorio de un hecho ocurrido siglos atrás y que por motivos puramente doctrinales se adaptó a la mentalidad de la época.

Pero son muchos más los personajes importantes de la dinastía XVIII que Osman relaciona con grandes monarcas del Antiguo Testamento. Si seguimos esta extravagante cronología, descubriremos que Amenofis III, biznieto de Tutmosis III (David), fue de hecho el rey Salomón, el mismo que en el siglo XIV a. C. construyó el fastuoso templo de Jerusalén. De igual manera, Panehesy, un sacerdote cuya tumba se encuentra en la ciudad herética de Akhetatón, fue en realidad el Finees bíblico, sacerdote de

Aarón, y que según la tradición legada en el Talmud fue el encargado de acabar con la vida de Jesús de Nazaret.

A esto habría que añadir, siempre según Osman, la extraña vinculación existente entre el sacerdote Ay, sucesor de Tutankhamón en el trono de Egipto, y Efraín, segundo hijo de José (el Yuya egipcio) y tío abuelo del Faraón Niño; en definitiva, todo un embrollo de linajes familiares y reinterpretaciones de la historia que acaban concluyendo con el centro de la trama de esta teoría.

Así pues, a partir de todas estas bases «históricas» sin ningún fundamento, Osman cree que la llegada del Mesías en realidad se produjo muchos años antes de lo que pensamos en nuestra tradición judeocristiana, exactamente catorce siglos antes.

Cuando Isaías, en el siglo VIII a. C., hablaba en su libro de la llegada futura del Mesías, lo que hacía era encubrir por razones políticas un acontecimiento que había ocurrido seiscientos años antes. Este acontecimiento se mantuvo en secreto hasta la llegada de Juan el Bautista. Con la opresión por parte del Imperio romano de las antiguas comunidades cristianas fundadas en época de Tutankhamón, hacia el año 1350 a. C., estos grupos primitivos se vieron obligados a salir a la luz. A partir de ese momento, tomando algunas tradiciones locales egipcias y judías contemporáneas, se concibió la falsa venida del Mesías que todos conocemos, según Osman.

Para el investigador egipcio son numerosos los detalles de la figura de Tutankhamón que lo conectan con un nacimiento divino poco común dentro de la tradición egipcia. Estos detalles son auténticas claves que identifican al faraón con la verdadera figura del Mesías de los judíos. Entre las representaciones del monarca conservadas en su tumba, Osman destaca la célebre cabeza del rey niño saliendo de una flor de loto. Este símbolo significa «hijo espiritual del dios», un matiz religioso que no manifiestan otros faraones de la historia de Egipto en su nomenclatura, presentados en las cronologías como hijos de Ra, sin más apelativos. Bueno, esto lo dice Osman porque sí, pues es un error.

Dentro de la forzada tendencia que intenta ligar ciertos objetos descubiertos en la tumba de Tutankhamón con la figura del Jesús mesiánico, llama la atención la singular interpretación que Osman realiza del respaldo del conocido trono de oro, la cual no tiene desperdicio. La escena, que reproduce un momento de la vida del Faraón Niño y su joven esposa, Ankhesenamón, se identifica con el célebre momento bíblico que comparten Jesús y María Magdalena (Mateo 26, 6-16). En el respaldo podemos ver que, en un cuadro familiar típico del arte de Amarna, Tutankhamón (léase Jesús) está siendo ungido con aceites por su esposa, Ankhesenamón (léase la Magdalena).

En otro pasaje de su libro, Osman relata el hallazgo junto a la tumba de Tutankhamón de una pequeña placa de oro de 19,2 centímetros de largo por 11,3 centímetros de alto. En ella aparecen tres reyes o comisionados extranjeros, dos asiáticos y uno nubio, de raza negra, representados en el acto de traer ofrendas al nuevo rey. El escritor egipcio ha querido ver en el relieve de esta placa áurea una alusión clara a los Reyes Magos de Oriente mencionados en el Evangelio según San Mateo (2, 1 y ss.).[37]

Y en este laberinto de nombres y fechas aún queda lo más fuerte. Agárrense (sonido de redoble): si la madre de Tutankhamón fue, según algunos historiadores, la hermosa reina Nefertiti, esposa de Akhenatón, ¡Osman identifica a esta mujer con la mismísima Virgen María! El autor egipcio arguye que Nefertiti llegó a poseer en vida un carácter divino, otorgado por su esposo al comienzo de su reinado. Esto es cierto, pero de ahí a que sea la Virgen... Por esta gracia divina, la reina aparece en las tumbas de Amarna sustituyendo a la todopoderosa diosa Isis.

---

37. Ahmed Osman se refiere a una de las placas de oro descubiertas por Theodore Davis en la KV58, tumba del valle que identificó erróneamente con Tutankhamón. Véase Theodore M. Davis, *The Tombs of Harmahabi and Toutânkhamanou*, Londres, Constable and Company, 1912, p. 129, fig. 5.

En este pasaje del libro, Osman elude la historia tradicional, pues no dice que Akhenatón fuera el José carpintero, el padre de Jesús, y apoya su teoría anterior de identificarlo con el profeta Moisés. Claro. De lo contrario no le cuadraría el complicado puzle del que ya no sabe salir. La explicación, que más bien parece una excusa, es que la figura de José no es más que el producto de la simple adecuación de antiquísimas creencias religiosas a la época de Juan el Bautista y el resurgimiento del cristianismo a comienzos de nuestra era.

Osman, además de realizar un estudio «histórico» de las fuentes egipcias y judías, se ha atrevido a dar una interpretación sui géneris del simbolismo y la espiritualidad de algunas de las obras de arte halladas en la KV62. Por ejemplo, al descubrir que los ojos de la máscara de Tutankhamón expresan un sentimiento de tristeza y angustia (sic), Osman quiso ver en la muerte del Faraón Niño un final trágico, identificándolo con la muerte del Mesías.

Si revisamos los estudios sobre la momia de Tutankhamón realizados por el doctor Douglas E. Derry a finales de los años veinte, los del profesor R. G. Harrison mediante radiografías en 1968 y los más modernos escáneres y estudios de ADN llevados a cabo ya en este siglo, comprobaremos que el cadáver del Faraón Niño se encontraba totalmente despedazado. A este acertijo anatómico habría que añadir las marcas descubiertas en el cráneo de la momia, que, según las interpretaciones erróneas de algunos forenses, podrían indicar la posibilidad de una muerte trágica a la temprana edad de diecinueve años. En cualquier caso, las marcas del cráneo y el estado del cuerpo son pruebas inequívocas para Osman de que Tutánkhamón «padeció una muerte violenta y sufrió torturas», circunstancia que lo vuelve a relacionar con la tradición de los últimos días de Jesús. Los resultados de las investigaciones más recientes desestiman cualquiera de esas posibilidades.

A todo esto habría que añadir que el símbolo de la cruz apareció en numerosas ocasiones en la tumba de Tutankhamón. Uno de los vestidos empleados en vida por el faraón mostraba una cruz, muy similar a la cruz dalmática. Este detalle llamó la atención de Howard Carter, ya que le parecía muy similar a la cruz en las casullas empleadas por los diáconos o los obispos cristianos desde hace siglos.

Esta cruz, denominada «cruz ansada» o «cruz de la vida», era para los egipcios símbolo de la vida eterna después de la muerte. Además, no deja de ser curioso que el *ankh*, nombre egipcio de esta cruz hoy día universalmente conocida, fuera uno de los pocos símbolos respetados por el herético Akhenatón (¿Moisés?) en su revolución religiosa.

Para Osman, este tipo de afinidades entre la cultura egipcia y el nacimiento de la religión cristiana dan una respuesta lógica a todas las similitudes que hay entre ambas creencias. El autor egipcio pone como ejemplo el hecho evidente de que la representación de Isis se convirtiera años después en nuestra tradición en las madonas del románico. En este aspecto debemos dar la razón a Osman. Además, hoy en día son muchos los teólogos que ven en la religión egipcia una fuente de inspiración de los antiguos textos judeocristianos que dan forma a numerosos pasajes de la Biblia, pero nada más.

En su creencia de que las Sagradas Escrituras son un libro histórico, el escritor egipcio Ahmed Osman ha transfigurado muchas teorías. Mientras que algunos egiptólogos, desde el siglo XIX hasta nuestros días, han querido encajar la historia de Egipto con la que leemos en la Biblia, lo que ha conseguido Osman es todo lo contrario, o sea, hacer coincidir la historia de la Biblia con los tres mil años de historia de la civilización egipcia.

Pero si nos detuviéramos a analizar con detalle todas las afirmaciones hechas por este investigador, no tardaríamos en llegar a la conclusión de que muchas de ellas no se sostienen. Osman, por ejemplo, ignora o quiere ignorar que el fraccionamiento del cuerpo de Tutankhamón no se debió a una muerte rodeada de tortura y sufrimiento, sino a que el único método posible en noviembre de 1925 para extraerlo del ataúd de oro que lo contenía fue despedazarlo. De lo contrario, hubiera sido imposible exhumarlo, pues se había pegado sólidamente al ataúd debido a la acción de los ungüentos empleados en la momificación, resecos durante más de tres mil años.

Quizá el trabajo de Osman quede resumido en la tesis propuesta por Antonio Piñero, catedrático emérito de Filología Griega de la Universidad Complutense de Madrid, y uno de los máximos expertos mundiales en todo lo relacionado con el mundo de la Biblia. El profesor Piñero me confirmó en una ocasión que era mejor no pararse a valorar las teorías de Osman. En palabras suyas: «Hay tantas cosas que investigar y que todavía desconocemos que detenerse a estudiar la veracidad o no de este tipo de hipótesis me parece una total pérdida de tiempo». Quizá tenga razón. Si es así, siento haber dedicado las últimas páginas a comentar los libros de Osman. No obstante, me parecía oportuno que, al menos, los lectores conocieran un poco cómo se las gasta este investigador, cuyo trabajo no quita que sea una persona encantadora, según me consta. Cada uno es como es.

Epílogo

Qué nos queda hoy de Tutankhamón

Llegados a este punto, el lector tendrá presente una cosa: sí, Tutankhamón es una figura fascinante, pero realmente no sabemos casi nada de él, y eso es lo que lo hace fascinante. El misterio que rodea al mundo faraónico brilla con especial fulgor en el Valle de los Reyes y en la historia del descubrimiento de la tumba de Tutankhamón.

Aunque nos sorprenda, esta necrópolis está repleta de puntos relacionados de una manera u otra con la figura de Tutankhamón. Es imposible recorrer Biban el-Moluk sin pasar por varios lugares que forman parte de la historia del descubrimiento. A las ya mencionadas KV54, KV55 y KV58 hay que sumar la trinchera abierta hace pocos años pasada la puerta de entrada a la tumba de Ramsés VI, la KV9, en dirección sur, precisamente al pie de la KV58, la tumba que en 1909 Davis consideró erróneamente la sepultura de Tutankhamón.

Antes del hallazgo de la KV62, Howard Carter ya había estado excavando sobre esta trinchera, aunque su trabajo fuera superficial. Allí se descubrieron varias chozas de obreros. Un testigo de la excavación fue entrevistado ocho décadas después por los arqueólogos británicos Geoffrey Martin y Nicholas Reeves.[1]

---

1. La información que aquí aporto sobre la trinchera excavada por Geoffrey Martin y Nicholas Reeves procede en gran parte de la conferencia impar-

Se trata de una trinchera de seis metros de longitud por dos de ancho cuya excavación se retomó en 1998.

El doctor Sabry Abd el-Aziz, antiguo director del Lado Oriental de la Necrópolis Tebana, me explicó en su momento que la trinchera en cuestión era una de las zonas de trabajo más importantes de todo el Valle de los Reyes, ya que es muy posible que contenga objetos del periodo histórico inmediatamente anterior al que nos interesa, es decir, la época de Amarna o incluso del propio reinado de Tutankhamón. Según Geoffrey Martin, quien junto con Reeves dirigió el trabajo de campo de la Universidad de Durham, llamado Proyecto de las Tumbas Reales de Amarna, aunque no existen pruebas documentales evidentes, se cree que, tras el periodo herético, muchos miembros de la familia real fueron trasladados al Valle de los Reyes. Es posible que allí los realojaran no en tumbas reales propiamente dichas, sino en escondrijos o *cachettes*. Para Reeves y Martin parecía claro que el centro del valle se convirtió durante el reinado de Tutankhamón en el refugio de otras momias relacionadas con el periodo de Amarna. Ya hemos visto el vínculo existente entre la KV54, la KV55 y la KV58, todas ellas enclavadas en el mismo sector del valle. El proyecto inglés solamente pudo sacar de debajo de los restos de las antiguas casas de obreros fragmentos de cerámica, tejidos, óstraca con textos jeroglíficos, en uno de los cuales aparece por primera vez el nombre de una reina, posiblemente de la época ramésida, llamada Taiai, o útiles de la vida cotidiana, como espejos. En definitiva, según los arqueólogos, diferentes materiales que seguramente estaban destinados a ser colocados en las tumbas del valle, pero que por razones desconocidas se quedaron allí.

---

tida por el propio Martin, profesor emérito del University College de Londres, en el Consejo Superior de Investigaciones Científicas de Madrid, el 29 de junio de 2001, celebrada en el marco del curso académico realizado por la Asociación Española de Egiptología.

El proyecto se cerró repentinamente en 2000. Al parecer hubo un desencuentro entre Reeves y las autoridades egipcias.

No lejos de donde se estaba excavando el Proyecto de las Tumbas Reales de Amarna lo hacía el egiptólogo estadounidense Otto Schaden. Y, poco después, el bombazo. En los primeros días del mes de febrero de 2006, todos los medios de comunicación se hicieron eco de una gran noticia. En el Valle de los Reyes había aparecido una nueva tumba, la KV63. Se trataba del primer sepulcro desde que en 1922 Howard Carter descubriera el de Tutankhamón.

Y en esta ocasión, el comunicado hecho público por el Consejo Superior para las Antigüedades de Egipto parecía estar respaldado por un acontecimiento de verdadera importancia. La noticia nada tenía que ver con otros rimbombantes anuncios, como los de «la momia más hermosa de Egipto» o «diez mil mo-

Uno de los ataúdes de la KV63. Foto cortesía SCA.

mias cubiertas de oro, el hallazgo más impresionante desde el de la tumba de Tutankhamón», que a los dos días se disolvían como un azucarillo al averiguar los periodistas que no había tanto oro como se decía ni el hallazgo era para tanto.

El descubrimiento fue realizado por el arqueólogo Otto Schaden, del Instituto de Arte Egipcio de la Universidad de Memphis (Estados Unidos). El verdadero espacio de trabajo de la misión de Schaden era la cercana KV10, perteneciente al faraón Amenmesse, de la dinastía XIX. La KV63 apareció el 9 de marzo de 2005, el último día de la campaña de ese año, tal y como cuenta la arqueóloga Roxanne Sanders Wilson, miembro del equipo de Schaden. Sin embargo, el hallazgo en realidad se había producido varios años antes. Nicholas Reeves, el egiptólogo británico que había trabajado tiempo atrás cerca de esa área del centro del valle, señaló que aquel punto ya lo había encontrado su equipo, en el marco del Proyecto de las Tumbas Reales de Amarna, y que el pozo era conocido ya gracias al georradar. No obstante, el enclave en el que ahora excavaba Schaden no era el mismo donde había trabajado Reeves. Este proyecto había confirmado sobre el terreno los estudios con sónar que se habían realizado en 1976 en aquel lugar. Con ello se pretendía dar cierto apoyo a la posibilidad de que en esa parte del centro del Valle de los Reyes aún quedaran tumbas sin excavar pertenecientes a la época de Amarna. En cambio, el lugar en donde apareció la KV63 estaba mucho más al norte.

El equipo estadounidense no tardó en dar con restos de las chozas de los constructores de época ramésida y, junto a ellos, con comienzo de una depresión en el suelo. Parecía tratarse de un pozo hecho por manos humanas, de 1,95 por 1,53 metros, en cuya parte más profunda quizá se abría el acceso a una tumba olvidada durante casi tres mil quinientos años.

Efectivamente, a 4,5 metros por debajo del nivel del suelo del valle, el pozo acaba en una puerta cerrada con lascas de piedra caliza. El primer vistazo a lo que había tras la puerta seguramente recordó a Otto Schaden el memorable momento en el que Howard Carter se deleitó con el interior de la cámara funeraria de la tumba de Tutankhamón. Era una pequeña habitación que servía de lugar de reposo a siete ataúdes de madera pintados de negro, rodeados por veintiocho jarrones blancos de unos setenta centímetros de altura y unos cuarenta kilos de peso cada uno. Ni el aspecto de los ataúdes ni la tipología de los vasos de cerámica ofrecían duda alguna sobre su cronología: finales del Imperio Nuevo, quizá el reinado de Tutankhamón. Por otro lado, se encontraron varios sellos que relacionaron inmediatamente la KV63 con el reinado de Tutankhamón.

A medida que iban apareciendo objetos y se presentaban nuevos problemas en el día a día, se añadieron otros especialistas al equipo de arqueólogos. Entre ellos, cabe destacar a la egiptóloga Salima Ikram o la española Pía Rodríguez Frade, conservadora del Proyecto Djehuty, dirigido por José Manuel Galán, y que en esas fechas de principios de febrero trabajaba en su excavación en Dra Abu el-Naga.[2]

Algunos de los ataúdes de madera tenían una máscara de color amarillo con rasgos típicos del reinado de Amenofis III o la época inmediatamente posterior, es decir, el reinado de Tutankhamón. Por desgracia, el estado de los ataúdes era muy precario. Las termitas habían hecho bien su trabajo a lo largo de casi tres mil quinientos años, y con la estructura destrozada casi por completo, peligraba la integridad física de las cajas. Mientras vaciaban el pozo de escombros para llegar a la cámara, se iba haciendo visible en una de las paredes una mancha vertical oscura, una suerte de reguero negruzco. Es la zona de paso de las termitas, de modo que los arqueólogos supieron desde el principio que abajo había algo que ellas podían comer: ataúdes de madera.

El caso era que habían comido demasiado. Un movimiento en falso y cualquier objeto se convertía en polvo. El trabajo de la conservadora Nadia Lukma fue vital para preservar los ataúdes.

2. Véase <www.proyectodjehuty.com>.

Durante los meses posteriores al descubrimiento, los arqueólogos estuvieron trabajando en los siete ataúdes y las veintiocho jarras blancas. En primer lugar, se llevó a cabo con mucho cuidado el vaciado de la cerámica. Los primeros ataúdes estaban obstruidos por algunas de estas enormes jarras, por lo que era preciso retirarlas para poder acceder a lo que de entrada tenía más atractivo, los ataúdes.

A medida que avanzaban los días y el trabajo, iban surgiendo más y más interrogantes. En las jarras solamente había restos de materiales empleados en la momificación, pero ¿de quién? Los pocos textos inscritos en los fragmentos de cerámica descubiertos dentro de las jarras no han arrojado nada de luz para descifrar el enigma de la KV63.

Por su parte, los ataúdes generaron la misma frustración en los investigadores. En su interior no había restos humanos, sino pedazos de tejidos, cerámica y natrón, entre otros materiales, es decir, posiblemente desperdicios dejados allí por los momificadores. Las preguntas seguían sin respuesta. Ahora bien, una cosa estaba clara: a pesar de la riqueza de los ataúdes, su tipología no se parecía a la de los féretros de los soberanos de este periodo. Solamente uno de ellos, el colocado al final de la habitación, mostraba tres bandas de escritura jeroglífica cubiertas a posteriori por el betún negro. Lamentablemente, no se pudo sacar nada en claro de ello.

En un momento dado, apareció dentro de una de las jarras un sello de arcilla con el nombre de Ankhesenamón, la esposa de Tutankhamón. Con todo, nada parecía indicar que nos encontráramos ante un enterramiento real, el de la esposa principal de un faraón. No obstante, la KV63 sí podía haber sido parte de una estrategia utilizada por los antiguos sacerdotes para enterrar y olvidar objetos relacionados con el reinado del Faraón Niño.

El problema planteado por la tumba no tiene una solución fácil. El espacio podría ser un simple almacén utilizado para guardar elementos de la momificación de algún rey, algo muy común en otras tumbas del Valle de los Reyes, como la KV54, donde aparecieron los restos del proceso de momificación de Tutankhamón. ¿Restos de la momificación de la reina Ankhesenamón, la esposa de Tutankhamón, desparecida justo después de la muerte del joven rey? También podría tratarse de una *cachette*, un escondite utilizado en época faraónica para esconder restos humanos u objetos de algún rey, un lugar parecido a la cercana KV55.

La tumba hoy permanece cerrada. No cuenta con decoración alguna y no está abierta al público.

Zahi Hawass retomó los trabajos en la década de 2010 y volvió a levantar todo el centro del valle buscando alguna nueva evidencia que diera pistas sobre las tumbas aún no encontradas. Durante un tiempo se dijo que había descubierto la tumba de Ramsés VIII, uno de los reyes que faltan por aparecer, pero no era más que un rumor. Lo que sí apareció fueron dos pozos cerca de la tumba de Merneptah (KV8); por eso los rumores se extendieron pronto. En un principio fueron etiquetados como KV64 y KV65, pero luego se retiraron de la lista de tumbas del valle. (En la actualidad, el nombre de KV64 lo lleva la tumba que hay junto a la KV40, descubierta en 2012 por una misión suiza en el camino que conduce a la de Tutmosis III, en el sur del valle).

Y son muchas más en el valle las referencias a la figura de nuestro protagonista, el Faraón Niño.

En la época en la que Carter trabajaba en la tumba, toda la parte sur de la necrópolis ya se había excavado. Si pasamos de largo la calzada que se dirige a la KV36, la tumba de Maiherpri, nos encontramos sobre un camino que conduce directamente al sector meridional. Tras caminar unos sesenta metros descubrimos una nueva bifurcación. Por el camino de la izquierda iremos a parar al extremo en cuyos riscos está la tumba de Tutmosis III, la KV34, una de las más espectaculares de Biban el-Moluk debido a que tiene la entrada en la misma pared de la montaña, a treinta metros de altura. Pero, si tomamos el camino de la derecha, a pocos metros llegaremos sin problemas a nuestro destino, la KV15, la tumba de Seti II. Esta tumba se encuentra a no más de trescientos metros de la de Tutankhamón. Como ya he mencionado, desempeñó el papel de laboratorio improvisado donde se restauraban las piezas que necesitaban una intervención urgente antes de ser embaladas para enviarlas a El Cairo, donde concluiría el proceso de conservación.

Al caminar por la calzada que lleva a la KV15 uno se da cuenta de por qué Howard Carter escogió este lugar como laboratorio. Tras pasar el enterramiento de Tausert y Setnakht, la KV14, no hay más tumbas que la de Seti II. De esta manera, podría cerrarse el camino al público, dejando un amplio espacio delante de la entrada, por lo que los trabajos tanto en su interior como en los aledaños no serían perturbados por la presencia de pesados visitantes y turistas fisgoneando la delicada labor del equipo.

Si hoy creemos que no existen fronteras en el mundo de la información gracias a las redes sociales o internet, que nos permite ver todos los canales del mundo, hace cien años no era así. No obstante, inventos como el teléfono o el telégrafo facilitaban enormemente la comunicación en un mundo, el de comienzos del siglo XX, en el que el desesperante correo por barco era lo más rápido a lo que muchos podían aspirar. Si Howard Carter hubiera descubierto la tumba de Tutankhamón en el año 2022 seguramente hubiera mandado un whatsapp a lord Carnarvon para darle la noticia, o hubiera hecho una videoconferencia desde la misma entrada. En 1922, pese a ser tiempos no tan sofisticados, bastó un telegrama para que en pocos minutos se conociera en Highclere el hallazgo de Carter. Es cierto que lord Carnarvon no pudo tomar un avión para llegar en apenas cinco horas al Valle de los Reyes y que tardó algo más de un par de semanas en hacer el viaje, pero el hecho que nos importa, conocer la noticia del hallazgo de la tumba, puede decirse que fue casi instantáneo.

Lo mismo sucedía con la prensa y el resto de los medios de comunicación de la época, principalmente la radio. El telégrafo inventado por Samuel F. B. Morse en 1836 y el teléfono que Alexander Graham Bell plagió a un italiano en 1877, según parece haberse demostrado, revolucionaron el mundo de la comunicación, propiciando que las noticias fueran de un lugar a otro del mundo a una velocidad hasta entonces inimaginable. Gracias al invento del teléfono, el planeta entero se hizo eco del hallazgo de la tumba de Tutankhamón en apenas unas semanas y el duque de Alba pudo llamar desde Madrid a la casa de Carter en Londres para decirle que podía retomar sus excavaciones en Luxor.

Algo realmente extraordinario había sucedido en un lugar remoto de Egipto, cuyo nombre solo habían oído, y de lejos, unos pocos interesados. De la noche a la mañana, Tutankhamón pasó de ser un verdadero desconocido a estar presente en la vida diaria de millones de personas. Y podemos decir que aún lo sigue estando, porque la llamada «Tutmanía» nacida en los años veinte, un siglo después, todavía no ha muerto.

La conocida Exposición Universal de 1924, celebrada en Wembley, muy cerca de Londres, supuso para Carter un auténtico quebradero de cabeza. El arqueólogo inglés no podía dar crédito a lo que escuchaba cuando le informaron de que se estaba preparando a sus espaldas una reconstrucción de la tumba para la mencionada exposición. En ella, por el módico precio de un chelín y tres peniques, la mitad para los niños, todo el que quisiera podría conocer «de primera mano» los tesoros hallados en la tumba de Tutankhamón. De nada sirvieron las continuas misivas de Carter protestando por el incontrolable cariz mercantilista que había tomado su trabajo. Pese a que hasta el último momento intentó parar el circense plan, al final la reconstrucción se construyó, ubicada entre dos burdas atracciones feriales.

Hoy las piezas se pueden ver en Dorchester, Inglaterra.[3] Yo no me hubiera preocupado tanto. Creo que Carter se equivocaba con esa actitud. Todo lo que sea difusión del trabajo de los arqueólogos y, en este caso, la comunicación de un hallazgo de tal calibre ha de ser bienvenido. No se pueden poner puertas al campo, y, al igual que ni el Gobierno egipcio, ni los herederos de Carter ni la casa Carnarvon pueden intervenir en la publicación de un libro independiente sobre Tutankhamón como este, en aquella época Carter debería haber entendido que, le gustara o no, la réplica servía para que mucha gente participara de un legado que hoy entendemos universal.

La Tutmanía se extendió por todas partes y en todos los sectores de la vida, la política y la economía. El cine pronto habló no solamente del hallazgo de la tumba, sino también de la sensacional eclosión que vivió todo lo relacionado con Egipto. Por ejemplo, la maldición de Osiris achacada al Faraón Niño fue el hilo conductor de uno de los clásicos de las películas de terror de la época. *La momia*, protagonizada por Boris Karloff en el año 1932, comenzaba curiosamente con el descubrimiento de una extraña tumba, la de la reina Ankhesenamón, que aunque no se diga en la película, todos sabemos que era la esposa de Tutankhamón. A este éxito de la Universal siguieron otros como *La tumba de la momia* (1942) o *La maldición de la momia* (1944), y así hasta las casi cincuenta películas que tengo localizadas en mi colección particular de «egiptoloco», entusiasta de todo lo relacionado con el cine y las momias egipcias.[4]

Pero no hace falta ser tan necrológicos para ver influencias del descubrimiento de la KV62 en la historia del siglo xx. Se cons-

3. Véase <www.tutankhamun-exhibition.co.uk/>.

4. Véase un listado de películas inspiradas en momias egipcias en B. Brier, *The Encyclopedia of Mummies*, Nueva York, Checkmark Books, 1998. En castellano contamos con el extraordinario libro de A. Rico, E. A. Mastache y J. Alonso, *El Antiguo Egipto en el cine*, Madrid, T&B Editores, 2010.

truyeron infinidad de edificios siguiendo una moda arquitectónica en la que lo más *in* era añadir elementos tomados del Antiguo Egipto. Los diseñadores de muebles, joyas y trajes tomaron estampados, colores y formas de los vestidos, los adornos y los objetos egipcios. La publicidad y la televisión, e incluso los fabricantes de preservativos, emplearon en algún momento diseños y símbolos que, si no provenían directamente de la tumba de Tutankhamón, sí habían sido tomados de la cultura egipcia gracias a la influencia de esta civilización después del hallazgo de 1922. En el campo de la música destaco la pieza del autor suizo Alexandre Denéréaz, que en 1925, fascinado por la historia del descubrimiento de la tumba y sus tesoros, escribió un poema sinfónico de quince minutos titulado *Au tombeau de Tut-Ankh-Amon* («En la tumba de Tutankhamón»).

A comienzos de la década de los sesenta la popularidad de Tutankhamón alcanzó su máximo apogeo. Que en todo el planeta se conociera la figura del Faraón Niño no se debió entonces solo a la acción mediática de la prensa, sino al encuentro cara a cara con el propio Tutankhamón. Millones de personas en todo el mundo pudieron conocer a este faraón y enfrentarse directamente a la historia de Egipto gracias a las exposiciones itinerantes que mostraban los tesoros descubiertos por Howard Carter en el Valle de los Reyes.

Desde el mes de noviembre de 1961 hasta el mes de julio de 1981, las piezas más importantes del tesoro de Tutankhamón estuvieron de gira por el mundo, como los baúles de la Piquer. En estos casi veinte años, los objetos recorrieron Estados Unidos, Canadá, Japón, Francia, Inglaterra, la antigua URSS y la antigua República Federal de Alemania.[5]

---

5. Este listado aparece en el libro de Reeves, *Todo Tutankamón, op. cit.*

Estados Unidos	Washington D. C.	noviembre-diciembre 1961
Estados Unidos	Filadelfia	enero-febrero 1962
Estados Unidos	New Haven	febrero-abril 1962
Estados Unidos	Houston	abril-mayo 1962
Estados Unidos	Omaha	mayo-julio 1962
Estados Unidos	Chicago	julio-agosto 1962
Estados Unidos	Seattle	agosto-octubre 1962
Estados Unidos	San Francisco	octubre-diciembre 1962
Estados Unidos	Cleveland	diciembre 1962-enero 1963
Estados Unidos	Boston	febrero-abril 1963
Estados Unidos	San Luis	abril-mayo 1963
Estados Unidos	Baltimore	junio-julio 1963
Estados Unidos	Dayton	julio 1963
Estados Unidos	Detroit	agosto-septiembre 1963
Estados Unidos	Toledo	septiembre-octubre 1963
Estados Unidos	Richmond	diciembre 1963-enero 1964
Estados Unidos	Nueva York	desde enero 1964
Canadá	Montreal/Toronto	noviembre-diciembre 1964
Canadá	Winnipeg	diciembre 1964-enero 1965
Canadá	Vancouver	enero-febrero 1965
Canadá	Quebec	marzo-abril 1965
Japón	Tokio	agosto-octubre 1965
Japón	Kioto	octubre-noviembre 1965
Japón	Fukuoka	diciembre 1965-enero 1966
Francia	París	febrero-agosto 1967

Inglaterra	Londres	marzo-diciembre 1972
URSS	Moscú	diciembre 1973-mayo 1974
URSS	Leningrado	julio-noviembre 1974
URSS	Kiev	enero-marzo 1975
Estados Unidos	Washington D. C.	desde septiembre 1976
Estados Unidos	Chicago	hasta julio 1977
Estados Unidos	Nueva Orleans	septiembre 1977-enero 1978
Estados Unidos	Los Ángeles	febrero-mayo 1978
Estados Unidos	Seattle	julio-noviembre 1978
Estados Unidos	Nueva York	diciembre 1978-abril 1979
Estados Unidos	San Francisco	mayo-octubre 1979
Canadá	Toronto	noviembre 1979-enero 1980
República Federal de Alemania	Berlín Occ.	febrero-mayo 1980
República Federal de Alemania	Colonia	junio-octubre 1980
República Federal de Alemania	Múnich	noviembre 1980-febrero 1981
República Federal de Alemania	Hanóver	febrero-abril 1981
República Federal de Alemania	Hamburgo	mayo-julio 1981

De esta época son algunos de los libros más populares sobre Tutankhamón, que aún podemos encontrar, reeditados, en las librerías. Algunos de ellos los menciono en la bibliogafía. Ahora es cuando el mundo del cómic se hace eco también del sensacional hallazgo de Carter. Edgar Jacobs, por ejemplo, el extraordinario historietista belga, autor de los maravillosos álbumes de Blake y Mortimer, dibujó para la revista *Tintin* una historieta breve en la que se contaba el descubrimiento de la tumba de Tutankhamón.[6]

En cierta ocasión, hace unos años, hablando con el conocido novelista y egiptólogo francés Christian Jacq, tuve la oportunidad de hacerle la misma pregunta que me han hecho a mí decenas de veces en varios medios de comunicación: ¿qué es lo que queda del Egipto faraónico en nuestra sociedad del siglo XXI? Con una sonrisa, Jacq reconoció que para poder contestar a esa pregunta necesitaría varias semanas. El legado del Antiguo Egipto no se puede resumir en pocas palabras. Y estoy totalmente de acuerdo con él. Es obvio, al menos para mí, que son infinitas las cosas que hemos heredado del Egipto milenario y que todavía laten en nuestra vida diaria.

Ya he escrito en otras ocasiones sobre los pequeños detalles que han viajado en el tiempo desde la época de las pirámides hasta nuestros días, y que, diluidos en nuestra vida cotidiana, le pasan inadvertidos a casi todo el mundo. Cosas tan comunes como algunos juegos de mesa, la cerveza, muchas expresiones corrientes y, por supuesto, gran parte de la tradición judeocristiana de la Biblia hunden sus raíces en la cultura egipcia. Lo mismo ocurre con otras civilizaciones de la Antigüedad, como la griega y la romana, que han aportado a nuestro mundo occidental infinidad de rasgos culturales cuyo origen a menudo desconocemos.

En el caso de la figura de Tutankhamón, el sentido de su aportación es diferente. Además del bagaje cultural que lleva detrás de sí, ya que es un personaje ineludiblemente ligado al Egipto faraónico, no hay que olvidar que Tutankhamón nos ha dado mucho más. Algo ya he adelantado en la introducción de este libro. Sin lugar a dudas, hubo reyes en este periodo de la historia de la humanidad que fueron mucho más importantes que nuestro Faraón Niño. Sesostris, Tutmosis III o Seti I son algunos de

6. *Tintin*, n.º 848, año 17 (21 de enero de 1965).

ellos. No obstante, estos personajes, aunque sus nombres nos suenen, no nos remiten a nada en concreto. Con Tutankhamón, en cambio, sucede todo lo contrario. La mayor parte de la gente seguramente es incapaz de situarlo en un contexto histórico determinado y mucho menos en un momento cronológico concreto. (Espero que esto no siga siendo así después de haber leído este libro). Ahora bien, todo el mundo relaciona a Tutankhamón, nuestro Tutankhamón, con las riquezas que abundaron en Egipto hace miles y miles de años. Qué más da cuánto tiempo, no importa si fue hace mil años o si fue hace dos mil. Lo que verdaderamente importa es, como diría un psicólogo, el arquetipo que arrastra la imagen de Tutankhamón.

En las últimas décadas, varias exposiciones con los tesoros de Tutankhamón han dado de nuevo la vuelta al mundo. Quizá no eran muestras tan espectaculares como las de los años sesenta y setenta. No estaba la máscara de oro, pero sí joyas celebérrimas como los vasos canopos, el maniquí, la copa de los deseos, coronas, collares, las estatuas del *ka*, la capillita de madera dorada o varios *ushebtis*. La relativa escasez de las piezas de Tutankhamón se compensaba con otras obras maestras procedentes también del Museo Egipcio de El Cairo que enmarcaban con creces este periodo de la civilización. Dichas exposiciones recorrieron varias ciudades de Estados Unidos y de Europa. Yo, por ejemplo, las pude ver en Londres y Viena, y desde luego merecían la pena. En aquel entonces hablé con los encargados de la exposición, con el propio Zahi Hawass y con las autoridades pertinentes de Madrid para ver si se podía traer la exposición a España. Fueron muchos meses de trabajo para al final no obtener ningún resultado, pero la experiencia me gustó.

Además de las exposiciones de objetos reales de la tumba, también ha tenido mucho éxito en los últimos años la muestra que, con el título «Tutankhamón, la tumba y sus tesoros», recogía réplicas exactas de las piezas de la tumba del Faraón Niño y una reconstrucción extraordinaria de las cámaras de la KV62. En las dos ocasiones en que la exposición estuvo en Madrid fui invitado a participar en ella haciendo visitas guiadas o preparando el texto para que los guías transmitieran a los grupos la historia del hallazgo y las anécdotas sobre las piezas reproducidas. Fue una colaboración muy bonita.

Si «Yesterday» es la canción más versionada de todos los tiempos, posiblemente la máscara de Tutankhamón es el objeto arqueológico que más veces ha sido reproducido en la cubierta de un libro o como reclamo para cualquier evento relacionado con el Egipto faraónico. Y no es algo casual. La lógica nos lleva a pensar que la belleza de la pieza es lo que ha impulsado a más de un editor a tirar de esta imagen como reclamo, pero lo cierto es que estamos ante un pez arqueológico que se muerde la cola. Se utiliza la máscara de Tutankhamón porque la gente la conoce, y de ello se deduce que la gente la conoce porque se ha usado en innumerables ocasiones.

Como hemos visto, lo que hoy nos queda de Tutankhamón es muchísimo. Y me refiero no solo a lo que queda por conocer, que, como hemos visto a lo largo de estas páginas, es bastante, sino que ha sabido hacerse con ese marchamo de calidad que hace posible que todo el mundo lo identifique con Egipto.

La cinta número 199 de mi archivo de casetes de audio (prehistoria pura) evoca un recuerdo muy especial para mí. En ella están grabados los casi sesenta minutos de conversación que tuve en octubre de 1999 con Alain Zivie. Para quien no conozca la trayectoria de este egiptólogo francés, bastará con decir que es el descubridor de las tumbas más importantes del Imperio Nuevo halladas en la región de Sakkara, al sur de El Cairo, una zona normalmente dejada de lado por los egiptólogos especialistas en este periodo de la historia de Egipto, ya que la inmensa mayoría de las tumbas y los monumentos que allí han aparecido corresponden al Imperio Antiguo.

Después de haber escuchado a Zivie en una apasionante charla sobre su investigación en torno a la tumba de Aper-El, visitar de

Amenofis III, en Sakkara, concerté un encuentro con él en el hotel Meliá Los Galgos de Madrid. Sentados a una de las mesas de la cafetería, Zivie comenzó a desglosar lo sucedido en 1996, que los medios de comunicación no relataron hasta tiempo después.[7] En Sakkara, el equipo de arqueólogos franceses acababa de realizar uno de los hallazgos más fascinantes de los últimos años: había encontrado la tumba de Maya (o Maia),[8] la nodriza del Faraón Niño, Tutankhamón.[9]

Una vez más la imagen del Faraón Niño volvía a cautivar a la opinión pública, recuperando del cajón del olvido viejas leyendas de arqueólogos románticos y de maldiciones de faraones. Debido al boato con que siempre se ha presentado a Tutankhamón y su tesoro, y a lo complicado que resulta el estudio del periodo que le tocó vivir, la tumba de Maya es uno de sus hallazgos más importantes. «Cuando entramos en la tumba —me relató un Zivie emocionado—, en cinco minutos nos dimos cuenta de que era de una mujer y que en la pared aparecía el nombre de Tutankhamón. Acabábamos de encontrar una tumba muy especial por la singular conexión que tiene Tutankhamón con la gente y, desde un punto de vista científico, porque se abrían nuevas líneas de trabajo sobre el oscuro mundo de Amarna».

La tumba de Maya no es muy grande. Mide menos de veinte metros de profundidad y su estado de conservación no es todo

7. Véase *La Revista de El Mundo*, n.º 120 (1 de febrero de 1998), pp. 28-35.

8. No hay que confundir el nombre de esta nodriza, que en ocasiones se transcribe como Maïa, o Maya, con el de Maya, el funcionario de Tutankhamón, cuya tumba fue descubierta muy cerca de la de Horemheb en Sakkara en febrero de 1986. Véase Geoffrey T. Martin, *The Hidden Tombs of Memphis*, Londres, Thames and Hudson, 1991, pp. 147-188.

9. Zivie publicó un informe preliminar sobre el hallazgo de la tumba en «The tomb of the Lady Maïa, wetnurse of Tutankhamun», *Egyptian Archaeology*, n.º 13 (1998), pp. 7-8. Posteriormente publicó su estudio de la tumba en *La tombe de Maïa, mère nourricière du roi Toutânkhamon et grande du harem*, Toulouse, Caracara, 2009.

lo bueno que se podría esperar. Hoy está sustentada por varios andamiajes que evitan que la montaña que tiene encima se venga abajo. En el primer nivel consta de tres habitaciones, y la mayor parte de la decoración está dañada por los incendios sufridos en la Antigüedad. Los arqueólogos han hecho un trabajo brillante y hoy se pueden ver los relieves con total nitidez. Las inscripciones no dejan lugar a dudas: «Maya, nodriza real, la que alimenta el cuerpo del dios, y que es favorecida por el rey, Tutankhamón, Nebkheperura».

Junto a la primera escena grabada en un relieve a la derecha de la entrada de la tumba vemos a Maya, a Tutankhamón con los dos cartuchos reales y a seis personajes que, según Zivie, indudablemente son personas importantes de la corte del faraón. Podría tratarse de Ay, Horemheb, los generales Nakhtmin, Ramsés y

La nodriza de Tutankhamón, Maya, en un relieve de su tumba en Sakkara.
Foto © N. A.

Seti, y otros oficiales. El penúltimo inauguraría la dinastía XIX con el nombre de Ramsés I.[10]

En el resto de los relieves vemos a Maya en diferentes pasajes del Libro de los Muertos, como el ritual de apertura de la boca. La calidad de las imágenes es la habitual en el reinado de Tutankhamón. Maya sigue siendo un misterio, y no sabemos quién fue realmente. Zivie es de la opinión de que podría ser una de las hijas de Akhenatón, quizá Meritatón, lo que enredaría aún más el lío de esta historia.

Lo que más me impresionó de la charla con Zivie fue un anuncio que hizo, totalmente alucinante. Al menos a mí me lo pareció, y me lo sigue pareciendo. «En este momento hay varias expediciones trabajando en Sakkara, un lugar que todavía tiene muchas sorpresas que dar, como una más que probable tumba no real de Tutankhamón, que se hiciera construir cuando todavía era príncipe».

Saqueada o no, descubrir otra tumba de Tutankhamón sería un hecho realmente sorprendente, aunque en absoluto extraordinario. Algunos faraones, como Horemheb, se hicieron construir una tumba en Sakkara y luego fueron enterrados en el Valle de los Reyes (KV57).

Volviendo a la idea que he transmitido en la introducción de este libro, Tutankhamón ha sabido ganar al tiempo como nadie. La sonrisa de su rostro es quizá más enigmática incluso que la de la Gioconda de Leonardo. Cualquiera que haya visitado Egipto habrá comprobado lo mágicos que son los niños de este país. De alguna forma, todos son herederos directos de ese otro niño, Tutankhamón, que hace casi tres mil quinientos años vivió su corta vida a orillas del Nilo. Qué mejor manera de acercarse a Egipto y conocer su cultura que de la mano de otro niño.

10. En ocasiones se dice que el primer faraón de la dinastía XIX fue Horemheb, que al estar casado con Mutnedymet, seguramente una hermana de Nefertiti, heredó el trono.

Tutankhamón siempre ha estado muy presente en mis viajes, y podría decir que en el de cualquier persona que visite Egipto por placer, turismo o trabajo. El sempiterno Faraón Niño aparece en carteles, escaparates, recuerdos, autobuses, etc. Los aviones que conectan El Cairo con Madrid siempre salen a primera hora de la mañana, alrededor de las nueve y media. Aquel día había quedado con un buen amigo que se había ofrecido para llevarme al aeropuerto. El trayecto, a esas horas de la mañana, cuando apenas había amanecido, siempre es cómodo. El tráfico es escaso y la carretera está en buen estado. Desde la casa de Manial hasta la terminal 2 del aeropuerto no hay más de treinta minutos. Tras despedirme de mi amigo confiando en que volveríamos a vernos pronto, en apenas unos meses, entré en la sala para pasar el primero de los cinco controles obligatorios. Facturé la maleta y crucé rápidamente la aduana para dirigirme a la zona de las cafeterías con la intención de desayunar mi chocolate con leche caliente y mi cruasán habituales.

El tiempo pasó bastante rápido. Casi sin darme cuenta y con una puntualidad inusual en este tipo de vuelos, el embarque en la nueva terminal 2 se produjo a la hora prevista. Desde el pasillo que llevaba a la entrada del avión, rodeado de compatriotas y de algún que otro diplomático, como hace veinte años, la primera vez que escribí este libro, eché el último vistazo al aeropuerto. Tuve la extraña sensación de que alguien me observaba. Me volví y no vi nada extraño. En el pasillo todo el mundo avanzaba tranquilo para pasar el último control de la tarjeta de embarque. Y al girar de nuevo la cabeza me di cuenta de cuál era la causa de mi extraña sensación. Allí seguía, igual que hace dos décadas. Lo tomé como un gesto de despedida. A pocos metros de la salida de los vuelos internacionales se levantaba un enorme cartel publicitario de la empresa estatal MISR («Egipto» en árabe). Una vez más, él estaba ahí, presente en cada uno de los momentos importantes de mis viajes a Egipto. Nos sonreímos. Como no podía ser de otra forma, el reclamo publicitario que habían utilizado en esta ocasión era un gigantesco dibujo de la máscara de oro de Tutankhamón. Más que nunca, allí estaba la Imagen Viviente de Amón. La Imagen Viviente de Egipto.

Apéndices

Listado de tumbas y mapa del Valle de los Reyes

Es difícil conocer el número exacto de tumbas y pozos que hay en el Valle de los Reyes, aunque ronda el centenar. La KV64, correspondiente a una sacerdotisa llamada Nehmes Bastet, es la última descubierta en el valle, un hallazgo realizado en 2012, y seguramente quedan muchas más debajo de las toneladas de escombros que cubren algunas partes de la necrópolis.

En el siguiente recuadro presento un listado de las tumbas del Valle de los Reyes y del Valle de la Tumba de los Monos, que se abre junto a Biban el-Moluk. A estas habría que añadir la veintena de pozos funerarios que tachonan la necrópolis, catalogados con códigos que empiezan con la sigla KVA. En esta categoría habría que incluir la tumba que a principios del siglo XXI se creyó que era la del faraón Ramsés VIII, uno de los grandes buscados en el valle.

Las continuas excavaciones en el cementerio hicieron que algunas de las tumbas descubiertas en el siglo XIX o a principios del XX se perdieran. Algunos trabajos descuidados, como los de Theodore M. Davis, las hicieron desaparecer. Por suerte, gracias a un proyecto dirigido por Kent Weeks, todas las tumbas conocidas en los dos últimos siglos están hoy señalizadas. Cada una de ellas cuenta con un pequeño muro de cierre en la parte superior, una puerta metálica y una placa que la identifica con su código. Por ejemplo, la KV54, la que contenía los restos de la momificación de Tutankhamón, situada en el camino que lleva a la tumba de Tutmosis III, estuvo perdida durante varias décadas, pero ahora se distingue fácilmente desde uno de los senderos principales del cementerio real.

La sigla PFST hace referencia a los «pozos funerarios (descubiertos) sin textos». Por su parte, CST significa «cámara sin textos».

NÚMERO	FINALIDAD ÚLTIMA	DESCUBIERTA	LONGITUD EN METROS
KV1	Ramsés VII	Antigüedad	40
KV2	Ramsés IV	Antigüedad	66
KV3	Hijos de Ramsés III	Antigüedad	
KV4	Ramsés XI	Antigüedad	93
KV5	Hijos de Ramsés	1799	
KV6	Ramsés IX	Antigüedad	86
KV7	Ramsés II	Antigüedad	100
KV8	Merneptah	Antigüedad	115
KV9	Ramsés V y Ramsés VI	Antigüedad	104
KV10	Amenmeses	Antigüedad	75
KV11	Ramsés III	Antigüedad	125
KV12	CST familia real dinastía XVIII	1739	
KV13	Bay	Antigüedad	
KV14	Tausert y Setnakht	Antigüedad	110
KV15	Seti II	Antigüedad	72
KV16	Ramsés I	octubre 1817	29
KV17	Seti I	octubre 1817	100
KV18	Ramsés X	Antigüedad	40
KV19	Montukherkopeshef	octubre 1817	
KV20	Tutmosis I y Hatshepsut	1799	200
KV21	CST dos reinas dinastía XVIII	octubre 1817	

WV22	Amenofis III	1799	100
WV23	Ay	1816	55
WV24	PFST	1832	
WV25	¿Akhenatón?	1817	
KV26	PFST	1835	
KV27	CST con cuatro cámaras dinastía XVIII	1835	
KV28	CST con una tumba	1832	
KV29	PFST	1832	
KV30	PFST con cámaras	1817	
KV31	PFST	octubre 1817	
KV32	CST	1898	
KV33	CST	1898	
KV34	Tutmosis III	febrero 1898	55
KV35	Amenofis II	marzo 1898	60
KV36	Maiherpri	marzo 1899	
KV37	CST	1899	
KV38	Tutmosis I (2.ª tumba)	marzo 1899	25
KV39	tumba CST	1899	
KV40	príncipes de Amenofis III	1899	
KV41	PFST	1899	
KV42	Sennefer (¿Tutmosis II?)	noviembre 1900	50
KV43	Tutmosis IV	enero 1903	90
KV44	PFST	enero 1901	
KV45	Userhat y Merenkhonsu	febrero 1902	
KV46	Yuya y Tuya	febrero 1905	
KV47	Siptah	diciembre 1905	90
KV48	Amenemopet	enero 1906	
KV49	CST	enero 1906	
KV50	PFST con animales	enero 1906	
KV51	PFST con animales	enero 1906	
KV52	PFST con animales	enero 1906	

KV53	PFST	enero 1906	
KV54	escondrijo de Tutankhamón	diciembre 1907	
KV55	escondrijo de Amarna	enero 1907	
KV56	Hija de Seti II, «Tumba Dorada»	enero 1908	
KV57	Horemheb	febrero 1908	114
KV58	pozo anexo de Tutankhamón	enero 1909	
KV59	tumba sin textos	?	
KV60	CST	1903	
KV61	PFST	enero 1910	
KV62	Tutankhamón	noviembre 1922	40
KV63	*cachette* de finales del Imperio Nuevo	marzo 2005	
KV64	Nehmes Bastet	2012	

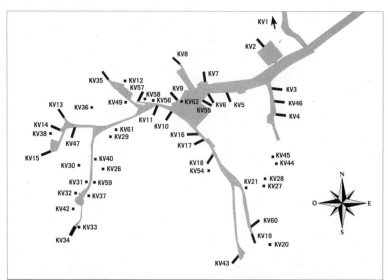

NÚM.	REY	DESCUBIERTA	LONG. (m)
KV1	Ramsés VII	Antigüedad	44,3
KV2	Ramsés IV	Antigüedad	66
KV3	Hijo de Ramsés III	Antigüedad	53,5
KV4	Ramsés XI	Antigüedad	93
KV5	Hijos de Ramsés II	1799	443,5
KV6	Ramsés IX	Antigüedad	86
KV7	Ramsés II	Antigüedad	100
KV8	Merneptah	Antigüedad	115
KV9	Ramsés V y Ramsés VI	Antigüedad	104
KV10	Amenmesse	Antigüedad	75
KV11	Ramsés III	Antigüedad	125
KV12	S.T. familia real XVIII dn.	1739	92,3
KV13	Bay	Antigüedad	71,4
KV14	Tausert y Setnakht	Antigüedad	110
KV15	Seti II	Antigüedad	72
KV16	Ramsés I	octubre 1817	29
KV17	Seti I	octubre 1817	100
KV18	Ramsés X	Antigüedad	40
KV19	Montukherkopeshef	octubre 1817	39
KV20	Tutmosis I y Hatshepsut	1799	200
KV33	Dueño desconocido	1898	Sin datos
KV34	Tutmosis III	febrero 1898	55
KV35	Amenofis II	marzo 1898	60
KV36	Maiherpri	marzo 1898	6,34
KV38	Tutmosis I (2.ª tumba)	marzo 1898	25
KV42	Meritra Hatshepsut, reutilizada por Sennefer	noviembre 1900	50
KV43	Tutmosis IV	enero 1903	90
KV45	Userhat y Merenkhonsu	febrero 1902	5,8
KV46	Yuya y Tuya	febrero 1905	21,3
KV47	Siptah	diciembre 1905	90
KV54	Almacén de momificación de Tutankhamón	1907	1,67
KV55	Escondrijo de Amarna	1907	27,61
KV57	Horemheb	febrero 1908	114
KV60	Tumba anónima. Contenía dos momias femeninas. ¿Hatshepstu y Sitra?	1903	10,8
KV62	Tutankhamón	noviembre 1922	40

Mis veinte piezas clave del tesoro de Tutankhamón

Entre los miles de objetos descubiertos por Howard Carter en las cuatro habitaciones que componen la tumba de Tutankhamón, es prácticamente imposible hacer una selección de unos pocos sin caer en la cuenta de que se está prescindiendo de otros muchos quizá más importantes.

A lo largo de mis treinta años de viajes a Egipto he tenido la oportunidad de visitar el antiguo Museo Egipcio de El Cairo, en la plaza de El-Tahrir, sin exagerar, cientos de veces. Y en cuanto al Gran Museo Egipcio, el nuevo GEM, llevo el mismo camino. Todos los veranos los paso en El Cairo y voy a diario al museo, por las mañanas, a trabajar.

Como dice el epígrafe de este capítulo, las veinte piezas que recojo aquí son las que a mí más me han impresionado, las que más me han atraído, las que más me han emocionado o aquellas con las que, simple y llanamente, más he disfrutado por su descomunal sencillez. No es necesario ir al objeto más valioso, una excelente obra de los avezados orfebres egipcios que decoraban costosísimas piezas de oro casi puro con el mejor lapislázuli, para conmoverse; basta con la humildad de una sencilla caja de madera pintada de blanco. Tengo que reconocer que me he estremecido ante objetos así, con un escalofrío recorriéndome la espalda, mientras que otros, fabricados en oro, me han dejado indiferente. Eso depende de la sensibilidad de cada uno.

He tenido la fortuna de sostener en mis propias manos objetos como *shabtis*, cajas, escudos, sillas…, pero si tuviera que elegir el más especial me quedaría con la cabeza de Tutankhamón saliendo de una flor de loto; una experiencia que no olvidaré jamás. Había pedido permiso a la directora del Museo Egipcio de El Cairo, la doctora Wafaa el-Sadik, para hacer fotografías de la cabeza, y, ante mi sorpresa, en vez de llevarme a la planta superior, a la antigua galería principal del tesoro de Tutankhamón, donde sabía que se exponía la pieza, me acompañaron a los laboratorios de la planta inferior. Cuando se abrió la puerta, el corazón se me encogió al ver sobre una mesa blanca la cabeza del Faraón Niño dándome la bienvenida. Insisto, fue uno de los momentos más bonitos de mi carrera. Un sueño hecho realidad, que culminó con una fotografía de grupo junto a las restauradoras que estaban trabajando en la pieza.

La falta de espacio me ha obligado a prescindir de numerosos objetos que bien podrían estar en una lista un poco más extensa, como el famoso estuche de madera para espejo (Carter 269b, JE 62349), el abanico de oro con representación de caza de avestruces (Carter 242, JE 62001), la figura del rey momiforme regalada por el funcionario Maya (Carter 331a, JE 60720), los ataúdes canopos (Carter 266, JE 60690 y JE 60689), los calzoncillos del rey (Carter 050b), una verdadera joya para conocer la historia de la ropa interior, o cualquiera de las figuras de madera dorada aparecidas dentro de las capillas negras en la cámara del tesoro. Como se suele decir, no están todos los que son, pero son todos los que están.

1. La copa de los deseos
Foto © N.A.

Número de Carter 256a,
JE 60672
Desconocemos dónde apareció exactamente esta copa de 18 centímetros de altura, quizá en la galería de acceso a la antecámara o en la propia antecámara. Como ya he explicado en el libro, es mi pieza favorita por el texto que recorre el borde de la copa y que sirve de epitafio en la lápida de Howard Carter, en el cementerio de Putney Vale de Londres: «¡Que tu *ka* viva y que lo haga durante millones de años! Tú que amas Tebas sentado con tu rostro mirando hacia el viento norte y con tus ojos contemplando la felicidad».

2. Máscara de la momia
Foto © N. A.

Número de Carter 256a, JE 60672
Con 54 centímetros de altura y 11 kilos de peso y del más fino oro, la máscara del rey, no solamente es, sin ninguna duda, la pieza más representativa de la KV62, sino que además me atrevería a decir que personifica como ninguna otra la majestuosidad y la gloria del arte egipcio de la época faraónica. Cuenta con incrustaciones de piedras semipreciosas, cristal y lapislázuli. La cobra y el buitre de la frente son también de oro macizo, y, como hemos visto en el libro, la pieza está repleta de misterios que aún nadie ha podido desvelar.

3. Ataúd de oro
Foto © N. A.

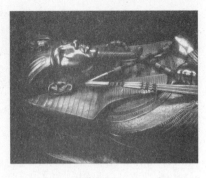

Número de Carter 255, JE 60671
Los más de 110 kilos de oro casi puro de este magnífico ataúd de 1,90 metros de longitud son una muestra más de la riqueza de la tumba de Tutankhamón. Se trata de un ataúd típico del Imperio Nuevo, de los llamados de estilo *rishi*, ya que aparecen sobre la tapa las diosas que cubren con sus alas el cuerpo del rey. La ausencia de los ojos se debe al exceso de resinas empleadas en el enterramiento, que dañó la calcita de que estaban hechos, al igual que la decoración de pasta de vidrio y piedras semipreciosas de otras partes del ataúd.

4. Cabeza de madera de Tutankhamón saliendo de una flor de loto
Foto © N. A.

Número de Carter 008, JE 60723
Es la pieza de la que hablaba en la introducción de este capítulo. Mientras que Carter siempre dijo que esta cabeza de 30 centímetros había aparecido en la antecámara, otros afirman que estaba bajo los escombros del pasillo descendente. Quizá allí la dejaron los ladrones en su huida precipitada. En cualquier caso, nos encontramos ante una de las piezas más llamativas de la KV62 y una de mis favoritas, que simboliza el renacer del faraón en un nuevo mundo.

5. Trono de madera dorada
Foto © N. A.

Número de Carter 091, JE 62028
Bajo el lecho funerario meridional de la antecámara apareció este magnífico sillón, quizá el trono empleado en vida por Tutankhamón. Mide 104 centímetros de alto, 83 centímetros de ancho y 64,5 centímetros de fondo. Está hecho de madera cubierta con láminas de oro y decorado con plata, pasta de vidrio y piedras semipreciosas. La escena del respaldo, en la que Ankhesenamón unge con aceites a su esposo, Tutankhamón, y la inscripción con el antiguo nombre del rey, Tutankhatón, convierten a esta pieza en una de las más importantes de la tumba.

6. Naos pequeña de madera dorada
Foto © N. A.

Número de Carter 108, JE 61481
En los relieves dorados de esta diminuta naos de 50 centímetros de altura y 26,5 centímetros de ancho, se representan algunas de las escenas más entrañables de la vida diaria del faraón junto a su esposa, Ankhesenamón. En su interior se encontró una peana de oro destinada seguramente a soportar la figura de una divinidad hoy perdida. Al igual que otras cajas de la tumba, esta naos fue saqueada (faltaba la figura presumiblemente de oro que contenía), pero quizá su tamaño disuadió a los ladrones de llevársela.

7. *Senet* de ébano
Foto © N. A.

Número de Carter 345, 383 y 580, JE 62058

Una de las piezas más delicadas de toda la tumba es este *senet*, el juego de los egipcios que, además de servir de entretenimiento, era una recreación de la lucha continua de las fuerzas cósmicas en el viaje del difunto después de la muerte hacia el Más Allá. Está hecho de ébano, marfil y plata, y tiene inscripciones con pintura amarilla. Mide 5,8 centímetros de altura (sin contar las andas en las que descansa), 27,5 centímetros de largo y 9 centímetros de ancho.

8. Capilla para los vasos canopos
Foto © N. A.

Número de Carter 266, JE 60686

La mayor parte de los visitantes del GEM se sentirán atraídos por esta magnífica capilla de casi 2 metros de altura no por su decoración dorada sobre madera, sino por la expresión de las cuatro diosas que cubren sus entradas y que tanto impresionaron al propio Carter. En su interior, dentro de un maravilloso cofre de alabastro, estaban los vasos canopos con las vísceras tratadas del faraón.

9. Lámpara de alabastro con imagen al trasluz
Foto © N. A.

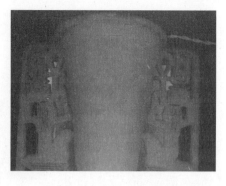

Número de Carter 173,
JE 62111

Otra de mis piezas preferidas de la KV62 es esta lámpara de poco más de medio metro de altura. No es una lámpara convencional, sino una obra maestra no solo del trabajo del alabastro, sino también del ingenio de los artesanos de la época. Cuando está encendida se ve al trasluz una escena del rey y la reina en el palacio, grabada en el vaso interior de los dos que, puestos uno dentro del otro, componen la copa de la lámpara en forma de loto.

10. Tutankhamón Horus sobre una barca
Foto © N. A.

Número de Carter 275c,
JE 60709

En esta escultura de madera dorada de 75 centímetros de altura podemos ver a Tutankhamón con la corona roja del Bajo Egipto y encarnado en la personalidad de Horus, a punto de lanzar el arpón contra Set. Se trata de una figura hallada en la cámara del tesoro y que es muy similar a otra, casi idéntica, descubierta en la misma caja. El movimiento de la figura y la gracia de la composición la convierten en otra de las piezas clave de la escultura de este periodo.

11. Caja de madera estucada y policromada
Foto © N. A.

Número de Carter 021, JE 61467
Esta es la caja pintada por antonomasia de la tumba. Mide 88 centímetros de largo, con un fondo de 51 centímetros y una anchura de 55 centímetros. Descubierta por Carter en la antecámara, frente a la puerta de acceso a la cámara del sarcófago, es otra de las grandes joyas del arte de la época. La delicadeza de las miniaturas grabadas en la fina capa de estuco que cubría esta caja de madera hizo las delicias del arqueólogo, quien nunca olvidó su pasión por la pintura. En ella se representan escenas de cacería y guerra contra pueblos asiáticos.

12. Lecho de las leonas
Foto © N. A.

Número de Carter 035, JE 62911
Ya comenté en el libro la confusión existente con los nombres de los lechos funerarios. Este mide 1,81 metros de largo y 91,5 centímetros de ancho. Más allá de las extravagancias religiosas, la cabeza de la leona con el hocico y las lágrimas de cristal azul le da un toque maravillosamente humano, expresando el dolor por la muerte del rey, a esta pieza de madera dorada descubierta en la antecámara de la tumba. Este y los otros dos lechos dorados hallados en la misma habitación son tres de las obras de arte más importantes descubiertas en la KV62.

13. Pectoral con piedra del desierto
Foto © N. A.

Número de Carter 267d, JE 61884
Este pectoral de pequeño tamaño, que apenas mide 20 centímetros, en el que vemos símbolos solares y lunares, se caracteriza por el magnífico escarabajo alado que destaca en el centro de la composición. Está hecho de un tipo de piedra muy extraña, calcedonia translúcida o piedra del desierto, que solamente se encuentra más allá del Gran Mar de Arena, en el desierto Líbico de Egipto. El resto de la pieza muestra incrustaciones de lapislázuli, carnalita, obsidiana y diferentes cristales de colores.

14. Anubis sobre un escriño dorado
Foto © N. A.

Número de Carter 261, JE 61444
Verdadero guardián de la cámara del tesoro, no es difícil reproducir el estremecimiento sufrido por Carter cuando se topó con esta capilla con andas rematada por una magnífica estatua de madera y láminas de oro que representa a Anubis, el dios de los muertos, cuya cola pende del extremo trasero de la caja dorada. El animal tenía entre las patas una paleta de escriba, y en el interior de la capilla aparecieron amuletos y joyas. La tela que cubría originalmente el cuerpo del chacal mostraba una inscripción del año séptimo del reinado de Akhenatón, seguramente el del nacimiento de Tutankhamón. La figura de Anubis mide 57 centímetros de alto, a lo que hay que añadir los 54 centímetros de la naos. La longitud del animal es de 95 centímetros.

15. Reposacabezas de marfil con leones Aker
Foto © N. A.

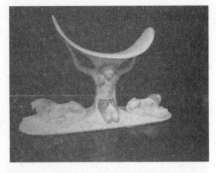

Número de Carter 403c, JE 62020.

Entre los muebles más característicos de la cultura egipcia se encuentran los reposacabezas, aún empleados hoy en algunas culturas africanas. Como su nombre indica, son una especie de peana sobre la que se colocaba un cojín y se usaban a modo de almohada. En este ejemplar de marfil de 17,5 centímetros de altura y 29,2 centímetros de anchura podemos ver al dios del aire Shu escoltado por los dos leones Aker.

16. Vaso de alabastro para ungüentos decorado con un león
Foto © N. A.

Número de Carter 211, JE 6211

Con 27 centímetros de altura y 12 centímetros de anchura, este precioso vaso contenía una masa de 450 gramos compuesta por grasa animal neutra en su mayor parte y alguna resina o bálsamo. El león, con el nombre del rey inscrito en el lomo, saca la lengua en una actitud desafiante, similar a la del geniecillo Bes. El vaso en sí, decorado con escenas de cacería, se sustenta sobre tres pies alojados encima de cabezas de enemigos asiáticos.

17. *Ka* oeste de Tutankhamón
Foto © N. A.

Número de Carter 029, JE 60708
La entrada a la cámara del sarcófago estaba protegida por dos enormes esculturas de madera de tamaño natural. Se trataba de sendos retratos del rey que representaban a su *ka* o doble espiritual. Miden 173 centímetros de altura sin contar la peana negra sobre la que se levantan. A la izquierda de la puerta, en su lado occidental, se encontraba este *ka*, que solamente se distingue de su homónimo por el tocado que lleva en la cabeza, en este caso un tocado de tipo *afnet*, mientras que el otro llevaba el típico *nemes*. En la mano izquierda sostiene un bastón y en la derecha, una maza. Es de madera cubierta con betún o con láminas de oro. Sobre la parte delantera del faldellín se puede leer la inscripción en escritura jeroglífica que lo relaciona con el *ka* del joven rey.

18. *Ushebti* esmaltado de color turquesa
Foto © N. A.

Número de Carter 519c, JE 87852
En uno de los cajones aparecidos en el anexo se descubrió este magnífico *ushebti* de 30 centímetros de altura. En la cabeza luce el típico tocado *khat*, con la cobra en la frente. En la mano derecha lleva el mayal y en la izquierda, la tela plegada. Por lo tanto, se trata de uno de los capataces de grupo que debía dirigir el trabajo de sus otros compañeros *ushebtis* en el Más Allá. En la inscripción hecha con pintura negra se lee: «Lo bueno del dios, Señor de las Dos Tierras, Nebkheperura, Hijo de Ra, Señor de las Diademas, Tutankhamón».

19. Caja de perfumes en forma de cartuchos
Foto © N. A.

Número de Carter 240bis, JE 61496
La pieza, de 16 centímetros de altura, plantea innumerables problemas de interpretación debido a lo abigarrado de los símbolos que posee. Está hecha de oro, con una base de plata, y la decoración es de cristal y pasta vítrea de colores. La caja tiene la forma de dos cartuchos, en donde esperaríamos ver el nombre del Faraón Niño o de otro soberano; sin embargo, en su interior solo hay las imágenes de dos niños que podrían componer, junto con los jeroglíficos que lo acompañan, el nombre del rey escrito de modo criptográfico.

20. Maniquí de Tutankhamón
Foto © N. A.

Número de Carter 116, JE 60722
En la pared meridional de la antecámara se descubrió esta curiosa figura de madera de 73,5 centímetros de altura cubierta con una fina capa de estuco pintado, que reconstruye los rasgos del Faraón Niño. Seguramente se trata de un maniquí del rey, es decir, una pieza hecha con sus medidas para poder confeccionarle prendas de ropa o colocar joyas. Se trata de una pieza única en la historia del arte egipcio, que no ha aparecido en ningún otro hallazgo, ni siquiera por medio de representaciones en pinturas de tumbas o templos.

Howard Carter en Madrid

A lo largo de los años sesenta y setenta, España no tuvo la oportunidad de que los tesoros de Tutankhamón pasaran por el país en su larga gira mundial; tampoco pudo gozar de la exposición organizada en los años diez del siglo XXI, que intenté, sin éxito, llevar a Madrid. Sin embargo, al menos tuvimos la suerte, mucho antes que otros, de contar entre nosotros con la presencia del propio Howard Carter. El arqueólogo inglés visitó España en dos ocasiones para dar una serie de charlas, invitado ambas veces por la Residencia de Estudiantes de Madrid a través del Comité Hispano-Inglés que presidía el duque de Alba, Jacobo Fitz-James Stuart y Falcó (1878-1953).

La amistad de Carter con el aristócrata español venía de lejos. Al parecer se conocieron en El Cairo. El duque de Alba era un entusiasta de la cultura faraónica. La amistad se fraguó a lo largo de varios encuentros y una profusa correspondencia, que fructificó en la visita de Carter a España. El arqueólogo y el duque de Alba quedaron en París para viajar juntos hasta Madrid. Allí la prensa los recibió en la estación de Atocha, llegada de la que conservamos algunas reseñas y fotografías.

El descubridor de Tutankhamón aprovechó la ocasión para ver algunos de los referentes culturales y artísticos de la ciudad, como el Museo del Prado —recordemos que fue pintor antes que arqueólogo—, y pudo visitar incluso la ciudad de Toledo.

De todo ello hay sobrada información en la prensa de la época. Además, el palacio de Liria, sede de la Casa de Alba y el lugar donde se alojó Carter durante sus estancias en Madrid, cuenta con mucha documentación al respecto, como fotografías, cartas e incluso el telegrama que mandaron al duque de Alba desde El Cairo en 1925 para que llamara urgentemente a Carter a Londres para informarlo de que podía retomar las excavaciones en el Valle de los Reyes después del desencuentro con las autoridades locales.

Lamentablemente, durante la guerra incivil (1936-1939), el palacio de Liria sufrió un terrible incendio y se perdió parte de esa documentación. Entre los tesoros malogrados para siempre estaba la colección de fotografías y películas de Harry Burton que Carter había regalado a la Casa de Alba. De los originales no quedó nada, aunque las películas y las fotos se copiaron y distribuyeron por varias instituciones españolas para que sirvieran de ilustración a las conferencias que daban profesores preparados con textos de Carter en colegios y universidades.

La primera de las charlas de Carter en España fue el día 24 de noviembre de 1924, en la Residencia de Estudiantes. Habló sobre los trabajos que llevó a cabo junto con lord Carnarvon antes del hallazgo de la KV62. El éxito fue tal que la conferencia prevista para el día 26 tuvo que trasladarse al teatro Fontalba, con capacidad para un mayor número de asistentes, entre los que cabe destacar a los reyes don Alfonso XIII y doña Victoria Eugenia. El tema de esta segunda charla fueron las primeras excavaciones realizadas en el interior de la tumba de Tutankhamón tras su descubrimiento. Los textos de estas conferencias fueron recogidos en un folleto que llevaba por título «El descubrimiento de la tumba de Tut-Ankh-Amen», publicado por la Residencia de Estudiantes en 1924.

Dos años después, en 1926, se publicó un resumen de estas primeras charlas de Carter en Madrid en el número 1 de la revista *Residencia*, editada por la misma Residencia de Estudiantes.

Se presentaban en forma de artículo y estaban firmados por Ángel Sánchez Rivero. Este resumen fue el que leyó Manuel Machado en el Real Cinema al poco tiempo de estar Carter en Madrid, en una ponencia destinada en este caso al público infantil, a los alumnos de las escuelas de Madrid.

En 1928, Howard Carter volvió a nuestro país, invitado una vez más por el Comité Hispano-Inglés. El 20 de mayo, en la misma Residencia de Estudiantes donde el arqueólogo había triunfado cuatro años antes, impartió una charla titulada «La sepultura de Tut-Ankh-Amen». Como había sucedido unos años antes, el éxito de público obligó a los organizadores a que la segunda charla prevista se realizara en un lugar de mayor capacidad como era el teatro Princesa. En este lugar Carter dio una charla el 22 de mayo titulada «La cripta interior». Igual que se hizo la primera vez, ambas conferencias fueron publicadas en castellano en la revista *Residencia* ese mismo año.

A continuación, presento las charlas íntegras de Howard Carter en Madrid según fueron recogidas por dicha revista. Algunos de los párrafos de la primera charla de 1924 han sido omitidos porque son en realidad descripciones, a modo de pie de foto, de las imágenes que ilustraban el artículo.

Al leer las charlas nos percatamos enseguida de que abordan asuntos que ya se han tratado en otro lugar de este libro. Sin embargo, me parece francamente interesante poder leer el relato del hallazgo en palabras del descubridor, tal y como él mismo lo contó a nuestros paisanos hace casi ocho décadas, con las vivencias y sentimientos que experimentó al encontrar la KV62.

También he querido respetar el texto íntegro de la charla y los términos empleados por Carter. De esta manera, podremos leer «Tut-ankh-Amen» o «Tutankamen» y no «Tutankhamón», tal y como he empleado yo en todo el libro. El contexto es claro y resulta fácil saber a qué se refería Carter en cada caso. Además, la lectura permite apreciar el estilo de la época en la redacción y el uso de las palabras, con algunos formalismos típicos de comienzos de siglo.

En la publicación original de las charlas de 1928 el texto apareció en una edición bilingüe, del que aquí solamente reproduzco la parte en castellano.

Resumen de las conferencias de Howard Carter celebradas los días 24 y 26 de noviembre de 1924

Por el Sr. Sánchez Rivero

En el extremo occidental de la banda norte del continente africano se encuentra Egipto. El Egipto no es otra cosa que el valle del gran río Nilo, que nace en los lagos del centro de África y desemboca en el Mediterráneo, después de dividirse en varios brazos que forman el llamado Delta. Sin el Nilo, la tierra de Egipto sería un desierto como las regiones que se extienden a uno y otro lado de ella, porque las lluvias son muy raras. Pero todos los años, en los meses de verano el río se desborda por el efecto de las grandes lluvias ecuatoriales caídas en el país de sus fuentes, e inunda todo el valle, depositando en él una capa de limo que fertiliza el terreno para la próxima cosecha. Ya el célebre historiador griego Heródoto dijo que Egipto era un don del Nilo. El Egipto está constituido por las dos fajas de tierra que cubren las inundaciones anuales. Fuera de ellas sólo puede encontrarse la aridez más completa.

En este valle estrecho del Nilo, fertilizado por sus inundaciones, se ha desarrollado desde tiempos remotísimos una de las civilizaciones más extraordinarias creadas por los hombres. El viajero que hoy visita a Egipto se encuentra con ruinas imponentes como no existen en parte alguna. Ningún pueblo ha dejado monumentos más grandiosos que el egipcio. Todo el mundo ha oído hablar de las pirámides. Son las más enormes masas de piedra que se conocen. Tienen la forma geométrica de una pirámide de cuatro lados. En su interior hay una cámara destinada a contener el sepulcro del rey que construyó cada pirámide. Fuera de las cámaras sepulcrales y de los corredores que conducen a ellas, las pirámides están constituidas por un macizo de enormes bloques de piedras. La más grande de las pirámides es la que sirvió de sepulcro a un faraón llamado Keops. Esta pirámide tenía de altura, cuando se construyó, 145 metros, reducidos hoy por el desgaste del tiempo a 137. A la pirámide de Keops siguen en tamaño las de los faraones Kefren y Mikerinos.

No muy lejos de las pirámides se alza otro monumento gigantesco del arte egipcio: la Esfinge, esculpida en la roca viva. Es la estatua más grande que existe sobre la tierra. De sus dimensiones descomunales puede dar idea la fotografía del busto con el campesino egipcio subido sobre la cabeza.

Esta grandeza de los monumentos egipcios, la gravedad que se manifiesta en sus proporciones sobrehumanas, llamaron ya la atención de los viajeros griegos que recorrieron el mundo antiguo para ver las cosas más notables que había en los otros países. El historiador griego Heródoto nos ha dejado una descripción curiosa del Egipto y de sus costumbres, que todavía tiene interés para los estudios modernos. Pero con la difusión del cristianismo desaparecieron las creencias religiosas que habían dado origen a estos monumentos. Al extinguirse los sacerdotes de los antiguos templos, perdióse también la clave para poder entender las inscripciones jeroglíficas que cubren profusamente los muros de los monumentos egipcios y los papiros escritos en caracteres abreviados. Finalmente, la invasión musulmana hizo difícil y peligrosa la visita del Egipto a los cristianos. Por todas estas razones, la maravillosa civilización de los faraones, que se había sostenido más de cuatro mil años, fue un enigma misterioso para los estudios europeos hasta fines del siglo XVIII.

En 1798 un ejército francés, mandado por el general Napoleón Bonaparte, desembarcaba en Egipto. Desde este momento,

el estudio de las cosas egipcias ha ido perfeccionando sus métodos y obteniendo resultados cada vez más precisos y abundan-
tes. El francés Champollion consiguió leer la escritura egipcia y
entender el lenguaje de las inscripciones y los papiros. Las inscripciones ilustradas, por bajo relieves y pinturas, son muy numerosas en los monumentos egipcios, y por ello se ha podido
conocer con gran detalle la historia y las costumbres de este remoto pueblo.

Hoy es tan completo el conocimiento que se tiene de la escritura y del lenguaje del antiguo Egipto, que los egiptólogos
pueden leer los textos faraónicos con la misma seguridad que
una página de Tito Livio.

El descubrimiento de la tumba de Tutankamen por el egiptólogo inglés Howard Carter, bajo los auspicios del Conde de
Carnarvon, es el último y resonante éxito de estos estudios sobre Egipto comenzados hace poco más de un siglo. Este descubrimiento ha producido una impresión enorme en todo el mundo. Los periódicos y las revistas han hablado extensamente de
él. Con este motivo, las cosas egipcias han despertado la curiosidad de todo público medianamente culto.

Este éxito sorprendente obtenido por el descubrimiento de
Mr. Carter, se explica por el valor especial que representa la tumba de Tutankamen. Para comprender exactamente este valor,
hay que recordar dos cosas: primero la importancia que tiene la
tumba en la civilización egipcia; y después, el momento de esta
civilización a que corresponde Tutankamen.

El rasgo más saliente de la civilización egipcia es la fuerza
que ella tuvo, la preocupación de la muerte y el espíritu grandioso que manifestó en la construcción de los sepulcros. La
obra más famosa de la literatura egipcia es el llamado *Libro de
los Muertos*. En este libro se detallan los ritos de las ceremonias
funerarias y las fórmulas mágicas que debían asegurar al muerto la bienaventuranza en la vida eterna. Las pirámides son,
como ya hemos visto, tumbas gigantescas de poderosos farao-

nes que pusieron todo el esfuerzo de la autoridad en salvar del olvido la memoria de sus perecederas personas y lo consiguieron plenamente. El cuidado y el arte que los egipcios ponían en conservar los cadáveres, embalsamándolos, es conocido de todo el que tenga la más somera idea del Egipto y sus costumbres. La momia egipcia era envuelta en fajas de lienzo interminables y encerrada en el ataúd de forma humana cubierto de jeroglíficos. Esta momia era después encerrada en un sepulcro de piedra o sarcófago, y el sarcófago era guardado en el interior de una cámara. La escultura egipcia nos ofrece casi exclusivamente estatuas que representan los difuntos enterrados en las tumbas donde fueron recogidos. La pintura egipcia aparece, principalmente, en las cámaras de los enterramientos. El Egipto es, en el fondo, un enorme cementerio de un pueblo que parece preocupado con la idea de la muerte y de asegurar una vida duradera a los que morían.

¿Qué concepto se formó de la muerte y del destino del hombre en la vida futura este pueblo que se nos presenta como un incansable constructor de sepulcros? Las ideas sobre la otra vida no fueron enteramente uniformes entre los egipcios; no existía un credo dogmático que unificase todas las ideas sobre la otra vida. La única creencia común a todo el pueblo era la convicción firme de que el hombre no terminaba con la muerte, sino que continuaba viviendo de la misma manera que había vivido en la tierra, con tal que le fuesen proporcionando todas las cosas necesarias para la existencia. Por eso parecía indispensable que el cuerpo fuese cuidadosamente enterrado y protegido contra la destrucción. Era además necesario construirle una casa, la tumba. Ofrendas piadosas le procuraban la subsistencia. Y para ponerle más seguramente a cubierto de toda necesidad, se pintaban o grababan en las cámaras sepulcrales alimentos y utensilios; se le representaba en sus ocupaciones y en sus pasatiempos rodeado de los servidores que debían continuar haciéndole fácil la vida. El egipcio creía que cada uno de los objetos y personajes de estas pinturas originaba la otra realidad del mismo género en la otra vida y que el muerto podría utilizarlos en esta forma. También pensaban que el cuerpo humano tenía en el otro mundo de ultratumba otro cuerpo más sutil, fiel copia del cuerpo real. Esta repetición acompañaba en vida a cada persona y seguía subsistiendo después de la muerte, si se tenía cuidado de conservar bien el cadáver. De ahí la importancia que tenía para ellos la momificación: era la única manera de que los muertos consiguieran una vida inmortal.

Esta vida, que el doble del difunto continuaba después de la muerte, tenía como centro su domicilio, su morada, lo mismo que en la vida real. La casa del muerto era la tumba. La forma de las tumbas varió en las distintas épocas de la historia egipcia, en la primera época, el llamado *Imperio Antiguo*, eran unas construcciones en piedra o ladrillo de planta rectangular con los muros inclinados en forma de pirámide truncada: en el interior se abría una cámara donde se ponía el sarcófago que guardaba la momia. Es el tipo de tumba conocida con el nombre de *mastaba*. El desarrollo de esta mastaba, haciendo que los muros inclinados se cortasen en un vértice, produjo la *pirámide*, que fue la forma preferida por los faraones. Pero en la época de la dinastía XVIII, a que pertenece Tutankamen, o sea en tiempos del Nuevo Imperio, la pirámide fue abandonada y las tumbas se excavaban en los flancos de las montañas. Y los faraones, que tenían su corte en Tebas, eligieron como cementerio o necrópolis el llamado Valle de los Reyes, que se encuentra al Oeste del sitio en que se alzó Tebas y a la otra orilla del Nilo. Allí es donde Carter tuvo la singular fortuna de dar con la tumba de Tutankamen.

El Valle de las Tumbas de los Reyes. «Nombre henchido de poesía —dice Mr. Carter— y de todas las maravillas de Egipto la que más rápidamente hiere la imaginación. Aquí, en este austero valle, apartado de todo signo de vida, y con el más alto pico de las colinas tebanas, haciendo sobre él de centinela como si fuera una pirámide natural, yacen bajo tierra treinta o más reyes, y entre ellos el más grande que conoció Egipto. Treinta descansaron aquí. Ahora, probablemente, sólo dos quedan: Amenhotep II, cuya momia puede ser visitada por el curioso, descansando en su sarcófago, y Tutankamen, que aún permanece intacto bajo su dorado sepulcro. Y allí esperamos dejarle descansar, cuando los derechos de la ciencia hayan sido satisfechos».

Dos palabras ahora para indicar el lugar que ocupa Tutankamen dentro de la historia egipcia. De un modo elemental, la historia de Egipto, en su parte floreciente, puede dividirse en tres grandes épocas: el Antiguo Imperio, que dura del año 3300 antes de Jesucristo, próximamente, hasta el 2350; el Imperio Medio, que principia, después de un período de anarquía, hacia el año 2000 y termina por el 1580; y, finalmente, el Nuevo Imperio que se desarrolla entre los años 1580 y 1090 antes de J. C. Después de esta época se abre el período de decadencia en que Egipto vive más o menos sujeto a fuerzas extrañas hasta perder toda independencia conquistado por los persas. Pues bien, Tutankamen es el penúltimo faraón de la dinastía XVIII, con la cual principia el Nuevo Imperio. La dinastía XVIII es la más gloriosa de la historia egipcia. Es la que hace del Egipto una gran potencia militar que se impone en Siria y funda un imperio exterior.

Esta grandeza imperialista sufrió ya quebranto con las reformas religiosas del antecesor de Tutankamen, el célebre Amenhotep IV. Este faraón se propuso cambiar la religión egipcia imponiendo el culto del dios *Aten*, o sea el disco solar, como dios único de todos los pueblos del imperio en lugar de los dioses de Tebas y, principalmente, de Amen o Amon, cuyo culto fue perseguido. Para significar su fervor por el dios Aten, Amenhotep tomó el nombre de Atenhenaten, que significa *Espíritu del Sol*, y fundó una nueva capital donde la religión del disco solar debía tener su culto. Estos propósitos reformadores fueron interrumpidos por la muerte antes de que el nuevo culto pudiese consolidarse. Y le sucedió Tutankamen, que se había casado con una hija suya. Tutankamen era al subir al trono casi un niño. Su nombre entonces no era Tutankamen sino Tutankaten, porque seguía la religión de Aten. Pero la oposición que encontraba en Egipto la reforma le hizo volver en seguida al culto de Amen o Amon y llamarse Tutankamen, nombre en que figura el de este dios. Su reinado fue muy corto; próximamente a los seis años de haber sucedido a Akenaten murió y fue enterrado en la tumba que ahora ha descubierto Mr. Carter. La historia no ha podido descubrir ningún acontecimiento importante en su reinado. En cambio el hecho de que su tumba sea la única hallada intacta o casi intacta en el Valle de los Reyes, le ha dado una importancia singular en los estudios arqueológicos.

La tumba de Tutankamen ha sido descubierta como ya hemos visto en el llamado Valle de los Reyes. El Valle de los Reyes es una hondonada entre montañas desnudas de toda vegetación que se abre al occidente de Tebas, la capital del Imperio egipcio. En este valle fueron enterrados los faraones de las dinastías XVIII, XIX y XX, a partir de Totmes I, perteneciente a la primera. Pasan de treinta —como dice Mr. Carter— los reyes que recibieron sepultura en este valle, y entre ellos se encuentran los soberanos más gloriosos de Egipto. Las tumbas están excavadas en el flanco de la montaña; es el tipo de sepulcro llamado *hipogeo*. Pero de todos estos poderosos monarcas, dos solamente han seguido reposando en el sitio que escogieron para sepultura. Amenhotep II, cuya momia está en el sarcófago que le fue destinado, y Tutankamen ahora descubierto. Las tumbas de los demás faraones fueron despojadas de todo cuanto contenían por ladrones de varias épocas, y sus momias hubieron de ser llevadas a otra parte para salvarlas de una definitiva destrucción. De todas maneras, de la tumba de Amenhotep II no queda más que el sarcófago. Solo la tumba de Tutankamen ha podido llegar hasta nosotros con casi todas las riquezas que fueron acumuladas en ella. De ahí el valor excepcional que significa su descubrimiento.

Los trabajos que condujeron al hallazgo de la célebre tumba comenzaron hacia 1917. Un aristócrata inglés, el conde de Carnarvon, llevado a Egipto por su salud quebrantada, se había aficionado a las excavaciones, y para dirigirlas contaba con la pericia y la ciencia de Mr. Carter, inspector de las antigüedades en Egipto. El Valle de los Reyes había sido ya muy explorado, y en opinión de los más expertos egiptólogos no quedaba nada que descubrir en él. Pero Mr. Carter fijó su atención en una parte del valle que no había sido removida por parecer sin duda a los excavadores que nada podía encontrarse en ella. Sobre estos terrenos intactos habían ido acumulándose los escombros de las excavaciones de las tumbas vecinas, y el punto más grave de la empresa consistía en remover estos escombros para llegar a la superficie primitiva. Ciertos descubrimientos en otros puntos del valle sugirieron a Carter la esperanza de que allí podría encontrarse la tumba de Tutankamen: una taza, de fina loza azul, que ostentaba el cartucho o nombre de Tutankamen; un escondite de objetos pertenecientes al sepulcro del rey, y una bóveda sepulcral proyectada para trasladar a ella el cuerpo del suegro de Tutankamen. Por poco seguras que estas pruebas fuesen, ellas decidieron a Mr. Carter a seguir las excavaciones.

Durante seis años avanzaron los trabajos de apartar los escombros y de abrir trincheras en el terreno antiguo. La campaña exploradora se abría a comienzos de otoño y se terminaba al llegar los calores del verano. Pero en todo este tiempo no pudo encontrarse nada interesante. El esfuerzo realizado era verdaderamente titánico; sólo de escombros fue necesario remover 200.000 toneladas. Nunca se había explorado una extensión tan amplia del valle. Y por ninguna parte se encontraron señales de tumba, Mr. Carter principiaba ya a desesperar del éxito de la empresa. Lo único que encontró fueron unas cabañas donde se habían guarecido los obreros que excavaron la tumba de Ramsés VI.

En octubre de 1922 regresó Carter al lugar de las excavaciones para principiar la nueva campaña de aquel invierno. Se reanudaron los trabajos y uno de los primeros días de septiembre,[1] al llegar Carter por la mañana temprano al sitio que estaban excavando, se encontró con que sus obreros habían puesto al descubierto un escalón. Carter se emocionó mucho porque esto parecía anunciar algo importante. Siguieron cavando, y sucesivamente fueron apareciendo más escalones hasta encontrarse con una puerta tapiada. Sobre el yeso que cubría esta puerta se distinguieron fácilmente los sellos del faraón Tutankamen, impresos con un molde en toda la superficie de la puerta según la costumbre egipcia. Eso era señal segura de haber encontrado la tumba del faraón.

Mr. Carter se apresuró a telegrafiar a Lord Carnarvon, entonces en Londres, para que fuese a Egipto a presenciar el descubrimiento de la tumba.

Detrás de la puerta tapiada y sellada se abría un paso completamente relleno de piedra y cascote. Lo mismo la puerta de la escalera que el relleno mostraban señales de haber sido horadados y de que después se había tapado el agujero. Por este y por otros detalles del interior de la tumba se ve que poco después de depositado Tutankamen, unos ladrones consiguieron entrar y llevarse algunas riquezas fácilmente transportables. Pero los guardianes del cementerio real advirtieron el robo y taparon el agujero por donde habían entrado los ladrones. La fortuna fue que este robo no volvió a repetirse.

Una vez derribada la puerta primera, Carter hizo limpiar el paso de la piedra y cascote que lo llenaba. Entonces apareció la puerta de las cámaras funerarias. Para ver lo que había dentro se

1. Como es lógico se trata de una errata del texto de la revista de la Residencia de Estudiantes. El mes del hallazgo no fue septiembre, sino noviembre.

abrió un pequeño agujero y, por si acaso se desprendían gases peligrosos, se aproximó una bujía encendida al agujero. Visto que no había peligro alguno, introdujo Carter la bujía por el agujero, y pudo ver por primera vez el interior de la antecámara y los objetos maravillosos que estaban guardados en ella desde hace treinta y cuatro siglos.

«Supongo —dice Mr. Carter— que la mayoría de los excavadores tendrán igual sentimiento de espanto, casi de perplejidad, al irrumpir en un cuarto cerrado sellado por manos piadosas desde remotos siglos. En ese momento, el tiempo, como factor en la vida humana, ha perdido su significación. Tres mil, quizás cuatro mil años han transcurrido desde que la planta del hombre holló el suelo que se pisa y, no obstante, como se ven la escudilla medio llena de mortero, la lámpara ennegrecida, la huella dactilar sobre la superficie pintada, la corona mortuoria en el umbral, y otros signos como de vida reciente alrededor de uno, parece que todo ocurrió ayer. Hasta el mismo aire es el que respiraron los enterradores de la momia. El tiempo queda aniquilado por estos detalles y tiene la sensación de ser un intruso. A esta primera sensación siguen rápidamente otras; la fiebre de la impaciencia; el impulso casi dominante de romper los sellos y abrir las cajas; el pensamiento (alegría pura del investigador de que se está a punto de añadir una página a la historia); y ¿por qué no confesarlo? la anhelante esperanza del buscador de tesoros».

Después de tres días de continuo trabajo para extraer del paso descendente el relleno que lo obstruía, encontraron al fin la nueva puerta sellada que daba paso a la antecámara. «El momento decisivo había llegado —dice Mr. Carter—. Con manos casi temblorosas hice una pequeña abertura en el ángulo superior de la puerta. Introduje una bujía y al principio no pude ver nada, por el aire caliente que al escapar de la cámara hacía oscilar la llama de la bujía, hasta que yendo acostumbrándose gradualmente los ojos a aquella luz, surgieron lentamente de las tinieblas los detalles del interior del cuarto: animales extraños, estatuas de oro; por doquiera el brillo del oro. Durante un momento —una eternidad debió de parecerles a los demás que estaban próximos— me quedé atónito. Cuando Lord Carnarvon, incapaz de contener la impaciencia por más tiempo, preguntó ansiosamente: "¿Ve usted algo?", todo lo que pude contestar fue: "Sí, cosas maravillosas". Después, ensanchando el agujero, penetramos dentro. Era asombroso, estábamos en la antecámara de la tumba de Tutankamen, llena de objetos maravillosos y, por primera vez, vimos el esplendor de la época imperial del antiguo Egipto.

»El efecto era azorante, abrumador. No creo que nunca nos hubiésemos imaginado lo que podríamos ver; pero no se nos había ciertamente ocurrido nada parecido a esto: todo un cuarto, un verdadero museo, de objetos familiares algunos, pero otros nunca vistos, amontonados en inacabable profusión. A la derecha tres grandes lechos dorados, con los lados tallados en forma de animales monstruosos, de cuerpos curiosamente esquematizados, como tenían que ser para que llenasen su finalidad, pero con cabezas de enorme realismo. ¡Impresionantes bichos en cualquier momento que se les mirase! Pero tal como les veíamos, con sus brillantes superficies doradas, resaltando en la sombra, a la luz de la lámpara, como si despidieran fogonazos, y sus cabezas proyectando retorcidas sombras en las paredes casi aterradoras. Junto a ellas dos estatuas atrajeron nuestra atención. Dos estatuas negras, de tamaño natural de un rey, el uno frente a otro, como centinelas, con tonelete y sandalias de oro armados de maza y báculo y con la protectora cobra o serpiente sagrada sobre la frente.

»Estos eran los principales objetos que atraían en primer momento la mirada; pero entre ellos y alrededor y amontonados encima había muchos otros: cofres preciosamente pintados e incrustados; jarrones de alabastro, algunos de ellos con preciosos calados: extrañas urnas negras, de una de las cuales asomaba una serpiente dorada; ramos de flores o de hojas; camas; sillas maravillosamente talladas; un trono embutido de oro; un montón de curiosas cajas en forma de huevo; bastones de todas formas y dibujos; bajo nuestros ojos, en el mismo umbral de la cámara, una hermosa copa de loto, de translúcido alabastro; a la izquierda un confuso montón de carros tumbados, brillantes de oro y de otras incrustaciones y asomando detrás de ellos otro retrato de un rey.

»Tales eran los objetos que se presentaban ante nuestra vista, pero no puedo asegurar que los viésemos todos en aquel momento, porque nos encontrábamos demasiado confusos y agitados para anotarlos con exactitud. Pasados los primeros instantes de azoramiento, empezamos a darnos cuenta de que en todo este revoltijo que teníamos delante, ni había féretro ni señales de momia, y de nuevo empezó a intrigarnos el tan discutido problema de la tumba o escondrijo. Con esta preocupación volvimos a examinar lo que teníamos a la vista, y por primera vez nos dimos cuenta de que entre los dos centinelas negros había otra puerta sellada. La solución empezó a apuntarse: no estábamos sino en el umbral de nuestro descubrimiento. Detrás de las puertas guardadas por los centinelas debía de haber otras cámaras, posiblemente varias seguidas, y en una de ellas, sin vacilar encontraríamos al Faraón, reposando en medio de su fausto funerario».

(Las páginas que siguen en la publicación original en la revista Residencia, *las 9 y 10, contienen los pies de foto de algunas de las imágenes de los objetos hallados en el interior de la tumba que acompañaron la charla de Howard Carter. En las páginas sucesivas también existen pies insertados en el texto que, como aquellos, han sido eliminados).*

Al quitar las primeras piedras del muro, quedó Mr. Carter maravillado al encontrarse con una especie de pared de oro. Pero agrandando el agujero quedó aclarado el misterio: se trataba de la Cámara Sepulcral del rey, y lo que obstruía el paso era uno de los costados de una inmensa urna de oro que cubría y protegía el sarcófago. Largas horas de paciente trabajo costó a Carter ir retirando una a una las piedras, ante el peligro de causar algún irreparable daño a la delicada superficie de la urna. Y cuando ya el paso estaba franco, aún hubo que retrasar la entrada para coger una a una las cuentas de un collar que en su huida se había caído a los ladrones en el umbral de la puerta.

La urna o arca era una de las cuatro que encerraban el sarcófago y ocupaban casi por completo la Cámara Sepulcral, dejando sólo un estrechísimo paso que permitió a Mr. Carter inspeccionar el cuarto, que a diferencia de la antecámara tenía las paredes cubiertas de escenas e inscripciones pintadas en brillantes colores. La urna estaba enteramente cubierta de oro y con placas incrustadas de brillante loza azul en que se repetían indefinidamente los mágicos símbolos protectores. En el suelo, alrededor de la urna, había varios emblemas funerarios, y al extremo norte los siete remos mágicos que el rey había de necesitar para surcar las aguas del otro mundo.

La tapa o cubierta del sarcófago era de granito y estaba partida por la mitad. La grieta de la rotura estaba cuidadosamente tapada con argamasa y disimulada con pintura. El ataúd era de un solo bloque de piedra arenisca cristalina; pero fuese por la precipitación con que se realizara el enterramiento o porque ocurriera algún accidente, la tapa primitiva, sin duda, fue sustituida por esta losa de granito toscamente trabajada.

Uno de los dos centinelas que guardaban la puerta sellada. Es una figura del Faraón de tamaño natural, cubierta con resina negra. Lleva tonelete y sandalias de oro; va armado de maza y báculo y tiene la sagrada serpiente protectora sobre la frente.

Al abrir la cuarta y última urna, los intrusos contemplaron con asombro la mano de una diosa que protegía el sarcófago.

«El tablero posterior del trono —dice Mr. Carter— constituye la principal gloria de este monumento, y no vacilo en declarar que es el cuadro más hermoso que hasta ahora se ha encontrado en Egipto. Aparte de su mérito artístico, de su colorido extraordinariamente brillante y vistoso, se encuentran en este monumento todas las características del arte de El Amarna y Tutankamen, un sencillo arte casero lleno de sentimiento doméstico. La escena representa a la juvenil reina (de pie) y al joven rey sentado en uno de los salones del Palacio. Sobre ellos está el disco solar derramando su vida al emitir sus rayos. Tut-Ankh-Amen está sentado, en una despreocupada postura, sobre un sillón almohadillado, echado descuidadamente sobre el respaldo de la silla. Ante él está de pie la juvenil figura de Ankh-Es-En-Pa-Aten. En una mano tiene un vaso pequeño de esencia o ungüento, y con la otra mano unge el hombro o arregla o perfuma el collar de su marido, dando aparentemente los últimos toques a su tocado antes de entrar en el salón de la coronación. Es una deliciosa composición llena de vida y sentimiento. Las caras y otras partes del cuerpo del rey y de la reina son de cristal rojo, y los adornos de la cabeza, de brillante loza, semejante a turquesas. Los trajes son de plata, deslustrados por el tiempo. Las coronas, collares, bandas y otros detalles decorativos del tablero son todos de mosaico, diminuto mosaico de coloreados cristales, loza, piedras semipreciosas y una composición hasta aquí desconocida, transparente calcita fibrosa realzada en coloreada pasta, en apariencia semejante al cristal "Millefiore". El fondo lo constituye la hoja de oro con que está cubierto el trono».

Aparte de su mérito artístico, dice Mr. Carter, el Trono es un importante documento histórico, pues los dibujos que lo adornan ilustran las vacilaciones político-religiosas del reino. Algunos de los dibujos acusan el culto Aten; pero los cartuchos están curiosamente mezclados: en algunos de ellos ha sido borrado el elemento Aten y sustituido por el Amen, mientras que en otros el elemento Aten no ha variado. O la vuelta de Tutankamen a la fe antigua no era muy sincera, o no se decidió a destruir un mueble tan valioso, o las alteraciones introducidas en los nombres se creyó suficiente para calmar el celo de los más fanáticos.

Con el trono se encontró un escabel de madera y loza azul oscura. El tablero superior y los laterales representan cautivos atados y postrados. Servir de escabel a sus enemigos era un símbolo muy usado en Oriente. Así se dice en los Salmos, y seguramente en muchas ocasiones el símbolo se cambiaría en realidad.

[...]

En la temporada de 1922 a 1933, Carter no había hecho más que estudiar los objetos encontrados en la primera habitación abierta. Esta habitación sólo era la antecámara de la verdadera tumba. En ella habían sido almacenados muchos objetos de los cuales se imaginaba que el muerto tendría necesidad en la otra vida. Después de esta antecámara, quedaba aún por explorar la habitación en que estaba el sepulcro de Tutankamen, habitación que se comunicaba con la antecámara por una puerta tapiada y sellada con los sellos de este monarca. En la temporada de 1923 a 1924, Carter y sus ayudantes, con asistencia de Lord Carnarvon, se ocuparon en abrir la cámara del sepulcro y en desmontar las urnas que cubrían el sarcófago donde estaba puesta la momia del rey.

Al mismo tiempo que se iniciaban estos trabajos, otro arqueólogo inglés, Mr. Mace, se dedicó a reconstruir los carros de guerra de Tutankamen que habían sido hallados en la antecámara, desarmados. Los egipcios combatían sobre estos carros de guerra; en ellos iban los guerreros; uno que disparaba flechas y otro que lo protegía con un escudo y guiaba el carro.

Para llegar a la cámara en que se encontraba el sarcófago con la momia de Tutankamen era necesario derribar la puerta tapiada que la separaba de la antecámara en que se encontraban los objetos de que se habló antes. A los dos lados de la puerta tapiada había dos estatuas que representaban a los centinelas de la tumba. Estas estatuas nos hacen ver cómo iban vestidos los soldados de infantería en la época.

Para evitar que estas estatuas sufriesen algún daño, Carter las mandó cubrir con tablas. Una vez hecho esto, abrió un agujero en la pared, e introduciendo una luz eléctrica pudo ver que dentro de aquella habitación había una gran urna de oro. Esta operación resultaba muy difícil por el poco espacio que quedaba libre en la habitación. Por fin, con grandes trabajos consiguieron sacar fuera los tableros que formaban la urna. Pero debajo de esta urna estaba otra también con chapas de oro e incrustaciones. Encima de esta segunda urna había un gran palio de lienzo muy deteriorado por los siglos. La segunda urna tenía unas puertas que al abrirse dejaban ver otra urna parecida, encajada dentro de la anterior. Esta tercera urna estaba también provista de puertas, y dentro se encontró otra urna de oro. Carter abrió las puertas de esta cuarta urna y se encontró entonces el sarcófago de piedra donde estaba puesta la momia del faraón Tutankamen desde el siglo XVI antes de J. C. El sarcófago estaba, pues, cubierto de cuatro urnas de oro de una magnificencia extraordinaria, cubiertas con labores de gran mérito artístico. Nunca se ha encontrado un sepulcro tan maravilloso como éste.

Todas estas urnas fueron desmontadas con muchísimo trabajo y sacadas fuera.

Entonces quedó libre el sarcófago en el interior de la cámara. Este sarcófago está hecho de un solo bloque de piedra arenisca cristalina de color amarillo. La tapa que cubría el sarcófago es de otra clase de piedra, y por la circunstancia de estar partida, hubo grandes dificultades para levantarla. Después de levantar la tapa, el interior quedó al descubierto. Allí estaba la momia de Tutankamen.

Nunca se ha conocido en la historia de la investigación arqueológica un acontecimiento que produjera un interés tan inmediato y mundial como el descubrimiento de la tumba de Tutankamen por Mr. Carter en el mes de noviembre de 1922. Esta tumba da una nueva y sorprendente revelación de la riqueza y magnificencia de la civilización egipcia, durante su época más brillante. El valor del oro y de los objetos preciosos encontrados sobrepasa con mucho al de todos los tesoros del mundo antiguo que hasta ahora han sido descubiertos.

Teniendo en cuenta sólo la cantidad, la colección de mobiliario es la más maravillosa que hasta el presente se ha encontrado, y cuantos han podido examinar de cerca esos objetos estarán conformes en confesar que, por la belleza del dibujo y por la perfección de la mano de obra, el equipo funerario de Tutankamen es una nueva revelación del sentimiento artístico y la habilidad técnica de los antiguos egipcios, que superaba a todo lo que hasta ahora se conocía.

El hecho de que la tumba de un personaje relativamente insignificante, como fue Tutankamen, estuviese provista con tan pródiga magnificencia, aumenta en alto grado la importancia del descubrimiento, porque si una juvenil nulidad que reinó sólo durante seis o siete años y en uno de los períodos más críticos y trabajosos de la historia de Egipto fue rodeada en su tumba de tantísima riqueza, la imaginación se desborda y en vano trata de representarse hasta dónde llegaría la suntuosidad del funeral de uno de aquellos famosos y provectos faraones, como Totmes III, que fundó el imperio egipcio en Asia y supo imponerse a todo el mundo civilizado de aquella época, o el de Amenhotep III, bajo cuyo reinado culminó el poder soberano de Egipto y la ostentación y la riqueza llegaron a su más alto apogeo.

[...]

El interior del sarcófago. «El aparejo para levantar la tapa del sarcófago —dice Mr. Carter— estaba preparado. Yo di la voz. En medio del más profundo silencio, la enorme tapa (que pesaba cerca de tonelada y media) se alzó de su asiento. La luz brilló dentro del ataúd. Lo que se presentó ante nuestros ojos nos confundió al principio. El contenido estaba completamente cubierto por envolturas de fino lienzo.

»Desenrollamos aquellas envolturas que servían de mortaja, tres en número, una por una, y nueva exclamación de asombro se escapó de nuestros labios; tan sorprendente era la escena que se presentó ante nuestros ojos; una efigie de oro del joven Faraón, de la más espléndida factura, llenaba todo el interior del sarcófago. Esta efigie era la tapa de un maravilloso sarcófago antropoide, de unos dos metros de largo, descansado sobre unas bajas andas en forma de león. Sin duda alguna, éste es el primero de una serie de féretros, dentro de los cuales se encierran los restos mortales del rey. Abrazando el cuerpo de este magnífico monumento están dos diosas aladas, ejecutadas en rica labor de oro sobre yeso, tan brillantes como el día en que se hicieron. A esto se añadía, como un encanto más, el que mientras esta decoración estaba ejecutada en fino bajo relieve, la cabeza y las manos estaban exentas, la más hermosa escultura de oro macizo que sobrepujaba a todo cuanto habíamos visto nunca. Las manos están cruzadas sobre el pecho, y sostienen los emblemas reales: el cayado y el mangual, de oro macizo, adornado con incrustaciones de lapislázuli. La cara y partes más notables están maravillosamente cinceladas en recia plancha de oro. Los ojos son de cristal. Había una nota de realismo, pues mientras el cuerpo de esta figura era de brillante oro amarillo, el de la cara y el de las manos era diferente: el oro de la carne era de distinta aleación, que le daba la palidez de la muerte. Sobre la frente del joven rey hay dos emblemas delicadamente labrados en plata: la serpiente y el buitre, símbolos del Alto y Bajo Egipto, y quizás lo más conmovedor de todo fuese que alrededor de aquellos emblemas había una diminuta guirnalda de flores de loto, que no valdría sino unas cuantas piastras, pero que significaba el adiós de la joven reina al difunto representante de los dos reinos.

»Puedo aseguraros que, entre todo aquel esplendor regio y aquella magnificencia real, en que brillaba el oro por todas partes, no había nada tan hermoso como aquellas flores, marchitas, que conservaban todavía su tono de color, el azul y el amarillo del loto. Esas pobres flores nos decían que era realmente muy corto un período de tres mil trescientos años, no más que el ayer y el mañana. Verdaderamente, ese pequeño rasgo de ternura hermanaba aquella antigua civilización con la de los presentes tiempos».

RESIDENCIA DE ESTUDIANTES DE MADRID

20 DE MAYO DE 1928

La sepultura de Tut-Ankh-Amen

Señores:

Si la memoria no me es infiel, la última vez que tuve el honor de dirigirles la palabra acerca de la tumba de Tut-ankh-Amen y de sus contenidos, les indiqué hasta dónde habían llegado nuestras exploraciones, o sea hasta el gran sarcófago de cuarzo; les relaté cómo levantamos la tapa, cómo apartamos las envolturas y mortajas y pusimos al descubierto el ataúd exterior del rey.

En realidad, sólo pude mostrarles entonces la escalera de entrada, el pasaje subterráneo descendiendo en rápido declive, la antecámara y sus tesoros, la Cámara Mortuoria con sus doradas arcas resguardando el magnífico sarcófago, y, al dirigir nuestras miradas hacia el contenido de éste, el ataúd exterior recubierto de oro, afectando la forma de una estatua yacente del joven rey, simbolizando Osiris, o bien —a juzgar por su mirada contemplativa, exenta de todo temor— la confiada esperanza de los antiguos en la inmortalidad.

Me propongo, por lo tanto, al dar comienzo a esta conferencia, retrotraernos a aquel mismo momento y esforzarme en referirles todo cuanto nos han revelado nuestras subsiguientes investigaciones acerca de tan magnífica sepultura.

Al emprender de nuevo nuestra labor, la tarea que se presentaba ante nosotros, siguiendo una concatenación científica, consistía, en primer lugar, en extraer la serie de ataúdes encerrada dentro del sarcófago; en abrir y examinar cada uno de ellos y, finalmente, en proceder a un examen detenido de la momia real. Tal empresa nos exigió muy cerca de ocho meses, o sea, hasta fines de mayo del año 1926.

Las cajas mortuorias que encerraban la momia del rey eran tres en total, colocadas una dentro de otra. Comprendían: en primer lugar, un ataúd exterior hecho de madera de roble y recubierto con una delgada chapa de oro: luego, un segundo ataúd, igualmente de roble, recubierto asimismo de oro y suntuosamente incrustado con cristal policromado: y, finalmente, un tercer ataúd interior, de oro macizo, delicadamente cincelado y adornado con ese trabado de orfebrería que los esmaltadores llaman «cloisonné».

Ahora bien: en los trabajos arqueológicos ocurre casi siempre lo contrario de lo que uno esperaba. El extraer y abrir esas calas primorosas, sin estropearlas, resultó ser un trabajo muy complicado. En cuanto al proceso que hubimos de seguir para examinar con el debido detenimiento la momia real, lo menos que de ello puede decirse es que fue sumamente desagradable.

Basándonos en la apariencia exterior del ataúd externo de Tut-ankh-Amen y en el estado de conservación de las momias reales descubiertas anteriormente, y que hoy se hallan en el Museo de El Cairo, esperábamos lógicamente que los despojos de este rey, a los que nadie había tocado durante tantos siglos, se encontrarían en condiciones casi perfectas. Desgraciadamente no fue así. A pesar de hallarse encerrado en tres cajas mortuorias perfectamente ajustadas una dentro de la otra, y la más interna hecha de oro macizo: a pesar de las pruebas manifiestas de que la momificación se había llevado a cabo con el mayor cuidado: de estar envuelto en masas de sudarios sutilísimos de tejido fino como la telaraña: y de haber sido enteramente cubierto con toda clase de ornamentos y amuletos, fue, desgraciadamente, la misma costumbre del último rito funerario lo que causó casi su destrucción. En el curso de esos últimos ritos funerales habíase vertido sobre la momia una cantidad considerable de ungüentos sagrados, manifiestamente con fines religiosos o significado piadoso. El rito funeral de los egipcios era, en efecto, lleno de simbolismo. El recuerdo del cuerpo de Osiris untado por los dioses había de conferir a la ceremonia todo el peso de la tradición religiosa.

Pero cualquiera que haya sido la intención sagrada, el resultado, considerado desde el punto de vista arqueológico, ha sido desastroso. No hay duda de que aquellos líquidos sagrados, encerrados herméticamente durante miles de años dentro de unas cajas de madera y de metal, han ocasionado una lamentable desintegración del contenido. Esos aceites y resinas consagrados preservaron, ciertamente, la momia durante un largo período de tiempo. Pero en el curso de cerca de tres mil años su propia descomposición los transformó en corrosivos. Los aceites se convirtieron en ácidos untosos que ejercieron una acción destructiva sobre el tejido de los sudarios, sobre la misma fibra de las telas y hasta sobre los huesos de la momia. Por otra parte, sus residuos solidificados formaron una masa dura, negruzca, parecida a la pez o al alquitrán, que acabó por unir fuertemente, como con cemento, la momia con el fondo del ataúd. En tales condiciones, se hacía totalmente imposible desenvolver la momia del rey limpia y sistemáticamente, según esperábamos hasta entonces poder hacerlo. Los vendajes y fajas de lienzo, disgregados como si estuviesen carbonizados por el calor, no pudieron desenrollarse y hubieron de ser quitados pedazo por pedazo.

Surge, naturalmente, la cuestión de saber si todas las momias reales del Nuevo Imperio egipcio fueron sometidas al mismo tratamiento, por lo que respecta a su untura con ungüentos. Poseemos, a mi entender, pruebas suficientes para afirmar que en efecto tal ceremonia fue común en todas ellas.

Pero el hecho de que aquellas momias fuesen despojadas de sus envolturas, joyas y demás adornos, hace ya muchísimo tiempo, hizo precisamente que se hallasen a la vez libres de los elementos destructivos, que han resultado tan desastrosos para la momia de Tut-ankh-Amen. Se nos ofrece aquí un ejemplo macabro de esa ironía que suele salir al encuentro del investigador. Los profanadores de sepulturas que en busca de rico botín arrancaron los restos de los Faraones de sus sarcófagos, involuntariamente, efectuaron, cuando menos, una obra útil: la de protegerlos contra los efectos químicos de los ungüentos, antes de que éstos pudiesen ejercer una acción corrosiva.

Mas con todo, y admitiendo que nuestro trabajo, en esta parte de la empresa, no fue todo lo limpio y aseado que pudimos desear, me es sumamente grato asegurarles que no se ha perdido casi ningún dato, y que eventualmente logramos preservar la momia real y volverla a sepultar en su tumba.

Otra de las dificultades con que tropezamos fue debida a un gran derrame de esos ungüentos, derrame que llegó a solidificarse en el espacio que separaba cada ataúd del otro, uniéndolos fuertemente. Era preciso separarlos y sacarlos individualmente sin deteriorarlos. Por fin conseguimos resolver también este problema, y poseemos hoy los tres perfectos y maravillosos ataúdes descubiertos.

(Proyecciones)

Señores:
Voy a enseñarles ahora, por medio de ampliaciones hechas con las fotografías de Mr. Harry Burton, los resultados de nuestras investigaciones, en el orden mismo en que fueron hechos los descubrimientos.

El ataúd exterior, según apareció en el sarcófago, cubierto con envolturas de lienzo. Cuando logramos levantar la tapa del sarcófago y nuestras luces iluminaron el interior del mismo, lo único que vimos fue su contenido cubierto completamente con envolturas de lienzo obscuro. La primera impresión fue desconcertante. Pero cuando desenrollamos esas envolturas, la última dejó al descubierto un suntuoso ataúd exterior chapado en oro, afectando la forma de una estatua yacente del rey adolescente, simbolizando Osiris.

El ataúd exterior dentro del sarcófago. Este ataúd mayor mide 2 metros 24 cm de largo; es de madera de roble tallada y está recubierto con una delgada chapa de oro, siendo el rostro y las manos del mismo metal pero más macizo, y batido.

La inscripción que lleva la parte anterior contiene el último llamamiento del joven monarca a la diosa de los cielos: «¡Oh, Madre Nut! Extiende tus alas sobre mí como las Estrellas Imperecederas».

La cabeza y los hombros del ataúd exterior. Las manos, cruzadas sobre el pecho, sostienen los emblemas reales: el cetro en forma de báculo y el *Flagellum*, incrustados con cerámica de un azul obscuro. Sobre la frente se ven dos símbolos: el Buitre y la serpiente Cobra, insignias del Alto y del Bajo Egipto, incrustadas con taracea brillante. Alrededor de estos símbolos hállase una diminuta corona de flores. Suponemos que representa la postrera ofrenda de la reina adolescente al joven monarca difunto, su esposo, soberano de los dos Reinos de Egipto.

Levantada la tapa de este gran ataúd exterior, ofrecióse a nuestra vista un segundo ataúd no menos magnífico, asimismo de forma humana, cubierto con una envoltura de lienzo.

Una corona y guirnaldas de flores sobre la envoltura de lienzo que cubría el segundo ataúd. Sobre esta envoltura veíanse guirnaldas de flores, compuestas de hojas de olivo y de sauce, pétalos de *lotus* azul y de aciano, mientras que una pequeña corona de parecida composición habíase colocado en el lienzo sobre los símbolos de la frente. Conservadas cuidadosamente las guirnaldas y la corona, desenrollamos la envoltura.

Enrollando la envoltura de lienzo que cubría el segundo ataúd. Fue también ese un momento de gran emoción. Al contemplar

El segundo ataúd colocado dentro del mayor, admirábamos uno de los ejemplares más perfectos legados por el arte de los antiguos tallistas de cajas funerarias; de forma de Osiris, y ofreciendo el espectáculo de la Majestad revestida de todos sus atributos.

El segundo ataúd. Este magnífico ejemplar del arte tebaico del Nuevo Imperio mide 2 metros 3 cm de largo; es de madera de roble tallada, chapada en oro, y lleva suntuosas incrustaciones de cristal policromado, formando un dibujo que afecta la forma de unas plumas, con jaspe encarnado, lapislázuli y turquesa. Su característica que llama más poderosamente la atención es la delicadeza y superioridad de su ejecución, que lo clasifica inmediatamente como obra maestra.

Uno por uno quitamos los clavos de plata que cerraban este ataúd. Levantamos la tapa. Y descubrimos un tercer ataúd, tallado en forma de Osiris como los dos anteriores.

El tercer ataúd, o caja interior, colocado dentro del segundo. El rostro, de oro bruñido, hallábase descubierto. Pero alrededor del cuello veíase un collar de flores, y el resto del ataúd estaba envuelto en lienzo encarnado, enrollado apretadamente. Al separar éste se ofreció a nuestra vista un espectáculo asombroso.

El tercer ataúd, o caja interior, de oro macizo. Este tercer ataúd interior, que mide un metro 88 cm de largo, está hecho de oro macizo: representa una masa enorme de puro metal precioso, que puede evaluarse aproximadamente en ¡cincuenta mil libras esterlinas!, o millón y medio de pesetas. El rostro representa asimismo el del rey, pero algo estilizado de modo convencional, para simbolizar el gran Dios de los Muertos, Osiris. Su dibujo es bastante parecido al del ataúd exterior, pues lleva también cincelado por toda su superficie un motivo en forma de plumas; pero sobre los brazos y el abdomen, entremezcladas con dicho motivo, se ven las figuras, semejantes a pájaros, de las diosas Nekhebet y Buto. Estas últimas figuras protectoras, al estar cinceladas sobre el resto en forma de trabajo "cloisonné" macizo, constituyen tal vez la nota más saliente de todo el ataúd.

Grabadas sobre los miembros inferiores, en fino dibujo heráldico, aparecen las figuras aladas de las diosas tutelares: Isis y Neftis.

Detalles de la parte superior del ataúd de oro.

Detalles de la parte inferior del ataúd de oro. La tapa de este último ataúd estaba unida a la caja por medio de ocho espigas de oro (cuatro por cada lado), aseguradas en sus cuencas correspondientes con clavos de oro. Extraídos estos clavos y levantada la tapa por medio de sus asas de oro, apareció al interior la momia del rey.

La momia del rey según apareció en primer lugar. Aquí, por fin, yacía todo lo que quedaba del joven Faraón, que hasta no hace mucho no representara para nosotros sino la sombra de un nombre.

Llenando todo el interior del ataúd de oro veíamos esa momia impresionante, pulcra y cuidadosamente hecha, cuya forma y atavío simbolizaban al Dios de los Muertos.

Lleva sobre el rostro una máscara-retrato, de oro batido, que sugiere la impresión de la juventud segada prematuramente por la muerte. Sobre la frente ostenta las insignias reales. Atada al mentón se ve la trenzada y convencional barba Osirita. Del cuello cuelga un gran escarabajo sagrado de negra resina. Las manos, de oro bruñido, empuñaron en otro tiempo el cetro en forma de Báculo y el Flagellum, por desgracia ya deteriorados y podridos. Más abajo viene inmediatamente la sencilla mortaja exterior, adornada con aderezos de oro pendientes de un pájaro *Ba*, o alma alada, en forma de pectoral, labrado en oro esmaltado y "cloisonné". Entre las fórmulas inscritas sobre los adornos incrustados, leímos los siguientes epitafios: «Justificado ante Osiris», «Él está ahora ante los espíritus de los Vivos», y «Lo mismo que Re descansa en los cielos».

Señores:
De aquello que acabamos de ver puede deducirse la enormidad de las riquezas enterradas con estos antiguos Faraones. ¡Cuántos tesoros estarían sepultados en ese Valle de los Reyes! De los veintisiete monarcas inhumados en aquel lugar, Tut-ankh-Amen fue quizá de los menos importantes. ¡Cuál no sería la tentación para la codicia y la rapacidad de aquellos ladrones de sepulturas contemporáneos! ¿Qué incentivo más poderoso puede imaginarse que estos inmensos tesoros en oro? Es fácil comprender el saqueo de los sepulcros reales si medimos el impulso que llevara a tales crímenes por el valor de aquel ataúd de oro macizo de Tut-ankh-Amen.

Hemos visto, por otra parte, que tanto los ataúdes como la momia del rey ajustábanse escrupulosamente a una forma que representase y simbolizase el dios máxime de los muertos, Osiris. Parece haber existido para ello una razón poderosa. La íntima asociación de los ritos funerales con aquella deidad se debía, según toda probabilidad, a la creencia de que Osiris hallábase, por muchos conceptos, más cercano al hombre que cualquier otro de los dioses. En efecto: sufrió sobre la tierra las ansias de la muerte, fue sepultado y resucitó de la muerte terrenal para elevarse a la vida inmortal.

Pero el tema hacia el cual me permito ahora llamar su atención es el examen de la momia.

En todo el curso de esta operación tuve la suerte de recibir el inestimable auxilio de los doctores Douglas Derry, profesor de anatomía, y Saleh Bey Hamdi, de la misma Universidad egipcia. Altos oficiales del Gobierno egipcio se hallaban también presentes. Todos nos dimos cuenta de la solemnidad de aquella ocasión, todos sentimos honda emoción ante la idea de lo que íbamos a contemplar. Pese a los miles de años transcurridos y a la obra destructora del tiempo, el joven y efímero Faraón iba a dejar de ser la mera sombra de un nombre; volvería a penetrar de nuevo en el mundo de la realidad tangible.

La masa, muy voluminosa, de vendajes carbonizados y podridos, fue separada con el mayor cuidado. En el interior encontramos 143 objetos, incluyendo la diadema y las insignias del monarca, collares simbólicos, amuletos, joyas de uso personal y dos puñales.

Tres de estos objetos daban a estos hallazgos un carácter de novedad. Eran de hierro, lo cual constituye, según creo, la primera prueba auténtica de la introducción voluntaria de tan importante metal en la civilización egipcia.

Además del valor intrínseco de lo encontrado, pudimos establecer otros dos hechos históricos: en primer lugar, que al morir no tenía Tut-ankh-Amen más de dieciocho años; y luego que su parecido físico con Akh-en-Aten era verdaderamente notable, lo cual arroja una nueva luz sobre su probable ascendencia.

Este extraordinario parecido —harto evidente para que se pueda atribuir a una mera coincidencia— ofrece a los historiadores de aquel período un hecho totalmente nuevo e inesperado. La obscuridad de la ascendencia de Tut-ankh-Amen se desvanece, ahora que vislumbramos la probabilidad de que fuera hijo de Akh-en-Aten, como fruto de una unión no oficial. Y puesto que la reina Nefertiti (la esposa real y oficial de Akh-en-Aten) sólo tuvo hijas y ningún varón, no sería de extrañar que el hijo de un matrimonio menos importante del monarca fuera escogido para la sucesión al trono; en cuyo caso el matrimonio de este hijo con la mayor de las hijas oficiales que sobreviviesen (la princesa heredera, Ankh-es-en-Amen) se explicaría perfectamente, como lo más conforme con la tradición.

En el curso de nuestro examen no nos fue posible descubrir detalle alguno que nos proporcionara alguna indicación acerca de la causa de la muerte de Tut-ankh-Amen.

Las siguientes fotografías, que voy a tener el gusto de enseñarles, ilustrarán detalladamente los resultados más importantes de nuestro examen.

(Proyecciones)

El Comité presenciando el examen de la momia del rey.

La momia preparada para su examen. Se quitaron los adornos exteriores antes de proceder al examen. Y —según hube de explicar anteriormente— debido al hecho de que los residuos de los ungüentos vertidos sobre la momia, al solidificarse, la unieron con mucha adherencia al fondo del ataúd, fue necesario proceder al examen tal como se hallaba, *in situ,* dentro del ataúd de oro.

Aun cuando los atributos encontrados sobre esta momia eran los de Osiris, el retrato figurado en el rostro era evidentemente el del propio Tut-ankh-Amen.

La Máscara de oro batido que cubría la cabeza. La hermosa máscara, ejemplar único del arte del retrato en el antiguo Egipto, lleva una expresión triste pero serena, cuyas facciones se reconocen inmediatamente por el parecido que evidencian con las de todas las estatuas y de los ataúdes del monarca. Si quitamos la convencional barba Osirita que lleva atada, tenemos aquí un retrato perfecto del joven rey a la edad en que le sorprendió la muerte.

Se advierte en este rostro como un presentimiento de muerte prematura. El adolescente real, manifiestamente lleno de vitalidad, hubo de emprender, en los mismos albores de la virilidad

—¿quién nos dirá en qué trágicas circunstancias?— su última jornada, desde el radiante sol del Egipto hasta las tinieblas tremendas del Mundo de los Muertos. Sobre su frente vemos las insignias reales: el buitre de Nekhebet y la serpiente de Buto, emblemas pertinentes a los dos reinos sobre los cuales ejercía el mando supremo. El tocado de la cabeza se halla incrustado con cristal de un azul fuerte; el collar, con feldespato verde, cornalina y lapislázuli.

El Pájaro "Ba" en forma de pectoral. Sobre los adornos exteriores de la momia estaba un pájaro *Ba*, o alma alada, labrado en oro "cloisonné", las desplegadas alas extendiéndose sobre el cuerpo del rey. Al quitar unas cuantas envolturas descubrimos una diadema, circundando completamente la cabeza del monarca.

La diadema real. Es éste un objeto de suma belleza, de tipo sencillo, con una sola moldura o filete. Es de oro y está incrustada con círculos contiguos de cornalina translúcida, que llevan en el centro unos relieves de oro. Las insignias, o sea el buitre de Nekhebet y la serpiente de Buto, en la parte delantera, son movibles, de modo que podían adaptarse a cualquier corona que llevase el rey.

La insignia del Alto Egipto en la diadema. Este buitre de oro —el pájaro de Nekhebet— con ojos de obsidiana, ofrece un ejemplo verdaderamente notable de arte realista por la forma en que está labrado el metal. Tanto las características como los detalles de la joya indican claramente que el pájaro simbólico de la diosa tutelar del Alto Egipto era el *Vultur auricularia* o Buitre sociable, que se encuentra todavía en abundancia en las provincias de Egipto y, según creo, también en España.

Debajo de las vendas que envolvían la parte superior de la cabeza se encontró un casquete, estrechamente adaptado al cráneo afeitado del rey.

El casquete en la cabeza del rey. Este casquete, hecho de finísima tela de lino, lleva un primoroso bordado trazado con diminutas cuentas, unas de oro y las otras de cerámica de diversos colores, que representa *uraei* (cobras reales). Cada uno de esos *uraeus*, o serpiente cobra, lleva inscrito el nombre solar, Aten; lo cual demuestra que si bien Tut-ankh-Amen volvió al culto de Amen-re, el dios principal, conservó, en su calidad de representante en la tierra del Dios solar, algo de la creencia en el desterrado cisma de Aten.

Para separar los últimos vendajes que protegían el rostro del rey fue necesario proceder con el más exquisito cuidado. Todos comprendíamos la especial importancia y la gran responsabilidad que entrañaba nuestra tarea. Con el suave toque de un pincel de marta cayeron los últimos fragmentos de tela podrida, dejando al descubierto las serenas, plácidas facciones de un adolescente.

La cabeza del rey como apareció en el primer momento. Contemplábamos, con los ojos de la realidad, lo que hasta entonces sólo pudimos ver con los ojos de la imaginación. Observarán ustedes que el rostro del rey, a pesar de hallarse muy encogido y disminuido, carbonizado y en estado de extrema fragilidad, denota, sin embargo, todavía cultura y refinamiento. Digna de nota es la forma excepcionalmente alargada del cráneo, peculiar a Ahk-en-Aten, y el buen dibujo de las facciones, especialmente el corte bien definido de los labios.

Las peculiaridades físicas que se observan en esta cabeza y en la de Akh-en-Aten no se encuentran en los individuos anteriores de la familia Amen-hetap y Thutmes; pero en cambio son características en algunos de los retratos más íntimos de la reina madre Tyi, de quien parece haber heredado Akh-en-Aten sus detalles físicos más salientes. La explicación más probable de esta manifiesta afinidad entre los dos hombres es que se trata de padre e hijo.

Grupo de objetos (in situ) *hallados entre los vendajes de la momia.* Sobre el cuello y el pecho del rey se hallaban numerosos collares de diversa clase, un escarabajo sagrado colgando de un hilo de oro; muchos amuletos alrededor del cuello, y sobre el abdomen y los miembros un delantal de ceremonias, un cinturón y un puñal.

De los numerosos collares simbólicos que colgaban del cuello del rey, los tres siguientes son, sin duda, los más típicos:

El collar de Horus.
El collar de Nekhebet.
El collar de Nebti.

Estos pectorales, o, por llamarlos por su propio nombre, "el collar de Horus", "el collar de Nekhebet" y "el collar de Nebti" (o sea Nekhebet y Buto), merecen atención especial por la manera como están confeccionados. Son flexibles, componiéndose cada collar de un gran número de placas de oro separadas, delicadamente incrustadas con cristal de colores, opaco, en forma semejante al "cloisonné" de los esmaltadores. Las placas mismas se hallan divididas en varios grupos que forman los principales "distritos" o partes del ala, estando provistas de diminutos ojetes por medio de los cuales están enhebradas unas con otras. Cada uno de los collares comprende de 38 a 256 piezas, siendo cada placa, en sus fundamentos, semejante a las demás, de las que se diferencia tan sólo por la modificación de la forma según las plumas de la parte del ala a que pertenecen.

El escarabajo sagrado Bennu. Colgando del cuello del rey por un alambre de oro se halló un escarabajo de resina negra, montado sobre una base de oro. Este escarabajo lleva incrustado el pájaro *Bennu* en el lomo y el texto *Bennu* (identificado con el corazón) está grabado en su base.

Dos juegos de amuletos y símbolos hallados en el cuello del Rey.
Entre los muchos amuletos que se hallaron atados al cuello, citaremos: un *Thet* de jaspe encarnado, un *Ded* de oro y un *Uaz* de feldespato verde; y en otro grupo, varios buitres y serpientes protectores, labrados en oro delgado, cincelado.

Con arreglo a la rúbrica del "Libro de los Muertos" vemos que algunos de estos talismanes, como el *Ded,* el *Thet* y el escarabajo, estaban destinados a sustituir o estimular las funciones respectivas de la espalda, de la sangre y del corazón del muerto; mientras que otros se colocaban en el cadáver para servirle de guía y auxilio en el Mundo inferior.

Sobre el tórax, colocada debajo de los objetos que acabo de mencionar, estaba una serie de joyas de uso más personal, en forma de pectorales colgantes montados sobre cadenas ornamentales.

El pectoral del buitre de Nekhebet. Este ejemplar exquisito del arte del joyero, tal vez el más hermoso de cuantos se hallaron en el cuerpo del rey, parece representar la diosa del Sur Nekhebet de El Kab; pues los detalles típicos del pájaro son, sin duda alguna, los del Buitre sociable, del que hemos hablado antes, y son idénticos con la insignia del Buitre del Alto Egipto de la diadema que acabamos de ver.

El pectoral de escarabajos Kheper. En este segundo adorno pectoral, más macizo que el anterior, los escarabajos *Kheper,* de lapislázuli, sostienen en las patas delanteras los discos del Sol y de la Luna, y también la media luna. Sus patas posteriores sostienen los emblemas de la soberanía sobre una barra horizontal, de la cual cuelgan flores de lotus. En este adorno hallamos asociados el escarabajo y las esferas celestes, lo que significa probablemente a la vez Osiris y el Dios Re.

Pectorales: El Halcón solar, la Esfera lunar y la media luna, y el Ojo sagrado "Uzat". Estos tres pectorales afectan la forma del

"Halcón solar", de *Aah* (la Luna), y del *Uzat,* ojo sagrado de Horus, este último en cerámica azul brillante. Los tres significan el origen celestial del rey.

Estudiaremos ahora los brazos del monarca, que se hallaban cubiertos de brazaletes y pulseras.

Brazaletes y pulseras (in situ) *en los brazos del monarca.* Ambos antebrazos de la momia real estaban literalmente cubiertos con magníficas pulseras, desde el codo hasta la muñeca, encontrándose siete sobre el antebrazo derecho y seis sobre el izquierdo.

Las pulseras. Se ven colocadas en la fotografía en el mismo orden en que se hallaron en los brazos del rey. Estas pulseras, de tipo casi moderno en más de un aspecto, se componen de complicadas combinaciones de escarabajos, de granos de oro, de placas de cornalina horadada; algunas están provistas de cintas flexibles hechas con cuentas y abalorios, para pasar la mano; otras cierran en la muñeca con aretes de oro rígido y de ambarino, incrustados con adornos de piedras semipreciosas y de cristal de colores. El diámetro de brazaletes y pulseras demuestra que los brazos del joven monarca eran muy delgados. Ninguna de esas joyas tiene carácter sepulcral, sino que se trata evidentemente de objetos de uso personal que el rey llevara en vida.

Alrededor de la cintura se hallaba un estrecho cinturón, de oro cincelado, del cual colgaban un mandil o delantal de ceremonias y un puñal de oro.

El delantal de ceremonias. Este delantal simbólico, o de ceremonias, parece corresponder a los delantales pintados en la indumentaria de los monarcas egipcios de las diversas dinastías que vemos representados sobre los monumentos; pero su verdadero significado no es claro para nosotros.

El puñal de oro. Este puñal merece nuestra admiración. Su empuñadura está adornada con listas alternadas de granos de oro y de incrustaciones, al estilo del "cloisonné", terminando el mango con un dibujo hecho de alambre de oro. Contrasta fuertemente con el estilo adornado de la empuñadura la sencillez de la hoja, de oro duro, desnuda y de hermosa forma. Ésta no lleva más adorno que las profundas acanaladuras del centro, que convergen en la punta y llevan en su parte superior una palmita de lirio, finamente grabada.

La hoja estaba encerrada dentro de una vaina de oro, suntuosamente decorada.

La vaina del puñal de oro. Sobre la superficie de oro de la vaina hállase modelada, en alto relieve, una escena en extremo interesante, que representa animales salvajes, lo cual permite suponer que el puñal era destinado a la caza. En detalle, vemos: debajo de un friso con volutas e inscripciones, un joven íbice macho atacado por un león; un becerro corriendo, con un sabueso "slughi" que le ha brincado sobre el lomo y se agarra del rabo de su presa; un "cheetah" (leopardo de caza) que ha saltado asimismo sobre el lomo de una gacela adulta (macho) y le hunde los colmillos en el cuello, mientras un león ataca al mismo animal por debajo; más abajo, un toro huyendo de un sabueso; y, finalmente, un becerrito muy joven, también huyendo al galope. Entre los animales, modelados con arte exquisito, se ven plantas tratadas en estilo convencional y estilizadas. Termina en el extremo con un motivo floral muy complicado, el cual, así como el resto de los adornos que figuran sobre el puñal y la vaina, sugiere cierta afinidad con el arte de las islas del Mar Egeo o del Mediterráneo.

Debajo de otros varios vendajes que envolvían la momia hallamos otro cinturón de oro y otro puñal, ofreciendo éste un interés excepcional.

El puñal de hierro. Éste estaba enfundado en una vaina de oro. El mango tiene en su extremo un botón de cristal de roca y está adornado de modo muy semejante al puñal de que hemos hablado antes; pero la característica verdaderamente única y asombrosa que ofrece esta arma es que su hoja es ¡de hierro, todavía brillante y parecido al acero!

Este hecho histórico, del más alto interés, señala uno de los primeros pasos en el ocaso del Imperio egipcio, el imperio más grande de la Edad del Bronce.

Señores:

Este metal, el hierro, del que hemos encontrado tres ejemplares en la momia del rey: el puñal que acabamos de ver y dos pequeños amuletos, fue probablemente introducido por los Hititos en Egipto desde Asia Menor, en tiempos de Tut-ankh-Amen, sin duda en pequeña cantidad, lo cual explica que se considerara entonces como un producto de gran valor. Por lo que a Egipto se refiere, este metal, que ha desempeñado papel tan importante en la civilización, la conducta y el arte de otros pueblos, es aquí una indicación más de la influencia extranjera en esa nación durante aquel período, es decir, hacia fines de la Dinastía XVIII. Si estudiamos la historia de Egipto, veremos que a partir de ese momento se advierte cada vez más la intrusión paulatina del extranjero, hasta terminar en la dominación completa. El bronce no podía luchar contra la superioridad del hierro; y así como el bronce sustituyó al cobre, el hierro sustituyó al bronce, lo mismo que en nuestra época el acero había de ocupar a su vez el lugar del hierro.

Otro detalle muy interesante es que ambos puñales hallados sobre el cuerpo del rey pertenecen a un estilo introducido en el país durante la invasión de Hyksos, aproximadamente entre 1750 y 1550 antes de nuestra era. Antes de esa época, el mango del puñal egipcio era de un modelo completamente diferente: sólo tenía una pequeña empuñadura circular, en forma de botón, que se cogía en la palma de la mano.

Para volver a la sepultura del rey, ya conocen ustedes los resultados de nuestros trabajos. La profusión de amuletos y símbolos sagrados que encontramos envueltos en los voluminosos vendajes enrollados alrededor del cuerpo, poseen un marcado significado de cuánto se temía para los muertos los peligros del Mundo inferior. Sin duda alguna tenían por misión proteger al difunto contra todo daño en el curso de su largo viaje por los terribles túneles de ultratumba. Hasta se le enfundaba los dedos de pies y manos en estuches de oro.

Entre los ejemplares de joyas de uso personal hallados sobre el rey, pueden servir para ilustrar perfectamente el estilo y el arte de los joyeros y artífices tebaicos de la Dinastía XVIII. Su dibujo asocia la forma natural al simbolismo, de modo que complazca y atraiga a la vez así el sentimiento religioso como el gusto estético. En los que hemos visto aquí, la ejecución es verdaderamente notable. Sería muy difícil para nuestros mejores orífices y joyeros de hoy día superar el refinamiento que se pone de manifiesto en estos reales adornos.

Aquellos ataúdes, esa hermosa máscara, los amuletos, los símbolos y las joyas nos permiten una ojeada muy interesante e instructiva sobre los sentimientos íntimos de aquellos hombres de la antigüedad. No puede uno menos de quedar bajo la fuerte impresión que nos produce ese soberbio ejemplo de solicitud por el bienestar de sus difuntos, encaminada a asegurarles la suprema felicidad.

Teatro Princesa de Madrid
22 de mayo de 1928
La cripta interior

Señores:

Llegado el invierno de 1926-27, la marcha normal de nuestra labor nos llevó a dedicar nuestra atención hacia la tercera estancia —la Cripta Interior, el lugar más recóndito— situada allende la Cámara sepulcral que contenía la tumba propiamente dicha.

Aunque pequeña, sencilla y sin adornos, no por eso dejaba esta nueva estancia de evocar, con fuerza impresionante, los recuerdos del lejano pasado. Cuando por primera vez se penetra en una cámara como ésta, cuya santidad ha permanecido inviolada durante más de treinta siglos, el intruso no puede menos de experimentar una sensación de terror mezclado de respeto, cuando no de miedo a secas. Casi parece una profanación el turbar tan larga paz, el romper ese eterno silencio. Hasta el más insensible, al traspasar este umbral sagrado e inviolado, ha de sentir el terror respetuoso y el asombro dimanados de los secretos y de las sombras de aquel tremendo pasado.

La estancia mide algo menos de 5 metros por 4, y un poco más de 2 metros de elevación. Se penetra en ella por una puerta baja abierta en la pared oriental de la Cámara sepulcral. Su sencillez es extrema, sin asomo de decoración. Las cuatro paredes y el techo aparecen tan sólo desbastados, sin alisar, y se echan de ver las huellas del cincel en la superficie de la roca viva. En suma, se halla exactamente en el estado en que la dejaron los obreros del antiguo Egipto, y hasta se pueden ver en el suelo los últimos cascajos arrancados a la roca por su cincel.

Contenía la estancia muchos objetos, de significado místico y de considerable interés, pero, en su mayor parte, de naturaleza puramente funeraria y de carácter intensamente religioso. Eran emblemas de la tumba y del Mundo misterioso de ultratumba.

En el curso de nuestra labor fue afirmándose la idea, apoyada en pruebas manifiestas, de que los objetos colocados en esa estancia y en los demás lugares del sepulcro, formaban parte de un gran símbolo oculto, y que cada uno de ellos poseía cierta potencia mística. Por extraño y complicado que parezca ese aparato funerario, no cabe duda de que pertenecía a un sistema, más o menos organizado, destinado a asegurar el bienestar del difunto. Sistema de defensa contra los terrores de la imaginación humana, resultado de obscuros conceptos. Esa asociación en diversas formas entre los pertrechos funerarios creóse con fines hoy desconocidos; pero, a semejanza de las innumerables células de un cuerpo vivo, se les atribuía el poder de intervenir, en caso necesario, respondiendo a órdenes emanadas de fuente misteriosa.

Era gente previsora aquella que los construyó; gente que, dada la época en que vivía, no podía escapar a la influencia cegadora de las costumbres tradicionales. Realmente, entre el material encontrado existen pruebas patentes de las espléndidas capacidades poseídas por la raza que supo crearlo.

Esta cámara hallábase llena de figuras representando divinidades protectoras; estatuillas de los dioses que formaban la "Divina Novena" del Otro Mundo; otras del mismo rey, mostrando los atributos de soberanía que se esperaba retuviera; barquitas para que pueda seguir los viajes del sol; canoas para ir de caza en el otro mundo; barcos mayores para la santa peregrinación; otros bajeles para cruzar las celestiales aguas, hasta alcanzar la orilla de aquellos "Campos de los Bienaventurados";

preciosos cofrecitos conteniendo tesoros y artículos de tocador para la vida futura; kioscos con figuras funerarias *(shawabtis)* que habrían de trabajar para el difunto en los "Campos Elíseos"; finalmente, lo más necesario de todo, el templete con los vasos canopes y el arca donde se colocaban las vísceras del monarca, bajo la protección de cuatro diosas tutelares y de sus genios, y que desempeñan papel tan importante en el ritual de la momificación.

Es este lugar recóndito, esta última cripta situada detrás de la Cámara Sepulcral, lo que me propongo enseñarles y describirles en esta conferencia, juntamente con sus múltiples e interesantísimos utensilios pertinentes al más complicado culto funerario.

(Proyecciones)

La entrada de la cripta. Colocada en el umbral de la cripta recóndita, impidiendo en cierto modo la entrada, se hallaba la negra figura de Anubis, cubierta con tela de lienzo, yacente sobre un altar piloniforme montado sobre unas andas provistas de varas verticales.

La figura de Anubis. Anubis, "El Ocaso de la Tarde", el vigilante guardián de los muertos, que afecta la forma de un perro negro semejante a un chacal, hállase adecuadamente colocado en este lugar. Le permite vigilar a la vez la Cámara sepulcral con su morador, y su dominio, la Cripta recóndita. En realidad, es posible que su presencia en el umbral explique el que esta puerta no estuviera ni cerrada ni precintada.

El animal Anubis. El origen de este animal Anubis, de tamaño natural, que inspira casi temor, de madera tallada pintada de negro, es difícil de explicar. La figura semeja un perro-chacal domesticado como pudieron tenerlos pueblos primitivos; y sus rasgos de afecto y lealtad para su amo, cuyos bienes sabía distinguir y defender, puede haber inspirado a los antiguos la idea de escogerlo como guardián vigilante de sus difuntos. Su culto era universal en Egipto, y·en tiempos dinásticos, cuando llegó a desarrollarse paulatinamente la costumbre de embalsamar a los muertos, este animal fue consagrado como santo patrón de ese arte fúnebre.

La antorcha mágica. Colocadas en el mismo umbral, en el suelo delante de Anubis, encontramos una pequeña antorcha de caña y una tablita de arcilla. Grabado en ésta se leía un texto mágico, que decía: «Para rechazar al enemigo, en cualquiera forma que se presente, y para impedir a la arena el sepultar la cámara secreta».

La vaca Meh-Urit (in situ). Inmediatamente detrás de la figura de Anubis y vuelta hacia el Poniente, se encontraba una cabeza de vaca.

La vaca Meh-Urit. Esta cabeza de vaca, llamada "El-ojo-de-Re", representación de la diosa Hathor como "Amante de Amentit", el país del ocaso, recibe en el "Valle del Poniente" el sol en su ocaso y los difuntos.

Su cuello, en parte negro, simboliza las tinieblas del Valle, mientras que su cabeza dorada representa los áureos rayos del sol poniente reflejados en sus facciones anchas, casi humanas.

Arcas en forma de relicarios conteniendo figuras de dioses. Estas arcas se hallaban en el rincón sureste de la cámara y en parte también a lo largo de la pared meridional. Negras, de aspecto poco atractivo, estas arcas, en forma de relicarios, estaban cerradas y precintadas. Contenían figuras de dioses que forman la "Divina Novena" del Mundo de Ultratumba.

Dos de las arcas, abiertas. En cada una de esas arcas se hallaba la figura de un dios, envuelta o, mejor dicho, ceñida en un lienzo salido de los telares de Akh-en-Aten; pero todas tenían la cara descubierta, y muchas de ellas llevaban una guirnaldita de flores alrededor del cuello.

Esas figuras están colocadas sobre un pedestal de madera negra. Son de madera tallada, cubiertas de yeso y profusamente doradas, con los ojos incrustados. Las más típicas del grupo son las siguientes:

Amset y Mamu.
Ptah.
Sekhmet.
El Gran Horus.
Ta-Ta.
La Divina (Serpiente) Ankh.
El Halcón Spedu, y
El Halcón Gemehsu.

Arcas que contenían estatuillas del Rey. En el rincón situado al suroeste se hallaban muchas otras arcas en forma de relicarios, conteniendo estatuillas del monarca.

Una de las arcas, abierta. Algunas de estas arcas contenían hasta cinco diminutas estatuas envueltas en lienzo; pero a semejanza de las de los dioses, tenían la cara descubierta.

Estas encantadoras estatuillas son de madera dorada. Se echa de ver en ellas los mejores rasgos y cualidades del arte del Nuevo Imperio, con algunas características de la escuela de El Amarna y otras del estilo tebaico, más ortodoxo. Realmente puede decirse que representan la fase de transición entre las dos escuelas.

Parecen representar a Tut-ankh-Amen como monarca soberano, dedicado en la vida futura a santas ocupaciones, con el fin de mostrar que «no ha de morir por segunda vez en el Mundo de Ultratumba».

Tut-ankh-Amen como soberano del Bajo Egipto. Una de las pequeñas estatuas le representa como monarca soberano del Bajo Egipto, empuñando el cetro y el *flagellum.*

Tut-ankh-Amen como soberano del Alto Egipto. Otra de las estatuas le representa como soberano del Alto Egipto, empuñando el cayado de los pastores y el mayal del labrador.

Tut-ankh-Amen sostenido por Mankaret. Una tercera estatua muestra al rey sostenido por una divinidad llamada Mankaret (?), para saludar al sol naciente.

Tut-ankh-Amen sobre un leopardo. Esta cuarta estatua es un grupo realmente misterioso que representa a Tut-ankh-Amen saliendo del Otro Mundo a lomos de un leopardo negro.

Tut-ankh-Amen en forma de Horus el Vengador. En esta quinta estatua aparece el monarca bajo la forma de Horus el Vengador, montado en una canoa de cañas, persiguiendo al abominable enemigo tifonial.

El asunto de este último ejemplar, por cierto muy hermoso y lleno de fuerza, de la escultura egipcia, se inspira evidentemente en el mito de Horus. En él vemos que Horus, en su lucha contra Set, tomaba la forma de un joven de estatura y musculatura sobrehumanas, manejando una gran jabalina y su cadena como si fuera una ligera caña, para matar y destruir el hipopótamo tifonial Set, oculto en las aguas del río.

Una flotilla de diez y ocho barcos. Hacinados sobre la tapa de aquellas arcas negras en forma de relicarios, o diseminados en otros lugares de la cripta, se hallaban numerosos barquitos. Ofrecen un interés particular, en cuanto constituyen una huella de la costumbre, mucho más antigua, de suministrar a los muertos barcos en miniatura: barcas para seguir los viajes del sol; canoas destinadas a acompañar a Horus en sus cacerías por los pantanos; navíos dedicados a la santa peregrinación, y otros bajeles que habían de servir para que el difunto no dependiera de los favores de los barqueros celestiales, para llegar a los "Campos de los Bienaventurados". Merced a la potencia mística inherente a esos barcos en miniatura, el viajero real conseguía su independencia.

La barca del Sol. Ésta representa una embarcación ligera, que había de servir al monarca para seguir los divinos viajes del astro solar; afecta el tipo de una canoa primitiva de cañas, con proa y popa en forma de loto.

Una canoa de papiro. Una canoa de papiro, destinada a seguir las cacerías de Horus en el otro mundo. Esta embarcación primitiva semeja aquellos toscos botes de junco que todavía hoy se usan en las orillas del Alto Nilo para la caza, particularmente la de aves acuáticas, y para cruzar los pantanos.

Una barca de pasaje. Una embarcación que tenía por objeto hacer al rey independiente de los barqueros celestiales, cuando habría de cruzar las tempestuosas aguas que le separaban de los "Campos de los Bienaventurados". La proa y la popa, curvadas, terminan en forma de umbelas de papiro.

Un barco principal para la Santa Peregrinación. Un barco principal, completamente aparejado con todas sus jarcias, para guiar la santa peregrinación; provisto de un puente central con su cabina, y de pabellones dorados sobre los puentes de proa y popa.

Esos barcos principales tomaban a remolque cierto número de barquitos más pequeños, de forma parecida, pero sin mástil ni velas.

Los barquitos de la Santa Peregrinación. Los barcos más pequeños destinados asimismo a la santa peregrinación, y que tomaba a remolque el barco principal, van provistos de una cabina central con doble techo, y de una garita para el vigía tanto a proa como a popa.

Tanto el barco principal como éstos representan antiguas carabelas orientales, sin cuadernas, teniendo tan sólo tajamar y timón y unos bancos para ensamblar los costados.

El rincón noreste de la cripta. En el rincón noreste de la cripta, entre otros varios objetos, se hallaban unos cuantos kioscos o templetes de madera negra, conteniendo figuras funerarias (*shawabti*).

La función que desempeñaban estas figuras consistía en actuar como sustitutos del difunto en las faenas mandadas por Osiris, quien, en su calidad de rey de los muertos, continuaba labrando y regando la tierra y sembrando trigo en los campos de bienaventuranza, tratando a sus súbditos en el Otro Mundo en la misma forma en que los trató sobre la tierra, actuando como su gran jefe y maestro en las faenas agrícolas.

Templetes para las figuras funerarias (shawabti). Estas figuras funerarias (*shawabti*) se encontraban en unos templetes de madera negra.

Una de las figuras funerarias (shawabti). Eran muy numerosas, y destinadas a faenas de mucha fatiga: «Así como el hombre tiene por obligación lo siguiente: labrar los campos, regar las praderas...». Y, cuando se llamaba al difunto, había de responder y presentarse: «Entonces dirás "Aquí estoy"».

Detalles de las figuras. Talladas en madera, las caras pintadas color de carne, representan al rey tal como aparece su momia, envuelta en el sudario.

Aperos de labranza en miniatura (de cobre). Cada una de las figuras funerarias iba provista de un juego de aperos de labranza: una azada, un pico, un palo para llevar cargas al hombro, espuertas y dos cántaros atados a los extremos de otro palo, para llevar agua. En total, había más de 900 figuras y aperos.

Las arquetas del tesoro. A lo largo de la pared septentrional de la cripta se hallaban cinco arquetas, que contenían un tesoro importante. Por desgracia, este grupo de arquetas había sido saqueado por los ladrones de sepulturas contemporáneos, ávidos de apoderarse de los adornos de oro y plata que contenían. Habían sido rotos los precintos, saqueando su contenido y robadas las piezas de más valor intrínseco. Además, el resto quedó abandonado en completo desorden.

Por lo visto, en el Antiguo Egipto las joyas no habían cumplido su cometido al llegar la muerte, pues aquí habíanse depositado toda clase de alhajas, para ser llevadas en el otro mundo.

En lo que se refiere a las arquetas mismas, varias de ellas demuestran un gusto refinadísimo y un arte muy delicado en la ejecución; singularmente en cuanto a obra de marquetería y chapeado. Para la ornamentación de una sola arqueta se emplearon más de 45.000 piezas de incrustación.

Una arqueta del tesoro. Una arqueta adornada con marquetería e incrustada de marfil y ebonita.

Entre otras joyas contenía dos de las órdenes honoríficas del monarca:

La Orden del Sol Naciente.

La misma condecoración, mostrando de qué manera se llevaba.

La Orden de la Luna.

Clases de las mismas.

Una segunda arqueta. Esta arqueta tiene forma poco usual: afecta el dibujo ovalado de la cartela o blasón del rey. Está construida en madera procedente de algún conífero, adornada con listas de ebonita. Pero su rasgo más curioso lo ofrece la tapa, que afecta la forma de una enorme cartela con el apellido de la familia de Tut-ankh-Amen.

La tapa de la arqueta. Los caracteres jeroglíficos son de marfil y ebonita, sobre un fondo de oro, con una cenefa en que se leen los varios títulos y nombres del monarca.

Mezclados con otras alhajas, contenía esta arqueta los pendientes y pulseras del rey, una vestidura litúrgica en forma de estola y parte de sus atributos reales.

Ejemplares de pendientes.

Tres pulseras.

La estola.

Los cetros en forma de báculo y las "flagella".

Una tercera arqueta. Esta elegante arqueta está hecha de madera de cedro, adornada con barras y estilos de marfil, y lleva cuarterones aplicados de madera calada y dorada, con símbolos que significan: "Toda la Vida y Buena Suerte". El interior de la arqueta está dividido en diez y seis departamentos, destinados a recibir otros tantos cálices de oro o de plata, que, desgraciadamente, fueron todos robados por los ladrones de la época dinástica.

La quinta arqueta, una cajita muy sencilla de madera, contenía el abanico del rey.

El abanico del Rey. Un objeto magnífico, hecho con plumas de avestruz blancas y pardo oscuro, engarzadas en un mango de marfil y todavía en todo su primitivo esplendor. El mango está curvado a ángulo recto, de modo a ampliar el movimiento de la muñeca al abanicarse.

Una reliquia como ésta parece vencer la idea de tiempo. Han surgido y desaparecido muchas civilizaciones desde que este abanico fue depositado en esta pequeña cripta; pero este maravilloso recuerdo constituye un lazo de unión entre nosotros y aquel Tremendo Pasado. Nos ayuda a formarnos una idea de aquel pueblo de antigüedad remota, y a convencernos de que el joven Faraón Tut-ankh-Amen debía parecerse mucho a los hombres de hoy.

Vamos a examinar ahora el más importante de todos los monumentos encerrados en la Cripta: el magnífico templete de los vasos canopes, con su arca, en los que se conservaban las vísceras del monarca.

El templete de los vasos canopes (in situ). Este hermoso monumento alzábase en el centro del extremo oriental de la cripta, precisamente enfrente de la puerta.

Con el fin de aclarar el significado de este monumento, debo recordarles que en el antiguo procedimiento usado para la momificación del cuerpo, se conservaba separadamente las vísceras en cuatro vasijas, llamadas vasos canopes, alusión simbólica a cuatro genios que se hallaban bajo la protección especial de las cuatro diosas tutelares: Isis, Neftis, Neith y Selket. Y que los cuatro genios, según un antiguo mito, auxiliaban a Osiris en sus desdichas, evitándole padecer hambre o sed, de suerte que se les confió la misión de ejercer la misma vigilancia cerca de los difuntos. Por esto, del antiguo mito y del procedimiento lógico en la momificación provino la singular idea: las vísceras se sacaban del cuerpo y se ponían bajo la custodia de los cuatro genios, que estaban protegidos por las cuatro diosas tutelares.

El templete de los vasos canopes. El grandioso templete de los vasos canopes sustentado por cuatro pilares apoyados en una especie de trineo, está completamente cubierto de oro y coronado de hileras de cobras-solares de brillante taracea. A los cuatro lados se levantan graciosas figurillas exentas de las diosas, cada una al cuidado de su custodia con los protectores brazos extendidos.

La figura de Isis. La diosa Isis guarda el oeste, siendo su genio Amset.

La figura de Nephthys. La diosa Nephthys está detrás, hacia el este, siendo su genio Hapy.

La figura de Neith. Del lado norte se encuentra la diosa Neith, cuyo genio era Dua-mutef.

La figura de Selket. La diosa Selket protege el sur, y su genio es Qebeh-senuef.

El templete con sus bellas divinidades guarda un cofre canope de alabastro que de nuevo está cubierto con un paño mortuorio de lienzo.

El cofre canope cubierto con un paño mortuorio. El paño es una sencilla sábana de lienzo de color pardo oscuro doblada varias veces sobre el cofre, sin ninguna clase de decoración.

El cofre canope. El suntuoso cofre canope con las cuatro diosas Isis, Neftis, Neith y Selket en las esquinas está labrado en un sólido bloque de fino alabastro semitranslúcido (espato calcáreo). Tiene un rodapié de oro, descansa sobre dos largueros de madera dorada con mangos de plata, y contiene los cuatro receptáculos para las vísceras del joven rey.

Los sellos del cofre canope. Su cubierta, que forma el entablamento, estaba sellada por medio de cuerdas y sellos de arcilla (dos en cada lado) pegados a argollas de oro.

La cubierta del cofre canope levantada. Al levantar la cubierta de este cofre aparecieron cuatro bellas tapaderas en figura de cabezas humanas (finamente esculpidas en alabastro), retratos de Tut-ankh-Amen.

Las cuatro tapaderas

Una de las tapaderas, vista de perfil. Estas tapaderas servían de cubiertas a cuatro recipientes del cofre.

Apertura de los cuatro recipientes del cofre. A su vez, cada uno de los cuatro recipientes contenía la exquisita miniatura de un ataúd de oro.

Uno de los ataúdes de oro en miniatura. Estos ataúdes en miniatura, de oro e incrustados, contenían las vísceras del rey, conservadas y envueltas en forma de momia.

Como se nota a primera vista, son el apogeo de las artes de orífice y de joyero. Se trata de pequeñas y perfectas réplicas del gran ataúd de oro que guardaba al mismo rey, pero son de detalle más primoroso, estando incrustados de pies a cabeza con un dibujo de alas. Cada ataúd tiene una figura de las diosas tutelares del Alto y del Bajo Egipto, Nekhebet y Buto, en forma de ave, fórmula de la diosa guardiana y su genio, y llevan grabados en su interior textos relativos a su protección.

Señores:

Estos eran los aprestos funerarios que guardaba Anubis en la cripta interior o cámara almacén de la tumba.

Desde que se descubrió, no cesaba la imaginación de trabajar pensando en lo que esta cámara pudiera contener. Después de cuatro años de paciente espera, la continuada investigación científica fue gradualmente revelando todo lo que contenía.

La colección, en cierto modo heterogénea, de objetos que llenaban la cámara puede agruparse en tres diferentes categorías, a saber: requisitos efectivos para la tumba; defensas para el Otro Mundo, y los avíos que se pensaba pudiese requerir el muerto para su uso en la vida futura. Entre ellos hemos visto los dioses y diosas tutelares de la tumba, y el muy importante cofre canope que contenía las vísceras más grandes de ver: el hígado, los pulmones, el estómago y los intestinos. Hemos visto a la Novena de los Dioses ayudarle a través de los peligros a que pudiera estar expuesto en su último viaje a las tinieblas de aquel tremendo Ultratumba; barcos para libertarle de los "barqueros celestiales" o para permitirle seguir el Re, el sol, en su viaje a través de los entrelazados túneles de la noche y el triunfal viaje a través de los cielos durante el día. Hemos visto estatuillas que le representan en el acto de la divina caza y otras varias formas de su existencia renovada, ¡y aun joyas para su futuro adorno!, mientras que las figurillas funerarias shawabti nos muestran cómo se temían en los "Campos Eliseos" las faenas de Osiris. En realidad, sus sirvientes y enseres, prerrogativa todas de esta vida terrena, se consideraban como necesarios para su futura existencia.

No cabe duda de que los ladrones de la época dinástica habrán entrado en esta cámara: pero en sus rapaces pesquisas parece que no han hecho más que abrir y robar los cofres de tesoros. De los datos reunidos en nuestras investigaciones resulta que por lo menos el cincuenta por ciento del contenido de los cofres fue robado por ellos, y como puede inferirse, se apropiaron probablemente lo mejor.

Cronología del Antiguo Egipto

FINALES DEL PERIODO PREDINÁSTICO (ca. 3000)[1]

Dinastía I (2920-2770)
Dinastía II (2770-2649)
Dinastía III (2649-2575)
Zoser (2630-2611)

IMPERIO ANTIGUO

Dinastía IV (2575-2465)
Esnofru (2575-2551)
Keops (2551-2528)
Kefrén (2520-2494)
Micerinos (2490-2472)
Dinastía V (2465-2323)
Sahure (2458-2446)
Neferirkare (2446-2426)
Niuserre (2416-2392)
Dinastía VI (2323-2150)
Dinastías VII/VIII (2150-2134)

---

1. Todas las fechas aparecidas en esta cronología del Antiguo Egipto son anteriores a Cristo, salvo que se señale lo contrario.

PRIMER PERIODO INTERMEDIO (2134-2040)

Dinastías IX/X heracleopolitanas (2134-2040)
Dinastía XI tebana (2134-2040)

IMPERIO MEDIO (2040-1640)

Dinastía XI sobre todo Egipto (2040-1991)
Mentuhotep (2061-1991)
Dinastía XII (1991-1783)
Sesostris III (1878-1841)
Amenemhat III (1844-1797)
Dinastías XIII/XIV (1793-1640)

SEGUNDO PERIODO INTERMEDIO (1640-1532)

Dinastía XV/XVI (hicsos) (1585-1532)
Dinastía XVII (1640-1550)
Kamose (1555-1550)

IMPERIO NUEVO (1550-1070)

Dinastía XVIII (1550-1307)
Ahmosis (1550-1525)
Tutmosis III (1479-1425)
Hatshepsut (1473-1458)
Amenofis IV (Akhenatón) (1353-1335)
Tutankhamón (1333-1323)
Dinastía XIX (1307-1196)
Ramsés II (1290-1224)
Seti II (1214-1204)
Dinastía XX (1196-1170)
Ramsés III (1194-1163)

Tercer Periodo Intermedio (1070-712)

Dinastía XXI (1070-945)
Esmendés (1070-1044)
Dinastía XXII (945-712)
Dinastía XXIII (828-712)
Dinastía XXIV (724-712)
Dinastía XXV (Nubia y Tebas) (770-712)

Periodo Tardío (712-332)

Dinastía XXVI (664-525)
Dinastía XXVII (525-404)
Dinastía XXVIII (404-399)
Dinastía XXIX (399-380)
Dinastía XXX (380-343)

Segundo periodo persa (343-332)

Periodo grecorromano (332 a. C.-395 d. C.)

Fuentes y bibliografía

Como es de suponer, la profusión de obras dedicadas a la vida y el legado de Tutankhamón es amplísima. Para mayor comodidad del lector, aquí solamente presento algunas de las referencias básicas en inglés o francés y, por supuesto, las más accesibles en castellano.

La información se puede completar con las menciones realizadas en algunas de las notas a pie de página, donde, además, podemos encontrar vídeos y páginas de internet.

Adams, J. M., *The Millionaire and the Mummies. Theodore Davis's Gilded Age in the Valley of the Kings*, Nueva York, St. Martin's Press, 2013.

Aldred, C., *Akhenaton. Faraón de Egipto*, Madrid, Edaf, 1989.

Brier, B., *El asesinato de Tutankamón. La verdadera historia*, Barcelona, Planeta, 1998.

Carter, H., *La tumba de Tutankhamón*, Barcelona, 1988.

—, *Tut-Ankh-Amen. The Politics of Discovery*, Londres, Libri Publications, 1997.

Ceram, C. W., *Dioses, tumbas y sabios*, Barcelona, Destino, 1981.

Cotterell, M., *The Tutankhamun Prophecies*, Londres, Headline, 1999.

Davis, M. T., *The Tombs of Harmhabi and Touatânkhmanou*, Londres, Constable and Company, 1912.

—, *The Tomb of Queen Tiyi*, Londres, Constable and Company, 1910.

Desroches-Noblecourt, C., *Tutankhamen. Vida y muerte de un faraón*, Madrid, 1982.

Dodson, A., *Nefertiti, Queen and Pharaoh of Egypt. Her Life and Afterlife*, El Cairo, The American University in Cairo Press, 2020.

Eaton-Krauss, M., *The Unknown Tutankhamun*, Londres, Bloomsbury, 2016.

El Mahdy, C., *Tutankhamen. The Life and Death of a Boy King*, Londres, Headline, 1999. [Hay trad. cast.: *Tutankhamón. Vida y muerte de un rey niño*, Barcelona, Península, 2002].

Forbes, D., *KV62. The Tomb of Tutankhamen* (vol. 4 de *Tombs. Treasures. Mummies*), 2017.

—, *Bones in a Basket. Seeking the Identity of an Ancient Egyptian King*, 2020.

Frayling, C., *The Face of Tutankhamun*, Londres, Faber & Faber, 1992.

Gabolde, M., *Toutankhamon*, París, Pygmalion, 2015.

Hawass, Z., *The Golden King. The World of Tutankhamun*, El Cairo, The American University in Cairo Press, 2006.

—, *King Tutankhamun. The Treasures of the Tomb*, Londres, Thames and Hudson, 2007.

—, *Discovering Tutankhamun. From Howard Carter to DNA*, El Cairo, The American University in Cairo Press, 2013.

Hoving, T., *Tutankhamun. The Untold Story*, Nueva York, Simon and Schuster, 1978.

Jacq, C., *La Reina Sol*, Barcelona, Martínez Roca, 1993.

—, *En busca de Tutankamón*, Barcelona, Martínez Roca, 1993.

James, T. G. H., *Howard Carter. The Path to Tutankhamun*, Londres y Nueva York, Kegan Paul International, 1992.

Málek, J., *Los tesoros de Tutankhamón*, Barcelona, Llibreria Universitària de Barcelona, 2006.

Manniche, L., *The Akhenaten Colossi of Karnak*, El Cairo, The American University in Cairo Press, 2010.

Marchant, J., *The Shadow King*, Boston, Da Capo, 2013.

Meyeson, D., *In the Valley of the Kings. Howard Carter and the Mystery of King Tutankhamun's Tomb*, Londres, Random House, 2009.

O'Farrel, G., *The Tutankhamun Deception*, Londres, Sidgwick & Jackson, 2001.

Parra, J. M., *Howard Carter. Una vida*, Almería, Confluencias, 2020.

Quentin, F., *Dans l'intimité de Toutankhamon*, París, First, 2019.

Reeves, N., *Todo Tutankamón*, Barcelona, Destino, 1991.

—, *Akhenatón. El falso profeta de Egipto*, Madrid, Oberon, 2002.

— y J. H. Taylor, *Howard Carter Before Tutankhamun*, Londres, British Museum Press, 1992.

— y R. H. Wilkinson, *Todo sobre el Valle de los Reyes*, Barcelona, Destino, 1998.

Romer, J., *Los últimos secretos del Valle de los Reyes*, Barcelona, Planeta, 1986.

— y E. Romer, *La violación de Tutankamón*, Barcelona, Planeta, 1994.

Seco, M. y J. Martínez, *Tutankhamón en España*, Sevilla, Fundación José Manuel Lara, 2017.

Stevens, A., *Amarna. A Guide to the Ancient City of Akhetaten*, El Cairo, The American University in Cairo Press, 2021.

Tyldesley, J., *La maldición de Tutankhamón*, Barcelona, Ariel, 2012.

Vandenberg, P., *La maldición de los faraones*, Barcelona, Plaza & Janés, 1986.

VV. AA., *Toutankhamon. L'or de l'au-delà*, París, Cybèle, 2004.

Wilson, R. S., *KV-63. The Untold Story of the New Tomb in Egypts Valley of the Kings*, Ferniehirst Publishing, 2010.

Winston, H. V. F., *Howard Carter and the Discovery of the Tomb of Tutankhamun*, Londres, Constable, 1991.

Zivie, A., *La tombe de Maia*, Toulouse, Caracara, 2009.